A POLÍTICA E AS LETRAS

FUNDAÇÃO EDITORA DA UNESP

Presidente do Conselho Curador
Mário Sérgio Vasconcelos

Diretor-Presidente
José Castilho Marques Neto

Editor-Executivo
Jézio Hernani Bomfim Gutierre

Assessor Editorial
João Luís Ceccantini

Conselho Editorial Acadêmico
Alberto Tsuyoshi Ikeda
Áureo Busetto
Célia Aparecida Ferreira Tolentino
Eda Maria Góes
Elisabete Maniglia
Elisabeth Criscuolo Urbinati
Ildeberto Muniz de Almeida
Maria de Lourdes Ortiz Gandini Baldan
Nilson Ghirardello
Vicente Pleitez

Editores-Assistentes
Anderson Nobara
Jorge Pereira Filho
Leandro Rodrigues

RAYMOND WILLIAMS

A POLÍTICA E AS LETRAS

ENTREVISTAS DA *NEW LEFT REVIEW*

Tradução
André Glaser

© 1979 Raymond Williams
© 1981 Verso
© 2013 Editora Unesp
Título original: *Politics and Letters*

Fundação Editora da Unesp (FEU)
Praça da Sé, 108
01001-900 – São Paulo – SP
Tel.: (0xx11) 3242-7171
Fax: (0xx11) 3242-7172
www.editoraunesp.com.br
www.livrariaunesp.com.br
feu@editora.unesp.br

CIP – Brasil. Catalogação na publicação
Sindicato Nacional dos Editores de Livros, RJ

W689p

Williams, Raymond
A política e as letras: entrevistas da New Left Review / Raymond Williams; tradução André Glaser. – 1. ed. – São Paulo: Editora Unesp, 2013.

Tradução de: Politics and Letters
ISBN 978-85-393-0462-2

1. Cultura – Periódicos. 2. Intelectuais – Entrevistas. 3. Comunicação e cultura – Grã-Bretanha. Título.

13-02624

CDD: 306
CDU: 316.7

Editora afiliada:

Asociación de Editoriales Universitarias de América Latina y el Caribe

Associação Brasileira de Editoras Universitárias

SUMÁRIO

VII Prefácio à edição brasileira
Iná Camargo Costa

XIII Apresentação

2 Nota da edição inglesa

I Biografia

5 Infância

23 Cambridge

41 A guerra

47 Cambridge novamente

53 *Politics and Letters*

67 Educação para adultos

73 Os anos 1950

II Cultura

87 *Cultura e sociedade*

127 *The Long Revolution*

171 *Palavras-chave*

III Drama

185 *Drama from Ibsen to Eliot*
211 Brecht e além

IV Literatura

235 *Reading and Criticism*
241 *The English Novel from Dickens to Lawrence*
271 A trilogia galesa: *The Volunteers*
305 *O campo e a cidade*
329 Marxismo e literatura

V Política

367 A Grã-Bretanha de 1956 a 1978
393 Orwell
403 A Revolução Russa
417 Dois caminhos para a mudança

451 Raymond Williams: obras selecionadas
453 Índice remissivo

PREFÁCIO À EDIÇÃO BRASILEIRA: A EXPRESSÃO DA LUTA POLÍTICA NO PLANO CULTURAL

Agora que o Brasil já sabe em quais termos o Partido dos Trabalhadores (PT) também é um partido da ordem do capital, talvez fique mais compreensível a conexão profunda entre a trajetória política, o interesse pela revolução e a luta no plano cultural de uma das maiores figuras do marxismo britânico que é Raymond Williams. Esses três tópicos são examinados exaustivamente nesta entrevista concedida aos seus companheiros de *New Left Review* entre 1977 e 1978. Este prefácio à edição brasileira, dando prioridade aos dois primeiros, é pautado pela cronologia da conversa, ao contrário da edição, que inverteu esta ordem, dando prioridade às letras.

Uma das razões para essa desobediência à construção formal do volume provém da avaliação de que a trajetória política desse nosso companheiro de convicções socialistas – além de ser um dos mais brilhantes intelectuais orgânicos do proletariado mundial – explica, mais do que qualquer outro argumento, tanto os seus interesses teóricos e literários quanto a sua convicção de que apenas a revolução pode assegurar um futuro para a humanidade.

Acrescentemos a isto uma explicação partidária: a experiência política no sentido próprio de Raymond Williams ilustra com perfeição os limites impostos ao proletariado pelas duas grandes organizações mundiais que no século XX se encarregaram de bloquear, desviar ou adiar a revolução socialista. De um lado, o Partido Trabalhista, pautado pelo programa da Internacional Socialista (ou Segunda Internacional, à qual foi formalmente admitido em 1908), desde sempre se proclamou reformista (nunca reconheceu a luta de classes como um princípio, por exemplo). De outro, o Partido Comunista, ao qual nosso camarada se filiou em 1939, num momento em que essa organização estava completamente domesticada pelo stalinismo (da Terceira Internacional, ou Internacional Comunista).

Pode-se inferir que Raymond Williams nunca ultrapassou a condição de militante de base do PC britânico a partir de uma das declarações desta entrevista: ele nunca entendeu como eram designados os seus dirigentes... Sem qualquer veneno, ele ilustra também a que ponto a burocratização do partido alcançara até mesmo uma célula irrelevante como a existente em Cambridge. Mesmo assim sua experiência acadêmico-política é formadora em múltiplos sentidos: este filho de ferroviário socialista que conhecia por experiência própria os conflitos entre latifúndio e campesinato no País de Gales, bem como as implicações de greves e outras modalidades de luta do proletariado, ao mesmo tempo que convive com o esnobismo dos aristocráticos filhos da alta burguesia britânica e a militância cultural dos poucos esquerdistas vinculados ao Partido Comunista, conhece na prática o que ele mesmo qualificou como descolamento entre partido e classe trabalhadora. No capítulo dos ganhos, ficou amigo para sempre de um Eric Hobsbawm, entre outros, mas em compensação constatou na prática a importância reduzida dessa agremiação nos destinos do seu país.

Em parte por causa disso, ele sugere que seu afastamento do partido nunca foi propriamente formalizado, e quando voltou do serviço militar na guerra contra o nazismo, não teve dúvidas em integrar-se ao processo de reconstrução do país sob a batuta do Partido Trabalhista. Como estudante universitário da área de Letras, e tendo que ganhar a vida como todo trabalhador, vinculou-se aos programas de educação de trabalhadores adultos, mergulhando completamente na militância trabalhista. A tal ponto que em 1961 filiou-se a esse partido. Mas o entusiasmo durou pouco, pois já em 1966, após uma participação empenhada no processo eleitoral, viveu a decepção de pertencer a uma agremiação que faz campanha com bandeiras de esquerda e, uma vez vitoriosa, implementa políticas de direita. Entre outras amabilidades autorizadas por tal experiência, qualifica Harold Wilson como "pessoa nefasta". Foi nesse mesmo ano que abandonou definitivamente a ideia – central do cretinismo parlamentar, na opinião de Lênin – de que o Parlamento pode ser a agência central das mudanças sociais necessárias. A partir de agora, Raymond Williams avalia os trabalhistas como um partido que manipula as forças de classe para impedir a verdadeira luta de classes e, assim, pavimenta o caminho para governos conservadores. Em sua perspectiva, é um partido "pós-social-democrata", essencial para o funcionamento do capitalismo nos períodos em que o capital exige uma maior neutralização da classe trabalhadora. Em vista disto, passa a recomendar aos decepcionados como ele que lutem pela retirada dos verdadeiros socialistas dessa legenda.

Por outro lado, completando o seu diagnóstico do stalinismo, mas sem perder de vista o horizonte da revolução, declara expressamente que "Outubro de 1917 foi um dos dois ou três maiores episódios da história da humanidade" e que é necessário distinguir bolchevismo de stalinismo, porque este último é o regime dos campos de concentração que *destruiu* o partido bolchevique. Adicionalmente, responsabiliza a sua formação nas fileiras de um partido comunista já stalinizado por sua resistência a Trotsky, a ponto de nem ter lido *Literatura e revolução*, obra que dialoga produtivamente com seu interesse pela luta de classes no plano da cultura, incluindo a institucionalizada.

Até nova informação de que ainda não dispomos, é possível depreender que Raymond Williams passou a atuar no âmbito da chamada esquerda independente (modo amigável de indicar seu caráter desorganizado no sentido partidário), pelo menos até 1978 – época da segunda parte da entrevista. Isto porque a certa altura ele declara ter consciência clara dos limites de movimentos – como os que aconteceram na Inglaterra dos anos 1960, dos quais participou – que subestimam a necessidade de enfrentar de modo organizado o poder real da máquina dos partidos que passam por defensores dos interesses da classe trabalhadora.

O companheiro tem algumas sugestões de providências a tomar pelos que, como ele, ainda apostam na via revolucionária. Algumas delas são muito atuais:

1) Combater a projeção da desordem e da violência para o movimento da classe trabalhadora. Trata-se de operação ideológica que vem desde o século XIX, com técnicas e métodos consolidados – que precisam eles próprios ser criticados e combatidos. Rejeitar energicamente a oposição convencional (dominante) entre democracia e socialismo, ou marxismo, que é prejudicial

à esquerda ao extremo. O futuro do socialismo depende da capacidade de demonstrar que a democracia socialista, além de ser qualitativamente diferente da capitalista, é claramente mais democrática, porque consiste no efetivo poder popular.

2) Combater o reformismo, como enunciado por ele em "Tragédia e revolução": "nossa interpretação da revolução como um crescimento lento e pacífico do consenso é, na melhor das hipóteses, uma experiência local e uma esperança e, na pior, a manutenção de uma falsa consciência".[1] Em outra parte, ele ainda diz que o reformismo não é apenas difícil, interminável ou intratável, mas de fato adia a perspectiva de uma solução – a que é colocada por uma perspectiva revolucionária. Esta, por sua vez, só se coloca quando fica claro que a via reformista, além de falsa, é uma barreira para a verdadeira mudança. Em outras palavras: a opção pelo caminho revolucionário ocorre porque não há outro possível. Mais ainda: a revolução é necessária porque os privilegiados necessariamente vão resistir a qualquer tentativa de alteração nos presentes arranjos sociais.

3) Lutar pela socialização dos meios de comunicação, pois estes constituem a principal trincheira do exercício da ideologia dominante. Um bom começo pode ser reivindicar a participação dos trabalhadores nas instâncias de decisão e produção. A própria estrutura dessas indústrias precisa ser transformada.

4) É preciso ainda reconhecer que a dificuldade (para socialistas como ele) é pensar em termos práticos as formas pelas quais o Estado capitalista pode ser destruído. Afinal, trata-se da instituição central do poder burguês que, sobretudo, assegura as funções do exército e da polícia no combate de morte a qualquer sintoma de luta. Mas a forma de construir o poder popular também já tem uma história que precisa ser conhecida: a organização de conselhos, ou comitês, que tenham as estruturas criadas em greves gerais como referência. A tecnologia disponível já permite a comunicação rápida e eficaz entre esses comitês.

---

1 Williams, R. Tragédia e revolução. In: *Tragédia moderna*. Trad. Betina Bischof. São Paulo: Cosac Naify, 2002, p.109.

Dada a trajetória acima resumida, não fica difícil entender que a grande pergunta a que a obra de Raymond Williams tenta responder é pelo significado da luta de classes no plano da cultura e da educação, desde pelo menos *The Long Revolution* [A longa revolução], e que por isso mesmo sua contribuição até hoje não foi devidamente reconhecida, a começar por seu país de origem: a academia, que ainda detém o monopólio da sua recepção, não está e nunca esteve propriamente interessada em luta de classes, pelo menos no sentido marxista que este companheiro mobiliza.

Em todo caso, não custa enumerar alguns dos principais problemas que ele enfrentou no campo literário. Por exemplo, ainda como integrante do PC britânico rejeitara o realismo socialista e as receitas zdanovistas, contrapondo expressamente o Joyce de *Ulisses* e *Finnegans Wake* àquela baixaria política que passava por estímulo a uma literatura e uma crítica revolucionárias. Em parte por causa disso, nunca encampou as teses de Lukács sobre o realismo, pois, nas suas palavras, "a caracterização que Lukács faz do movimento essencial do romance realista do século XIX como a descoberta, pelo herói dramático, dos limites de uma sociedade injusta, embora seja importante, é baseada predominantemente na ficção francesa e em alguma ficção russa, e não no romance realista como um todo". Como Lukács trabalha com a ideia de que há uma realidade social preexistente à qual o modelo literário pode ser comparado, no século XX isto se transforma em obstáculo à sua percepção das obras de Kafka ou Joyce, pois ele tem previamente definida como decadente a realidade a que corresponde esse tipo de ficção. Isto é uma idealização da sociedade capitalista do século XIX e, por consequência, dá ao realismo um sentido historicamente reacionário.

Se à esquerda Raymond Williams enfrentou (e também dialogou com) gente como Lukács, Goldmann e outros, o enfrentamento à direita também rendeu inúmeras intervenções, tratadas por extenso nesta entrevista. São especialmente inspiradoras suas restrições ao uso (e principalmente aos abusos) da psicanálise (Freud e Lacan) na crítica literária, para não dizer nada das restrições às diferentes versões do formalismo que vão do *new criticism* ao estruturalismo. De tudo o que se fala sobre crítica literária e cultural neste livro, na atual conjuntura merecem destaque as observações sobre o fenômeno George Orwell, autor que o companheiro confessa não suportar, antes de mais nada por ser objetivamente uma arma ideológica da direita. Em suas palavras: "o modo como Orwell recorre à intimidação e ao blefe para impor os seus preconceitos ao leitor, como se fossem fatos óbvios embora desagradáveis [...] torna seus relatos não confiáveis". Orwell é um claro exemplo de falta de escrúpulo literário: sua estratégia é escrever como se qualquer "pessoa decente", na mesma posição de seu narrador, tendesse a ver as coisas da mesma forma que ele. Ele é parte de um processo ideológico dos anos 1930 e 1940 que produziu um estilo amplamente imitado: "a geração seguinte recebeu esta forma como um modelo de sabedoria, êxito e maturidade, embora fosse inteiramente falsa". Quanto a *1984*, que voltou à moda por causa das denúncias dos malfeitos de espionagem da maior "democracia", do Ocidente, Williams é taxativo: o intolerável nessa peça de intervenção ideológica é a mobilização de sentimentos bastante pessoais contra o socialismo. Combater Orwell (e descendentes), portanto, continua sendo questão política prioritária para os socialistas que atuam na esfera cultural.

Raymond Williams era um professor interessado em combater a dominação também na esfera da cultura, da qual faz parte a educação. Toda a sua obra, teórica e literária, é expressão de sua militância política.

Iná Camargo Costa
Professora aposentada da USP

APRESENTAÇÃO

Raymond Williams ocupa uma posição única entre os escritores socialistas no mundo anglo-saxônico. Nenhuma personalidade contemporânea da esquerda possui obra tão abrangente a seu favor. Além disso, o escopo de sua produção provavelmente não tem precedente na Inglaterra ou nos Estados Unidos, contemplando intervenções políticas, teoria cultural, história das ideias, sociologia, crítica literária, análise do drama, investigação semântica, romances, peças de teatro e roteiros para documentários. Seja qual for o parâmetro, o público de Williams é bastante amplo: apenas no Reino Unido vendeu cerca de 750 mil livros.[1] Poucos socialistas em qualquer país capitalista avançado podem reivindicar tantos leitores, conquistados e mantidos por textos de um padrão intelectual impecável e, com frequência, exigente.

Contudo, até recentemente, a discussão sistemática de sua obra tem sido insuficiente. Apesar de sua crescente autoridade e influência na área dos estudos ingleses, talvez o campo mais propenso à formação de uma *intelligentsia* na Grã-Bretanha desde a Segunda Guerra, não houve até agora um esforço para abarcar criticamente toda a sua obra pela direita política. A variedade imensa dos textos de Williams, cruzando fronteiras

---

1 *Cultura e sociedade*, por exemplo, vendeu 160 mil cópias, e *Communications*, aproximadamente 150 mil. *The Long Revolution*, *Drama from Ibsen to Brecht*, *Orwell* e *Palavras-chave* venderam mais de 50 mil cópias desde a sua publicação – o mais recente dentre eles, *Palavras-chave*, em apenas dois anos.

acadêmicas e confundindo expectativas disciplinares, é sem dúvida uma das razões para esse silêncio hostil. De certa maneira, parte dessa mesma dificuldade intelectual foi sentida na esquerda. Mas, nesse caso, outro aspecto importante também teve influência. Na última década, pela primeira vez desde a guerra, a cultura socialista ativa na Inglaterra tornou-se predominantemente marxista – uma mudança devida simultaneamente à fruição da obra do grupo notável de historiadores nativos, originalmente formados no final dos anos 1930 e nos anos 1940; ao esgotamento do fabianismo[2] como uma fonte de argumentos políticos e sociais; e à disseminação de ideias e idiomas internacionais entre uma nova geração formada durante ou após as lutas dramáticas do final dos anos 1960. Esse marxismo manteve-se a uma distância respeitosa do trabalho de Williams. Dois ensaios importantes foram escritos, um sobre *Cultura e sociedade*, por Victor Kiernan, e outro sobre *The Long Revolution* [A longa revolução], por Edward Thompson, quando esses livros apareceram – em 1958 e em 1961, respectivamente.[3] Mas, a partir de então, a diferença entre as preocupações mais especializadas de Williams – com o drama, a literatura ou a televisão – e as dos historiadores profissionais parece ter restringido um diálogo próximo e contínuo. Entre os socialistas mais jovens, por um longo período houve ainda menos engajamento em relação à sua obra, mesmo considerando que, nesse caso, as discordâncias eram mais de vocabulário e de filiação teórica do que de interesse. Contudo, foi dessa geração que surgiu a primeira avaliação ampla de seu trabalho, com a publicação, em 1976, do primeiro capítulo de *Crítica e ideologia*, de Terry Eagleton, um crítico marxista e antigo aluno de Williams.[4] Quase no mesmo momento Williams abordou, pela primeira vez, as definições e problemas centrais do materialismo histórico com a publicação de *Marxismo e literatura*, em 1977. Ao fazê-lo, revelou algo da história não registrada de suas próprias relações com o marxismo.

---

2 Referência ao movimento intelectual europeu, iniciado no fim do século XIX pela organização de centro-esquerda Sociedade Fabiana, que se caracterizou pela negação de pressupostos marxistas e pela defesa de propostas reformistas. (N. E.)

3 Kiernan, V. Culture and society, *The New Reasoner*, n.9, 1959; Thompson, E. The long revolution, *New Left Review*, 9 e 10, maio-jun. e jul.-ago. 1961.

4 *Criticism and Ideology*, New Left Books, 1976, p.21-42. O texto foi publicado pela primeira vez como "Criticism and politics: the work of Raymond Williams", em *New Left Review*, n.95, jan.-fev. 1976. Um levantamento anterior pode ser encontrado em Green, M. "Raymond Williams and cultural studies", *Cultural Studies*, n.6, 1975.

APRESENTAÇÃO   XV

Foi nesse cenário que a revista *New Left Review* (*NLR*) concebeu a ideia de um livro de entrevistas com Raymond Williams, explorando em detalhe e profundidade toda a substância e o padrão de sua obra. A *NLR*, ao tomar forma em meados dos anos 1960, expressou repetidamente a opinião de que nenhum marxismo autônomo ou maduro poderia surgir na Grã-Bretanha sem uma avaliação total da contribuição de Williams para o pensamento socialista.[5] Essa posição problemática foi acompanhada pela publicação de ensaios políticos e teóricos centrais de Williams no periódico. Eles incluem "The British left" [A esquerda britânica] (*NLR*, n.30), "Literature and sociology: in memory of Lucien Goldmann" [Literatura e sociologia: em memória de Lucien Goldmann] (*NLR*, n.67), "Base and superstructure in Marxist Cultural Theory" [Base e superestrutura na teoria cultural marxista] (*NLR*, n.82), "Notes on British Marxism since the War" [Notas sobre o marxismo britânico desde a guerra] (*NLR*, n.100) e "Problems of materialism" [Problemas do materialismo] (*NLR*, n.109). Contudo, a *NLR* provou não estar mais apta do que outros periódicos da esquerda para realizar, naqueles anos, um balanço das conquistas crescentes de Williams. Em relação a tradições modernas da teoria socialista, o seu esforço mais significativo esteve em outro lugar. Naquele período, a *NLR* perseguiu a iniciativa de introduzir e avaliar as principais escolas do marxismo continental – Lukács ou Sartre, Gramsci ou Althusser, Adorno ou Della Volpe. Os princípios desse programa eram duplos: realizar um levantamento claro e coerente dos conceitos e temas, organizando cada corrente dentro do marxismo ocidental, e então apreciá-los de forma justa, embora firme e crítica, num espírito simultaneamente de independência e solidariedade. Esse compromisso manteve o periódico distante de duas reações à ampliação da cultura marxista na Inglaterra encontradas entre as gerações mais antigas e as mais jovens: por um lado, anátemas veementes sobre doutrinas estrangeiras como intrusões teóricas estranhas na tradição nacional ou, por outro, apropriações hierofânticas de uma escola ao preço de todas as outras, como o local do conhecimento privilegiado.

O resultado da posição contrastante da *NLR* pode ser examinado nos textos coletados em *Western Marxism – A Critical Reader* [O marxismo

---

5 Veja, por exemplo, Anderson, P. Socialism and pseudo-empiricism, *New Left Review*, n.35, jan.-fev. 1966, p.32.

ocidental – uma leitura crítica].[6] O presente volume é uma extensão natural e necessária daquele trabalho, voltando-se a este intelectual preeminente e representativo do socialismo na Grã-Bretanha contemporânea, num período em que os próprios textos de Williams se uniam conscientemente a um debate marxista internacional. A ideia nasceu de um engajamento com a obra de Williams num ensaio de Anthony Barnett, do comitê editorial da *NLR*, em 1976, "Raymond Williams and Marxism: a rejoinder to Terry Eagleton" [Raymond Williams e o marxismo: uma réplica a Terry Eagleton], que procurou explorar e apreciar a característica específica do socialismo de Williams.[7] O projeto de um livro de entrevistas foi concebido para desenvolver esse comprometimento com um diálogo pleno e direto.

A entrevista é uma invenção do jornalismo moderno, dificilmente com mais de cem anos. Projetada para jornais, ela é apenas recente e esporadicamente empregada em livros. Como forma, a entrevista sofre usualmente a limitação de uma reticência artificial: os entrevistadores que extraem as respostas do entrevistado não declaram a sua própria posição. Como consequência parcial disso, as entrevistas – talvez, sobretudo, em questões intelectuais – são frequentemente acríticas, uma vez que investigações críticas reais pressupõem a habilidade e a disposição para argumentar alternativas. A *New Left Review* tem tentado, sempre que possível, desenvolver outro modelo de entrevista que permita a declaração e o argumento por ambos os lados.[8] Este livro segue essa prática. A sua dimensão não é, contudo, usual. Isso é devido tanto ao nosso julgamento da qualidade e importância da obra de Williams – igual e, em alguns aspectos cruciais, superior à de seus colegas europeus – quanto à disposição sem reservas do próprio Williams, que tem poucos precedentes em seu interesse por responder às questões, às críticas e aos contra-argumentos que foram a ele colocados. As entrevistas ocorreram em Cambridge, de junho a novembro de 1977, com exceção das referentes aos seus romances, que ocorreram em setembro de 1978.

New Left Review

---

6 *New Left Books*, 1977.

7 *New Left Review*, n.99, set.-out. 1976.

8 Alguns exemplos são as entrevistas com Jean-Paul Sartre e com Lucio Colletti (*New Left Review* n.58 e n.86, respectivamente).

A POLÍTICA E AS LETRAS

NOTA DA EDIÇÃO INGLESA

As entrevistas aqui relacionadas foram conduzidas por Perry Anderson, Anthony Barnett e Francis Mulhern, integrantes do comitê editorial da revista *New Left Review*.

I
BIOGRAFIA

INFÂNCIA

Qual era o perfil de sua família e de sua comunidade de origem?

Sou de Pandy, um vilarejo predominantemente agrícola de características muito comuns à estrutura rural do País de Gales: as fazendas são pequenas unidades familiares. Meu pai começou a trabalhar ainda garoto em uma fazenda. Mas pelo vale chegou a linha de trem, e aos 15 anos ele conseguiu um trabalho como carregador na ferrovia, onde ficou até ir para o exército durante a Primeira Guerra Mundial. Quando retornou, virou assistente de sinaleiro e, depois, sinaleiro. Ou seja, cresci em uma situação bastante específica – um padrão social distintamente rural, de pequenas fazendas, entrelaçado a outro tipo de estrutura social a que os trabalhadores da ferrovia pertenciam. Eles eram assalariados sindicalizados, com uma percepção de um sistema social muito mais amplo que se estendia além do vilarejo ao qual estavam ligados. Contudo, ao mesmo tempo, estavam amarrados à localidade imediata, com suas fazendas familiares particulares.

Sempre houve certa pressão vinda do leste, como dizíamos – da Inglaterra – por estarmos na fronteira de um tipo diferente de vida residencial rural, com amplas casas de campo de posse de anglo-indianos aposentados. Mas isso se manteve bastante marginal e distante.

Quão grande era a comunidade?

Era um exemplo clássico de um povoado disperso em vez de nucleado, padrão característico não apenas do País de Gales rural, mas também de muito da Grã-Bretanha ocidental. A paróquia mais próxima estava a 5 quilômetros por um caminho, e seis e meio por outro. Por volta de quatrocentas pessoas viviam lá. As fazendas distanciavam-se em torno de 400 metros umas das outras, embora houvesse pequenos aglomerados, como a casa em que cresci, inserida em um grupo de outras seis. O contraste com os povoados rurais típicos do leste da Inglaterra, nucleados em torno de uma igreja, é bastante contundente. O vilarejo era servido por uma escola sob o controle da igreja do País de Gales, uma capela batista e uma capela presbiteriana. Havia lá quatro pubs.

De acordo com o que diz, essa era, de muitas maneiras, uma região bastante atípica, ao menos incomum no campo da Inglaterra. O que você descreve é uma agricultura de pequenos proprietários sem um grupo significativo de exploradores. Certamente, não era nada parecido com o sistema padrão dominante na Inglaterra, constituído por três partes: o proprietário, o fazendeiro e o trabalhador rural.

Sim, é isso mesmo.

Ao mesmo tempo, embora seu pai trabalhasse em uma ocupação tradicional da classe trabalhadora, ela era, contudo, bastante distante do ambiente normal do proletariado urbano moderno.

Creio que esse seja o ponto central. Levou muito tempo para que eu percebesse que minha situação não era típica. Mais de metade da população do vilarejo era constituída por pequenos fazendeiros. Eles não estavam, em geral, envolvidos com a exploração [do trabalho alheio] em suas atividades imediatas (exceto dentro das famílias, onde havia, de fato, muita exploração: mas dentro das famílias, não fora delas). Eles não se caracterizavam como empregadores de mão de obra. O tamanho médio de uma fazenda estava entre 60 e 100 acres, sendo metade de terras ásperas para pastagem nas encostas dos morros e metade de terras para pastagem no vale. De qualquer forma, os fazendeiros eram tão claramente a base sólida real dessa comunidade que ninguém se sentia mais estabelecido que eles naquele lugar. Os outros formavam os grupos menos comuns. Havia a ferrovia, que empregava de quinze a vinte famílias, os trabalhadores por empreitada, algumas pessoas que começavam a viajar para trabalhar na cidade e artesãos rurais típicos.

*Esses fazendeiros podiam parecer bastante estáveis, mas pequenas proprie-
dades podem ser relativamente inseguras em termos econômicos: alguns anos
bons, outros ruins.*

Sim, houve a depressão, e as pequenas fazendas são ainda hoje cronica-
mente descapitalizadas. Também, como eu disse, não há dúvida de que o
trabalho no interior da família tem um perfil de exploração. Há pressão
para atrasar o casamento; há grandes injustiças entre irmãos e irmãs
dependendo da idade dos pais ao morrerem, bem como na disposição da
herança; e, obviamente, as crianças começam a trabalhar muito cedo.
Não se vê isso como exploração, mas o trabalho é bastante duro. Algo
bem estranho é que, quando uma família vende tudo, parece que ela é
constituída por proprietários bastante estáveis. Podemos ter uma impressão bastante diversa se olharmos apenas o valor obtido com as vendas.
Mas nessas famílias nunca há capital disponível, tudo está investido em
construções ou animais: a disponibilidade de algumas libras em dinheiro
a qualquer momento é, em geral, menor que a de muitos trabalhadores
com um salário baixo. Obviamente, vender tudo é um desastre, pois
significa que, de alguma forma, a família chegou ao fim.

Por todo o tempo avançava o processo de absorção das pequenas
propriedades, que ocorreu ao longo do século XIX. É às vezes difícil
acreditar que ainda hoje haja tantos pequenos proprietários. Mas se voltarmos cem anos no tempo, havia o dobro ou o triplo deles. Desde então,
houve uma emigração quase contínua desse tipo de região, de maneira
que mesmo as pequenas propriedades sobreviventes são resultado da
anexação de duas ou três fazendas no passado.

A comunidade como um todo diminuiu no entre guerras?

A população diminuiu porque sempre houve um grupo sem a expecta-
tiva de um trabalho certo. Havia também as famílias sem terra, como a
minha. Meu avô, por exemplo, era um trabalhador rural e, certa ocasião,
teve uma desavença com seu patrão – isso ocorreu a uma distância de
pouco mais de trinta quilômetros de casa – e então se tornou um caixeiro
viajante. Mas outras pessoas que soube estarem em uma situação similar
foram trabalhar nas minas de carvão – havia muito movimento nos vales
de mineração – ou nas cidades. No século XX houve uma grande migra-
ção para Birmingham, para onde muitos de minha família se mudaram.
As pessoas estavam constantemente partindo. Sempre houve um grande

êxodo de mulheres, que de fato precedeu o de homens. As moças partiam para trabalhar como domésticas. A maior perda para a população rural do País de Gales foi, primeiramente, entre as mulheres. Então, os homens começaram a partir em busca de trabalhos alternativos. É por isso que a ferrovia foi tão importante: o trabalho de um ferroviário era incrivelmente valorizado, por ser considerado seguro. Parece irônico hoje, mas nas décadas de 1920 e de 1930, algo que sempre se dizia sobre a ferrovia era que se tratava de um emprego seguro e bem pago.

Como era o relacionamento entre os ferroviários e os fazendeiros?

Parecia não haver nenhuma barreira social entre eles. O amigo mais próximo de meu pai era um fazendeiro, o que era algo típico. Ele foi seu amigo por toda a vida, e meu pai o ajudava durante a colheita. Em sua propriedade, ele plantava fileiras de batata que eram uma parte importante de nossa alimentação. Se olhássemos para alguns dos fazendeiros maiores, começávamos a nos conscientizar de alguma distância social, pois notávamos quando alguém tinha um carro, algo que dois ou três começavam a adquirir. O diretor da escola também possuía um.

O interessante é que os líderes políticos no vilarejo eram os ferroviários. Dos três sinaleiros do posto onde meu pai trabalhava, um se tornou secretário do conselho paroquial e o outro, vereador do distrito, enquanto meu pai era do conselho paroquial. Eles eram muito mais ativos do que qualquer outro no vilarejo. Todos os ferroviários votavam no Partido Trabalhista. A maioria dos fazendeiros, por outro lado, votava no Partido Liberal. No vilarejo, havia divisões de interesse entre ambos, tipicamente em relação a despesas. Os ferroviários eram um elemento modernizador que, por exemplo, buscava introduzir água encanada e outras amenidades sociais. Eles liam muito. Também falavam sem cessar. É aqui que sua outra dimensão social, bastante externa àquela localidade, foi decisiva. Caracteristicamente, devido aos sinaleiros terem longos períodos de inatividade entre os trens, eles conversavam por telefone por horas uns com os outros – em postos tão distantes quanto Swindon ou Crewe. Eles não deveriam fazê-lo, evidentemente, mas faziam-no por todo o tempo. Dessa forma, recebiam diretamente notícias do sul industrial de Gales, e traziam a política moderna para o vilarejo. Isso significava aumentar as tarifas, algo a que os fazendeiros se opunham, já que eles não tinham muito dinheiro disponível. Se os fazendeiros se opusessem de forma organizada, eles tenderiam a ganhar. Mas, apesar desses conflitos, as relações pessoais regulares entre os dois grupos eram bastante próximas: era comum ir ao posto de sinalização e encontrar um ou dois pequenos fazendeiros lá sentados, sobretudo em um dia úmido, conversando com os ferroviários. Penso que tudo isso teve consequências para a minha percepção inicial da forma da sociedade.

Qual era o papel das denominações religiosas na área?

Os fazendeiros eram em sua maioria não conformistas, e havia mais batistas do que presbiterianos (metodistas calvinistas). No meu caso, as famílias de meu pai e de minha mãe distribuíam-se entre igreja [católica] e capelas [batista ou presbiteriana]. Meu pai era bastante avesso à religião. Quando minha avó, não conformista, veio morar conosco, enviou-me à capela. Quando cresci, fui à igreja. A capela era muito mais conscientemente galesa. Mais tarde, recusei-me a ser crismado, mas a decisão não causou nenhuma crise na família.

Você sabia galês?

Não falávamos galês. A nossa área havia sido anglicizada na década de 1840 – o momento clássico usualmente descrito como aquele em que "as mães deixaram de ensinar galês aos seus filhos". Na realidade, havia uma pressão intensa e consciente nas escolas para eliminar a língua, as crianças que falassem galês eram punidas. O resultado foi termos uma minoria de famílias bilíngues e uma maioria que falava apenas o inglês. Contudo, certo número de expressões galesas sobreviveu e impactou o inglês, sobretudo saudações e xingamentos. Mas, para a maioria da população, o galês era naquela época uma língua desconhecida.

Ao mesmo tempo, poemas e canções galesas eram memorizados para ocasiões especiais. Essa foi uma das áreas por onde se iniciou a renovação da cultura galesa, no início do século XIX. Isso sempre ocorre em áreas fronteiriças, que produzem um nacionalismo consciente. Canções e poemas galeses eram ensinados para crianças na escola primária.

Qual era seu comportamento em relação à aprendizagem dessas canções? Em algum momento você sentiu que era um arcaísmo constrangedor?

Senti isso com muita força quando estava na *grammar school*. Minha reação foi então associada à repulsa geral contra o que eu via, e ainda vejo, como uma limitação extrema do não conformismo galês. Sua relação com a bebida, por exemplo, era bastante difícil de ser aceita por um adolescente. O que não percebi naquela época, mas hoje entendo, é que as *grammar schools* foram implantadas nas vilas do País de Gales com o propósito de anglicizar. Elas impunham uma orientação completamente inglesa, que nos desconectava de nossa raiz galesa. Vocês podem imaginar como isso combinava com a minha hostilidade às normas da comunidade não conformista galesa. O resultado foi uma rejeição de minhas raízes galesas, algo que não retrabalhei até bem os meus 30 anos, quando comecei a ler a história e entender o processo.

Você falou da língua e da religião galesas. Mas e sobre a identidade nacional? As pessoas de seu vilarejo, seu pai e seus avós, diziam ser galeses se questionados? Ou eles não usavam essa definição?

Eles se sentiam bastante confusos, eu os ouvia falando a respeito. Creio que o sentido de uma identidade local específica era muito mais forte. Havia boas razões históricas para isso, pois o País de Gales nunca foi uma nação: sempre teve uma existência cultural, não uma existência nacional. Foi incorporado à Grã-Bretanha antes de desenvolver uma identidade nacional. As pessoas sempre perguntavam o que galês de fato significava. Foi assim que eu, enfim, entendi a questão, porque percebi que quase todo galês se pergunta sobre o que é ser galês. O elemento problemático é característico. Claro que, na fronteira, isso era mais problemático do que no norte ou no oeste de Gales, nas comunidades que ainda falam galês. Eles estão bem mais distantes da Inglaterra. Havia um sentido curioso no qual podíamos falar como estrangeiros tanto em relação ao galês quanto ao inglês, como não sendo "nós". Isso pode parecer estranho, mas reflete historicamente o fato de que essa foi uma zona fronteiriça que havia sido local de combates por séculos.

Você se considerava britânico?

Não, o termo não era muito adotado, exceto por pessoas em quem não confiávamos. "Britânico" era raramente empregado sem o termo "império" e quase ninguém o utilizava, incluindo os pequenos fazendeiros.

Você poderia dizer algo sobre as opiniões e atividades políticas de seu pai?

Mesmo quando garoto, ele era muito consciente de como meu avô mudou sua posição política, passando de liberal para trabalhista. Ela foi provocada pelo momento dramático em que havia sido demitido e

INFÂNCIA

despejado de sua casa, o caso clássico da moradia vinculada ao trabalho, para então se tornar um caixeiro viajante. Quando você é vítima de um fazendeiro que vota no Partido Liberal, o seu interesse de classe vem à tona: naquele momento, ele tornou-se trabalhista. Essa foi também a orientação política de meu pai. Ele foi, assim, bem de má vontade, recrutado para a Primeira Guerra Mundial, e voltou do Exército no mesmo estado de espírito de tantos outros soldados, totalmente radicalizado. Ao voltar à ferrovia, seu primeiro posto foi próximo aos vales de mineração, regiões muito politizadas, com uma cultura socialista razoavelmente avançada. Quando voltou para a fronteira, já havia adquirido a perspectiva socialista.

Então você cresceu em uma família socialista e, desde muito cedo, estava consciente disso.

Certamente. Eu tinha cinco anos na ocasião da greve geral [de 1926], que foi travada de modo bastante intenso mesmo na escala reduzida de um vilarejo. O chefe da estação foi penalizado com o rebaixamento de seu cargo por ele ser um socialista declarado. Houve um conflito bastante grande no segundo posto de sinalização quando dois dos homens entraram em greve, mas o outro não. O capítulo de meu romance *Border Country* [Zona de fronteira], que descreve a greve, retrata os fatos de modo bastante próximo à realidade. Em 1929, lembro-me da euforia em casa quando o Partido Trabalhista ganhou as eleições. Meu pai encabeçava o braço do partido em nosso vilarejo, e recebemos os resultados com festa.

Então a política chegou principalmente por seu pai. E sua mãe aceitava isso? Ela era ativa?

Era a situação clássica da mulher no Partido Trabalhista. Ela faz o chá, endereça os envelopes e os entrega, mas não tem muita atividade política. Minha mãe, no entanto, tinha sua própria opinião. De fato, era muito mais avessa aos fazendeiros que meu pai, que estava entre eles o tempo todo. Ela ainda faz observações bastante hostis sobre os fazendeiros como classe, concebida por ela como o estágio mais elevado de exploradores! Mas essas foram as únicas relações sociais que ela vivenciou diretamente. Sua mãe havia sido ordenhadora em uma grande fazenda, e ela mesma havia trabalhado em outra quando garota, de modo que havia uma ideia de fazendeiros como empregadores.

E sobre as suas leituras, seu desenvolvimento intelectual quando garoto?

Eu lia muitíssimo pouco, exceto os livros escolares, ainda foi assim após a *grammar school*.[1] Penso que isso teve relação com a disponibilidade dos livros. Tínhamos pouquíssimos exemplares em casa, quase nenhum além da bíblia, o manual do apicultor (meu pai era louco por ele) e coisas usuais para crianças, como *The Wonder Book of Why and What* [O maravilhoso livro do por que e do como]. Onde conseguíamos livros? Na escola. Dessa forma, fui fortemente direcionado pelo currículo, ao menos até os 16 ou 17 anos, quando comecei a ter acesso ao *Left Book Club*. Mas levei de vinte a trinta anos, se é que mudei, para me acostumar à ideia de que livros são algo para ser comprado. Acredite, esse é um hábito que partilho com a maioria dos britânicos.

E sobre o seu padrão de escolha dentro do currículo escolar? A sua especialização na grammar school foi em literatura e linguística – inglês, francês e latim. A ausência da História em seus interesses intelectuais quando adolescente parece notável.

A explicação está na cultura que herdei, não em meu caráter. A História que nos foi ensinada na escola elementar era uma mistura venenosa de chauvinismo galês romântico e medieval. A leitura era horrível – nada além de como certo príncipe medieval venceu os saxões e tomou-lhes grandes quantidades de gado e de ouro. Eu vomitava ao ler isso. Não apenas por eu não me conectar. Essa História era absolutamente desmentida pela nossa situação. A ironia foi que, ao ir para a *grammar school*, começamos a estudar a história do Império Britânico. Mergulhamos em algum lugar em meados do século XVIII, com a conquista do Canadá, e então fomos para a Índia, para a América do Sul e para toda a expansão imperialista. Aquele tipo de História também não me interessava muito. O resultado peculiar foi que, mais tarde, tive de reconstruir as linhas principais da história não apenas da Inglaterra, mas também da minha própria região. Não senti qualquer perda naquele momento. Mas senti intensamente mais tarde, quando tive de me estabelecer e ler o corpo principal da história britânica, incluindo, evidentemente, a história do País de Gales. As melhores notas que consegui no certificado

---

1 *Grammar schools* são instituições públicas de ensino secundário do Reino Unido que selecionam seus alunos entre os melhores estudantes do ensino primário. Normalmente, a criança ingressa no nível secundário a partir dos 11 anos. (N. E.)

escolar foram em línguas e em Inglês, e foi então o que eu segui, quando fui para o sexto período.

Foi um grande passo ir de uma escola primária no vilarejo para a grammar school *em Abergavenny?*
O vilarejo teve seu ano de ouro quando fiz o exame para a bolsa de estudos – sete alunos conseguiram as bolsas do distrito. Tiramos uma foto do grupo por ser um evento tão excepcional: seis garotas e eu. Mas as meninas, muitas delas filhas de fazendeiros, geralmente estudavam apenas até o quinto período e então deixavam a escola. Os outros garotos do vilarejo também avançavam até o quinto período, quando então tinham frequentemente dificuldades em passar o *matric* [processo de admissão]. Assim, ao ser aceito no sexto período, eu era o único de Pandy.
Mas não me senti isolado do vilarejo. A *grammar school* era intelectualmente desenraizante, como posso ver hoje. Eu não estava consciente disso naquela época, pois não havia o sentido de separação em nada que não fossem atividades escolares.

A grammar school era vista no vilarejo, e pela sua família, como uma extensão natural de sua vida?
Totalmente. Eu até costumava acusar meu pai, embora eu não o faça hoje – por me cobrar tanto. Como fui o primeiro no exame do distrito, ele assumiu que quando eu fosse para a *grammar school* seria automaticamente o primeiro da sala. Foi inexplicável para ele o fato de eu ter sido o segundo ao final do primeiro ano. Senti-me extremamente ofendido por ele pensar que chegar em segundo fosse ruim. Creio que provavelmente comecei a sentir, naquela ocasião, a competitividade acadêmica vergonhosa da qual apenas me livrei em meu último exame.
Mas não havia absolutamente a ideia de que a educação fosse algo curioso na comunidade. Anos mais tarde conversei com Hoggart sobre a sua impressão ao ser descrito como "brilhante" durante a infância, com a implicação de isso ser algo esquisito. Minha experiência foi bastante oposta. Não havia absolutamente nada errado em ser brilhante, ganhar uma bolsa de estudos ou escrever um livro. Creio que isso tenha algo a ver com o que ainda era uma tradição cultural galesa em uma zona fronteiriça anglicizada. Historicamente, os intelectuais do País de Gales vêm de famílias pobres em um número bem mais elevado do que os intelectuais ingleses, de modo que o movimento não é considerado anormal

ou excêntrico. O intelectual galês típico é, como dizemos, apenas uma geração distante das mangas de camisa. Não havia, afinal, nenhuma instituição no País de Gales para manter uma *intelligentsia* dependente de classe. Por definição, os intelectuais dependentes de classe emigraram. É importante lembrarmos que as universidades galesas foram construídas com subscrição popular na década de 1880, o que teria sido um projeto difícil na Inglaterra do mesmo período.

A educação era, evidentemente, considerada como um escape da condição de um emprego frustrante. Lembro-me quando reclamei a meu pai, uma vez: "Pra que isso, afinal?", e ele disse: "Bem, por exemplo, você pode conseguir um emprego em uma bilheteria. Isso significaria uma ou duas libras a mais por semana".

Era essa a sua perspectiva naquele momento?

Não. Mas eu também não pensava em educação superior. A ideia de uma universidade veio como uma surpresa para mim. E isso ocorreu sem me consultarem. Quando fiz o exame para o *Higher School Certificate*,[2] que consegui bem cedo por realizar o curso rapidamente, o diretor decidiu conversar com o meu pai sobre meu ingresso em Cambridge. Meu pai então me disse: "Não lhe contamos para que você não ficasse desapontado caso eles não o aceitassem". O diretor da escola escreveu para o Trinity College, pedindo que me aceitassem e eles me aceitaram, sem os processos normais de admissão e sem qualquer exame. Eu nunca havia ido a Cambridge antes de lá chegar como um aluno de graduação. O local me foi apresentado pela primeira vez. Naquele momento, contudo, eu tinha uma opinião formada sobre o que eu queria ser, e a universidade não era prioritária, embora não fosse um entrave.

O que você queria ser?

Creio que posso dizer honestamente que era algo bem próximo do que sou hoje. Não o que sou como um professor universitário – tenho sempre de me lembrar de que sou *isso* –, mas como um escritor. Quando tinha 16 anos, escrevia com meu melhor amigo, que era o filho do pastor batista, peças teatrais que eram encenadas no vilarejo. Nós as produzíamos juntos no salão do vilarejo, e todos vinham assistir. Também escrevi um romance que ninguém jamais lerá, chamado *Mountain Sunset* [O pôr do

---

2 Certificado emitido para os alunos que concluíam o ensino médio. (N. E.)

sol nas montanhas]. Era sobre a revolução na Inglaterra – uma dentre aquelas batalhas críticas aconteceu na fronteira. Creio que o texto foi infectado por aquela história galesa desprezível! Enviei o manuscrito a Gollancz, que eu conhecia devido ao *Left Book Club*. Eles obviamente me enviaram o material de volta, mas com uma nota amável dizendo que queriam ver mais. Em seis meses, eu não suportava mais lê-lo.

Qual o caráter das peças que você escrevia?

Fizemos duas peças completas. A mais ambiciosa tomou a forma de uma história de detetive que desvendava um vilão social. Hoje sei que isso era bastante característico do melodrama radical. Éramos, naquela época, vistos de modo bastante diferente de alguém como meu pai, por estarmos fazendo campanha política. Todavia, todos vieram, o salão lotou.

Vocês incluíam referências ao vilarejo em suas peças?

Sim, algumas, mas tínhamos de ser cuidadosos. Quando eu estava em Cambridge, escrevi um conto chamado *Mother Chapel* [Mãe Capela], que era uma crítica à comunidade não conformista e limitada que reprovava radicalmente o desvio sexual. No conto a filha do ministro engravida antes do casamento, daí o título. De alguma forma, não sei ainda como, a revista em que a história foi publicada chegou à minha comunidade e o mundo desabou. Um filho do vilarejo havia partido para difamar a região... Na realidade, o episódio ficcional era bem típico. Eu havia me tornado bastante desdenhoso das hipocrisias envolvidas. As peças iniciais que fizemos eram muito mais respeitosas com relação aos constrangimentos locais.

Qual campanha política fez você ser visto de maneira tão diferente em relação a seu pai?

Nas eleições de 1935, o candidato do Partido Trabalhista foi Michael Foot, de Oxford, para quem meu pai organizou um encontro. Achamos isso bastante enfadonho. Decidimos convidar o candidato Tory [conservador]. O distrito eleitoral era Monmouth: o voto consolidado do leste do distrito sempre manteve o conservadorismo. Havíamos reunido cifras sobre os ganhos dos trabalhadores negros na África do Sul, levantamo-nos e perguntamos a ele como ele justificaria aquela situação. Ele acabou conosco, com bastante apoio dos presentes, dizendo que esse não era um assunto de grande relevância na campanha corrente do distrito, e que ele estava certo de que os eleitores concordavam com isso, fazendo de nós tolos. Esse tipo de pergunta era de uma linguagem política diversa de tudo o que era familiar no vilarejo.

Como era a filial local do Left Book Club, *e qual foi o impacto geral do clube em seu desenvolvimento?*

O clube de Abergavenny, que tinha em torno de quinze membros, era encabeçado por ativistas do Partido Trabalhista. Costumavam organizar discussões e encontros, e convidavam palestrantes. Nós não éramos assinantes. Eu costumava tomar livros emprestados de quem quer que fosse assinante, de modo que eu não tinha acesso a todas as palestras. Mas foi graças ao clube que li sobre imperialismo e colonialismo. Era a época da guerra na Abissínia. Estávamos também bastante conscientes da Revolução Chinesa, já que havíamos lido *Estrela vermelha sobre a China*, de Edgar Snow; e, evidentemente, também estávamos conscientes da Guerra Civil Espanhola. Entre os palestrantes convidados, lembro-me de ter ficado particularmente impressionado com Konni Zilliacus, que naquele momento ainda trabalhava para a Liga das Nações. Ele me pareceu a primeira pessoa cosmopolita que eu jamais conhecera.

As concepções políticas de seu pai cresceram, em um sentido bastante direto, de sua experiência profissional imediata e de sua situação familiar. Contudo, de acordo com o que você está dizendo, parece que muito da pressão e do foco de sua visão política quando adolescente era internacional, ao invés de local ou mesmo nacional.

Sim, com um problema, nosso interesse pendia demais para o outro lado. A política tradicional local e parlamentar no movimento trabalhista era vista como parte de um mundo enfadonho e estreito, pelo qual não tínhamos qualquer simpatia. Para nós, as ações internacionais eram muito mais envolventes e interessantes. Era lá que as questões centrais estavam sendo decididas. O *Left Book Club* representava essencialmente a inserção dessas perspectivas e conflitos mais amplos no movimento trabalhista. Pessoas mais velhas acompanharam esse movimento, embora eu acredite que para eles tratava-se de uma associação benevolente, e não de solidariedade internacional. Fizemos o salto para a solidariedade internacional sem ter de passar pelas experiências das lutas locais e nacionais, embora eu tenha sempre a impressão de que o grande problema do movimento trabalhista tenha sido conectar ambos os interesses. Mas os tempos estavam em transformação e as questões eram, sobretudo, de natureza muito mais internacional.

Você se filiou ao Partido Trabalhista. Pensava em si mesmo como uma pessoa do partido?

Não, eu não me afiliei ao partido. Meu pai, que era o secretário da subdivisão local, pediu que eu me filiasse em 1936. Mas eu não gostava de Michael Foot – algo que é mais fácil de dizer hoje. Ele era um novo fenômeno, vindo direto da União de Oxford, que soou um pouco estranho no salão do vilarejo de Pandy. Eu disse a meu pai: "O que isso tem a ver com o Partido Trabalhista?". Ele considerou meu comportamento muito equivocado e disse que Foot era um jovem bastante inteligente. Mas, particularmente, eu não queria me filiar. De fato, o único período em que me tornei membro do Partido Trabalhista foi de 1961 a 1966, quando eu tinha uma carteirinha – um período bastante peculiar para isso, obviamente. Em outros momentos, apoiei o Partido Trabalhista nas eleições por não haver outra escolha. Mas sempre tive uma atitude reservada em relação a ele.

Você teve discussões com seu pai sobre isso? Ele pensava que você iria, com o tempo, se filiar ao partido?

Sim, ele pensava, a ponto de, após a guerra, escrever para mim e dizer que o grupo do qual ele fazia parte, creio que os sobreviventes do *Left Book Club*, queria me convidar para ser o candidato local nas eleições de 1945. Acho que ele ficou bastante magoado por eu não demonstrar interesse. Não que eu pense que, se eles tivessem efetuado a proposta, eu teria sido nomeado. O Partido Trabalhista, naquela época, estava sendo dirigido por pessoas de um tipo bastante diferente no distrito eleitoral.

O ambiente do Left Book Club *era muito mais próximo ao Partido Comunista do que ao Partido Trabalhista. O campo de sua cultura política era a Frente Popular. Quando você estava em Abergavenny, isso não apresentou um conflito ou impôs uma escolha para você? Como você se comportava em relação ao Partido Comunista?*

O fato realmente extraordinário – deve ter sido apenas acidental para aquela região – é que não havia uma conscientização sobre o Partido Comunista Britânico. Bastaria viajar 50 quilômetros para encontrarmos alguns dos bastiões comunistas mais sólidos do país, em Rhondda.

Contudo, eu não estava consciente de qualquer antagonismo trabalhista-comunista, como posições divergentes a serem escolhidas. Vocês têm de entender que isso não havia sido um problema para meu pai. Ele não pensava nos comunistas como outra força, ou uma força diferente, no movimento trabalhista: era natural para ele que houvesse comunistas na liderança dos sindicatos dos ferroviários. Aqueles foram os dias da Frente Popular, que rejeitou a ideia de uma divisão. Nosso entendimento era: "sem inimigos na esquerda".

O que você diz é um pouco surpreendente. Afinal, seu pai devia estar consciente da carta de Zinoviev. A ameaça bolchevique, a natureza não inglesa do comunismo, eram temas implacáveis da propaganda burguesa no período do entre guerras. Esses assuntos eram questões políticas nacionais.

Isso é o que os patrões diziam. Não se acreditava nisso. Da mesma forma, essas questões não eram os termos pelos quais nossa própria luta era formulada. Creio que isso seja verdadeiro para muitos da geração de meu pai, e talvez mesmo para a geração de militantes do Partido Trabalhista que a sucedeu, que se filiou antes da Guerra Fria e das divisões e proscrições que dela resultaram. Claro que nos grandes centros industriais havia batalhas ideológicas organizadas e conscientes. Mas, para muitos socialistas, o comunismo era um braço do movimento trabalhista, e se a imprensa e o governo o atacavam, isso era certamente de se esperar. Havia uma combinação entre aceitação e distanciamento.

Se reconstruíssemos a sua visão do mundo até o momento em que você ingressou na universidade, qual seria a imagem mais representativa de uma classe dominante ou exploradora?

A primeira imagem que vem à minha mente é a de um personagem bastante antigo, o magnata ou proprietário rural do qual eu zombava. A imagem cultural imediata era a do escudeiro Tory.

Eles de fato existiam no compasso de sua experiência?

Não se podia vê-los. Podia-se ver um muro no parque, nada além disso. Poderíamos ter pensado em banqueiros. Lembro-me de longas discussões com meu pai sobre a posse da indústria pelos banqueiros. Então, evidentemente, havia os proprietários das ferrovias e das minas. Mas o estereótipo agrário um pouco arcaico ainda dominava. Não creio que tenha sido apenas por eu viver em uma área rural. Esse deslocamento do empregador industrial, o inimigo de classe decisivo dos últimos cento e cinquenta anos, para antagonistas anteriores, tem persistido de forma surpreendente na percepção da classe dominante pela esquerda britânica. No meu caso, eu também possuía a reação adolescente natural de que a classe dominante não estava apenas errada, mas também ultrapassada – a convicção característica dos jovens de que os governantes são velhos, irrelevantes e não pertencem ao nosso mundo. Eu pensava que todos os Tories eram estúpidos por definição. Essa era uma retórica bastante comum nos anos 1930. Ela carregava alguns sentimentos reais. Por outro lado, ela impedia as pessoas, incluindo a mim e a muitos de meus amigos, de entender a capacidade e a inteligência da classe dominante, bem como a implantação de sua dominação contemporânea.

No meu caso, a distância de Londres provavelmente teve alguma importância. Eu não havia visto nenhuma das definições do poder metropolitano central. Claro que eu sabia o que as tropas haviam feito nos vales de mineração. Isso nos foi contado com frequência, mas era informação de segunda mão. Nós não tínhamos qualquer dúvida sobre o caráter dos empregadores, mas a classe dominante ainda não nos parecia muito formidável. O resultado foi construir uma ideia que era muito característica dos setores amplos do movimento trabalhista naquele momento, a de que a classe trabalhadora era uma classe competente que realizava o trabalho e poderia conduzir a sociedade. Isso foi dito muitas vezes após a Greve Geral. Ao final, foi incapacitante. Mas, como adolescente, lembro-me de olhar para esses homens até mesmo com certo ressentimento – eles pareciam tão absolutamente confiantes. Nunca mais vi pessoas tão autoconfiantes.

Poderíamos dizer, então, que em sua infância houve a ausência de uma relação típica entre a cidade e o campo, a ausência de um enfrentamento direto entre os exploradores privilegiados e os trabalhadores, e a ausência do antagonismo entre o trabalho manual e o mental. As suas primeiras experiências parecem ter sido isentas de toda uma série de conflitos e tensões típicos que muitos de sua geração oriundos de famílias trabalhadoras teriam sentido em algum momento. A sua própria história parece ter escapado a quase todos eles. Em primeiro lugar, que é, de certa forma, o fato mais notável, há a ausência de qualquer divisão profunda entre o campo e a cidade. Se você fosse de uma concentração urbana mais significativa, você teria sido, sem sombra de dúvida, amplamente alienado de seu mundo natural. Isso é algo que não aconteceu com você. Em segundo lugar, você veio de uma família da classe trabalhadora com uma consciência de classe aguçada, embora em uma área que não possuía qualquer setor centralmente importante da classe dominante. Os trabalhadores das fábricas teriam uma experiência diversa em grandes cidades ou na capital. Lá os capitalistas e os governantes encarnam um poder inequívoco: eles não são cômicos, eles oprimem e instigam medo. Isso parece ter estado ausente de seu ambiente de modo real. Em terceiro lugar, parece não ter havido qualquer tensão real entre o trabalho manual e o mental – algo que pode ser bastante importante em muitas áreas da classe trabalhadora. Você nunca se defrontou com desconfiança ou ressentimento em relação ao exercício intelectual, ou com uma ambiguidade de sentimento complexa sobre a educação, por exemplo – padrões comuns em outras regiões culturais da classe trabalhadora. Parece também não ter havido problemas com a religião. Seu pai era, de fato, contrário à religião, e quando você se recusou a ser crismado, isso não causou nenhuma crise na família. Isso não foi um distúrbio na sua infância, enquanto em muitas áreas da vida da classe trabalhadora inglesa a transição não teria sido um processo tão tranquilo. Finalmente, e o mais importante, você não teve de provocar uma ruptura para entrar na política. Mesmo em distritos centrais da classe trabalhadora é possível ser membro de um sindicato ou votar em trabalhistas, mas ser politicamente ativo é uma mudança que vai além, e pode levar a tensões em uma família quando essa escolha é feita. Esse não foi o caso em sua família. Então, avançando mais, houve um tipo de unidade ou amizade genérica entre o que poderia ser chamado de posição trabalhista de esquerda e a posição comunista – sem um sentido de divisões ou barreiras endurecidas, e consequentemente de conflitos ou crises na passagem de uma para a outra. Temos a impressão cumulativa de que, quando você chegou à universidade, todas as energias devem ter estado disponíveis a você por inteiro e em um grau excepcional – ou seja, não debilitadas pelo tipo de conflito intenso inicial que marca tantas biografias. A passagem pela infância seria tipicamente mais dividida, algumas vezes esgotando-se em lutas, independentemente de suas consequências a longo prazo. A sua trajetória até Cambridge parece livre de tensões diretas de modo incomum. Você diria que isso é verdadeiro?

Creio que seja verdadeiro. Nunca é fácil falar sobre nossa própria personalidade nesse sentido, mas, seja qual for o valor de minha opinião, minha avaliação é que cheguei à universidade com uma disponibilidade de energia tão plena quanto qualquer um poderia ter. Na verdade, minha expressão de energia foi não problemática a ponto de ser uma falha. Todos os problemas vieram mais tarde. Naquela ocasião, a ideia era golpear Cambridge, não ter absolutamente medo de Cambridge. Fiquei relativamente receoso dela mais tarde. Eu me coloco em relação a Cambridge hoje com certa tranquila hostilidade, mas na época a ideia de que havia forças profundas obstruindo o caminho a serem enfrentadas nunca me ocorreu. Há apenas três ou quatro pessoas que de fato me conheciam bem: elas ofereceriam uma narrativa de minha personalidade totalmente diversa daqueles que creem me conhecer hoje, a criatura atormentada, instável e tensa que aparece em algumas caricaturas. De qualquer modo, eu era absolutamente diferente disso.

Em seu ensaio "Cultura é de todos", você observa que, ao chegar a Cambridge, você até gostou dos pátios e das capelas Tudor. Cambridge não o oprimiu ou amedrontou de forma alguma, porque você sentiu que a sua própria cultura e história a precederam.

Eram muito mais antigas, certamente. Não é piada que, quando alguém diz que sua família veio com os normandos, replicamos: "Você está gostando daqui?" Mas essa era a diversão...

Um aluno ou aluna vindos da classe trabalhadora urbana para Oxford ou Cambridge muito provavelmente não teriam tido essa autoconfiança histórica. Essa é parcialmente uma questão de ser galês, mas também, dentro disso, o fato de que você veio de uma realidade escolar muito mais densa. Se você vai para uma grammar school *e muitas pessoas da classe trabalhadora vivendo com você não vão para lá, então as clivagens sociais, que são mais tarde representadas e intensificadas em Oxford e Cambridge, tornam-se muito mais difíceis de serem enfrentadas na infância, uma vez que os seus amigos da classe trabalhadora não vestem as mesmas roupas ou fazem as mesmas coisas que você faz.*

Isso está correto. Em certa medida, aquelas contradições clássicas não estavam lá. Mas, de certa forma, elas foram poupadas para terem o seu efeito máximo mais tarde. Por que o diretor da escola não me enviou para uma universidade do País de Gales? Essa teria sido uma orientação mais adequada à minha vida. É inútil voltar a isso, mas teria sido mais adequada. Porém, essa era a razão pela qual ele estava lá, para encontrar garotos como eu e enviá-los a Cambridge. Não digo isso com um espírito de hostilidade; ele pensou estar fazendo o melhor para mim. Mas foi parcialmente devido aos artifícios da implantação do inglês no País de Gales que os obstáculos não estavam lá para mim da forma como tipicamente se apresentavam na cultura britânica como um todo.

Por outro lado, uma vez enviado a Cambridge, eu possuía um sentido bastante aguçado, que foi revivido brevemente em 1945, de ter meu próprio povo me apoiando em minha empreitada. Dessa forma, a experiência característica de isolamento e rejeição na instituição não ocorreu. Só mais tarde percebi que isso não era algo a ser negociado apenas no plano emocional – ao cabo você tem de negociá-lo em relações reais, que são muito mais difíceis. Mas, naquele momento senti, sobretudo, a confiança de ter pessoas me apoiando. Mesmo a minha audácia ao escrever *Mother Chapel* refletiu isso. Quando houve um problema com a minha bolsa após a guerra, havia apoio próximo o suficiente – apesar do falatório que o conto provocou –, de modo que o *pub* local levantou recursos para mim. Não havia dúvida quanto a isso: era algo que devia ser feito. Meu pai, como era de se esperar, devolveu o dinheiro. Assim não havia a ideia de eu ter me distanciado.

Um pouco antes de Cambridge, você foi a Genebra para uma conferência de jovens organizada pela Liga das Nações, correto?

Sim, foi minha primeira viagem ao exterior. Eu falei sobre a situação internacional naquele momento – há uma descrição disso em um relatório da Liga escrito por um jornalista na década de 1930. Ao retornar, paramos em Paris. Eu saí escondido do hotel e fui diretamente para o pavilhão soviético, na exposição internacional. Lembro-me disso claramente. Havia um pavilhão britânico peculiarmente desprezível, com uma figura em papelão de Chamberlain com uma vara de pesca. O soviético tinha uma escultura maciça de um homem e uma mulher com um martelo e uma foice em seu topo. Fiquei me perguntando: "O que é uma foice?" – eu havia usado o mesmo objeto, mas nós o chamávamos de "gancho". Foi lá que comprei uma cópia do *Manifesto comunista* e li Marx pela primeira vez.

CAMBRIDGE

Qual foi o impacto de Cambridge para você? Foi a primeira ruptura signifi-cativa em sua vida?

Eu estava completamente despreparado para a mudança. Eu não sabia nada sobre a universidade. O processo normal para ser aceito em Cambridge é, ao menos, o de passar por uma entrevista ou exame preliminar. Mas a universidade era totalmente estranha para mim quando deixei o trem. A faculdade era quase incompreensível, exceto na imagem de uma escola maior. Para a minha surpresa, notei que, embora eu estivesse no Trinity College para estudar Língua Inglesa, não havia ninguém lá que ensinasse a matéria, de forma que fui enviado a outro lugar. Em uma faculdade daquela dimensão, não havia muitos esforços voltados a uma integração. Primeiramente, coloquei meu nome na lista de tudo o que me interessava – por exemplo, rúgbi, por ser uma continuação da escola. Notei pela primeira vez que havia um problema na composição social do corpo estudantil de Cambridge quando fui ao grêmio estudantil, a que eu naturalmente queria me filiar, e me foi dito que eu teria de ser indicado. Eu precisaria de alguém que me apresentasse e de outra pessoa que apoiasse a minha entrada. Obviamente, eu não conhecia ninguém para pedir isso. Eles me perguntaram: "Você não tem amigos da escola?" Embora uma questão técnica, ela subitamente revelou como minha situação era peculiar.

Mas então descobri o Clube Socialista – fui a um encontro de recrutamento no Trinity em uma das primeiras noites do período letivo – e, com ele, uma cultura social, uma atividade política alternativa e viável. Havia uma sala, o clube servia lanches, projetava filmes, foi uma maneira de encontrar amigos – não era como se eu estivesse apenas me filiando a uma sociedade política. Eu fazia lá minhas refeições, ia sempre que sobrava um tempo livre, da mesma forma que outros viviam em torno da faculdade, gostassem dela ou não. Imediatamente, entrei nesse mundo de refeições e projeções de filmes. Os filmes foram particularmente importantes. Meu amigo Orrom, com quem eu mais tarde escrevi *Preface to Film* [Prefácio ao filme], era o principal organizador da atividade. Assistimos a muitos filmes, algumas vezes dois ou três por dia. Havia também um jornal mural, que era a maneira pela qual entrávamos na política, se produzíssemos algo para fixar nele. Escrevi um artigo argumentando que seria possível enfrentar Hitler se tivéssemos uma revolução na Inglaterra. Era de uma abordagem bastante ingênua, e quando o datilografei, apenas a parte vermelha da fita de minha máquina funcionou. Mas ele provocou uma resposta imediata. Convidaram-me a encontrar pessoas que então percebi serem importantes no clube. Mas a minha iniciativa era puramente pessoal. Esse era um aspecto positivo do clube. Ele era, como entendi mais tarde, razoavelmente bem dirigido em seus aspectos essenciais, e, mesmo assim, todas as suas atividades eram bastante abertas. Enquanto isso, obviamente, eu tinha de fazer minhas refeições no Hall e os traços de classe no Trinity não eram, naquele tempo, difíceis de serem notados. Mas esse não era o único ambiente de Cambridge. O Clube Socialista foi um lar longe de casa.

O ambiente do Clube Socialista foi simpático a você essencialmente devido à sua camaradagem política ou ele também era formado por uma composição social diversa? As camadas sociais relativamente novas e não tradicionais em Cambridge eram particularmente numerosas no clube, ou ele refletia de modo mais ou menos equilibrado a composição social da universidade como um todo?

Tentei pensar sobre isso. Minha impressão é que ele não era, nesse sentido, socialmente distinto. Creio estar correto em dizer que encontrei apenas uma outra pessoa de uma família da classe trabalhadora em Cambridge, um estudante maduro, com cerca de 30 anos, que já havia sido um trabalhador manual. Não me lembro de outros, embora possam ter existido, obviamente, pois a porcentagem na universidade havia se mantido constante em um patamar bastante baixo, desde a década de 1920. Mas não encontrei ninguém. A grande maioria das pessoas que encontrei no Clube Socialista era, quanto à educação e à família, bem parecida com a sociedade de Cambridge. É verdade que me lembro de uma vez em que dissemos, quando estávamos em um pub: "Não há sequer um inglês entre nós". Éramos escoceses, irlandeses, judeus londrinos, e alguns galeses. Mas esse era um recorte do clube, que – quando me lembro de seus funcionários – não era muito diferenciado socialmente.

Qual tipo de educação política o clube oferecia a um novo membro?

Os pontos de referência centrais eram *Do socialismo utópico ao socialismo científico* e *Anti-Duhring*, de Engels. Esses livros eram considerados, de certa forma, os textos definidores, sobretudo o primeiro. Marx era muito menos discutido, embora nos fosse recomendado ler *O capital*, e comprei uma cópia. Estudei o livro durante aquele ano, mas com as dificuldades usuais do primeiro capítulo. Só muito mais tarde conheci Marx para além do autor de *O capital*. Tenho minhas razões para crer que essa foi uma introdução bastante normal ao marxismo.

E sobre os escritos políticos de Marx? Você foi apresentado a O dezoito de brumário?

Não, não me apresentaram. Por outro lado, nós tivemos de ler todos os capítulos de *History of the CPSU (B), Short Course* [História do Partido Comunista na União Soviética (Bolcheviques) – Breve curso].

Deram algum texto de Lênin para você ler?

Sim, *O Estado e a revolução*.

O clube tinha uma dimensão bastante ampla. Mas ele era efetivamente dirigido pelo Partido Comunista?

Sim. Lembro-me de que o palestrante do clube, no encontro do Trinity College onde fui recrutado, falou num estilo claramente do Partido Comunista. Muito do discurso me agradou, e então – foi um detalhe – levantei-me para perguntar como me filiar. Eu disse, de modo peculiar: "Essa é a única organização da esquerda? Pois quero estar entre os mais vermelhos dos vermelhos". O palestrante replicou: "Não diga isso". Senti-me um pouco constrangido. É evidente que eles me aceitaram como membro: a situação era bastante diversa da fragmentação da esquerda em clubes diferentes no pós-guerra, quando a escolha do clube a que se filiar era uma questão decisiva. Esse era ainda um clube unificado de toda a esquerda da universidade. Uma tentativa para dividi-lo só ocorreu bem mais tarde naquele ano.

Você se filiou ao Clube Socialista em outubro e, após um mês, se filiou ao Partido Comunista. O que o levou a fazer isso? Como isso aconteceu?

Eu palestrava bastante no grêmio, defendia certas posições e, como entendi o sistema posteriormente, acabei me destacando, até que um dia recebi o convite de uma pessoa que ainda conheço em Cambridge – ele não é um político ativo hoje. Quando a oferta me foi feita, respondi de maneira rude: "Quanto isso vai me custar?". Aceitar o convite não parecia para mim um passo político em direção a algo novo, uma vez que o pedido tinha sido instigado pelo que eu já estava argumentando de maneira independente nos debates do grêmio. Claro que logo depois ficou evidente que se tratava de um passo político importante para mim. Mas, naquele momento, não vi assim. Eu coloquei a questão como um compromisso financeiro e não como um salto programático. Entendia o PC como uma das organizações do espectro político. Era consciente o bastante de suas posições para saber que era ali que eu me localizava politicamente. Além disso, não tinha a ideia de que eu "abandonaria a política trabalhista para me tornar um comunista". Não havia oposição real entre essas duas perspectivas em minha história, como já expliquei.

Quando se filiou ao Partido Comunista, você não pensava que este era o partido revolucionário e o Partido Trabalhista, o reformista? Essa oposição não estava clara em sua mente naquela época?

Bem, sim, porque nessa época as posições dos dois partidos sobre a guerra nitidamente eram muito divergentes. No que tange a definições, havia uma ênfase no caráter científico e revolucionário do marxismo, em termos amplamente tomados de Engels. Mas esse não foi o aspecto principal que percebi quando me tornei membro do Partido Comunista. Tratava-se muito mais de estarmos numa organização que prezava pela disciplina. Essa era a tensão central. Foi uma novidade para mim, particularmente por ser exercida de um modo que levou muito tempo para eu entender. O secretariado pedia que eu explicasse algo que havia dito em um discurso no grêmio ou me informava que havia sido nomeado para alguma posição. Isso imobilizava algumas pessoas, enquanto para outras funcionava bem: no meu caso, tratava-se de uma mistura de ambos os sentimentos. Lembro que meu pai costumava dizer que uma organização disciplinada é necessária. E eu nunca fui atraído pela ideia de que esse tipo de organização poderia funcionar sem disciplina. Ao mesmo tempo, nunca ficou claro para mim como o secretariado, que funcionava de maneira bastante coordenada e sabia como assumir um tom solene, era formado. Nem mesmo me lembro da eleição para elegê-lo na época.

Que tipo de trabalho você realizava no partido?
Éramos colocados em determinado grupo de acordo com o assunto que estávamos lendo: lá discutíamos os problemas intelectuais relacionados ao tópico. O nosso grupo era chamado o Grupo dos Escritores, por estarmos na Faculdade de Inglês. Com essa competência, éramos frequentemente requisitados para trabalhos urgentes de propaganda. Um exemplo do tipo de tarefa que nos era dada é o panfleto sobre a Guerra Russo-Finlandesa que Eric Hobsbawm e eu ficamos encarregados de escrever. O panfleto argumentava que a guerra era uma retomada da Guerra Civil Finlandesa de 1918, vencida por Mannerheim e os Brancos. O texto nos foi confiado por escrevermos rapidamente a partir do material histórico fornecido. Como profissionais das palavras, estávamos frequentemente envolvidos na redação de textos sobre assuntos que não conhecíamos muito bem. Os panfletos eram publicados pela cúpula, sem assinatura.

Não havia um sentido de tensão no clube devido às posições antiguerra do PC, já que a Segunda Guerra Mundial havia irrompido dois meses antes de você ir para Cambridge?
Deve ter havido, mas isso não era em nada evidente nas atividades bastante abertas e amigáveis do clube. Mais tarde, percebi que, naquela época, havia muita direção e organização centralizada de um tipo bastante tradicional. Contudo, nunca ouvi debate algum no clube sobre as idas e vindas da liderança nacional do PC com relação à guerra. A opinião dominante no clube era a de que se tratava de uma guerra imperialista e que, de qualquer forma, o fascismo só poderia ser derrotado por meio de uma revolução socialista. Qualquer luta em comum com a classe dominante não seria uma guerra contra o fascismo. Os únicos que se opunham a isso – estou falando a partir de memórias antigas e devo ter me esquecido de algumas posições – eram os que tomavam uma

linha estritamente trabalhista: "Junte-se a nós na guerra patriota contra o fascismo; é divisionista falar em revolução social; haverá reformas no futuro". Eles eram uma minoria.

O que é surpreendente é que, após todos os eventos internacionais esmagadores de 1939-40, incluindo o Pacto Nazi-Soviético, a cultura convicta dos anos 1930 houvesse notavelmente sobrevivido. Se houve uma atenuação, eu não estava em posição de observá-la, por não tê-la conhecido antes do verão de 1939. Tudo o que posso dizer é que ela era muito forte e convicta quando a encontrei, operando em planos diversos, de filmes e novos tipos de poesia a afiliações políticas propriamente ditas. Conheço pessoas que creio hoje não possuírem nada além de um engajamento político bastante marginal, mas que naquele momento diriam ser comunistas. O padrão cultural central dos anos 1930 ainda se manteve firme, ao menos até a primavera de 1940. Esse foi o período da guerra de mentira [*phoney war*], e alguns ainda estavam cinicamente convencidos de que países como a Inglaterra e a França nunca combateriam, de fato, o fascismo. Nenhum de nós se sentia em perigo. Havia uma atmosfera quase inacreditável de continuidade. Sentimo-nos ameaçados pela primeira vez em maio de 1940,[1] por razões óbvias. Então as pessoas começaram a falar em como agiriam se fossem recrutadas.

Quais eram as outras atividades do Grupo dos Escritores?

Havia algumas discussões, embora surpreendentemente poucas, tendo em vista os eventos posteriores, sobre a organização interna da Faculdade de Inglês e quais deveriam ser as exigências dos estudantes. Mas isso não foi longe porque todo o estado de espírito dos estudantes se reduzia a: "O que podemos esperar desse tipo de estabelecimento de ensino?" Nós não o confrontávamos, tendíamos a ignorá-lo. Por outro lado, discutíamos regularmente problemas relativos à literatura. A obra central em torno da qual muito de nosso debate orbitava era *The Novel and the People* [O romance e as pessoas], de Ralph Fox. Também líamos Alick West e o *Left Review*, obviamente.

Não liam Christopher Caudwell?

Não, não conhecia a obra de Caudwell nessa época, até onde me lembro.

---

1 Referência à Batalha da França, quando em 10 de maio de 1940 a Alemanha invadiu os territórios franceses e dos Países Baixos. (N. E.)

E Leavis?

Eu também não conhecia Leavis. É verdade que escrevi um artigo no boletim do Clube sobre "Literatura e o culto da sensibilidade". Logo, um termo central da crítica de Leavis foi obviamente filtrado por mim. Mas, até onde posso me recordar, nós colocávamos qualquer escola crítica que falasse sobre sensibilidade junto a Bloomsbury, como se fosse a mesma coisa, o que era historicamente bastante impreciso. O artigo argumentava que esse era um culto burguês totalmente irrelevante para as necessidades da literatura popular. Mas, como a confusão em torno de Bloomsbury demonstra, ele não se baseava em qualquer conhecimento real sobre o que estava acontecendo dentro da Faculdade de Inglês. Isso era característico do isolamento da cultura estudantil da época.

Contudo, a revista Scrutiny *havia desafiado diretamente a cultura marxista emergente dos anos 1930. Não se tratava de uma situação em que ambas as culturas estivessem tão autocentradas que não se encontravam.* Scrutiny *atacava o marxismo e, em particular, o marxismo literário, de modo bastante violento. Por que houve uma resposta tão acanhada a essas críticas por parte dos comunistas que estavam envolvidos, de uma forma ou de outra, com a literatura?*

Esse foi o grande debate que não ocorreu nos anos 1930. A razão é que a resposta comunista foi deslocar o argumento para outro terreno. Acreditávamos que o que estava errado na literatura era ela não estabelecer contato com a grande maioria das pessoas: não era escrita para elas, e não era escrita por elas. Assim, o problema não estava em como julgar a literatura e responder a um poema, mas como escrever um tipo diferente de romance ou poema. Uma vez que a literatura era restringida pela divisão de classes, a tarefa do socialista era a de romper com essa limitação produzindo outro tipo de literatura. Questões de crítica literária ou de história literária eram marginais. Sentíamos que esses eram argumentos acadêmicos que não tinham lugar. O importante era o que havia acontecido à literatura em nossa própria época. Em sua ênfase positiva, a posição não estava totalmente errada, ainda percebo muita força nela. Mas a recusa negativa ao engajamento com questões teóricas e práticas fundamentais da disciplina dos estudos ingleses foi uma falha decisiva. Deve ter parecido natural responder que a questão não estava em como ler um poema, mas em como escrever um que significasse algo na crise político-social do momento. Quando se dissipou após a guerra o clima produtivo, que era a nossa forma de responder pela não resposta, e tivemos que nos engajar na crítica ou na história literária propriamente dita, percebemos que não havia sobrado nada. Enquanto isso, os estudos ingleses haviam amadurecido como disciplina, estabelecendo-se por meio de uma especialização prolongada e de um trabalho detalhado em áreas diversas, movimento contra o qual o marxismo só podia oferecer poucas obras, cuja contribuição aos estudos literários era facilmente descartada como reducionista.

Se o Grupo dos Escritores estava tão preocupado com os problemas da produção literária, que tipos de tendência estética eram nele representados? Quais foram os seus modelos para uma literatura nova?

Éramos bastante críticos ao realismo socialista – nosso interesse tendia muito mais ao modernismo. Tomando meu próprio caso, antes de chegar a Cambridge eu queria escrever como Shaw e Wells, que havia lido na escola. Mas, então, mudei muito rapidamente, com uma mistura incrível de influências. Por volta de meu segundo ano, Joyce era, sem sombra de dúvida, o escritor mais importante para nós. *Ulisses* e *Finnegans Wake* – só publicado em 1939 – eram os textos que mais admirávamos, e que contrapúnhamos ao realismo socialista. Joyce era muito mais atraente do que Lawrence, por exemplo, visto de modo geral como quase fascista, embora eu duvidasse disso. Mas o nosso modernismo não era, de forma alguma, definido em termos exclusivamente literários. Fomos também atraídos pelo surrealismo, especialmente no cinema. Pensávamos que Vigo era quase tão interessante quanto Pudovkin ou Eisenstein, que interpretávamos de forma não ortodoxa. O jazz era outra forma importante para nós. Pelo meu segundo ano, em 1941, nós conscientemente representávamos uma instância cultural em oposição ao que então chamávamos "atitudes partidárias" em relação à literatura que criticávamos como estreitas e mal ventiladas. Claro que provavelmente teríamos negado que fôssemos contra o socialismo realista, teríamos defendido a necessidade de técnicas e dinâmicas muito mais complexas do que as recomendadas oficialmente.

Essas atitudes não provocaram alguma hostilidade dentro do partido, em Cambridge?

Certamente. Nossos oponentes nos chamavam de estetas, um rótulo que naturalmente rejeitávamos. Hoje simpatizo um pouco mais com eles. Socialmente, um estilo de classe alta prevalecia no comunismo de Cambridge da época. Uma festa, por exemplo, era bastante diferente de um encontro de estudantes do pós-guerra. Havia bons vinhos, não havia cerveja, e as pessoas falavam em voz baixa. Também não havia dança. Se alguém aderisse a esse interesse cultural específico, estaria indubitavelmente adotando o estilo de vida da classe alta literária londrina. Naquela época, John Lehmann ainda editava o *New Writing* e visitava com frequência Cambridge para se encontrar com os escritores jovens da esquerda. Ele possuía um quarto no Arts Passage, onde íamos quando ele nos visitava. Uma atmosfera neobloomsburiana certamente se formava lá, e a crítica a ela era absolutamente justificável.

A sua agenda de atividades não parece se enquadrar facilmente na imagem desse tipo de esteta. Você foi o presidente do grêmio da universidade, editor do University Journal *e do* Outlook, *e um militante na People's Convention organizada pelo partido. Como isso se deu?*

O *Cambridge University Journal* era o jornal semanal dos estudantes, o predecessor do *Varsity*. Havia escrito um ou dois artigos para ele e fiquei atônito ao ser informado (obviamente pelo secretariado) de que seria o próximo editor. Isso ocorreu em meu terceiro ano. Não me tomou muito tempo ser editor porque o período em que estive no cargo foi concomitante à queda da França, cujo debate no grêmio havia sido banido pelos supervisores. Eu publicava os seus discursos, o que naturalmente causava problemas. *Outlook* era bastante diferente: tratava-se basicamente de publicações do grupo chamado de esteta dentro do partido. Lá eram publicados contos e poemas, todos escritos por pessoas conscientemente socialistas, embora não refletissem o espírito das obras do partido. A história "Red Earth" [A Terra vermelha], que publiquei nele, satirizava justamente esse ambiente, embora fosse evidente que eu partilhasse de seus interesses. No que dizia respeito à People's Convention, é sintomático que, quase como algo presumido, fiquei encarregado das artes e da educação. Essa era a área com a qual fiquei associado no partido. O tipo de experiência no grêmio foi completamente diverso. Aquela era a arena onde encontrávamos a massa dos estudantes *tories*. Eles sempre apareciam em grande quantidade – numericamente eram uma maioria esmagadora na universidade. A lembrança de meus discursos no grêmio é a de me pronunciar contra aquelas fileiras vociferantes da direita tradicional. Aquilo não se parecia em nada com as assembleias estudantis dos anos 1960, quando os posicionamentos estavam à esquerda. Eu estava bastante acostumado a discursar, graças à minha experiência em Gales. Havia uma exaltação física considerável na atuação contra aquele tipo de oposição. Era muito gratificante. Numa ocasião eu quebrei as regras e fui suspenso por insultar um membro veterano. Era uma época em que estávamos bastante conscientes de que deveríamos estar no grêmio, fiquei bastante surpreso quando estudantes me disseram, no final da década de 1960: "a gente não bate de frente, mas contorna".

Algo não ficou claro em seu relato. Você diz que a maioria dos estudantes em Cambridge era da direita. Contudo, o Partido Comunista parece ter sido capaz não apenas de organizar um Clube Socialista bastante amplo, mas também de dominar as instituições tradicionais de graduação em toda a universidade – o grêmio estudantil, o jornal dos estudantes etc. Como você explica esse paradoxo?

Creio que a direita verdadeira, diferentemente do partido, não tinha dominado todo o sistema de nomeações e de eleições. Assim, éramos surpreendentemente eficientes em um plano organizacional e em certas questões centrais da vida dos graduandos. Isso foi bastante curioso. Estávamos cada vez mais isolados politicamente devido à posição do partido na guerra, mas com esforço e organização, e com uma campanha efetiva com posicionamentos tais como a graduação em artes em tempo de guerra e o adiamento de convocações até o final dos exames, os membros do partido ainda eram eleitos para cargos representativos e falavam pelos estudantes. Contudo, a facção Tory era bastante forte e tinha projeção na universidade. O Partido Conservador sempre foi numericamente mais amplo do que o Clube Socialista. Incluía muitas pessoas que iam aos bailes, obviamente. Seus militantes, contudo, sustentavam uma oposição tremenda ao grêmio, difamando a esquerda maciçamente. Meu inimigo particular no Trinity, para dar a vocês um exemplo, foi um estudante chamado Donaldson, que mais tarde se tornou juiz da Corte das Relações Industriais Tory.

Comparada ao elevado patamar de militância, à intensa atividade cultural e à ascendência organizativa da esquerda nas instituições da universidade, a cultura política da época parece ter sido consideravelmente inferior a isso tudo, levando em conta o número de livros ou de questões substanciais argumentadas ou discutidas.

Essa é uma questão importante. Quando o *Daily Worker* foi banido em 1941, o Grupo dos Escritores dirigiu-se, naturalmente, a uma sala e produziu uma edição clandestina – não havia dúvidas quanto à nossa tarefa. Mas não sabíamos o que colocar lá quando voltamos na segunda noite para produzir outra edição. Não apenas porque o acesso às notícias do dia havia sido cortado – naquele momento realmente não sabíamos o que escrever. Bastante distantes das ambiguidades da guerra, aquele não foi um momento produtivo no que tange a pessoas pensando, de fato, ou à qualidade do debate político. Isso é basicamente o que eu diria, olhando para trás. Havia questões cruciais, mas não sabíamos como discuti-las.

Na lista da literatura socialista que você citou é notável não ter mencionado um único livro sobre a Revolução de Outubro... Teria já conhecido Dez dias que abalaram o mundo, *de Reed?*

Não se esperaria que você tivesse lido esse livro, a obra foi completamente banida na época. Não se esqueça de que Stálin não é nem mencionado no livro; Trotsky aparece em quase todas as páginas. O livro foi reeditado apenas no período pós-1953.

Isso é provavelmente correto. Nossa fonte principal de informação foi a *History of the CPSU (B)*.

Você estava consciente da obra de Trotsky?

Não. Essa foi uma lacuna significativa. Só bem mais tarde ouvi falar da existência de uma oposição socialista na Rússia.

Você acreditou na história fornecida pelo Breve Curso *naquela época? Não há meios-termos nela. Não apenas Trotsky, mas também Zinoviev, Bukharin, Kamenev, quase todo o Comitê Central de Lênin, são apresentados como agentes fascistas, colaboradores japoneses ou espiões alemães. Você achou que era o caso?*

Não. Quando conversávamos tarde da noite, colocávamos nossas dúvidas quanto a essas informações. Provavelmente, nossa opinião era a de que, em circunstâncias de perigo externo, algumas simplificações tinham de ser feitas. Esse era o tipo de mensagem que era passada. Creio que tomamos, sem muito questionamento, a versão oficial em relação à oposição apenas porque nenhum representante dela se materializou como uma tendência viva em nossa própria órbita. O que me deixava mais intrigado eram as inter-relações dos partidos em 1917. Eu não conseguia entender, de maneira alguma, o problema do papel dos camponeses. Quem eram os socialistas revolucionários? Quem eram aqueles descritos como "falsos amigos" dos camponeses? Eu não conseguia ver quem eles representavam. Eu estava incerto quanto à forma geral pela qual a aliança de classe entre o proletariado e os camponeses era representada.

Podemos pedir um breve resumo? Você estava em Cambridge no fim de um período histórico de efervescência extraordinária da esquerda estudantil, cujo estágio avançado você presenciou. Como você o compararia à revolta estudantil que ocorreu no final dos anos 1960 e que você pôde observar de perto aqui em Cambridge? Quais as diferenças essenciais?

Primeiro, a esquerda estudantil nos anos 1930 estava organizada em uma frente muito mais ampla. Incluía pessoas que nos anos 1960 seriam cinéfilos ou estariam dirigindo revistas literárias, mas que, mesmo sendo socialistas, não estariam na mesma organização. Ou seja, a esquerda dos anos 1960 era mais explicitamente política. Creio que ela ganhou e perdeu com isso. Ganhou na medida em que a qualidade de seu debate político, como o ouvi e entreouvi, foi muito superior, pois envolveu argumentos políticos mais reais. Mas a influência cultural foi menor. Em segundo lugar, nós éramos indiferentes ao *establishment* universitário: claro que o víamos como opressivo, mas decidimos que poderíamos desconsiderá-lo. Estávamos certos que poderíamos criar uma subcultura independentemente dele. Se um estudante comunista quisesse fazer algum trabalho, esperava-se que ele o fizesse dentro dos parâmetros existentes nos cursos, pois era importante haver pessoas bem-sucedidas academicamente no partido. O contraste com os anos 1960 é bastante evidente. Em terceiro lugar, houve uma grande mudança na perspectiva social no plano do comportamento estudantil e das relações com a comunidade não estudantil. Claro que nos anos 1930 realizávamos atividades na cidade, mas havia uma barreira invisível em torno da área imediata da faculdade, e nossa própria conduta dentro dela – isso sempre me incomodou – era muito mais limitada e baseada em classes. A alteração deliberada do estilo, na vestimenta e em tudo o mais, foi muito marcante nos anos 1960. Finalmente, a diferença que mais me marcou foi assumir, com base em minha experiência dos anos 1930, que havendo novamente um crescimento da atividade política, novamente teríamos o mesmo tipo de engajamento de pessoas com os mais diversos pontos de vista, com uma organização e conjunto de projetos em comum. A divisão intensa no final dos anos 1960 me surpreendeu. Pensei que minha surpresa fosse o resultado de um erro meu de julgamento, ou de uma birra pessoal, sem perceber que essa divisão estava conectada à natureza mesma do movimento político. A vantagem do movimento dos anos 1960 foi que a qualidade de seu argumento interno foi muito superior. Por outro lado, penso que o movimento dos anos 1930, por ser tão mais bem organizado e associativo, e menos autocentrado, estava em condições de olhar para fora de um modo que o tornou, mesmo sem discutir a questão dos números, uma presença geral mais integrada.

Revertendo a conversa à sua própria trajetória, você não falou muito até agora de seu trabalho acadêmico formal em Cambridge. Qual foi a sua experiência com os estudos ingleses em 1939-40?

No primeiro ano não foi particularmente problemática. Estávamos trabalhando, sobretudo nos primeiros períodos da literatura inglesa, de um modo relativamente formal. Vi isso basicamente como uma continuação do que eu fazia na escola. Por não termos ido muito além de Pope, esses estudos não levantaram problemas agudos para mim. Meu tutor era Lionel Elvin, que era da esquerda, mas não comunista – ele percebeu que eu o era quando ataquei os versos de Pope por sua frigidez aristocrática, e ele me disse que isso não bastava. Fora isso, nos entendíamos muito bem, uma vez que escrevi aquele tipo de ensaio sobre Shakespeare e a energia liberada pela burguesia emergente. Mas, em meu segundo ano, fui transferido para Tillyard. Claro que, logo que disse a Tillyard algo parecido com o que eu dizia a Elvin, a atmosfera tornou-se muito difícil. Iniciamos com o romance e eu prontamente reproduzi a orientação do partido, a de que era necessário ver qualquer romance burguês do passado sob a perspectiva de um tipo de romance que deveria ser escrito agora, no presente. Tillyard me disse que esse não era um procedimento sustentável. Tratava-se de uma fantasia. Como poderíamos julgar algo que havia sido escrito sob a perspectiva de algo que não havia sido escrito? Não apenas eu era hostil a Jane Austen, e interpretava Dickens e Hardy de modo bastante simplificado como apenas progressistas, mas também, ao discutir os poetas românticos, insisti que eles representavam um projeto de liberação humana que seria completado no futuro. Ele dizia, então, que não tinha nada a ver com a literatura se um processo seria completado ou não.

Em meu primeiro ano foram mantidos os hábitos do trabalho escolar. Só Deus sabe como encontrei tempo para fazê-los, com todas as minhas outras atividades, mas eu costumava preparar todos os meus ensaios e fazer todas as minhas leituras. No segundo ano, contudo, a situação geral se tornou subitamente muito mais exigente e desagregante. Meus trabalhos ficaram descuidados. Em parte, esse era o problema típico de um estudante socialista de literatura, como vivenciei. Em qualquer debate com um professor, seremos extremamente felizes se soubermos mais ou menos o mesmo que ele. Se nos depararmos com um argumento difícil, se ele quiser, poderá nos derrubar. Pois ele pode sempre lançar mão de exemplos que não lemos... "Como você enquadra essa opinião sobre Dickens com ...?" – então, surge um título ou um autor sobre quem talvez não tenhamos nem ouvido falar. É muito fácil para um professor usar sua superioridade dessa forma. No meu caso, estava envolvido em atividades políticas constantes e outros tipos de escrita, prioridades práticas que correspondiam a meus princípios teóricos. Nesse sentido, eu vivia em completa boa fé. Mas, em meus estudos acadêmicos, eu não era capaz de produzir o trabalho corretamente estruturado, referenciado e coerente que eu sabia ser necessário para defender minhas posições. Eu estava comprometido em convencer alguém ensinando profissionalmente que minhas ideias eram sustentáveis e razoáveis, mas eu não conseguia fazer isso. Eu era surpreendido com frequência pela ignorância e pela confusão. Isso bateu qualquer hábito de minha formação escolar: foi uma frustração tremenda perceber que não sabia o suficiente para contrapor um argumento. Vocês devem se lembrar de que muito de minha imagem própria era relacionada à ideia de que eu podia lidar com a atividade acadêmica. Naquele momento ficou claro para mim que, na realidade, não podia. Naquela situação, a resposta mais fácil – vimos isso novamente nos anos 1960 – foi dizer que tudo aquilo era uma porcaria pedante: que, meu Deus, havia uma guerra em andamento. Mas isso não era algo muito inteligente a dizer, porque Tillyard simplesmente respondia: "Por que, então, você está contra isso?". A verdade é que, pela primeira vez em minha vida, bem mais tarde do que deveria ter acontecido, olhei para mim mesmo com uma dúvida radical. Eu não me senti muito satisfeito. Ninguém pode construir, a partir da leitura de meus livros publicados, o tipo de pessoa que fui naquela época. Eu fui, de modo bastante reativo, muito hostil e agressivo com Tillyard, e muito rude também. A agressividade era toda de minha parte. Tillyard não era um homem ofensivo e não fez absolutamente nada contra mim, o que ele facilmente poderia ter feito. Eu apenas me deparei com uma incompreensão total e um sentimento de humilhação. Não havia ninguém na faculdade com quem eu pudesse discutir meus problemas. Leavis teria provavelmente respondido de maneira muito mais agressiva à minha ideia de como romances deveriam ser julgados, embora provavelmente em termos mais próximos à linguagem da objeção.

Logo a situação estava totalmente fora do controle. Ao mesmo tempo soava bastante irrelevante, pois eu sabia que iria para o exército em alguns meses, e parecia improvável que algo iria acontecer. Devo também dizer que essa foi uma época de desordem pessoal e emocional bastante extraordinária. O último período do ano foi, de certa forma, horrível. Lembrei-me constantemente dessa fase com as baixas das contradições e lutas dos anos 1960. Em maio e junho de 1941, minha condição era semelhante. Tratava-se de uma diferença bastante aguda em relação ao meu estado de espírito anterior. Não era bem um colapso, mas a situação estava além do meu alcance.

Toda essa crise teve grande importância em meu comportamento quando retornei às atividades acadêmicas em 1945. Pessoas sempre me perguntam hoje por que não prossegui com os argumentos marxistas dos anos 1930. A razão é que senti que eles me conduziram a um impasse. Eu havia me convencido de que suas respostas não combinavam com as minhas perguntas e que eu deveria estar preparado para enfrentar objeções profissionais. E jurei que faria isso corretamente dessa vez.

Quais foram os motivos reais para você deixar o Partido Comunista em 1941?
Há algo que não entendo completamente. Eu não renunciei. Foi muito mais um abandono do que uma retirada. Quando entrei no exército eu já não era membro do Partido Comunista. Isso deve ter tido relação com as tensões de meu segundo ano em Cambridge; pois, caso contrário, como eu não havia formalmente deixado o partido, é certo que receberia contatos como um membro indo para outro lugar. Contudo, eu nunca decidi conscientemente deixar o partido ou renunciar. Porém, em 1945, estava ciente de que não me filiaria novamente.

Parece notável que tenha se distanciado do partido naquele momento em particular. Pois muitas pessoas da esquerda teriam certamente sentido uma urgência em retornarem. Você fez os seus exames em junho de 1941 e foi recrutado em julho. Mas junho foi o mês da invasão da Rússia pelos alemães. O caráter político geral da guerra foi genuinamente alterado, tornando-se um conflito histórico de natureza bastante diversa.

Correto. Mas, após a invasão da Rússia, a política do partido foi definida precisamente nos termos da produção e do esforço militar. Isso era plenamente compatível com o que eu estava fazendo ao ir para o exército. Não estou certo do grau de organização do partido no exército, se é que havia algum – nunca encontrei nenhum. De qualquer forma, não tive problemas com meus novos rumos. Já havia decidido, no verão de 1940, antes da invasão da França, que iria lutar no exército. Naturalmente, estava bastante ciente do novo caráter político da guerra no verão de 1941. Mas, de qualquer forma, isso parecia caminhar junto com o que eu pretendia fazer.

Isso ainda parece um pouco misterioso. Houve uma grande queda no número de membros e na moral do PC da Grã-Bretanha após a irrupção de hostilidades em setembro de 1939, devido à sua oposição à guerra como um conflito entre a Alemanha e o imperialismo anglo-francês. Então, houve uma recuperação e retomada notável no número de membros após a invasão da União Soviética e a entrada dos soviéticos na guerra. O recrutamento máximo na história do partido ocorreu durante a Batalha de Stalingrado. A sua filiação ao partido foi bastante sólida em seu momento mais crítico. Contudo, quando a Rússia assumiu o peso decisivo dos combates e venceu a Alemanha nazista, você deixou de ser comunista.

Não. Eu não diria que deixei de ser comunista na época. Não entendo plenamente o que aconteceu. Mas, quando invadimos a França em 1944, eu muito conscientemente levei comigo um mapa de toda a Europa junto a meus mapas de batalha, e minha noção total da luta foi a de que se tratava de um esforço comum com o Exército Vermelho. Minha ausência do partido na Inglaterra não envolveu absolutamente qualquer mudança em minhas posições políticas. Creio que o que realmente senti foi que eu havia me movido para além do meio social peculiar do comunismo em Cambridge, aquele não era o meu mundo.

Sim, mas esse não era, obviamente, um microcosmo de todo o Partido Comunista Britânico, com seu grande número de membros da classe trabalhadora e de líderes proletários. Havia uma organização muito mais ampla fora do enclave universitário. Contemporâneos seus em Cambridge, como Edward Thompson ou Eric Hobsbawm, foram à guerra e continuaram a ser comunistas.

Bem, de modo cômico o suficiente, um mês após ser recrutado, fui requisitado por meu coronel a organizar um encontro sobre assuntos de então para um sargento do corpo de educação chamado Hobsbawm. Quando nos encontramos conversamos exatamente da mesma maneira que nos falávamos quando estávamos no partido em Cambridge. Encontrei-o novamente na Normandia. Conversamos sobre a guerra, e nossas posições políticas ainda eram as mesmas. De qualquer forma, nunca me pareceu que fosse possível manter uma filiação ativa ao partido no exército. Talvez para outros isso fosse viável, embora certamente nunca me tenham sido esclarecidas quais seriam as modalidades dessa filiação. Lembrem-se de que eu estava em uma unidade de luta – estávamos constantemente nos movendo de campo para campo, sempre distantes das cidades. A oportunidade para qualquer tipo de atividade política nunca emergiu. Mas eu vi todo o curso e o caráter da guerra, da invasão da Rússia até a queda de Berlim, precisamente da mesma forma que um membro do partido a viu.

A GUERRA

Você poderia falar um pouco sobre o impacto que o exército teve para você? Primeiramente, em termos do contexto e de sua posição – em pouco tempo você se tornou um oficial na Divisão Blindada da Guarda.

Todos os graduandos naquele estágio da guerra eram direcionados ao corpo de comunicação, onde tinham de passar por rápidos treinamentos em habilidades moderadamente difíceis. Então eu fui enviado ao campo de treinamento de comunicação, onde metade de nós eram estudantes. Mas, por não haver muita batalha em andamento naquela posição, fui transferido – tive alguma escolha – para a artilharia e armamento antitanque. Acabei comissionado em uma unidade de tanques de um regimento de artilharia dentro da Divisão Blindada da Guarda, que era formada principalmente por regimentos de tanques e pela cavalaria de elite. Éramos uma unidade de suporte a vários regimentos diferentes, comandados pelo tipo clássico de oficial da guarda. Mas, em nossos tanques autopropulsados, não éramos oficiais tradicionais comandando trinta pessoas, mas um num grupo de cinco num tanque e com três outros tanques sob nosso controle. Todos nós tínhamos trabalhos técnicos a cumprir. Assim as relações sociais imediatas não eram tão hierarquizadas. As relações com os oficiais da guarda eram muito mais difíceis.

Como ficou, durante a guerra, a imagem que você tinha da classe dominante inglesa como desorganizada e antiquada?

Havia um sentimento geral de raiva diante da incompetência aparente de tudo aquilo. Incrivelmente, quando fomos à Normandia, em 1944, tínhamos pouquíssimas armas pesadas que pudessem destruir os dois principais tanques alemães, ao passo que eles possuíam armamentos que podiam destruir os nossos. Víamos pessoas bastante corajosas e cheias de vida atuando em um contexto desigual impressionante. Mas era uma campanha cujas estratégias ninguém conhecia. Havia comandantes experientes na mobilidade da guerra no deserto, onde novas táticas blindadas haviam se desenvolvido, mas os bosques eram um terreno totalmente inadequado para batalhas entre tanques. Algumas unidades, incluindo a nossa, tinham um armamento que destruiria o inimigo se chegássemos perto o suficiente, mas a nossa blindagem não era resistente o bastante para arriscarmos chegar tão perto. Ao nos movermos por trilhas e campos arborizados, poderíamos encontrar o inimigo ao virar a esquina ou logo atrás. Naquela região não havia a possibilidade de deslocamentos ou manobras de longo alcance para os tanques, embora nos mapas e planos de batalha isso parecesse viável. Na prática descobríamos, por exemplo, que a fazenda que deveria estar sob o controle da unidade vizinha, onde iríamos buscar leite, estava tomada por alemães. Não penso que o caos intrincado daquela batalha na Normandia tenha sido alguma vez descrito. Estávamos todos misturados, em meio a uma quantidade de acidentes espantosa. Em uma ofensiva da maior importância fomos bombardeados por nossos próprios aviões antes de partirmos. Praticamente todos os dias, durante a batalha da Normandia, víamos tanques como os nossos em chamas. Esse era o medo constante que vivíamos, confinados no pequeno interior metálico de um tanque circundado por centenas de cartuchos de munição altamente explosivos e uma quantidade considerável de diesel. Se fôssemos atingidos seria fatal. Não creio que a situação se resolveria completamente por si própria se não tivéssemos a pura predominância, constituída pela invasão dos aliados, dos norte-americanos que cercaram os alemães por trás, fazendo-os retroceder.

Nesse tipo de batalha o que poderíamos sentir? Nem mesmo sabíamos se estávamos atirando em nossas próprias tropas ou no inimigo. Essa foi uma das minhas piores experiências. Ou seja, em algumas ocasiões até mesmo o inimigo perdia a identidade. Uma vez um grande ataque foi lançado: avançamos e progredimos substancialmente e, quando olhamos à nossa volta, havíamos capturado centenas de prisioneiros. Mas o grupo era formado por ucranianos e outros soldados das mais diversas nacionalidades – provavelmente não havia sequer um alemão entre eles. Essa era uma tática alemã: eles colocavam essas tropas em nossa frente para que avançássemos 10 quilômetros. Lá, as unidades alemãs esperavam por nós, muito mais preparadas. Alguns desses prisioneiros nem mesmo sabiam contra quem lutavam. A única vez em que senti algo com o significado político claro que poderia ser atribuído à guerra foi quando descobrimos que duas divisões de tanque da Schutzstaffel (SS) haviam sido enviadas da Alemanha para uma contraofensiva local. Houve uma batalha campal, o único episódio em que eu estava politicamente consciente do desfecho. Nos outros eventos, eu costumava consultar o meu mapa da Europa e ouvir, pelo rádio, as notícias de que o Exército Vermelho havia tomado Kharkov ou Minsk. A frente russa era um grande alívio por nos parecer abrangente.

Você perdeu tanques sob o seu comando?
Perdi dois nessa batalha específica contra a SS. Não quiseram me ouvir. Disseram-me que deveria ocupar um bosque onde havia uma pequena linha de trem. Eu disse que aquilo era ridículo, pois num bosque não se pode ver mais nada. E éramos totalmente dependentes da visão. Não podíamos ouvir nada de dentro daqueles tanques malditos, tínhamos de usar capacetes com fones para manter a comunicação, e o barulho do motor era ensurdecedor. Quando recebemos a ordem para avançar para o bosque, dividi a unidade em dois grupos, cada qual seguiria por uma entrada – era a única estratégia viável. Um dos grupos jamais retornou. Como fomos depois retirados e enviados para outro lugar nunca soube o que aconteceu de fato. Houve uma tentação enorme de sair e olhar, mas o bosque estava todo minado e seria loucura fazer isso. Ficamos chamando incessantemente pelo rádio, tentando estabelecer contato, mas não tivemos sucesso. Enquanto isso havíamos destruído um, talvez dois tanques da SS.

Qual foi o efeito geral da experiência da guerra em você?
Foi algo aterrorizante. Não creio que alguém seja capaz de realmente superar isso. Em primeiro lugar há a culpa: dos momentos de covardia, mas também dos momentos de pura agressividade e brutalidade. Seriam mesmo de fato sentimentos antagônicos? É bastante fácil nos culparmos quando nos sentimos amedrontados, mas a culpa é muito maior quando recuperamos nossa perspectiva plenamente humana, que é radicalmente

reduzida pela experiência total da luta. Então percebemos algumas das coisas que fizemos, não o que os outros fizeram. Se alguma fazenda havia abrigado tanques alemães e não havia nos avisado, dizíamos "atirem nos bastardos", e com pouco esforço podíamos facilmente queimar todo o celeiro. Reações como essa eram frequentes durante as batalhas, mas uma vez recobrada a perspectiva integral, tudo aquilo parecia inacreditavelmente sangrento. Aquela foi uma época em que eu estava lendo Tolstói, e ele estava absolutamente certo quanto ao caráter das batalhas, o quão diferente elas são de sua história militar. Havia também um sentimento terrível de perda. Quando você vê um tanque com pessoas conhecidas em chamas, jamais se esquecerá disso. O campo de batalha da Normandia esteve relativamente inativo por algumas semanas, convivemos com homens e animais mortos por toda a parte. Era amedrontador. Quando nos retiramos, houve momentos ruins, mas nunca mais aquela mesma opressão e confusão. Por toda a guerra foi muito difícil manter uma mesma perspectiva. Era patético como eu consultava o meu mapa da Europa e dizia: "É isso que está acontecendo". Embora fosse o ponto de vista correto, estava incrivelmente distante daquilo que vivíamos. Na França foi bom eu saber falar razoavelmente o francês coloquial. Eu tinha de realizar todas as negociações com as pessoas locais, que eram bastante acolhedoras. Isso ajudou, pois isso me lembrava o motivo político da guerra. Mas, por outro lado, um exército funciona como uma máquina real. Todo o objetivo do treinamento, mesmo que não percebamos, é o de estarmos aptos a executar todas aquelas ações sem sermos imediatamente motivados. Fazemos em uma batalha o que fizemos nos treinos, evidentemente em meio a um caos bem maior. O que se perde é a dimensão mais significativa do humano – isso é uma trivialidade sobre a guerra, mas é também uma verdade absoluta. Funcionamos com um nível de agressividade animal. Creio que não seja jamais possível superar isso. A primeira vez em que me senti capaz de olhar para uma unidade do exército com um sentimento que não fosse de extremo ceticismo e repulsa foi quando eu estive, mais tarde, na Iugoslávia. Quando olhei para o exército iugoslavo estranhamente me senti como em 1944, aquelas eram pessoas que faziam algo que eu entendia.

Qual foi a sua impressão da queda da Alemanha?
Quando chegamos à Alemanha, liberamos um dos menores campos de concentração, então usado para deter oficiais da SS. Isso foi gratificante,

afinal havíamos contribuído com uma parte significativa da vitória política contra o fascismo. Mas a satisfação durou pouco. Os oficiais da SS vinham até mim e diziam: "Por que entramos nessa guerra ridícula uns contra os outros, quando está claro quem é o inimigo comum?". Naquele momento os russos estavam em Berlim. Eu reportei isso a meus superiores, e eles me disseram: "Talvez eles estejam certos, garoto". Muitos deles já pensavam que a *Wehrmacht* [forças armadas alemã] era um exército excelente, e que a guerra havia provavelmente sido um erro. Uma assimilação das perspectivas do que mais tarde seria a Guerra Fria iniciara-se já em março de 1945.

Você foi abalado pelas histórias dos ultrajes cometidos pelas tropas russas, amplamente empregadas para apoiar tais perspectivas?
Não. Posso imaginar que alguém na inteligência, por exemplo, poderia ter ficado mais chocado com isso. Naquele momento, sendo bastante honesto, havíamos sido brutalizados. Não se pode lutar por nove meses em países estranhos sem que se adquira uma atitude completamente diferente quanto ao sofrimento humano. A unidade da linha de frente não sente, ela não pode ter reações humanas. Seria bom se não fosse assim, mas a unidade não possui reações humanas. Éramos duros quando capturávamos prisioneiros, não creio que excessivamente duros, mas com certeza não partilhávamos de gentilezas. Tínhamos muita raiva dos oficiais da SS, e havia muitas pessoas bem dispostas a atirar neles. Quando tomamos Hamburgo, fiquei abismado, pois me disseram que apenas alvos militares e docas haviam sido bombardeados. Isso me chocou, sobretudo porque mentiram para mim. A conduta das tropas russas no leste da Alemanha certamente difamou a União Soviética por toda a Europa. Mas, em minha situação específica, eu estava isolado de tudo isso naquele momento.

Ao final da guerra você se tornou o editor de um jornal regimental, no qual você presumivelmente tinha de tecer comentários sobre assuntos mundiais. Foi essa uma retomada de sua atividade política? O que você editava e escrevia?
Editei no norte de Hamburgo, onde encontramos uma imprensa intacta, um jornal do exército num estilo bastante comum ao do *Daily Mirror*. Havia esporte, notícias do regimento e fotos de moças, e uma grande quantidade de material cômico. Escrevi uma coluna política semanal com o pseudônimo de Michael Pope. Houve muita confusão quando

ataquei uma proposta conjunta da Inglaterra e da Alemanha para um serviço de memorial de guerra na cidade após o armistício. Eu disse que isso era uma hipocrisia total. Também escrevi um artigo sobre os relatórios das atrocidades russas, no qual argumentei que muitas delas eram provavelmente verdadeiras, mas que eram claramente distintas da natureza do mundo comunista. O artigo gerou muitas cartas hostis. Com o tempo, eu não estava mais certo se essa seria uma distinção um pouco abstrata. Mas era a minha opinião naquele momento.

Qual foi a atmosfera no exército naquele momento? Em 1945 ele votou contra Churchill, seu comandante real. Qual foi o motivo desse voto dos soldados?

Era um voto no trabalho. Foi assim que muitos justificaram. Eles associavam os *tories* ao desemprego e à depressão. As pessoas sabiam o que havia acontecido quando o exército voltou em 1918. Havia alguns liberais, mas quase nenhum *tory* em nosso regimento. Claro que, nos regimentos da guarda, o corpo de oficiais deve ter sido *tory*. Carrington, o Lorde Conservador, era um deles. Notei recentemente, ao ouvi-lo pelo rádio, que provavelmente lutamos juntos na mesma operação, tentando invadir Arnhem.

Como você foi liberado para voltar à Inglaterra? Foi uma instrução militar para você retornar a Cambridge?

Tratou-se de uma liberação específica. Foi decidido no programa de desmobilização que estudantes cujos cursos haviam sido interrompidos receberiam o que foi chamado de liberação Classe B, que significava que seriam liberados antes. Isso aconteceu quando eu ainda esperava ser enviado a Burma.

CAMBRIDGE NOVAMENTE

Você escreveu que encontrou Cambridge completamente diferente quando retornou após a guerra. Como se deu isso?

A cultura estudantil havia mudado. Havia muito mais religião. Havia também uma cultura literária específica em torno de Leavis, que estava imensamente distante do que havíamos conhecido em 1941. Não mais havia a presença de uma esquerda consciente. A primeira pessoa que reencontrei foi Eric Hobsbawm. Concordamos que estávamos em um mundo diferente.

A vitória do Partido Trabalhista em 1945 é normalmente representada como fruto de uma onda tremenda de radicalização na cultura e política britânicas. Contudo, seu relato dá a impressão de que você retornou a uma Cambridge mais de direita. Você está sugerindo que isso foi um reflexo de uma cultura ou atmosfera em geral muito mais à direita em todo o país?

Não. O movimento à direita ocorreu especificamente com intelectuais ingleses. Minha opinião é que no plano político-nacional não houve um avanço significativo do Partido Trabalhista em si, embora tenha avançado consideravelmente devido ao notável colapso do Partido Conservador. Se observarmos os dados eleitorais, a eleição de 1945 não teve a maior presença do eleitorado no pós-guerra, nem o Partido Trabalhista atingiu a sua melhor marca. Houve uma votação trabalhista muito mais expressiva em 1950 e 1951. Em 1945 o número de votos *tories* é que foi muito baixo. Por outro lado, o estado de espírito da *intelligentsia* moveu-se em direção oposta, distanciando-se da esquerda e do clima dos anos 1930.

A partir dos seus textos, parece que você sentiu, ao retornar a Cambridge, que não gostaria de se envolver novamente com a política estudantil. Afinal, por essa época, você já era um homem maduro, que não mais estava em 1939-41. Você também disse que foi bastante motivado a reparar os antigos erros que você achou ter cometido na universidade. Quais foram as suas principais intenções e objetivos naquele momento?

Dediquei-me às atividades acadêmicas de modo bastante fanático. Eu havia retornado bem tarde, já era novembro quando cheguei. Minha prioridade foi desenvolver certa ideia de política cultural.

Você fala em seu ensaio "My Cambridge" [Minha Cambridge] da estranha intensidade do bacharelado que você finalmente concluiu. Em que você estava de fato trabalhando e sobre o que escrevia dentro dos estudos ingleses?

Essencialmente, sobre dois assuntos. Como eu era reformado do exército, pude tomar um caminho mais satisfatório em direção à finalização do curso – escrever uma tese de quinze mil palavras. Fiz a minha sobre Ibsen. Então, também escrevi a dissertação especial sobre George Eliot. Praticamente todo o meu tempo foi aplicado nisso. O resto foi feito às pressas no final.

Minha pesquisa sobre Eliot foi uma maneira de retomar meus argumentos inacabados sobre o romance. Realizei uma comparação entre Eliot e Lawrence nesse trabalho. Vocês podem ver o resultado, quase palavra por palavra, no capítulo sobre a análise da prosa em *Reading and Criticism* [A leitura e a crítica], onde pego duas passagens de Eliot e duas de Lawrence e as comparo em um estilo levemente anti--Scrutiny. Argumento que não podemos deduzir a qualidade de um escritor a partir da análise de uma passagem selecionada, uma vez que as quatro passagens são mutuamente excludentes: se tomarmos um par, George Eliot parece escrever melhor, mas se tomarmos o outro par, Lawrence emerge como o melhor. Eu então tentei, sem muita eloquência, relacionar esses dados às situações específicas dos escritores. Para mim, tratava-se de um progresso real em relação ao meu argumento de 1941. Escrever isso nas condições absurdas de um exame me pareceu bastante importante naquele momento. Contudo, não resolveu meus problemas reais.

CAMBRIDGE NOVAMENTE 49

O ensaio sobre Ibsen tomou muito mais de minha atenção. Naquela época Ibsen era um escritor consagrado em artigos sobre a tragédia. Fui absorvido de modo completo e sem razão aparente por ele (em termos acadêmicos). Foi um envolvimento bastante longo. Hoje ainda mantenho parcialmente a interpretação de Ibsen que desenvolvi durante aquele ano. O capítulo sobre Ibsen em *Drama from Ibsen to Brecht* [Drama de Ibsen a Brecht] é resultado dessa pesquisa. A razão para a relevância intensa de Ibsen foi ele ter sido o autor que falou de forma mais próxima à ideia que eu tinha de minha condição naquele momento. Vem daí a ênfase específica que dei ao motivo de ir "ao local estreito onde você fica aprisionado. Não há como movimentar-se nem para frente nem para trás".[1] Essa era exatamente a minha sensação. O tema de minha análise de Ibsen é que, embora em sua obra todos sejam vencidos, a perda nunca cancela a validade do impulso que move os personagens. Contudo, é decisivo o fato de a derrota ter ocorrido. O bloqueio específico não envolve, e essa era a minha disputa com outras interpretações, a renúncia do impulso original. Creio que foi dessa forma que vi o destino do impulso dos anos 1930 – um impulso que não era apenas pessoal, mas geral. Ele estava correto, mas foi vencido; contudo, a derrota não o eliminou. Hoje eu acrescentaria outra dimensão à minha análise de Ibsen, pois o seu objetivo é sempre o de libertação individual: ele exclui com fúria o projeto de libertação social.

Mais ou menos da forma como você argumenta em Tragédia moderna?

Sim. *Tragédia moderna* foi um corretivo para a minha posição anterior e uma crítica do que chamo tragédia liberal. Mas, em um estágio inicial, Ibsen refletia a minha situação. Isso evitou que eu abandonasse prematuramente os ideais dos anos 1930 como diversos amigos antigos do partido fizeram; diziam que toda a nossa percepção estava errada, que não estávamos conscientes do pecado original. É por isso que foi tão importante argumentar, na análise de Ibsen, que ele não é um dramaturgo do pecado original ou do desencantamento, a interpretação convencional na época. Em suas peças a experiência da derrota não diminui o valor da luta. Essa foi, precisamente, a "estrutura de sentimento" pessoal dentro da qual vivi de 1945 a 1951, em seu plano mais profundo.

---

1 Citação de *When We Dead Awaken*. Cf. *Drama from Ibsen to Eliot*, p.106; *Drama from Ibsen to Brecht*, p.73-4.

Você sentiu que foi frustrada a esperança de fundir sua atividade pessoal como escritor com as atividades gerais de um militante político nos anos 1930, de modo que se viu em uma situação como a questão central do trabalho de Ibsen?

Sim. Eu tinha convicção de meu projeto de 1939-40, como o defini e tentei vivê-lo. Ele não era problemático, mas inacreditavelmente se tornou assim. Foi nesse contexto que certos temas em Ibsen me tocaram profundamente: a insistência na vocação, a preocupação com a morte, a ideia de que o processo de composição em direção a um projeto é acumulado num ambiente que não é de nossa vontade ou escolha e que frustra a vocação. Esses temas relacionavam-se todos às minhas próprias preocupações. Penso que foi a partir daquele momento que um tipo bastante diferente de personalidade emergiu, bastante diverso de minha vida anterior. Tornei-me muito mais moderado, ansioso e cuidadoso, sempre enfatizando as complexidades e as dificuldades – todas as características das quais as pessoas se queixariam mais tarde. Elas eram o reverso absoluto do que fui em 1940.

Como você imaginou seu futuro após os exames finais? Você considerou a opção convencional de realizar uma tese?

Não. Houve duas razões para isso. Minhas atividades para os exames finais foram obsessivas. Não é razoável investir tanta intensidade emocional em um trabalho acadêmico: ele não vale esse grau de comprometimento. Mas eu também sabia que deveria realizá-lo sob qualquer pretexto, pois agora tínhamos uma filha, nascida enquanto eu estava na Normandia, e em setembro de 1946, um filho. Poder-se-ia dizer que eu tinha de ampará-los, mas, em termos reais, após várias crises, eles me ampararam muito mais. Trinity me ofereceu uma bolsa sênior de 200 libras por ano, por três anos, mas o trabalho na educação para adultos que vi anunciado em Oxford pagava 300 libras por ano. Então o fator econômico falou mais alto.

Mas a razão principal foi que eu não via o porquê [de continuar em Trinity]. Estava claro para mim que eu tinha uma quantidade enorme de textos para escrever e eu de fato queria escrevê-los. Eu queria escrever especificamente um romance. Isso pode parecer estranho, tendo em mente o sentimento que descrevi de estar profundamente bloqueado, mas eu ainda me esforçava para manter a ênfase cultural produtiva dos anos 1930. Então eu e meus amigos Wolf Mankowitz e Clifford Collins decidimos dirigir um jornal – estávamos convencidos de nossa capacidade para montar um periódico e uma imprensa. Eu também iria escrever o roteiro para um documentário de Michael Orrom, que era nessa época diretor-assistente de Rotha. Iríamos fazer um filme e começar um periódico. Esses projetos me pareciam muito mais estimulantes do que escrever uma tese. A intenção imediata naqueles anos foi assumir as aulas na Workers' Educational Association (WEA) para garantir o sustento durante esse período.

POLITICS AND LETTERS

Poderíamos agora nos concentrar em Politics and Letters? Quais foram as suas origens? Como a ideia do periódico germinou durante seu segundo momento em Cambridge?

Encontrei Mankowitz e Collins por acaso logo após retornar a Cambridge – eles faziam estudos ingleses, como eu. Passamos um tempo relativamente longo tendo discussões que serviram de preparação para o futuro periódico. Queríamos produzir uma revista crítica voltada a uma união aproximada entre a política radical da esquerda e a crítica literária inspirada em Leavis. Estávamos à esquerda do Partido Trabalhista, mas distantes do Partido Comunista. Nossa filiação à *Scrutiny* era cautelosa, mas era, apesar disso, bastante forte.

Essa formulação levanta duas perguntas. Primeiramente, por que você não se reaproximou do Partido Comunista após a guerra? Os seus antigos amigos – Eric Hobsbawm e Edward Thompson, por exemplo – não o tentaram persuadir a fazer isso? Como você definiria hoje a sua relação com o partido?

Quando retornei, em 1945, o Partido Comunista estava dizendo às pessoas que aquele era um período de unidade social e de reconstrução. A sua atitude para com as greves era muito duvidosa. Diante disso, não parecia haver nenhuma causa imediata para eu me filiar novamente. Edward frequentava outro ano na universidade, mas eu não o conheci lá. Tive discussões com Eric sobre essa questão, mas naquele momento o meu comprometimento era com uma nova política cultural. Mankowitz,

Collins e eu achávamos que os intelectuais literários comunistas não entendiam muito do que fazíamos. Sentimos que poderíamos ser mais abertos e críticos do que o PC com relação às controvérsias da época. Mas, politicamente, mantínhamo-nos bastante radicais. Lembro-me de Mankowitz e eu termos atacado Tom Driberg ferozmente em um encontro em seu distrito, em Essex, pelo que pensávamos ser sua posição ambígua em relação à questão da afiliação compulsória ao partido. Ele disse que havia certas vantagens práticas nisso. Dissemos que essa era uma disciplina absoluta e fundamental, ao qual ele replicou de modo irritado: "Vocês são membros do Partido Trabalhista?" Nós simplesmente nos desviamos dessa evasão. Sei que é muito difícil explicar, mas houve momentos em que estávamos convencidos de sermos os elementos mais radicais em nossa cultura. Estávamos certos disso. Sabíamos estar à esquerda do Partido Trabalhista, e considerávamos o Partido Comunista irrelevante devido aos erros intelectuais que havia cometido. Essa era uma convicção sem muita base, e não durou muito.

A segunda questão que a sua narrativa levanta é sobre a natureza de sua aproximação à Scrutiny. *O que o atraiu ou capturou sua imaginação em* Leavis? *Como você descreveria a extensão da influência dele sobre você naqueles anos?*

A atração imensa por Leavis estava, claramente, em seu radicalismo cultural. Talvez essa seja uma descrição problemática hoje, mas não o era naquela época. Foi a dimensão dos ataques de Leavis ao academicismo, à Bloomsbury, à cultura literária metropolitana, à imprensa comercial e à publicidade que primeiramente me fisgou. Havia também o tom de irritação crítica, bastante simpático ao nosso estado de espírito.

Em segundo lugar, dentro dos estudos literários houve a descoberta da crítica prática. Ela era intoxicante, algo que não posso descrever plenamente. Sobretudo quando se estava tão descontente quanto eu estava. Eu disse intoxicante, o que é uma condição simultânea de euforia, excitação e perda de julgamento e inteligência. Foi tudo isso, mas me deixem registrar que foi incrivelmente estimulante. Ainda acho-a estimulante, e em certos momentos, tenho de me conter, pois penso que posso realizá-la razoavelmente bem, afinal, ensinei-a a outras pessoas. Hoje, quando escrevo sobre um romance, a crítica prática é um recurso muito fácil para mim, mas procuro não usá-la. Ela sempre tende a se tornar um modo muito dominante, precisamente por evadir os problemas estruturais e, ao cabo, as questões de crença e ideologia. Mas, naquela época, pensávamos ser possível combiná-la com o que acreditávamos ser uma posição cultural socialista clara. De certa forma a ideia era ingênua, uma vez que a posição cultural de Leavis era explicitamente diversa. Mas creio ter sido esse o motivo pelo qual fundamos o nosso próprio periódico, ao invés de entrarmos na fila para contribuirmos com a *Scrutiny*. Por fim, havia a grande ênfase de Leavis na educação. Ele sempre enfatizava que havia um trabalho educacional imenso a ser feito. Claro que ele o definia em seus próprios termos. Mas a ênfase me parecia plenamente correta. Quando soube da oferta de emprego em Oxford para ensinar literatura a adultos na Workers' Educational Association, foi Thomas Hodgkin, um comunista então secretário do comitê universitário, quem me entrevistou. A oportunidade do emprego me pareceu uma sorte incrível. Acabou não sendo assim, mas parecia de longe a melhor opção naquele momento. Muito de meu trabalho posterior veio dessa escolha específica de trabalho.

Quais eram as suas reservas com relação a Leavis naquela ocasião? Havia divergências significativas?

Devo dizer que quase tudo que ouvi sobre Leavis foi de segunda mão, por Mankowitz e Collins, que tinham aulas regulares com ele. Provavelmente deram ao que Leavis dizia um polimento que o aproximou de nosso perfil. Lembro-me de um incidente, contudo, que antecipou o que viria a ser meu desacordo central. Mankowitz e eu fomos a uma palestra de L. C. Knights sobre o sentido de "vizinho" em Shakespeare. Leavis estava encostado na parede no fundo da sala. Quando Knights disse que ninguém hoje poderia entender o significado de "vizinho" para Shakespeare, pois em uma civilização mecânica corrupta não há vizinhos, levantei-me e disse que isso era verdadeiro apenas diferencialmente. Havia, é claro, tipos de comunidade bem-sucedidos, e eu sabia muito bem, vindo do País de Gales, o que vizinho significava. Mankowitz – e isso era característico de nossa relação, que era muito próxima – atacou-me severamente por minha insensatez sentimental. Leavis moveu a cabeça afirmativamente enquanto ele me falava.

Eu estava muito mais a par de outra divergência significativa naquela época. Tratava-se da posição dada por Leavis à poesia tardia de Eliot. Os *Quatro quartetos* dominavam completamente a leitura e a discussão em Cambridge naquele momento. Eu não tive sucesso ao articular meu desagrado ao modo como eles estavam sendo tratados. Mas me lembro de sair de uma dessas discussões não com inimigos, mas com amigos que se consideravam socialistas ativos e que, contudo, endossavam a obra de Eliot. Devo ter tido alguma grave falta de confiança, pois não expus plenamente o meu argumento a eles. Ao invés disso, eu falava para mim mesmo – uma expressão ridícula que deve ser algum eco de um ritmo de Eliot – "aqui também a luta de classes deve ser travada". Olhava para a igreja da universidade e não fazia nada a respeito. Mas a minha percepção era perfeitamente correta. Havia uma luta de classes em torno desses poemas e de sua crítica. Pois se nos movêssemos para o mundo não apenas da crítica de Leavis, que continha elementos radicais, positivos e energéticos, mas também para o universo de *Quatro quartetos*, então estaríamos liquidados. Encontraríamo-nos dentro da postura pós-guerra totalmente convencional da inevitabilidade do fracasso, do absurdo do esforço e da necessidade de resignação –

Claro que Leavis nunca subscreveu isso –

Não, mas foi essa postura que gerou a peculiaridade da forma como ele lidou com Eliot e os *Quatro quartetos*. De certo modo, admiro-o por tentar conduzir os cavalos de Eliot e Lawrence emparelhados. Mas ninguém pode fazê-lo. O melhor a fazer seria descer de ambos, mas se não é possível fazê-lo, não se pode conduzi-los juntos. De certa forma, o que é de interesse em Leavis – e que impede a sua redução à fórmula do leavismo – é ele ter tentado conduzir essas montarias evidentemente incompatíveis. É isso que o torna uma figura mais complexa do que o termo leavismo permite.

Movendo-nos para Politics and Letters, *como o periódico foi iniciado?*

Conseguimos um escritório na rua Noel, em Soho, onde tínhamos nossos encontros editoriais. Os dois volumes – The Critic era uma revista que o acompanhava – e outros textos menores eram lá publicados por nós. Mas nessa época Collins ainda estava em Cambridge, Mankowitz estava fora, em Essex, e eu estava em Sussex. Havia a vantagem de eu, como reformado do exército, ter acesso a um rateio especial de papel, que ainda era racionado. Dada a escassez de material para leitura após a guerra, estávamos certos de que poderíamos tornar essa aventura viável – por exemplo, Smith's tomou a primeira edição de The Critic e a colocou nas bancas das estações de trem, venderam cerca de metade da remessa.

Mankowitz realizou o trabalho mais duro na editoração. Ele e Collins eram amigos antigos – havia sempre uma relação ligeiramente assimétrica, com eles indo ao escritório no final de semana, planejando a revista e escrevendo juntos, enquanto eu aparecia com menos frequência.

Que tipo de leitor vocês buscavam? Vocês tiveram uma circulação específica em mente quando inauguraram os periódicos?

Queríamos vender de 1.500 a 2 mil cópias. Conseguimos talvez quinhentas assinaturas antes da primeira edição. Os leitores que esperávamos se estendiam de pessoas ainda no Partido Comunista àqueles que orbitavam em torno de Leavis. Mas, de forma crescente, o que se tornou meu mundo decisivo foi a educação para adultos. Quase todos os tutores da WEA eram socialistas de uma cor ou de outra. E estávamos todos envolvidos na educação para adultos. Assim, encarávamos os periódicos como vinculados a essa formação bastante promissora por meio de conexões do movimento trabalhista. Se havia um grupo ao qual *Politics and Letters* se referia, esse grupo era composto por tutores da educação para adultos e seus alunos.

Quais foram as relações entre o grupo da Scrutiny *e* Politics and Letters*? Em termos quantitativos, o peso de* Politics and Letters *é notável – nove colaboradores, dez se incluirmos Mankowitz, em quatro edições. Foi publicada uma apologia sinótica de Mason pela* Scrutiny*, continuada por Q. D. Leavis. Você teve algum contato pessoal com essas pessoas? Vocês solicitaram artigos a eles, ou eles os submeteram a vocês?*

Eu apenas conheci um ou dois, mas não muito bem. Os artigos foram solicitados por Mankowitz e Collins. Provavelmente a maioria das contribuições foi organizada por Collins, que ainda estava em Cambridge. Minha relação com o círculo de Leavis se deu quase inteiramente por meio deles. Minha conexão com o grupo era real, mas distante. Estávamos, contudo, bastante ansiosos para saber o que Leavis diria sobre nós. Afinal, ele nunca havia dito nada positivo sobre um fenômeno contemporâneo. Mankowitz conseguiu que Leavis escrevesse em *Politics and Letters*. O que ele disse, com grande tato, foi que teríamos sucesso se cumpríssemos uma série de objetivos que eram equivalentes a uma descrição da *Scrutiny*.

Como vocês selecionaram os outros colaboradores? Vocês almejavam, na medida do possível, uma unidade e consistência editoriais?

Não. Estávamos determinados a manter um periódico aberto. Por exemplo adotamos o princípio – não que tenhamos sempre o seguido – de críticas antagônicas. Éramos contrários a críticas favoráveis a nós, que pensávamos serem características de revistas londrinas. Mesmo quando achávamos que uma crítica estivesse errada, como o artigo de Taplin sobre Joyce – que achei ridículo –, ainda assim a publicávamos. Estávamos deliberadamente dirigindo um periódico aberto. Daí a existência de incompatibilidades e inconsistências. Nossa ideia sobre um comentário político era a de que solicitaríamos, em cada edição, artigos com pontos de vista diversos. Lembrem-se de que a primeira pessoa a quem pedimos uma contribuição foi Henry Collins, que era comunista. Mas a nossa prática geral era a de uma reação contra a imprensa do partido e contra a *Scrutiny*, que estava se tornando um periódico bastante fechado, ecoando estranhamente nos periódicos de partidos, com suas diretrizes e graus de iniciação em um círculo interno.

Vocês poderiam ter o colaborador que quisessem?

As pessoas estavam surpreendentemente dispostas. Orwell, que naquele momento atingia as alturas com o sucesso de *A revolução dos bichos*, embora estivesse bastante doente, nos ofereceu seu ensaio "Escritores e Leviatã". Então, quando Collins foi visitá-lo no hospital, Orwell passou a ele o manuscrito de seu ensaio sobre Gissing e disse: "É com prazer que lhe passo isso". À época em que deveria ser publicado, o periódico estava encerrado. Por acaso, aliás, estamos nos referindo a um momento terrível, pois por um longo tempo esse texto – que Orwell estava naturalmente ansioso para reaver, porque não poderíamos publicar – ficou perdido. Ele apareceu finalmente sob uma pilha de papéis antigos. Também não tivemos dificuldade em publicar traduções de Sartre, por exemplo.

O periódico foi lançado em uma conjuntura política específica: os primeiros anos do governo trabalhista pós-guerra. Falamos até agora principalmente das "letras". Qual foi a sua atitude em relação à "política" naquele momento? Como você avaliou o desenvolvimento da administração de Attlee? Anteriormente, ao falar do voto trabalhista em 1945, você disse bem friamente tratar-se apenas de um voto no emprego. Você teve expectativas bastante limitadas e pragmáticas do governo trabalhista desde o seu início?

Não. Reagi com entusiasmo, com o sentimento de que uma ruptura histórica real havia ocorrido. De certa forma, esse entusiasmo durou mais, mesmo nos anos 1950, do que os julgamentos políticos que eu estava fazendo. Creio que os dois momentos decisivos para mim no período de *Politics and Letters* foram a aceitação do empréstimo americano no final de 1945 e a crise dos combustíveis no inverno de 1946-47. Lembro-me de acreditar que a decisão de aceitar ou não o empréstimo americano seria crucial. Quando ele foi aceito e a ordem monetária pós-guerra se acalmou, achei que todo o panorama da democratização após a guerra, apesar do colapso político da direita, estava comprometido: algo vital estava sendo perdido. Quando argumentei que deveríamos ter recusado o empréstimo americano, isso foi em geral considerado, mesmo pela esquerda, como um idealismo selvagem. Mesmo os economistas marxistas disseram que era impossível infligir à classe trabalhadora e ao exército desmobilizado o tipo de austeridade extrema que essa opção envolveria. Ainda não sei se a ideia da rejeição não passava de uma utopia. Mas a minha perspectiva era a de que o empréstimo e o Plano Marshall tornaram inevitável uma adaptação do Partido Trabalhista à versão americana do mundo. Creio que o segundo divisor tenha sido a grande crise dos combustíveis no inverno de 1946-47. O governo teve a opção de seguir de modo duro rumo a uma vida de partilha comum, em meio à escassez, ou de voltar-se contra a classe trabalhadora e exortá-la a "produzir para salvar a nação". Quando tomou o segundo caminho, pareceu-me que, daquele momento em diante, as suas reformas não iriam além de resíduos de seu ímpeto inicial. Muito antes do que eu teria facilmente acreditado, ele estava se tornando um governo objetivamente bastante reacionário. Em pouco tempo, ele estava enviando tropas para encerrar a greve das docas.

Tive algum envolvimento direto no efeito dessa política, tanto para com a classe trabalhadora quanto para com os intelectuais. Quando as ferrovias foram estatizadas, eu falei com meu pai sobre as consequências dessa manobra. Em seis meses ele, que havia sempre defendido essa iniciativa, opôs-se amargamente ao caráter burocrático da nova estrutura. Pareceu-lhe que havia ocorrido a substituição de um tipo de conselho administrativo por outro. Ele disse que a disciplina no trabalho havia se tornado mais severa. Ele usou a seguinte frase: "Havia um inspetor, agora são dois". Quanto a mim, eu trabalhava no roteiro de um documentário sobre a história da revolução agrícola e industrial para Paul Rotha. Fomos a uma reunião no Escritório Central de Informações, o órgão que financiava esses filmes, e eles começaram de imediato a colocar condições inteiramente inaceitáveis para a sua realização. Ao invés de nosso projeto grande e ambicioso, estavam interessados em algo que seria uma breve introdução a um filme sobre a reconstrução do período pós-guerra. Foi uma cena extraordinária. Quando as condições foram colocadas, Rotha – que ainda era bastante seguro e se sentia experiente e poderoso – levantou-se e caminhou, pensei eu, para pegar algo em sua jaqueta que estava pendurada na porta da repartição. Na verdade, ele vestiu-a e partiu. Fomos deixados lá. Percebemos, após um tempo, que isso significou o encerramento das discussões. Foi, de fato, o encerramento do projeto. Logo após, Harold Wilson, uma pessoa nefasta, assumiu a Câmara do Comércio. Ele nunca pôde entender esses problemas como sociais ou culturais, sempre os viu como organizacionais e financeiros. Se vocês verificarem, verão que eu já o atacava em *Politics and Letters*.

Quando se inicia um periódico político-literário que é uma intervenção organizada na vida cultural e política da sociedade, deve-se ter em mente, explícita ou implicitamente, um mapa geral do conjunto de forças a ser enfrentado. Você descreveu com nitidez qual você pensava ser o público de Politics and Letters, *sobretudo pessoas na educação para adultos, com pouco mais de 20 anos. Essa era a nova geração, e você sentiu a força dela dando apoio a você. Mas o que estava à sua frente? Especificamente, como você percebeu o grosso da* intelligentsia *estabelecida, pessoas que já haviam conquistado um nome público? Você traçou a sua própria atitude em relação ao governo trabalhista. Mas uma zona crítica de sua intervenção estava, certamente, nas inter-relações entre o regime político da época e as principais posições da* intelligentsia *inglesa. Qual foi a sua orientação em relação a ela?*

Creio que a forma mais simples de definir isso seja dizendo que nosso principal inimigo era a *Horizon*. A revista era objeto de uma dupla aversão, pois representava, em essência, a continuação de uma cultura literária pré-guerra atacada tanto pelos marxistas, que a condenavam como burguesa, quanto por Leavis, que a via como um fenômeno metropolitano em voga. Connolly simbolizava uma decadência conformada para nós, o que o tornou um alvo evidente. O tom peculiar de muito da cultura dos anos 1930 – descendente do *ethos* de Bloomsbury – encontrou a sua expressão final nessa revista dos anos 1940: sobretudo num subjetivismo extremo, projetando as dificuldades pessoais de ser um escritor como problemas sociais centrais. Essas pessoas podiam professar simpatia pelo governo trabalhista, mas de má fé. Pois toda a sua ênfase estava na grande dificuldade em ser uma pessoa culta em um período de pobreza e deslocamento extremos. Se ainda diziam votar ou não no Partido Trabalhista, essa era uma questão muito menos significativa do que o fato de dizerem que era mais importante termos uma vida cultivada do que o país caminhar por si. Se o país continuasse a percorrer seus próprios termos – seus melhores termos, eu diria –, o caminho seria muito difícil e envolveria a manutenção do apoio popular disciplinado da guerra. A resposta de Connolly era justamente oposta: a mendicância. Ele escreveu um editorial apelando aos amigos americanos para que financiassem o empreendimento cultural britânico. Essa foi precisamente a direção tomada pelo governo trabalhista, com a aceitação do empréstimo americano naquele momento. Ataquei Connolly com veemência em *Politics and Letters*.

Obviamente, o desejo de Connolly se realizou. Encounter, *a sucessora de* Horizon, *foi financiada pela espionagem americana.*

Sim. Essa foi a sequela da Guerra Fria nos anos 1950. As filiações de Connolly ainda eram, provavelmente, com a esquerda. Logo, em seu apelo ao dinheiro americano para continuar a ser um escritor havia um elemento de continuidade com o que entendíamos ser, nos anos 1930, um pacto falso entre o escritor e a revolução. Tenho argumentado isso com frequência desde então. Há certa lógica na forma como um número significativo de escritores da esquerda nos anos 1930 dizia: devemos ter uma revolução para que possamos escrever nossos poemas. Quando lemos com cuidado a trilogia *The Spiral Ascent* [A ascensão em espiral], de Edward Upward, o texto é exatamente sobre isso. Sem falar de intelectuais, como Auden, que encontraram uma maneira mais conveniente para ser poeta, foram para a Califórnia. Eu tinha uma hostilidade intensa a esse tipo de cultura literária autocentrada.

Em geral, há uma combatividade em *Politics and Letters* que desapareceu em muito de meu trabalho posterior. Há quatro pessoas que eu realmente enfrentei. Elas dão uma boa indicação de nossa posição naquele momento. Elas foram Connolly, da *Horizon*; Noel Coward; Rebecca West, por conta de seu livro *The Meaning of Treason* [O sentido da traição], que me deixou furioso; e John Lewis, por sua contribuição para a controvérsia de Zoschenko no *Modern Quarterly*. A última polêmica foi muito importante. Pois enquanto as revistas da direita, como a *Horizon*, diziam-nos o quão difícil era ser uma pessoa culta no novo cenário, a retórica do zdanovismo parecia flanquear a esquerda de forma caricaturada. Zhdanov estava dizendo às pessoas que parassem de se preocupar com suas pequenas almas e se entregassem ao trabalho duro da construção comunista, como uma desculpa para a repressão real dos escritores na Rússia. Logo, foi também muito importante para mim atacá-lo e repudiá-lo.

Quais foram as suas próprias perspectivas culturais alternativas?

Eu achava que o governo trabalhista tinha uma escolha: ou a reconstrução de um campo cultural em termos capitalistas ou o financiamento de instituições para a educação e a cultura popular que poderiam resistir às campanhas políticas da imprensa burguesa, que já ganhavam terreno. Na verdade, houve uma opção rápida pelas prioridades capitalistas convencionais – a recusa a financiar documentários foi um exemplo. Ainda creio que o insucesso no financiamento cultural do movimento da classe trabalhadora num momento em que os canais da educação e da cultura popular estavam disponíveis nos anos 1940 tornou-se um fator-chave na desintegração bastante rápida das posições trabalhistas nos anos 1950. Não creio que vocês possam entender os projetos da Nova Esquerda no final dos anos 1950 sem perceberem que pessoas como Edward Thompson e eu mesmo, apesar de todas as nossas diferenças, estávamos propondo a recriação daquele tipo de união. Talvez naquele momento isso não mais fosse possível. Mas nossa perspectiva nos parecia razoável, mesmo que fosse algo bastante difícil de ser alcançado. De qualquer modo, esse foi o contexto no qual eu via *Politics and Letters*.

Você disse que a contradição entre esses dois polos seria, mais cedo ou mais tarde, inalcançável, que a ideia de sua união estava fadada ao fracasso. Foi esse o motivo para o encerramento de Politics and Letters *em 1948?*

Não exatamente. Havia dificuldades práticas difíceis. Quase não tínhamos capital de giro e havia o problema recorrente da demora dos pagamentos pelas livrarias. Mas naquele último ano havia também tensões pessoais crescentes entre os editores. É difícil falar sobre isso após trinta anos, mas, pelo que eu me lembre, não tínhamos desavenças com relação à política editorial. O desentendimento decisivo e final ocorreu em relação ao negócio. Mas estávamos todos mudando, Mankowitz e, sobretudo, eu. Provavelmente foi Collins quem nos manteve juntos. É justo dizer, uma vez que Mankowitz e eu publicamos muito desde então, que Collins foi quem teve, naquele momento, a ideia mais clara sobre a necessidade da existência de *Politics and Letters*, uma necessidade que era constantemente tema de nossas discussões, pois ele ficava em minha casa com frequência após ministrar suas aulas para adultos. Então, planejamos a coautoria de um livro, *English for Adults* [Inglês para adultos], mas infelizmente, devido a uma sequência complicada de dificuldades e mal-entendidos, o projeto não se realizou. Finalmente, acabei por escrever o livro sozinho, *Reading and Criticism* [Leitura e crítica], com um resultado algo diferente da ideia inicial. Os efeitos desse episódio interagiram com os problemas do periódico, embora Collins e eu tenhamos reatado nossa amizade mais tarde, que permaneceu próxima por vários anos. Contudo, em 1948, quando tudo isso veio à tona, houve uma ruptura formal, e eles tentaram continuar o periódico sem mim, com outro editor. Mas as dificuldades financeiras permaneceram e 1948 foi um péssimo ano, um ano de quebras generalizadas. Deve ter havido, além desses, outros problemas mais profundos, questões de projeto e filiação. Se houve, é interessante que tenham vindo à tona desse modo específico, e não como diferenças explícitas sobre direcionamentos políticos.

Você nos descreveu como atacou a irresponsabilidade do setor da intelligentsia literária da Horizon em sua desvinculação dos processos políticos e sociais reais da Grã-Bretanha pós-guerra. Você também disse que pensava que o governo trabalhista estava se movendo em uma direção similar de uma forma muito mais séria, com os seus acordos monetários internacionais. Você publicou materiais consistentes, criticando o que o governo trabalhista estava fazendo naquela época, como uma forma de ajudar a orientar seus leitores diante daqueles conflitos bastante confusos?

Não. Quando examino o nosso periódico, vejo que isso não está lá. Nós criticamos alguns episódios, mas não havia uma cobertura sistemática. É por isso que digo que o projeto foi concebido de forma errada. A perspectiva correta seria tentar ajudar a construir uma mobilização cultural popular bastante forte que viesse a tomar parte na batalha interna do movimento trabalhista. Mas ainda partilhávamos uma ilusão com a posição que era exatamente a que atacávamos. Achávamos que poderíamos fazê-la simplesmente por meio do argumento literário, pelo discurso cultural. Essa foi uma influência de Leavis, mas a ideia era partilhada por muitos outros.

O tipo de formação que você idealizava dentro do movimento trabalhista, envolvendo professores e estudantes da educação para adultos, não pressuporia um periódico diretamente político, no qual a ênfase estaria tanto na política quanto nas letras – quando, na prática, as proposições em Politics and Letters, *com artigos frequentemente solicitados a pessoas da* Scrutiny, *pendiam fortemente ao lado das letras, e não ao da política?*

Creio que isso tenha sido parcialmente um reflexo do espectro de nossos colaboradores. Os artigos foram solicitados a pessoas que estavam lendo e ensinando literatura, história, teoria política e filosofia. Havia uma ausência crucial de economistas, quando a economia deveria ter sido o principal campo de batalha. Mas isso está relacionado a um erro apenas plenamente percebido muito mais tarde. Havia uma suposição, bastante injustificada, de que sabíamos como seria um programa econômico e político da esquerda. A ideia que tínhamos de um programa político pode ser desculpada com mais facilidade, por nos opormos às aventuras imperialistas do governo trabalhista, e por nós termos alguma noção sobre a mobilização política popular em oposição a um governo representativo cada vez mais distante. Mas no que tange à economia, não possuíamos nenhuma resposta. A falta de perspectiva com respeito ao empréstimo americano mostrou isso. Havia um tipo simples de oposição esquerdista, principalmente em termos derivados dos medos e hostilidades russos. Mas havia também um fracasso crucial e continuado para levar nossa análise aos problemas reais da Grã-Bretanha, que eram, afinal, os de uma economia capitalista gravemente enfraquecida que tentava implantar, por uma perspectiva social-democrata, programas de bem estar social; mas que, em um plano básico, era capaz de definir a nação apenas como produção. Tratava-se de uma autonomia que havia sido perdida na guerra e que os novos acordos monetários estavam visivelmente minando. Receio que o resultado tenha sido um programa da esquerda em nada consistente ou coerente.

Você declarou editorialmente em Politics and Letters *que se tratava de um periódico socialista?*

Não.

A questão óbvia é: por que não? Não seria a declaração de suas cores uma condição para uma intervenção perante o governo trabalhista, ou mesmo para a formulação de uma crítica coerente e clara a Horizon?

Sim, creio que vocês estejam certos. A forma como o projeto se definiu limitou-o e provavelmente o abateu. A revista foi projetada para uma nova geração no movimento de educação para adultos. Mas a sua forma foi a de um periódico crítico – um legado da *Scrutiny* – que seria mais significativamente aberto em seu escopo do que seus concorrentes. Achamos que isso seria mais importante do que declarar uma lealdade particular. Estávamos, de qualquer modo, cautelosos quanto a compromissos verbais para com o socialismo, que naquele momento eram, com frequência, altamente ambivalentes. Mas creio também ser verdade que se tivéssemos declarado nossas filiações, a aliança entre a política de esquerda e a crítica leavista jamais teria decolado.

Isso acontece com frequência num movimento iniciado por pessoas que pensam estarem associadas, para então descobrirem que não o estão plenamente. Vejamos as diversas formas em que nosso projeto rachou. Collins manteve muitos dos argumentos de Leavis e de Eliot, mas centrou-se mais e mais em Freud e ideias afins. Mankowitz, por outro lado, dissociou-se imediatamente das posições culturais da minoria. Ele já era um escritor profissional; eu achava que ele podia escrever praticamente tudo. Iniciando com esse talento, ele moldou seu próprio material às formas mais populares: no final dos anos 1950, um filme e um musical. Quem pode dizer, quem pode algum dia dizer se essas diferenças sempre estiveram lá entre essas três pessoas? Precisa ter havido pessoas com algo suficientemente em comum para criar aquele periódico. Mas tantas pessoas estavam reconstruindo suas vidas após a guerra e foram pegas em várias situações, quem pode saber? Se os intelectuais do Partido Comunista estivessem se movendo em direção ao nosso tipo de projeto, como pode-se dizer que muitos deles fizeram em 1956, eles teriam dado a ele muito mais solidez em seus aspectos históricos, políticos e econômicos. Éramos todos literatos. Acabei de ler o ensaio de Edward Thompson sobre Caudwell, no qual ele descreve os argumentos internos do partido sobre Caudwell no final dos anos 1940. Minha resposta mais imediata foi: "Por que vocês não escreveram isso naquele tempo, em *Politics and Letters*?". Deve ter havido muitos outros como Edward. Mas eles, obviamente, possuíam uma perspectiva completamente diferente – ainda pensavam que era necessário brigar dentro do movimento comunista. O tipo de formação necessária quase ocorreu em 1946-47. Mas não se concretizou.

Quais foram as suas reações diante do encerramento do periódico?

O colapso do periódico foi para mim uma crise pessoal. Tantas outras iniciativas, como o filme, haviam também sido paralisadas ou haviam fracassado. A experiência confirmou o padrão de sentimento que eu encontrara em Ibsen. Por um tempo, eu estava em tal estado de fadiga e de recuo que parei de ler jornais ou ouvir as notícias. Naquele momento, afora continuando com o ensino na educação para adultos, senti que eu só poderia sair desse nó de uma forma não colaborativa. Recuei para fazer meu próprio trabalho. Nos dez anos que se seguiram, escrevi num isolamento quase completo.

EDUCAÇÃO PARA ADULTOS

Como era seu ambiente de trabalho na WEA?

Quando consegui meu primeiro emprego na jurisdição de Oxford, que controlava uma região dispersa estendendo-se de Staffordshire, no norte, até Sussex, no sul, foi-me designada Sussex, e fui morar em Seaford. O caráter social de minhas salas era extremamente misto. De um lado, havia uma aula que eu ministrava em Hastings, dirigida essencialmente a membros da união de trabalhadores locais. O curso se chamava Expressão Pública e envolvia apenas uma formação específica para a escrita e a fala em público. Não parecia ser relevante ensiná-los a escrever ensaios. Ensinei-os a escrever relatórios, minutas e memorandos, bem como a se pronunciar em comitês e a fornecer relatórios orais, habilidades relevantes em seu trabalho. No outro extremo, ministrávamos cursos em Haywards Heath para esposas engajadas que queriam ler literatura. Perfeitamente sérias em seu interesse, mas de uma composição social por completo diversa. Eu também tinha um número razoável de turmas nas quais havia um misto desses dois elementos, incluindo obviamente o número substancial de assalariados que, após o terceiro ou quarto encontro, apresentam seu romance ou autobiografia, seus contos ou poemas – há uma quantidade imensa de escritores desconhecidos desse tipo. Era uma diversidade com a qual eu conseguia lidar.

Como você julga, em retrospectiva, a natureza da educação para adultos da maneira como você a praticou por uma década?

Lembro-me de G. D. H. Cole, que era um representante da universidade, dizendo nos encontros da jurisdição: "Não estou em nada interessado na educação para adultos, estou interessado na educação de trabalhadores". Havia um conflito. Ele era uma voz minoritária e perdeu. Claro que alguns diziam que a batalha havia sido travada e perdida muito antes disso. Não penso assim, mas posso ver a forma de escrever história que tornou essa versão possível. O movimento da educação para adultos rachou antes da Primeira Guerra Mundial, com a famosa greve dos estudantes na Faculdade de Ruskin, Oxford. De um lado, os membros da Worker's Education Association conscientemente socialistas criaram o National Council of Labour Colleges [Conselho Nacional das Faculdades para Trabalhadores] (NCLC). De outro, a WEA se vinculou às universidades e tentou, creio que com mais sucesso do que o NCLC achava ser possível, desenvolver uma educação para a classe trabalhadora cuja base era reivindicar a universidade para a exploração de todas as posições políticas, ao invés de um ensino conduzido a partir de uma filiação específica. Hoje, quando leio sobre a greve na Faculdade de Ruskin e sobre a fundação do periódico *Plebs* pelos estudantes, penso que os oponentes da concepção de ensino da WEA estavam corretos. A WEA dizia: "Você sofre de consciência de classe? Venha para Oxford e seja curado". Eles perceberam que as universidades iriam por fim incorporar o movimento e que o que seria ensinado em nome dos padrões acadêmicos e do ensino de melhor qualidade não seria uma educação socialista. Por outro lado, não há dúvida de que uma educação com afiliações específicas de classe corre o risco, em certos aspectos, de se tornar subserviente a linhas partidárias específicas em momentos específicos, genuinamente perdendo algumas de suas características educacionais. O NCLC foi, em certas áreas, o movimento mais importante da classe trabalhadora. No sul do País de Gales, ele produziu um número muito maior de militantes instruídos do que a WEA. Por outro lado, a WEA tentou representar a ideia de uma vinculação específica a uma classe que deveria, contudo, ser mediada por um tipo de educação sem pressupostos – na frase de Tawney, seguimos o argumento para onde ele nos conduz. O equilíbrio entre esses dois princípios ainda estava sendo buscado no movimento da educação para adultos nos anos 1940, quando me juntei a ele. Não há dúvidas sobre qual lado ganhou, e a razão foi, ao final, bastante rasteira. As universidades podiam financiar a sua versão de educação para adultos, mas não queriam financiar a versão alternativa. Mas isso não significa, como algumas histórias sugerem, que tudo acabou em 1911 e que a WEA não passou de uma mera diversão liberal e reformista. Pois sempre que uma turma era formada por membros da classe trabalhadora, e ainda havia muitas desse tipo, o que eles queriam era o formato original de educação da WEA. Eles não queriam, e creio que estavam certos, uma instrução dogmática, como a dada pelo *Short Course*. Ao contrário, buscavam uma orientação aberta. Creio que fomos impactados por isso. A experiência da WEA foi sempre ambivalente para mim.

A WEA variava de uma área para outra. Qual era o caráter da jurisdição de Oxford?

Havia uma presença radical importante no norte de Staffordshire, uma área com uma forte representação da classe trabalhadora. Em colaboração com a área de Kent, foi possível a criação da escola de verão para os mineiros. Mesmo em Oxford, Thomas Hodgkin dirigiu o departamento com uma concepção bastante forte, e baseada em princípios, de como desenvolver uma educação popular para adultos. Ele acreditava que as pessoas que exerciam essa função deveriam ser socialistas engajados. Hodgkin lutou bravamente para dizer que os tutores tinham o direito, quando fosse relevante, de declarar sua posição de classe, mas deveriam deixar claro, dentro de uma estrutura aberta, que essa posição poderia ser sempre contestada e estar sujeita a oposições e discussões. Obviamente, essa abordagem foi severamente questionada. Toda a jurisdição foi vista como uma célula comunista. Houve uma agressão violenta contra toda a organização e contra Hodgkin em particular. Além disso, em pouco tempo tutores estavam indo para o oeste da África e para o Sudão – Hodgkin era um africanista – para colocar em prática esse tipo de educação. Assim, a jurisdição foi vista não apenas como uma conspiração interna, mas como internacionalmente subversiva. Havia uma crise extrema dentro da instituição no final dos anos 1940 e começo dos anos 1950. Foi uma forma local bastante aguda da Guerra Fria.

Como o conflito se desenvolveu? Qual foi seu papel nele?

Bem, claro que eu concordava que seria inteiramente errado não declarar em sala a sua própria posição política; e também que não deveríamos supor, no início das aulas, que partilhávamos qualquer coisa além do interesse pela matéria. Podem-se ver facilmente os perigos de o ensino se degenerar em exercício propagandista. Mas, no decorrer dos anos 1950, os perigos moveram-se crescentemente para o outro lado. Pois, como todos os outros serviços do Estado de bem-estar social, a WEA foi inicialmente concebida para ser largamente usada pelas classes médias como uma forma de lazer e de educação. Não havia nada de errado nisso, exceto que, em comunidades socialmente mistas, pessoas dessas classes tendiam a imprimir uma atmosfera cultural bastante diferente daquela composta por estudantes da classe trabalhadora. Precisávamos encorajar com vigor turmas específicas para pessoas da classe trabalhadora, organizadas em torno de sindicatos. Isso foi feito. Mas, por todo o tempo, havia uma pressão constante por parte da universidade: vocês devem melhorar os padrões acadêmicos, vocês devem exigir atividades escritas, não se deve ir além dos contornos da matéria. Como tutores na educação para adultos, trabalhávamos em áreas bastante distantes. Vivendo a uma distância de 150 a 250 quilômetros de Oxford, tínhamos uma autonomia prática imensa. Ainda assim, meus programas eram constantemente criticados em termos como: "Claro que essa é uma aula de literatura inglesa, mas e essa outra?" – aqui inclusa a primeira aula, em que eu iniciava a discussão de temas presentes em *Cultura e sociedade*. Ou: "Que tipo de aula é essa?" O porta-voz da universidade era S. G. Raybould, que escreveu vários livros sobre o assunto. O resultado foi a tentativa de eliminar estudantes sem educação secundária, uma vez que encontravam dificuldade em produzir atividades escritas. Nós tínhamos de deixar nítido, como tutores, que o programa e as atividades haviam sido produzidos para satisfazer as condições do curso, e isso era necessário para haver aprovação e financiamento pela universidade e pelo Ministério. Respondíamos, obviamente, que estávamos tentando criar novos padrões de um tipo diferente de atividade. Para os que se interessarem por esse assunto, as controvérsias estão todas na revista *Highway* da WEA do período, para a qual contribuí.

Com o passar dos anos, ocorreu uma conversão bastante bem-sucedida da WEA em algo que poderia ser chamado meramente de "educação continuada para adultos": qualquer outra ênfase foi afastada, exceto em algumas áreas especializadas de educação sindical. Isso só se tornou inteiramente claro para mim quando me mudei para Oxford, em 1960, para exercer o cargo de tutor residente, um tipo de posição sênior na época. Imediatamente, um projeto foi colocado em prática – ele era bastante explícito – para criar uma faculdade residencial em Wellington

Square cujo foco seriam cursos de atualização para jovens graduados que tivessem ingressado em administração industrial e assim por diante. De repente, essa não mais era a situação mista que eu havia vivido por quatorze anos. Quando esses cursos pavorosos de atualização para administradores foram institucionalizados, claro que a educação para adultos deixou de ter relevância. Foi nesse momento que percebi que queria seguir adiante, o que aconteceu de forma bastante inesperada. Recebi uma carta dizendo que eu havia sido nomeado para ser professor em Cambridge, embora eu não houvesse me inscrito. Mas estava pronto para ir.

Há uma pergunta levantada pela sua história que relaciona a WEA a Politics and Letters. Você disse ter tomado a posição, dentro da WEA, de que, como professor, você deveria declarar a sua postura como socialista, mas não deveria impô-la ou assumir que ela fosse partilhada pelos estudantes. Você não iria, contudo, fingir uma neutralidade falsa ou suprimir as suas convicções. De certa forma, isso é exatamente o que você não fez em Politics and Letters. Teria sido bem possível a você declarar que aquele era um periódico socialista, mas que, por outro lado, ele publicaria quaisquer objeções sólidas e válidas com outras orientações. Você não fez isso. Quais foram as considerações que o conduziram a essa escolha de certa maneira bastante central e consciente em 1946-47, que você mais tarde alterou na WEA?

Eu estaria mais feliz se pudesse dizer que se tratou de uma escolha consciente em *Politics and Letters*. Não estou certo se esse não foi um processo inconsciente do surgimento dos termos da colaboração entre a política da esquerda e a crítica leavista. Penso que a má influência de nossa conexão com a *Scrutiny* foi acreditarmos na ideia de uma inteligência desinteressada. Vocês podem ver a forma como se pode mudar do conceito flutuante de inteligência desinteressada para a posição muito mais defensável de um estilo essencialmente aberto de trabalho intelectual que, contudo, inclui a declaração não impositiva de sua própria posição. Foi a nebulosidade desses dois conceitos a responsável pela fraqueza específica do periódico. Tomou-me um longo tempo para entender isso, para ver que a inteligência desinteressada era uma fantasia diferente de outra posição muito mais viável e correta que soa muito próxima a ela. Ou que pode lhe soar muito próxima. Mas eu não gostaria de misturar as minhas escolhas posteriores com os desenvolvimentos reais da educação para adultos. A WEA teve muitos aspectos positivos, como seu posicionamento contrário a qualquer educação propagandística internamente fechada. Contudo, ao cabo, não se pode ser financiado e academicamente controlado por esse tipo de universidade e, ao mesmo tempo, manter um programa de educação para a classe trabalhadora. A WEA possuía a mesma ambiguidade do programa de *Politics and Letters*. Não há como negar isso.

Poderíamos perguntar sobre a questão mais prática de sua rotina de trabalho? Naquela época, em tese, você deve ter lido e escrito durante o dia e ministrado aulas principalmente à noite. Você achou isso mais vantajoso como escritor do que a situação típica de um professor, que envolve horas de atividade durante o dia e as atividades de leitura e escrita à noite?

Não sei. Tudo o que posso dizer é que essa é a única rotina em que consigo funcionar. Se eu tivesse de realizar outras atividades nas manhãs com regularidade, eu provavelmente começaria a perder o vigor. A educação para adultos era, na verdade, um trabalho fisicamente bastante desgastante. Senti isso com mais força depois. As viagens durante a noite em ônibus e trens eram muito fatigantes, particularmente nas condições pós-guerra. Mas isso significava que todas as manhãs eu poderia escrever, e que todas as tardes eu poderia ler antes de sair, quase todas as noites, para lecionar. A partir de 1948, quando recuei de meu trabalho colaborativo, essa foi uma rotina de uma regularidade extraordinária. Foi também um processo de autoeducação: foi apenas a partir dessa data que adquiri um conhecimento extensivo da literatura inglesa. O curso seletivo de três anos em Cambridge, particularmente tendo em vista a forma como eu o fiz, não havia me dado essa abertura. Lembro-me de colocar de 50% a 75% de literatura nova em meus cursos todos os anos, até estar certo de que eu havia lido o suficiente. Essas condições específicas de trabalho foram muito vantajosas para mim. Quando voltei a Cambridge, adotei a mesma rotina, e ainda o faço. Eu não poderia trabalhar de outra forma.

OS ANOS 1950

Você disse ter se afastado de qualquer colaboração intelectual durante esse longo período. Mas você foi um colaborador, mesmo editor, de Essays in Criticism nos anos 1950. Quando Bateson criou o periódico, ele fez todo o esforço possível para declarar que publicaria ensaios marxistas, incluindo contribuições do outro lado da cortina de ferro. Não era um periódico da Guerra Fria. Você escreveu num artigo, após se juntar ao corpo editorial, que tais críticas acadêmicas poderiam ser centrais, indo contra Eliot, que as havia depreciado. O quão significativo foi seu relacionamento posterior com Essays in Criticism?

Bateson foi um socialista, e um socialista genuíno. Isso foi importante. Seu projeto também era o de um periódico aberto – vocês podem ver como a mesma estrutura se repetia. Com total boa vontade, ele procurou trazer à sua equipe pessoas de uma geração mais nova. A forma como isso se desdobrou foi que nós podíamos selecionar, da lista de artigos submetidos, aqueles que gostaríamos de ler. Frequentemente eu enviava comentários bastante negativos após a leitura, que eram por vezes retransmitidos ao autor, que realizava algumas alterações, ou com a mesma frequência um artigo desaparecia – havia muitos outros. Nesse meio-tempo, eu recebia uma cópia do periódico pelo correio, e não gostava de quase nada do que estava lá. Eu dizia isso a Bateson, e ele respondia: "Por que você não me pediu para ver aqueles artigos?" Isso era bastante justo. Nós estávamos geograficamente distantes, de forma que a direção do periódico estava sempre nas mãos de Bateson, uma vez que ele fazia a maior parte do trabalho. Dessa forma, minha participação no corpo editorial de *Essays in Criticism* foi bastante formal. Ela nunca se tornou uma colaboração real.

Para mim, a importância do periódico foi muito menos sofisticada. Era o lugar onde eu podia publicar ensaios literários. Eu podia escrever sobre Eliot, Orwell ou Hoggart. Foi por meio do ensaio "A ideia de cultura" publicado nele que consegui publicar *Cultura e sociedade*. Aquele foi um período intensamente produtivo para mim: eu escrevia muito mais do que conseguia publicar. Hoje, lamento, é um dos maiores desgostos que tenho, que nos anos 1950 a configuração institucional tornou a publicação de crítica literária mais fácil do que a de qualquer outra coisa. Eu poderia publicar em *Essays in Criticism*, e escrevia certas coisas para a *Highway*, mas não havia nenhum espaço onde eu podia divulgar artigos políticos. De forma similar, dos três ou quatro romances que escrevi nesse período, apenas um, que continuou a ser retrabalhado, foi publicado. Havia uma grande diferença entre o que eu escrevia e o que era publicado. Mais tarde percebi que o tipo de crítica literária que eu fazia havia sido uma digressão radical. Eu havia sido determinado por minha época – não tinha, em nenhum sentido, a determinado. Esse foi o último momento de predominância da crítica literária na cultura inglesa.

Em retrospecto, Essays in Criticism parece ter representado a absorção institucional, após a guerra, da chamada revolução crítica do período entreguerras, e a profissionalização do que havia sempre sido um movimento mais ou menos de oposição dentro da academia. Isso sugere uma tensão ou ambiguidade definitiva em suas relações intelectuais com o periódico. O programa formal de Essays in Criticism era o de unir uma abordagem histórica da literatura a padrões críticos. Mas quando Bateson falou em tentar desenvolver uma metodologia para estudar textos e contextos, ele estava essencialmente pensando em uma forma de casar a erudição literária ou a história literária com a nova disciplina do julgamento. Por outro lado, o trabalho que você realizou sobre a crítica e a história seria de um tipo bastante diverso, envolvendo uma reconstrução radical do objeto de estudo. Essa oposição se tornou consciente durante a sua relação com Essays in Criticism?

Sim, eu certamente senti essa tensão. Naquela época, eu já trabalhava em questões que viriam a aparecer em *O campo e a cidade*. No curso de meu ataque a alguns artigos submetidos a *Essays in Criticism* sobre a poesia bucólica, ficou dolorosamente claro para mim – muitos diriam que não ficou claro, que eu ainda não entendi corretamente – que eu não sabia quais eram as tradições específicas em termos históricos. Eu entendia o bucólico apenas como uma narrativa falsamente sentimental da vida rural vinculada à corte. Bateson conhecia muito bem a tradição imensa do pastoral clássico, do medieval tardio e do Renascimento. Textos rurais estavam entre os seus maiores interesses. Eu não podia ir contra as correções que ele fazia. Havia tanta coisa que eu não conhecia, que eu não entendia plenamente, em particular, no campo vasto da literatura clássica, pois eu havia estudado latim, mas não grego. Dessa forma, sua erudição literária me colocava constantemente na ignorância. Bateson, ainda mais do que Tillyard, costumava me dizer: "Simplesmente, você está errado, você não entendeu isso, você não leu aquilo, você usou esses termos técnicos de forma imprecisa". Creio que esse seja um momento muito difícil para qualquer pessoa, tentando desenvolver um novo projeto intelectual, porque é necessário ser capaz de enfrentar profissionalmente pessoas que possuem uma perspectiva diferente e, assim, apreender determinadas características precisas de um posicionamento. Senti naquele momento que era necessário que eu me associasse a algum órgão profissional, e que eu precisaria ser capaz de produzir uma obra válida naqueles termos. Com o tempo, li os textos e me inteirei do que a maioria das autoridades dizia sobre eles, e pude então mostrar que eles estavam errados. O resultado daquele processo de aprendizagem e de oposição a vários procedimentos dos estudos ingleses foi *O campo e a cidade*, talvez especificamente os capítulos sobre os poemas das casas de campo.

Você explicou a sua atitude em relação ao governo trabalhista na Inglaterra de 1945 a 1951. Mas nesses anos também vivemos, obviamente e acima de tudo, o início da Guerra Fria. Como você avaliou a evolução do movimento internacional da classe trabalhadora de 1947 a 1953? Como você respondeu aos conflitos decisivos daquela época?

Os dois grandes eventos que aconteceram logo após o encerramento de *Politics and Letters* foram a crise da Checoslováquia e o bloqueio de Berlim. Isso foi em 1948. Naquele momento, eu estava nas profundezas de meu recuo, não lendo jornais nem ouvindo notícias. Dessa forma, eu literalmente não sabia do ocorrido até um momento posterior, quando tive de ler sobre os acontecimentos conscientemente, de um modo absurdo para eventos pós-guerra. A crise de Berlim nunca ficou clara em minha mente. No caso da Checoslováquia, eu rejeitei a narrativa ortodoxa ocidental da mudança de posição, que simplesmente reduziu o evento a um golpe armado. Nunca aceitei essa versão. Contudo, pessoas que retornaram da Checoslováquia reportaram que aquele foi um regime bastante severo e repressivo.

Em 1949, eu estava acompanhando as notícias novamente, com um conjunto de reações bastante diferente. O evento que, de longe, me pareceu o mais importante foi a vitória da Revolução Chinesa. Esse foi o único acontecimento dos anos 1940 a que eu respondi com vigor e sem ambiguidades. De fato, lembro-me de ter me surpreendido com o fato de que, embora as pessoas da esquerda estivessem em sua maioria satisfeitas com a vitória, elas em geral davam menos atenção a ela do que aos conflitos na Europa. De minha parte, eu via a Revolução Chinesa como um evento histórico decisivo, que havia alterado todos os contornos da política mundial. Ela havia sido a melhor coisa que havia acontecido desde o final da guerra.

Qual foi a sua reação diante da explosão do conflito na Coreia – o ponto alto da Guerra Fria, com repercussões diretas na Inglaterra?

Esse foi, pessoalmente, um episódio crucial para mim. No que concerne ao início da guerra, não acreditei no que todos os meus amigos do partido me diziam, que o sul havia invadido o norte. Mas, igualmente, não acreditei na representação da intervenção americana e ocidental como uma cruzada das Nações Unidas contra o agressor norte-coreano. Fiquei furioso com isso. O caráter sociopolítico do conflito dentro da Coreia estava razoavelmente claro. Ao mesmo tempo, era óbvio que o exército americano estava lá para reforçar a posição estratégica dos Estados Unidos em torno da China. Nesse sentido, a guerra foi uma extensão do conflito gerado pela Revolução Chinesa.

Rapidamente ficou bastante claro que a minha convocação para lutar na Coreia como um oficial da reserva seria apenas uma questão de tempo. Minha capacidade técnica e minha idade me colocariam entre os primeiros da lista. Então, tive de decidir, em um plano bem prático, que caminho percorrer. Inicialmente, a única forma de recusar uma convocação, o que eu havia decidido fazer, era recusar uma ordem, e então passar ao menos um mês na prisão. Combinei com Hodgkin que eu tomaria aquele período como meu afastamento anual. Então, justamente naquele momento, surgiu uma nova cláusula, tornando possível levar a questão diretamente ao tribunal. Mas ainda assim todos enfatizaram que eu não deveria alegar motivos políticos. O argumento que ofereci ao tribunal foi que eu não iria me engajar em uma organização cuja disciplina esvaziaria meu direito de fazer escolhas. Havia um caráter fortemente existencialista, a ideia de privação da autonomia. Mas eu queria de fato dizer isso: minha experiência no exército era muito recente. Embora possamos ter noção dos objetivos do treinamento para a luta, a natureza de uma organização militar é tal que, dentro desse tipo de estrutura de comando hierárquica, o que quer que acreditemos no momento em que iniciamos não possui qualquer existência real. Em uma guerra não se sabe como as coisas estão evoluindo. Argumentei que essas eram as bases morais para a minha objeção a servir contra a Coreia. O tribunal aceitou. Eu fui dispensado porque – o engraçado da situação! – fui ouvido por três civis em tese justos que, afinal das contas, não estiveram na guerra, ao passo que eu havia lá estado. Dessa forma, eles não podiam usar nenhuma das táticas frequentes do tipo "Por que você não deveria também servir à sua pátria?". O presidente era Pickard-Cambridge, o historiador clássico sobre quem eu não havia ouvido falar, mas cuja obra sobre o teatro grego usei posteriormente em *Drama and Performance* [Drama e atuação]. Ficou perfeitamente clara a razão pela qual eles quase não se incomodaram com o que eu disse: alguém que havia servido ao exército por quatro anos durante uma guerra tinha, pensaram eles, o direito de dizer que não iria passar por isso novamente. Eles seguiram uma linha bastante pragmática.

Suponha, como uma hipótese, que você tivesse dito: "Não tenho intenção em servir nessa guerra porque minhas simpatias repousam inteiramente ao lado do exército libertário do norte. Essa é uma guerra civil, e espero que eles vençam". Qual teria sido a reação deles? De certa maneira, eles teriam enxotado você da sala rapidamente.

Na realidade, tive uma discussão quase nesses mesmos termos numa conversa telefônica surpreendente com o oficial comandante da unidade para a qual eu havia sido reconvocado, após ele receber a notificação. Eu disse: "Eu não seria de nenhum uso para você, eu estaria do outro lado". Ele perdeu completamente o controle. Depois, eles me chutaram para fora do exército por eu ter cometido o ato vergonhoso de objetar à minha convocação. Fui privado de minha comissão.

De março de 1953 em diante, após a morte de Stálin, o movimento comunista mundial foi abalado por uma série de levantes dramáticos, dentre os quais a Revolta Húngara de 1956, que teve o maior impacto geral no Ocidente. Como você viu esses eventos?

A morte de Stálin não foi de grande significância para mim, uma vez que eu não era membro do Partido Comunista. De qualquer modo, eu tinha chegado, nessa época, à conclusão de que o centro de gravidade político não estava na União Soviética. O evento decisivo para mim foi o levante da Alemanha Oriental em junho de 1953. Ainda não estou certo sobre qual foi a característica da revolta da RDA – relatos diferentes dela aparecem nos dias de hoje. Mas a intervenção das tropas russas me chocou demais. Antes disso, todas as agressões realmente descaradas haviam vindo do campo imperialista. Mesmo hoje, quando converso com Edward Thompson ou John Saville, noto essa diferença: para eles, o evento decisivo foi a Hungria em 1956, enquanto para mim foi a Alemanha Oriental em 1953. Pessoas dizem que o levante em Berlim foi politicamente mais ambíguo do que a revolta de Budapeste. Mas, curiosamente, eu estava mais reticente do que muitas pessoas vindas do partido para aceitar, em 1956, que o levante húngaro era uma revolução autêntica, na qual os elementos contrarrevolucionários eram menores e inevitáveis. Eu tinha mais restrições em comum com os que defendiam a linha de ação stalinista na Hungria do que se esperaria. Ao final, evidentemente, cheguei exatamente às mesmas conclusões de alguém como Edward.

Toda a questão da relação entre o poder militar da União Soviética e o caráter político das democracias populares sempre fora intensamente problemática desde minha estada na Alemanha no final da guerra. Minha posição na época, que não vejo razão para mudar, era a de que, no enfrentamento dos exércitos europeus, era impossível aceitar a teoria dos dois campos, que propunha uma filiação socialista a um deles, porque um raciocínio militar defensivo reprimiria iniciativas sociais que eram exatamente o que tal filiação deveria defender. Uma evolução extraordinária do militarismo estava sobrecarregando toda a Europa, tanto a Oriental quanto a Ocidental. Naquela época, de uma guerra inteiramente tecnológica, eu estava muito próximo a reconsiderar em vários desses anos – isso não pode ser descrito como uma fase, porque se tornou algo recorrente – a resposta pacifista como a correta.

Você escreveu em certa ocasião, nos anos 1950, que se considerava um pacifista nas relações internacionais. Podemos presumir que isso não se aplicava a revoluções domésticas ou guerras civis?

Essa não é uma definição que eu sustentaria hoje, nem creio que ela significasse tanto quanto eu gostaria que ela tivesse significado naquela ocasião. Mas era um esforço para expressar uma distinção importante. Por todo esse período, eu ainda tentava trabalhar a minha experiência da guerra num plano bastante diverso, e essa preocupação estava profundamente envolvida em minhas respostas. Havia situações completamente inequívocas, como o ataque dos tanques britânicos à Grécia, em 1944, envolvendo unidades que eu poderia ter integrado, ou a rápida sucessão das guerras coloniais e pós-coloniais subsequentes. Então, houve a intervenção dos tanques russos em Berlim em 1953, e posteriormente a invasão da Checoslováquia, em 1968. A imagem do tanque estava sempre presente, diante da qual eu estava menos amedrontado e mais envolvido emocionalmente do que as pessoas que nunca haviam estado dentro de um deles. Admirava-me que as pessoas tivessem tanto medo de tanques; contudo, eles de fato têm essa capacidade de imposição brutal. O horrível sobre a Checoslováquia foi que parte de minha mente, uma parte bastante pequena e escura, podia ver que essa era a forma de conduzir aquele tipo de operação militar. Também estava ciente, e isso impregnou muito mais as minhas atitudes desde então do que um exército que não impõe freios a si próprio pode fazer a uma cidade. Isso afetou a minha postura diante de toda a experiência das guerrilhas urbanas desde então. Há um equilíbrio bastante complexo entre os limites políticos da conduta de um exército em uma cidade e o que é assumido externamente como o equilíbrio real das forças militares. A esquerda refletiu muito pouco sobre o âmbito das situações em que a natureza da força e o uso da violência são realmente definidos.

Você esboçou claramente suas reações aos eventos centrais do comunismo pós-guerra. Enfatizou que antes seu entendimento da história soviética era bastante limitado entre 1939 e 1941, nunca sendo uma parte importante da cultura do comunismo de Cambridge. De certa maneira, você remediou isso no período pós-guerra. Se o fez, quais livros você leu e quais foram as suas novas fontes de conhecimento?

Não remediei minha ignorância até eu ter em mãos Deutscher – os livros sobre Stálin e Trotsky. Li Deutscher cuidadosamente, e aceitei tudo o que ele dizia. A sua interpretação da Revolução Russa e de seu desenrolar fez todo o sentido para mim. Contudo, embora eu nunca tenha trabalhado com isso, o período pós-1945 me parecia muito mais decisivo do que o período controverso bastante intrincado de antes da guerra. Grande parte da obra de Deutscher estava preocupada com o período inicial da URSS. Assumi isso como o realinhamento necessário. Mas eu não sabia onde tal postura nos deixava, tendo como referência o espectro político do presente.

Que outros artigos ou periódicos você leu nesse período?

Nos anos 1940, o *News Chronicle*, que parecia o periódico mais à esquerda da imprensa burguesa. Assinei o *Tribune*, e fiz mesmo outra assinatura para meu pai – embora ele fosse bastante crítico à revista. Nos anos 1950, eu lia *New Statesman* aos surtos, e então cancelei minha assinatura.

Você lia The Times *ou qualquer outro jornal burguês importante?*

Comecei a ler *The Times* em 1953-54 e escrevi muitas cartas ao jornal. Tive de abandoná-lo porque ele me impedia de fazer qualquer outra coisa – o objeto maldito chegava pela manhã e eu tinha então três ou quatro cartas para escrever em resposta a tudo. Apenas uma foi publicada, por ocasião da greve dos ferroviários de 1955, quando escrevi um texto bastante furioso, na posição de filho de um ferroviário, sobre o ataque do jornal aos grevistas. Essa foi a única carta a aparecer no jornal. Então considerei, e o tenho feito desde então, que simplesmente eu não começaria o dia com aquelas pessoas em minha casa. Nem mesmo leio coisas que eu deveria ler, como o suplemento literário do jornal, por exemplo.

Como você resumiria o caráter de sua relação com o Partido Comunista Britânico naqueles anos?

No começo, entre 1945 e 1947, não havia qualquer diferenciação política. O que me mantinha distante do partido estava bem claro... creio que desprezo não seria uma palavra forte o suficiente, embora não fosse um termo que eu teria usado na época, a julgar pelo caráter das atividades do partido. Com "caráter das atividades" não me refiro aos elementos isolados de minha experiência em Cambridge ou à sua combinação com certos modismos, mas sim à manipulação e ao centralismo. Por exemplo, os pronunciamentos do PC sobre a Iugoslávia, a única revolução militar inequivocamente autodirecionada na Europa Oriental, as acusações apressadas e as retratações. Então, mais tarde, havia as diferenças que descrevi. Embora Edward Thompson e eu nos falássemos em 1958, não estava de forma alguma claro qual havia sido a maneira correta de passar os anos de 1946 a 1956, se lutando dentro do partido ou tentando desenvolver uma posição separada. Talvez eu esteja preparado para dizer que a sua opção foi a melhor, mas eu me sentia tão distante daquele estilo, e nós também pensamos, provavelmente de forma equivocada, que tínhamos um estilo mais aberto disponível, que iria de qualquer forma dar continuidade ao projeto comum dos anos 1930. Conseguimos a abertura, mas não o projeto.

Se Leavis não tivesse existido como um polo alternativo em 1945, o que acha que você teria feito? Pois a sua opção coloca a questão da crítica literária como uma disciplina especializada. Para historiadores, as questões teriam sido bem diferentes, uma vez que as linhas políticas na História são mais bem definidas. Na verdade, muitos dos historiadores comunistas de sua geração devem ter compartilhado o mesmo sentimento seu em relação ao caráter oficial do partido. A institucionalização da mentira estava se tornando bastante óbvia no período da Guerra Fria, e alguns deles devem ter estado cientes disso. Contudo, no geral, eles se mantiveram no partido.

É verdade. O Partido Comunista possuía uma casa em Hastings e, quando me mudei para lá, conversávamos e bebíamos juntos com frequência. Naquela época, eles admitiam isso claramente, e minha resposta era: "Como vocês podem continuar em um partido desse tipo?". Cada qual achava que o outro estava errado. Eles não estavam defendendo o partido, mas mesmo assim achavam que eu deveria voltar a ele, embora não houvesse absolutamente nenhuma atividade da qual eu pudesse me engajar em quaisquer das áreas de trabalho em que eu estava envolvido. Não foi apenas Leavis. O periódico *Scrutiny* foi, na realidade, mais significativo do que Leavis. É errado igualá-los, como as pessoas fazem hoje. As obras *Between the Lines* [Entre as linhas] e *Voice of Civilization* [Voz da civilização], de Denys Thompson, que eram parte do projeto educacional do *Scrutiny*, foram tão importantes para nós quanto Leavis: nós incluíamos esse tipo de análise de jornal e de publicidade em nossas aulas. Também havia *Drama and Society in the Age of Jonson* [Drama e sociedade na época de Jonson], algo totalmente diferente de qualquer projeto de Leavis: tratava-se de um esforço continuado para entender um período determinado da literatura nos termos de uma época específica durante a emergência do capitalismo. Eu o li e reli por todo esse período. Eu não estava satisfeito com o livro, mas ele me parecia muito mais próximo de meu foco de interesse do que o que Leavis estava escrevendo.

Qual era a sua visão do PC da Grã-Bretanha nos anos 1950, após a morte de Stálin?

Por essa época, eu tinha chegado à conclusão de que ele era, de forma surpreendente, um elemento quase mimeticamente reproduzido do movimento trabalhista na Grã-Bretanha, e que a sua filiação à União Soviética havia ocorrido em uma parte bastante restrita. Não havia nenhum motivo para dizer que ele possuía qualquer visão alternativa de sociedade, de mudança ou de qualquer coisa que o diferenciasse das linhas principais do movimento trabalhista. Claro que não estou falando do gaitskellismo,[1] nem do trabalhismo de esquerda conscientemente organizado, mas das atividades comuns dos ativistas trabalhistas, as pessoas que de fato mantinham os partidos locais. Isso ficava bastante claro quando líamos o *Daily Worker* regularmente. Podíamos sempre ler notícias nele que não encontrávamos em nenhum outro lugar, sobre greves ou várias organizações de defesa social, sobre as associações dos inquilinos ou questões comunitárias, numa perspectiva imediata da qual partilhávamos. Então, ao lado de todos os detalhes desse tipo de vida, encontrávamos comentários sobre as atrizes búlgaras ou os ginastas da Alemanha Oriental. Mas o primeiro elemento é o mais importante. Para um intelectual, essa é uma linha indispensável de conexão. Sempre que eu considerava me filiar novamente ao Partido Comunista, havia aquele elemento local que me atraía. Mas a reprodução tão próxima da esquerda trabalhista não era apenas uma força, era também um limite. Após 1953, deixei de acreditar que o partido possuísse, em qualquer aspecto, respostas econômicas ou políticas para os problemas do socialismo na Inglaterra da maneira que eu achava que ele tinha em 1945-47. As suas interpretações divergiam muito da realidade. Não digo apenas no caso especial da URSS, área em que ele era constrito. Eram as suas

---

1 Referência a uma corrente do Partido Trabalhista, liderada por Hugh Gaitskell (1906-1963), de tendências conservadoras. (N. E.)

interpretações sobre a Inglaterra que estavam erradas, profundamente erradas. Nos anos 1950, o partido apresentava uma versão dos desenvolvimentos na sociedade que simplesmente não se encaixava com o que acontecia aqui.

Poderíamos terminar com uma pergunta bastante simples? No período de 1947 a 1956, pessoas da esquerda devem ter lhe perguntado onde você estava, como você descreveria a sua posição. Elas devem ter ficado, em geral, confusas. Você era membro do Partido Trabalhista? Diríamos que não, você não era. Você era um tribunista? Também diríamos que não. Era um comunista? Não. Como você definia a sua posição naqueles anos?

É curioso que essa seria uma pergunta difícil de responder apenas para as pessoas envolvidas no partido. Pois não havia um atalho político para ela: uma resposta real implicava em dizer algo difícil. O que outras pessoas diziam era: "Você é um comunista, não um membro do partido, mas ainda assim um comunista". Não sabia como responder. Nem sim, nem não seria a resposta correta. Eles diziam mesmo: "Com membros do partido sabemos onde estamos, mas você é pior, um dissidente". Durante as disputas daqueles anos, era assim que as pessoas me moldavam.

II
CULTURA

CULTURA E SOCIEDADE

Você poderia falar sobre as origens do projeto de Cultura e sociedade e sobre quais eram suas intenções para o livro ao publicá-lo?

Todo o processo da redação de *Cultura e sociedade* consistiu em uma permanente redefinição e reformulação. O ímpeto inicial data de 1948, quando a publicação de *Notas para a definição de cultura*, de T. S. Eliot, confirmou algo que eu já havia notado: a concentração de um tipo de pensamento social em torno do termo cultura que não havia até então parecido particularmente importante. Essa concentração já era bastante acentuada em Leavis e em determinados antropólogos quando eu retornei a Cambridge em 1945-46. O livro de Eliot adquiriu rapidamente uma grande influência. Eu comecei a me interessar pela ideia de cultura num curso de educação para adultos, e é bastante significativo que os escritores que eu então discuti tenham sido Eliot, Leavis, Clive Bell e Matthew Arnold. Era tudo o que eu conhecia. A percepção de que a noção de cultura se estendia desde a Revolução Industrial foi um processo de descobertas relativamente casuais e acidentais no período entre esse curso, que ministrei em 1949, e por volta de 1951. Então, tornou-se claro para mim que, uma vez que o termo emergiu no decorrer da Revolução Industrial, este foi um momento muito importante na interpretação daquela experiência e, na verdade, de todo um pensamento social que o acompanhou. Mas, como pode ser visto em "A ideia de cultura", minha percepção da história do conceito estava bastante distante de uma percepção embasada no conhecimento de todos os escritores específicos que estudei. Em 1954, eu ainda me via alterando as relações dos textos e incorporando novo material. Foi apenas perto da conclusão do livro que, por exemplo, decidi cobrir o período entre 1870 e 1914, então denominado por mim de *interregno*.

Qual foi a minha primeira motivação para escrever o livro? Ela era de oposição – ir contra a apropriação de uma longa linhagem de pensamento sobre cultura feita a partir de posições, naquele momento, indubitavelmente reacionárias. Eu me perguntava se deveria escrever uma crítica daquela ideologia de maneira completamente negativa, algo que considerei fazer em determinado momento, ou se o caminho correto seria tentar recuperar a complexidade real da tradição que havia sido confiscada, de modo que a apropriação pudesse ser apreciada pelo que ela era de fato. Ao cabo, decidi pela segunda estratégia, que me permitiu refutar o uso contemporâneo crescente do conceito de cultura contra a democracia, o socialismo, a classe trabalhadora ou a educação popular nos termos da própria tradição. A versão seletiva de cultura poderia ser rebatida historicamente pelos textos dos pensadores que contribuíram para a formação e discussão dessa ideia. Em segundo lugar, ocorreu-me a possibilidade – ela estava muito mais no fundo do que na superfície da minha mente – de que este poderia ser um meio para centrar um tipo diferente de discussão, tanto na análise sociopolítica quanto na literária. Penso que o que ocorreu foi que a segunda parte do projeto, que eu sempre havia concebido como subsidiária, pertencendo muito mais a *The Long Revolution* [A longa revolução], o livro que eu preparava como sequência a *Cultura e sociedade*, assumiu, devido ao momento de sua publicação, uma importância maior do que havia sido originalmente imaginado. O livro não foi inicialmente projetado para fundar uma nova posição. Tratava-se de uma obra de oposição.

Faz vinte anos que Cultura e sociedade *foi publicado.*[1] *Poderíamos dirigir a você uma série de perguntas e objeções que leitores que se defrontam com esta obra pela primeira vez poderiam fazer – lembrando que o contexto intelectual alterou-se enormemente? Pode-se também dizer que o tom marcante de equanimidade e autoridade que você alcançou com a obra pode produzir um*

---

1 *Culture and Society 1780-1950* foi publicado pela primeira vez em 1958, pela editora Chatto and Windus. Traduzido para diversas línguas, foi vertido para o português em 1969, pela Editora Companhia Nacional. (N. E.)

equívoco na interpretação: pode-se esquecer de que se trata de um livro escrito por um jovem. Quando o terminou, você tinha cerca de 35 anos. Não se lê o livro como se essa fosse sua idade à época. Portanto, estamos obviamente interessados em suas próprias reflexões atualizadas, passadas duas décadas. Podemos trazer essas perguntas e objeções em uma discussão ordenada?

Sim, seria o melhor a fazer.

Uma das primeiras indagações que pessoas frequentemente expressam é: quais foram os seus critérios de seleção para focar os escritores que você discute no livro? Você não os estabeleceu de maneira muito clara. Parece haver uma suposição implícita de que esses são os escritores que escreveram de forma significativa sobre cultura e sociedade, e que ninguém mais o fez. Mas certas omissões soam muito estranhas. Cada um pode ter a sua própria pequena lista, mas dois exemplos óbvios poderiam ser T. H. Green e Hazlitt. Green, em particular, foi uma influência dominante em seu tempo, abordando praticamente todos os seus temas centrais – indústria, democracia, arte, cultura – e cujo trabalho é certamente muito mais sólido do que, digamos, o de Mallock, para quem você dedica espaço. Tais omissões poderiam evidenciar certas distorções reais em sua narrativa, uma vez que ela é apresentada não como um estudo de pensadores isolados, mas como um estudo das interconexões entre eles, o desenvolvimento cumulativo de uma tradição. Como você chegou à lista das pessoas que você decidiu incluir em seu livro?

É uma ilusão de muitos leitores de hoje supor que havia algo como um processo seletivo realizado a partir de uma gama preestabelecida de escritores. Em todos os tipos de texto encontra-se hoje referência constante à "tradição de cultura e sociedade", como se fosse algo que me foi ensinado em Cambridge e que foi, então, devidamente avaliado. De fato, eu era razoavelmente bem instruído em 1948. Porém, minha noção de escritores que haviam feito uso da ideia de cultura não ia além de Clive Bell e Matthew Arnold. O fato é que eu não podia recorrer, como normalmente fazemos quando nos empenhamos nesse tipo de trabalho, a qualquer autoridade acadêmica que, mesmo havendo discordância, ao menos mapeasse o campo de estudo. Não havia esse campo. Tive de descobrir eu mesmo o ensaio *Sinais dos tempos*, de Carlyle, que foi a revelação mais estimulante para mim, por conter todos os termos do argumento quarenta anos antes de eles supostamente emergirem. Encontrei acidentalmente *Constituição da igreja e do Estado* ao simplesmente seguir uma referência. Toda a localização dos escritores relevantes para a minha pesquisa veio de um processo bastante amador de leitura de um livro para outro, procurando isso ou aquilo, e sempre percebendo que precisava continuar a revisar a formação com a qual havia originalmente iniciado. Mas é um efeito curioso da característica do livro que ele se apresente como alguém selecionando e reposicionando algo que já é um patrimônio público, quando o que o livro de fato fez foi criar um. O fato mesmo de qualquer estudante conhecer a existência dessa linhagem de pensadores a partir de 1780 é, ironicamente, o sucesso do livro, que então permitiu a vocês perguntarem, bem, trata-se de uma narrativa completa? Não, claro que não é.

Deixe-me discorrer primeiro sobre os capítulos que foram então excluídos porque o livro teve de ser reduzido para a publicação. Havia um sobre Godwin, na primeira parte, e um sobre os freudianos ingleses e Herbert Read na terceira. Fiquei bastante triste ao remover Godwin. Eu era tão avesso a Read que me senti menos angustiado por deixá-lo de lado, embora eu lamente a remoção, mas não pelo fato de ele vir a ser relevante nos anos 1960, quando toda a problemática de Freud tornou-se tão importante nas discussões sobre arte. Quanto às dúvidas que vocês colocaram, há duas respostas. Hazlitt foi omitido por uma razão bastante específica. Eu conhecia Hazlitt extremamente bem, pois era um devoto absoluto dele. Quando estudante, fui a Wem de bicicleta apenas para ver onde Hazlitt viveu. Mais tarde, senti uma repulsa intensa a ele. Esse foi um sentimento radicalmente injusto, mas com o qual, naquele momento, eu não sabia lidar. O resultado é que fiquei impossibilitado de lidar com Hazlitt. Green, por outro lado, foi de fato uma área de ignorância. Hoje eu também diria que negligenciei muitos textos ficcionais ou poéticos anteriores a 1840. Wordsworth é tratado de forma bastante inadequada. Você disse "uma pequena lista" – trata-se, na verdade, de uma longa lista. *Cultura e sociedade* não é um livro ao qual eu me sinto muito apegado hoje. Mas, ironicamente, foi o sucesso dele que criou as condições para a sua crítica.

Outra gama de objeções ao livro que leitores contemporâneos poderiam fazer se refere ao papel da política. Há vários níveis em que gostaríamos de sondar essa questão. O primeiro deles poderia ser colocado da seguinte forma: o livro é intitulado Cultura e sociedade, *e esses dois termos são os prismas essenciais através dos quais todas as personalidades nele tratadas são percebidas. Como instâncias, modelos exemplares em alguns casos, do pensamento social* e cultural. O livro muda seu registro de forma notável na conclusão, quando você avança para algo como um discurso político próprio. Porém, no corpo principal do trabalho, onde você discute a tradição propriamente dita, parece haver uma depreciação quase sistemática da dimensão política real de todos os pensadores que você discute. A grande maioria desses escritores, talvez mesmo a totalidade deles, possuía concepções bastante explícitas, definidas e frequentemente centrais sobre a política de sua época. Contudo, muito da composição do livro simplesmente desconsidera esse fator de uma maneira que se pode perguntar o quão consciente você estava disso naquele momento. Um dos leitmotivs do livro parece ser um frequente posicionamento direto do núcleo social de pensadores sucessivos contra uma superfície meramente política que pode ser de alguma forma destacada ou desconsiderada. Podemos citar alguns exemplos?

O primeiro caso ocorre na segunda página do livro, onde você escreve: "A refutação de Burke em seu trabalho sobre a Revolução Francesa é hoje um exercício em uníssono na política e na história".[2] Esta é uma frase extremamente desdenhosa, que assume que qualquer um pode fazer essa crítica a Burke e, consequentemente, que não há um interesse em prosseguir com essa questão. Porém, na verdade, houve respeitados historiadores e teóricos políticos que, muito longe de considerar essa crítica um exercício em uníssono de refutação das concepções de Burke, expunham-na e defendiam-na como verdades herdadas. Simplesmente a questão não estava historicamente resolvida no momento em que você escrevia. Então, quando você discute o pensamento dos românticos, você diz que: "Em todos os casos, contudo, a crítica política é hoje menos interessante do que a crítica social mais ampla".[3] Isso é afirmado com relação a Wordsworth, Coleridge, Shelley, Byron, Blake e Keats. Trata-se de um julgamento que abarca a todos. Esses são dois exemplos típicos tirados do século XIX. Poderíamos selecionar dois do século XX, tirados de sua discussão de Eliot e Leavis. Ao lamentar algumas passagens em Notas para a definição de cultura, nas quais Eliot ataca Laski ou Attlee, você faz sua objeção nos seguintes termos: "A principal desvantagem dessas lacunas do livro é que elas permitiram que a obra fosse descartada de forma plausível por aqueles entre nós cujas posições são diferentes".[4] Mais uma vez a política é

---

2 Culture and Society, p.24.
3 Ibid., p.49.
4 Ibid., p.229.

reduzida ao mínimo, a mero alimento para o preconceito, em um tom de polidez doída. Mais tarde, quando critica Leavis por seu elitismo, você movimenta o seu julgamento da seguinte forma: "Não se trata tanto de uma questão de anunciar certa fidelidade política. Trata-se, ao contrário, em nossa experiência social total, da declaração de que 'isso é mais importante do que aquilo, essa, ao invés daquela, é a direção que devemos tomar'".[5] Em todos esses casos, um contraste claro parece ter sido postulado entre a verdade, que é necessariamente social, e a política, que é um adjunto frágil e efêmero separado dela. Nenhum dos trechos citados até agora é um pivô estrutural de seu argumento, embora o padrão persista. Foi consciente de sua parte esta postura polêmica, ou esses comentários foram escritos sem que você tivesse conhecimento pleno da direção que eles tomavam?

Nem todos esses exemplos são do mesmo tipo. Claro que foi um erro dizer que era fácil refutar Burke – eu mesmo estava bastante consciente da repetição contemporânea de suas ideias políticas. A frase sobre Eliot não é algo que eu escreveria hoje, embora, honestamente, entre Eliot e as pessoas que ele imediatamente atacava, houvesse uma retórica quase excessivamente fácil no que diz respeito a preconceitos. O caso dos românticos é bastante diferente. Eu acredito firmemente que seu pensamento político é de interesse radicalmente menor do que seu pensamento social. Creio que o único escritor para quem essa afirmação não seria válida é Shelley. Um argumento muito mais rico seria necessário para dar substância a essa ideia. Eu não tomei esse caminho. Não o fiz em parte por conta do caráter contraditório da política após 1795, e em parte porque o pensamento político dos românticos parecia um terreno já relativamente bastante pisado. A sua discussão tendia a concentrar a atenção na mudança do apoio à Revolução Francesa, em oposição a ela, ou da transição de jovens radicais para senhores conservadores. Por outro lado, parecia-me que as tentativas do romantismo para apreender as mudanças sociais vitais de seu tempo, que viriam a determinar toda a política, eram de um significado muito maior. A centralidade do sentido de sociedade dos românticos era muito mais interessante do que o que eles estavam dizendo sobre os eventos na medida em que ocorriam. Tal como, para tomar um exemplo comparável, ter sido muito mais relevante Jane Austen ter retratado as transições bastante complexas no

---

5 Ibid., p.255.

CULTURA E SOCIEDADE

mundo dos fazendeiros e proprietários de terras do que não ter escrito sobre as guerras napoleônicas. É o mesmo tipo de julgamento. Não se trata de uma desconsideração da política.

Contudo, em outro momento, você parece, de fato, fazer essa generalização. Em sua conclusão, você organiza a tradição do livro em três fases. A primeira fase percorre o período de 1790 a 1870. É nessa época que "a análise mais significativa é realizada e as opiniões e descrições mais relevantes emergem".[6] Essa fase é então seguida por uma segunda, sobre a qual você diz: "Então, de cerca de 1870 até 1914, há um desmembramento em frentes mais estreitas, marcadas por uma particular especialização nas atitudes em relação à arte e, num âmbito mais geral, por uma preocupação com a política direta".[7] Essa é uma equação explícita entre política direta e uma visão menor e mais estreita, não é?

O julgamento do interregno está seguramente errado – a suposição de ele representar um desmembramento em algo mais estreito. Muito pelo contrário. De fato, essa afirmação é internamente negada pela presença de William Morris. Mas creio que o que você está apontando é uma tendência que, de certo modo, expressa de uma forma bastante precisa a conjuntura na qual o livro foi escrito. Eu comecei a escrevê-lo em 1948, num momento em que meu distanciamento das possibilidades de ação e colaboração política estava quase concluído. Houve um rompimento em todo projeto coletivo que eu conseguia visualizar, fosse político, literário ou cultural. Mais tarde, nos anos 1950, engajei-me em algumas atividades políticas, mas eu havia então chegado a uma conclusão que hoje não repudio completamente, embora eu me observe nitidamente através dela. De que há um tipo de política cujos modos táticos locais certamente nos impedem de ver o que acontece na sociedade. Algo distinto de uma política baseada tanto na compreensão das linhas de força principais na sociedade quanto num posicionamento no conflito entre elas. A política funciona, em geral, não da forma como você está usando o termo, como um esforço ou estratégia consciente formados pela história e pela teoria, mas como uma reprodução constante das con-trovérsias ou interesses competitivos sem relação com os movimentos profundos fundamentais da sociedade. Eu tentei expressar essa distinção

---

6 Ibid., p.286.
7 Ibid.

no capítulo sobre Burke, quando escrevi sobre a política saturada de pensamento, em contraste com o tipo de política que eu mesmo estava vivenciando. Ironicamente, no exato momento em que escrevia sobre Burke, eu estava angariando votos ou discursando na eleição geral de 1955. Essa foi uma distinção crucial em minha mente, que foi a base das referências isoláveis e arrogantes à política no livro. Ao mesmo tempo, não há dúvidas de que houve também o elemento simples de fadiga diante das complexidades da política naquele momento, uma fadiga se expressando como superioridade, um tom que simultaneamente analisei e ao qual estive sujeito.

Há um segundo plano, contudo, no qual a mesma crítica pode ser feita. Ou seja, não mais a uma depreciação geral da política, mas a uma tendência inadvertidamente conservadora em suas descrições particulares dos diferentes pensadores em seu livro. Tomemos dois grupos contrastantes: de um lado, Burke e os românticos, e de outro, Carlyle e Morris. Sua discussão de Burke não contém quase nenhuma frase limitadora: ela termina dizendo que deveríamos ser gratos a Burke pelo que você denomina sua "afirmação magnífica".[8] No caso de Carlyle, você de fato critica brevemente suas obras posteriores, mas ainda assim conclui que seus propósitos foram "positivos e enobrecedores", e que, de um modo geral, a "reverência" foi "a sua qualidade essencial".[9]

Por outro lado, ao final de um capítulo que manifesta simpatia pelos românticos, você escreve: "As páginas finais de Defesa da poesia, de Shelley, são de uma leitura doída"; você repete o epíteto "doída" algumas sentenças depois, e então diz: "Nós não somos suscetíveis, quando nos lembramos da vida de qualquer um desses homens, de ser ludibriados pela excitabilidade da acusação, mas também devemos evitar a excitabilidade da defesa".[10] Da mesma forma, quando discute Morris, você usa, por duas vezes, uma frase que, em outro momento, você aplica a Cobbett. Comentando uma denúncia de Morris à cultura de Oxford como "cinicamente desdenhosa do conhecimento", você diz: "Isso é bastante típico do método de Morris, que frequentemente não é mais do que uma afronta generalizada". Ou ainda "Como em Cobbett, nós

---

8 Ibid., p.39.

9 Ibid., p.90, 98.

10 Ibid., p.63-64.

acabamos por aceitar a impaciência e a afronta ritualizada como o preço da vitalidade, que possui sua própria grandiosidade".[11]

Não haveria uma diferença marcante no seu tratamento desses escritores? Burke é glorificado por sua "afirmação magnífica", sem uma única referência às negações à igualdade, à democracia, que o tornaram famoso em sua época: o tema constante da necessidade de incutir "os princípios da subordinação natural" nas pessoas. Afinal, qual foi o propósito de seu texto central? Evitar uma Revolução Inglesa – como você diz em sua introdução recente ao volume de prosa inglesa da editora Pelican.[12] *Isso sem falar do empenho ativo e fanático de Burke pela guerra militar contra a Revolução Francesa. No caso de Carlyle, parece incompreensível que você tenha podido falar tão sem hesitação da "reverência" como sua qualidade essencial. Pois Carlyle foi um racista e imperialista irrefreável. Seu papel na controvérsia com o governador Eyre é um exemplo notório. Mesmo já na década de 1840, ele escreveu um ensaio sobre a questão negra. Nenhum outro escritor no livro produziu uma prosa tão horrenda como Carlyle nessas ocasiões, prosa que você não menciona. Por outro lado, você repreende Shelley por seu apelo tenso, embora inócuo, ao poeta como legislador, e achou necessário dizer: "Nós não seremos ludibriados pela excitabilidade da acusação" – com certeza ele é dificilmente um sujeito adequado para uma "acusação". Então, se tomarmos Morris, que você acusa por fazer uma "afronta generalizada", não deveríamos apenas dizer que ele tendeu a chamar uma espada de uma espada? Ele certamente pôde denunciar com grande vigor, mas sua linguagem nunca adquire o tom violento que Carlyle usava – um tom bastante distante da justiça de seus objetivos políticos.*

Bem, evidentemente há verdade no que dizem. Não tenho intenção de alegar que o equilíbrio esteja correto. Não creio que esteja. Mas há diferenças entre essas passagens. O que chamei de "afronta generalizada" em Morris ainda me parece exatamente isso. Destratar é, apesar de tudo, uma atividade bastante boa. É sua generalização em uma retórica que não funciona. "Eu gostaria de perguntar se é muito tarde para apelar à misericórdia dos acadêmicos de Oxford para que poupem os poucos exemplos da antiga arquitetura da cidade que não tiveram tempo de destruir"[13] – qualquer um que tenha andado por uma rua em Oxford

---

11 Ibid., p.156, 160.
12 *The Pelican Book of English Prose*, p. 28.
13 Morris apud Williams, *Culture and Society*, p.156.

sabe que tal exagero frustra sua própria finalidade. No caso de Carlyle, eu estabeleço uma divisão bastante nítida no final da década de 1840. Estava bastante claro para mim que nessa época ocorrera a mudança decisiva em direção ao que chamo de "absolutismo arrogante"[14] em *Shooting Niagara*. Se eu estivesse escrevendo o livro hoje, não creio que removeria meu julgamento sobre Carlyle, embora eu o faria com outros pontos de referência.

Você realmente manteria a conclusão de que "as falhas, tanto do homem quanto de sua influência, permanecem evidentes. Mas há uma palavra comum que continua a expressar sua qualidade essencial: a palavra 'reverência'"?[15]

Não. Admito que, embora eu condene o período final de sua obra, não fiz que essa condenação contribuísse para o meu julgamento geral, e isso foi um erro. O que é de muito mais interesse é a oportunidade que perdi naquele ensaio sobre Carlyle. Ainda me parece que Carlyle, em *Sinais dos tempos*, tocou em um nervo crucial do qual se esquivaram, e continuariam a se esquivar pelo resto do século, outras correntes de pensamento mais progressistas. Trata-se da dimensão em que os protestos contra a Revolução Industrial, seja nos termos de seu completo caos e confusão, seja nos termos dos conflitos políticos que necessariamente se desenrolaram a partir das novas relações sociais, mascararam as mudanças fundamentais dentro do próprio processo de trabalho. Essas mudanças, por sua vez, tiveram consequências tanto para as concepções das pessoas sobre a natureza quanto para as relações entre a sociedade humana e o meio físico não humano, cuja visão foi obscurecida em tradições posteriores de um tipo mais progressista e mais aceitável. Nesse sentido, o declínio de Carlyle em direção a algumas das piores reflexões do século poderia ser tratado como um desenvolvimento crucial. As condições sob as quais isso ocorreu necessitavam explicação, algo próximo ao que eu viria a fazer em meu livro sobre Orwell, incluindo um olhar sobre quais elementos poderiam estar presentes em seu pensamento inicial que prefigurariam o declínio. Por que não o fiz? Enquanto era um estudante, vivenciei com progressistas e reacionários muito dessa disposição dos pensadores do século XIX: eu também escrevi um ensaio considerando Carlyle um fascista quando fazia minha graduação. Parte

---

14 *Culture and Society*, p.95.
15 Ibid., p.98.

da história submersa do livro é que havia posições as mais diversas que vieram quase muito facilmente ao texto e que eram precisamente as minhas fontes principais. Eu havia descoberto temas profundamente relacionados tanto à noção da crise social de meu tempo, quanto ao caminho socialista para além dele – não pela lista aprovada pelos pensadores progressistas, mas por suas vidas controversas. Então, enfatizei além da conta o lugar desses valores em escritores cujo desenvolvimento final os levou a direções bastante diversas. O honesto e correto a fazer teria sido debater o caso de cada pensador completa e explicitamente, e dizer o que estava errado com eles. Em alguns casos faço isso. O capítulo sobre Lawrence empenha-se plenamente nessa direção. Não é o que eu agora diria sobre ele, mas não consigo pensar em nenhum caso em que hoje tenha a mesma opinião.

Podemos dizer que partimos da premissa de que este foi um livro que precisava ser escrito, e que teve um papel extremamente importante e emancipador para o pensamento socialista na Inglaterra. O que perguntamos é se, após vinte anos, você não aceitaria a opinião de que há desequilíbrios específicos e significativos no livro?

Vocês precisam se lembrar de que também leio meus próprios livros e que, em uma hipotética competição de leitores críticos, eu estaria ao menos entre os finalistas. *Cultura e sociedade* me parece um livro marcado negativamente por elementos de uma abandono indignado – vou usar um termo bastante forte – de todas as formas imediatas de colaboração –, abandono este combinado – e isso fez a diferença no final – com uma intensa decepção por tais colaborações não estarem mais à disposição, uma decepção diretamente conectada à natureza da renovação da premissa que marca a conclusão do livro: a renovação nos termos que o constituem inovador à sua época. Durante este caminho, eu posso ter deslizado em direção a nuances que são a autodefesa de um intelectual que se afastou da política imediata e que, agora, espera voltar seu olhar para forças mais profundas. Estava, de fato, ciente disso naquele momento e o percebo novamente ao ler o livro. Por outro lado, eu também posso dizer que o afastamento me permitiu reintroduzir certos temas e questões que me parecem o ponto crucial da ação ainda hoje, mas que inexistiam no que eu entendia na época, e entendo hoje, como política. Em outras palavras, toda a ausência ou ênfase desse tipo é comprada a um risco considerável, e o preço é o que vocês observam.

Mas, como resultado, eu pude fazer o que ainda penso ter sido uma contribuição para um tipo diferente de política. Hoje, quando ouço a premissa, disseminada habitualmente no tom familiar de uma doutrina difamadora, de que a reintrodução da tradição em *Cultura e sociedade* foi apenas uma retomada do reformismo, eu poderia dizer, de forma agressiva se me permitirem, que as debilidades causadas pelos elementos de distância e confusão são lamentáveis. Principalmente porque permitem que algumas pessoas da esquerda – algumas definições recentes de ideologia me fazem lembrar o que havia de pior nos anos 1930 – se eximam das questões reais que o livro tentava reintroduzir: a redefinição do que "política" deveria ser e a remobilização, em todos os níveis, das forças necessárias para a sua realização. Mas, obviamente, se eu tivesse conseguido deixar tudo isso mais claro, o livro teria sido muito melhor.

As questões que estamos dirigindo a você estão no quadro da suposição de que o livro poderia ter sido melhorado, como qualquer obra pode ser.

Bem, eu respeito *Cultura e sociedade*, mas não se trata de um livro que me imagino escrevendo hoje. Não conheço muito bem a pessoa que o escreveu. Leio-o como leio um livro escrito por outra pessoa. É uma obra bastante distante de mim.

Contudo, o livro ainda se mantém bastante próximo do debate socialista inglês de hoje. Por isso é tão importante que tenhamos uma perspectiva atual dele. Poderíamos formular essa questão de outro modo. Há um terceiro plano, no qual o problema da política é colocado no livro, que é o mais sério. Não se trata tanto do equilíbrio do julgamento que você realiza de determinadas pessoas, mas da estrutura central da obra, a forma geral como ela está organizada, embora ambos os aspectos estejam conectados. Na primeira metade do livro, a quem são oferecidas as maiores honras? Burke e Carlyle, sem sombra de dúvida. Quais foram as principais obras que dominaram a atenção do público de Burke e Carlyle? Livros sobre a Revolução Francesa. Em cada um desses casos, embora em perspectivas diversas, a finalidade das obras foi a de combater o exemplo de 1789 – mostrar que ele representou tudo o que não deveria acontecer na Inglaterra. Agora, não deveria ser suficiente mostrar a razão pela qual a política do período não pode ser tratada como uma série de julgamentos transitórios de episódios particulares que são separados de um pensamento social mais profundo, e a razão pela qual as consequências de se fazer isso são maiores do que apenas uma questão de avaliações generosas exageradas de pessoas no lado conservador dessa tradição, ou julgamentos bastante restritos de pessoas que estavam no outro lado. Algo muito mais central está envolvido. Ao não prestar qualquer atenção, em todo o capítulo sobre Carlyle, ao seu livro sobre a Revolução Francesa, e ao omitir qualquer comentário sobre o ataque de Burke a ela, o que você fez foi forçar uma separação em seu próprio material, que foi, na verdade, bastante artificial. A forma como você apresenta a sua narrativa de 1780 até 1950 funciona como se houvesse um único discurso sobre a relação entre a Revolução Industrial e o estado da civilização e da cultura. Porém, por todo esse período, a partir de seu momento fundador, ocorreu outra revolução, não a Revolução Industrial na Inglaterra, mas a revolução política na França. Ambas eram vistas como intimamente relacionadas pelos contemporâneos. Elas não foram, em nenhum momento, eventos que ocorreram em dois universos bastante distintos. O padrão da resposta romântica a elas é famoso o suficiente. De fato, isso é verdade não apenas com relação à primeira revolução na França, em 1789, mas também com relação à segunda, em 1848, que foi um evento decisivo para Mill e Arnold. Mesmo a Comuna de 1871 foi um evento importante para a política inglesa: pensemos na reação de George Eliot a ela. Já no início de seu livro, você lista cinco termos centrais para a sua narrativa. Dois deles, democracia e classe, não podem ser discutidos de forma realista naquele período sem uma referência central às revoluções francesas e à resposta inglesa a elas nos planos distintos das classes governantes, do Estado e do exército, de um lado, e da intelligentsia e das classes populares de outro. Essa é a objeção real, se assim podemos dizer, à forma como Cultura e sociedade parece excluir o termo mediador da política.

É bom poder concordar de um modo menos qualificado. Penso que isso esteja correto. Creio que o erro seja decorrente da estratégia original do livro, que é a recuperação de uma tradição bastante específica. O resultado foi a projeção, no passado, da aparência de um discurso coerente, o que impediu que eu reconectasse, de forma plena, pensadores sucessivos à sua história. De qualquer forma, faltou-me o conhecimento histórico que teria tornado a tarefa possível. Se eu tivesse lido *A formação da classe operária inglesa* ao escrever *Cultura e sociedade*, este teria sido um livro bastante diferente. Embora Edward estivesse escrevendo sua obra sobre Morris e tivesse iniciado sua pesquisa sobre a classe operária ao mesmo tempo em que eu escrevia *Cultura e sociedade*, foi parte das condições daquela época que nós não tivéssemos contato um com o outro, de forma que essas junções cruciais nunca foram realizadas.

Hoje, por exemplo, eu gostaria de escrever sobre a transposição extraordinária de variedades do radicalismo que ocorreu entre 1790 e 1840, algo que nunca mencionei no livro. Uma razão pela qual eu não deveria ter permitido que minhas dificuldades pessoais com Hazlitt me impedissem de escrever sobre ele é que, fazendo-o, eu poderia ter explorado essa complexidade extrema, uma vez que ela é tão central em sua obra. Outro momento de intensa iluminação e desgosto para mim ocorreu quando descobri que *Cultura e anarquia*, de Matthew Arnold, havia sido escrito como uma resposta direta aos tumultos em Hyde Park na campanha pelo sufrágio em 1866, na qual John Stuart Mill esteve envolvido de modo central no outro lado. Quando percebi que esse foi o contexto que definiu politicamente o que "anarquia" e "cultura" significavam para Arnold, pensei "meu Deus, se eu soubesse disso eu poderia ter iniciado o livro com as questões e forças políticas em 1867", incluindo a controvérsia com o governador Eyre que vocês mencionaram. É por onde eu poderia ter começado.

O fato é que as origens do livro repousam sobre ideias de pensadores explicitamente conservadores ou contraditórios do século XIX. Conservadores que, no momento da irrupção da ordem social qualitativamente nova, levantaram muitas das questões corretas, embora evidentemente seguidas por respostas erradas. Ou pessoas com as quais eu compartilhava de certos impulsos, como Leavis, que se moviam em direção a posições explicitamente reacionárias no século XX. Todos eles usaram, como termo central em seu desenvolvimento, o conceito de cultura. Na busca pela recuperação desse conceito e reconstrução do discurso, eu permiti certo grau de abstração da história, e dessa forma não avancei de modo forte o suficiente no que era um dos pontos inovadores do livro: a certeza de que é apenas pelo retorno aos diferentes sentidos do termo "cultura" ao longo da história que podemos entendê-lo. Isso é o que eu diria agora. Eu acabei mesmo por moldar essa ideia em um método geral em *Palavras-chave*. Contudo, a retomada propriamente dita do discurso sobre o termo foi tão difícil que, naquele tempo, isso foi o mais longe que consegui chegar. Nunca soube de um livro que parecia se fechar tão completamente com a última página escrita. Tive a forte sensação, que jamais vivenciei, de que naquele momento o livro estava acabado, de que eu estava em uma posição bastante nova e poderia seguir adiante. Então, a ironia é que este ainda é o meu livro mais lido e todos tentam me levar de volta a ele.

Mas as pessoas que leem o livro associam seu nome a um pensador social e político. A discussão crítica da obra, que não precisa necessariamente levar você de volta ao livro, mantém-se profundamente vantajosa.

Eu não quis dizer isso. Eu enfatizei, ao invés disso, a circunstância curiosa de o livro ter aparecido em uma época bastante imprevista e imprevisível, tanto no momento de sua concepção quanto no de sua escrita. Foi bem no meio de uma situação de rápida mobilidade política, na qual novas questões estavam sendo levantadas e uma nova geração se definia. Como resultado, foi dada ao livro uma centralidade que, em certo sentido, era devida, uma vez que a obra levantou tais questões e estabeleceu um corpo de leitura e pensamento em torno delas, mas que em outro sentido, estava fora de lugar, pois quando foi publicado, o contexto era tão diferente. Novos periódicos e grupos haviam surgido e estavam alterando as perspectivas da discussão. Então, surge o livro, parecendo tão sólido, digno e tudo o mais. Contudo, ele foi o produto de uma fase na qual eu levava uma vida completamente diferente. Não surpreende o fato de as contradições terem emergido mais tarde. Por exemplo, Eagleton, que recentemente atacou *Cultura e sociedade* por inteiro, vinha reproduzindo os argumentos do livro até 1968-69 de um modo que me irritou muito mais do que sua subsequente repulsa extremada a ele. Se dermos uma olhada no ensaio em que ele compara Eliot, Leavis e eu mesmo, em *From Culture to Revolution*[16] [Da cultura à revolução], veremos que ele simplesmente retomou o argumento após dez anos. Aquela foi uma nova época, que necessitava de um livro bastante diferente. Talvez *Cultura e sociedade* tenha servido como uma ponte de uma época à outra, mas uma ponte é algo que as pessoas deixam para trás. Ainda hoje, muitos leitores americanos dizem, sim, concordamos com a sua posição, nós lemos *Cultura e sociedade*, e coisas desse tipo. E eu digo que essa não é a minha posição. E eles dizem, bem, este é ainda um livro bastante radical, e eu digo, bem, o primeiro estágio do radicalismo. O que *Cultura e sociedade* fez foi alterar, sobretudo, o que escreviam ou discutiam os que estudavam literatura inglesa ou a história do pensamento social. Isso permitiu uma reconexão com uma tradição literária e com um pensamento social bastante complexos, que haviam

---

16 Eagleton, T. The idea common of culture. In: Eagleton, T.; Wicker, B. (eds.). *From Culture to Revolution*. London: Sheed & Ward, 1968, p.35-37.

sido colocados em curto circuito pela *Scrutiny* e, com efeito, por toda uma formação de classe.

Isso nos leva a outra questão. Uma das anomalias do livro é discutir personagens do pensamento social inglês nos séculos XIX e XX com uma abstração bastante geral da história social efetiva dos indivíduos em questão e de suas relações com as classes sociais. Isso não ocorre todo o tempo, pois no caso de Lawrence você enfaticamente recupera esse contexto, mas, em outros momentos, seus pensadores parecem bastante sem corpo do ponto de vista sociológico. Naquele tempo, Victor Kiernan notou essa ausência em uma crítica amigável ao New Reasoner, *e comentou: "Pensamos habitualmente em nossos escritores eminentes como Stylites, cada um empoleirado solitariamente em seu pilar. É útil por vezes pensarmos neles como pessoas espremidas imperceptivelmente na segunda fila em fotos instantâneas de álbuns de família. Southey, Coleridge, Wordsworth são então vistos costurados entre seus irmãos navais, seus primos da área jurídica e seus tios clérigos, os verdadeiros notáveis da família que caminham em direção a posições dignas como juízes, bispos, ou mestres de faculdade".*[17] *Em outros termos, Kiernan estava chamando a atenção ao fato de que houve, na Inglaterra vitoriana, algo como uma classe média profissional, que provavelmente produziu a maioria dos intelectuais sobre os quais você escrevia. Ele continuou dizendo que os socialistas não deveriam se sentir inibidos ao perceberem que havia interesses materiais reais peculiares a esse estrato social. Kiernan argumentou, por exemplo, que a atitude da maioria dos escritores daquele tempo em relação ao Estado é notavelmente mais indulgente e positiva do que a de seus primos nos negócios e em outros campos, o que pode estar relacionado ao fato de o Estado ser o maior empregador de intelectuais na Inglaterra do século XIX. Ele também defende que, enquanto a maioria desses pensadores tinha muito a dizer sobre o industrialismo, eles tinham muito pouco a dizer sobre os criados, embora houvesse menos trabalhadores em fábricas na Inglaterra por todo o século XIX do que criados domésticos. Você deixou de lado deliberadamente esse tipo de reflexão? Nós perguntamos isso porque você escreveu um capítulo sobre a história social do escritor inglês em* A longa revolução *que foi um exame exato, preciso e sem precedentes sobre justamente este problema: as origens da família, da experiência educacional e da situação profissional dos intelectuais ingleses por quatro séculos. Este foi um avanço tremendo para além das discussões tradicionais da esquerda. Aqui,*

---

17 Kiernan, V. Culture and Society, *The New Reasoner*, n.9, 1959, p.80.

CULTURA E SOCIEDADE

finalmente, havia algo mais do que as generalidades vazias usuais – tratava-se de uma história material de fato. Contudo, em Cultura e sociedade isso está ausente. Foi uma escolha de sua parte?

Não, isso me passou despercebido. Creio que houve dois bloqueios que me mantiveram afastado dessa perspectiva naquele momento. Um foi a impressão de que qualquer um poderia recitar o nome desses escritores como figuras representativas de uma certa classe social. Não que a descrição fosse necessariamente errada, mas eu sabia que, se partisse desse tipo de delineamento abstrato, não haveria mesmo a necessidade de lê-los, bastaria ler as descrições. O outro problema foi a presença social desses escritores nos ambientes onde eles eram lidos. É um paradoxo que não apenas Shelley e Byron, como também Southey, dentre todos, tenham gozado de uma popularidade extraordinária na classe trabalhadora nas décadas de 1930 e 1940. Ou que Ruskin tenha sido de importância tão marcante para o movimento trabalhista do final do século XIX. Eu não sabia como abordar essas questões. Não se esqueçam de que eu havia sido adestrado profissionalmente em uma forma de pensamento que os excluía. De modo distinto, somos treinados na academia para estudar individualmente os escritores – isso era, afinal, o que muito da crítica presente na revista *Scrutiny* partilhava com a instituição ortodoxa.

Mas, obviamente, pode-se terminar ao lado de Virginia Woolf imaginando que todos os grandes escritores estão simultaneamente presentes na sala de leitura do Museu Britânico, trabalhando em suas mesas, e que você precisa apenas partilhar o que eles estão escrevendo. De fato, meu trabalho em *Cultura e sociedade* funcionou como um estímulo, uma autoprovocação, para me afastar definitivamente deste modo de pensamento. A ironia é que, no momento em que li a crítica de Kiernan, nós já havíamos completado a pesquisa para a história social do escritor inglês. Esse foi um trabalho em que eu havia me engajado imediatamente após a conclusão de *Cultura e sociedade*. Isso levou então a uma explosão da ideia mesma do texto e da definição dos estudos literários através do texto, onde eu ainda não havia chegado. Mas, por Deus, quando lá cheguei, o que aconteceu, senão um novo movimento supostamente de esquerda para reavivar o isolamento do texto? Levou mais de dez anos para enfrentá-lo, se é que já o fizemos.

Em retrospectiva, embora de modo diverso, pode-se dizer que o livro possui afinidades distinguíveis com certa fase da política cultural do Partido Comunista

*no final da década de 1940 e início da década de 1950, por volta do momento
em que o partido definia o rumo do socialismo no plano político. Ao menos um
dos seus órgãos culturais, a Arena, começou a definir um passado nacional
para o partido, uma linhagem cultural que, de alguma forma, financiaria a
política comunista. Você estava consciente naquele tempo de qualquer vinculação entre o seu projeto em Cultura e sociedade e a discussão na Arena?
Ou, em caso negativo, você teve oportunidade de refletir sobre isso depois?*

A resposta breve é que eu não estava consciente de qualquer similaridade
naquele momento. Penso que seja possível, contudo, ver ambos os projetos
como respostas históricas comparáveis e relacionadas. Eles possuem elementos em comum, embora não se possa exagerá-los. Eu estava muito mais
consciente da direita política. Eu sabia muito bem contra quem eu escrevia:
Eliot, Leavis e todo o conservadorismo cultural que se formou em torno
deles, as pessoas que haviam se apropriado da cultura e da literatura deste
país. Nesse sentido, o livro estava imbuído de uma consciência nacional
particular. Contudo, ela era nacional em um sentido bastante específico,
porque eu deliberadamente mantive-o inglês. Naquele momento, minha
distância do País de Gales estava completa. Contudo, a minha experiência
galesa operava inconscientemente na estratégia do livro. Pois quando o
concluí com uma discussão da comunidade e solidariedade cooperativa,
eu estava de fato escrevendo sobre as relações sociais galesas, como se elas
estivessem mais amplamente disponíveis. Eu estava usando intensamente
a minha experiência galesa e, de certa forma, posicionando-a corretamente
como certa característica das instituições da classe trabalhadora, mas sem
uma delineação regional ou um sentido de distinções e complicações históricas perto do que seria considerado suficiente.

*A definição nacional de Cultura e sociedade nos coloca outra questão. Seu
livro crítico anterior, Drama from Ibsen to Eliot, é notável por seu escopo
e âmbito internacional: você trata da experiência da emergência do teatro
burguês como um fenômeno europeu que deve ser discutido como tal. Não há
interesse em confinar a sua investigação a uma língua específica. Contudo,
não há, de forma alguma, uma dimensão nacional comparável em Cultura
e sociedade. Isso parece bastante surpreendente, uma vez que o processo de
industrialização foi, afinal de contas, igual e eminentemente europeu, mesmo
que tenha se iniciado na Inglaterra. Por que você limitou sua narrativa
somente à tradição nacional?*

CULTURA E SOCIEDADE

Creio que a razão foi eu ter inicialmente concebido o projeto como uma resposta relativamente breve a uma situação particular inglesa. O projeto então cresceu significativamente, até que me vi diante de um esforço imenso para manter uma dimensão razoável para um livro. A tarefa da composição definiu o livro como um discurso dentro de uma única cultura.

O problema aqui é que a exclusão de qualquer discussão internacional no livro não é apenas um limite formal. Ela afeta a substância de alguns de seus argumentos. Uma das alegações centrais de Cultura e sociedade, *afinal, é que "a ideia de cultura é uma tradição majoritariamente inglesa".[18] E se for menos inglesa do que você assumiu? Na verdade, todo o argumento em* Cultura e sociedade *também foi, em certo sentido, o principal tema da Sociologia europeia desde o seu momento fundador, um sistema de pensamento que você nunca menciona. Se visitarmos o estudo de Göran Therborn em* Science, Class and Society *[Ciência, classes e sociedade], o que o livro aponta é que toda a trajetória da sociologia, de Comte e Saint-Simon até Weber ou Durkheim, foi regulada por uma preocupação comum: qual foi a resposta às crises sociais gêmeas trazidas pela Revolução Industrial, que teve início na Inglaterra, e pela revolução política, que teve início na França? Para todos os principais sociólogos do século XIX, os dois problemas centrais eram o advento da sociedade de mercado e a ameaça da democracia de massa, exatamente as mesmas questões que agitavam os escritores ingleses de Southey a Arnold. Ainda mais notável é o fato de as respostas serem bastante similares: de uma forma ou de outra, o antídoto da sociologia clássica para as forças desagregantes do industrialismo e da democracia sempre fora uma cultura mais orgânica, uma ordem coerente de valores capaz de conferir um novo sentido e unidade à sociedade. A ideia de cultura, por esse viés, não é de forma alguma especificamente inglesa. De fato, foi alemã a famosa oposição entre uma cultura mais profunda e orgânica e uma civilização mais superficial e mecânica. Ironicamente, se tomarmos o livro* Reflexões de um homem não político, *de Thomas Mann, escrito durante a Primeira Guerra Mundial, veremos que foram a Inglaterra e a França que se identificaram com a mera civilização e democracia, enquanto a Alemanha representa a verdadeira tradição da cultura. Este foi um dos temas oficiais da propaganda do Segundo Reich.*

---

18 Williams, *Culture and Society*, p.271.

Então, novamente, a conclusão de seu livro volta-se à ideia de comunidade. Este não é um tema organizador central nos pensadores ingleses que você discute, embora eles possam usar o termo. Mas o tema foi o objeto evidente de uma teoria importante dentro do pensamento sociológico europeu. A oposição de Tönnie entre comunidade e sociedade contribuiu de modo efetivo para o conceito tal como é amplamente usado. Therborn, de fato, sintetiza os achados de seu estudo pela categoria de comunidade ideológica, cuja descoberta ele argumenta ser a conquista específica da Sociologia como disciplina – ou seja, a comunidade vinculada pela partilha de normas e valores. A similaridade formal com o seu apelo à cultura comum é arrebatadora. Certamente essa longa história teve importância na tradição que você tentava reconstruir, e no discurso que você desenvolveu fora dela, certo?

A ausência de referência a essa história não se deu por conta de uma negligência pessoal, mas por uma condição geral do pensamento neste país. Não estava muito claro naquele momento nem quão profunda e próxima era a relação de Coleridge – no seu sentido mais acurado, que não é um sentido degradante – ao idealismo e ao romantismo alemão. Ou a conexão de Mill com o positivismo francês. Sem dúvida alguns especialistas sabiam disso, mas essa não era uma perspectiva dentro da qual estávamos acostumados a pensar. Hoje isso está muito claro. Essa é uma mudança significativa.

Observando a tradição sociológica europeia agora que a conheço melhor, diria que o mercado e a democracia são temas mais proeminentes nela do que na tradição inglesa pela qual eu me interessava, ao passo que a tradição inglesa estava mais especificamente preocupada com a indústria. A experiência bastante rápida e brutal da industrialização na Inglaterra refletiu-se diretamente no pensamento social daqui. Feita uma comparação, a contribuição inglesa ao pensamento sobre a democracia ou o mercado foi sempre ou secundária e derivada, ou muito rapidamente ultrapassada em seriedade e extensão em outros lugares. Mas o pensamento sobre o processo de transformação industrial que foi realizado no período de Blake a Wordsworth, Southey e o jovem Carlyle, embora muito precoce e confuso, ainda me parece absolutamente crucial. Algumas das questões então levantadas, de modo mais insistente por Cobbett do que por qualquer outro, sobre a natureza geral do projeto industrial e de suas consequências para as relações sociais, ainda devem ser respondidas hoje. *O campo e a cidade* foi escrito em resposta a elas. Essa forma de pensamento não foi um elemento que a tradição subsequente tomou suficientemente em conta, com exceção de abordagens claramente reacionárias. Por outro lado, a retórica característica do marxismo que conheci na década de 1930 dizia precisamente que o capitalismo falhava porque havia fracassado na esfera da produção, e essa crise era a responsável pela depressão. Enquanto isso, a imagem da União Soviética era exaltada ao ponto da paródia nos termos da produtividade industrial. O que essa retórica testemunhou depois da guerra foi um novo tipo de explosão produtiva que o capitalismo possuía como reserva. Foi então que, para mim, a questão colocada por Blake ou Coleridge adquiriu sua força. Eles possuíam um senso da materialidade da produção que foi perdido de forma ampla posteriormente. Todos nós sabíamos do processo de trabalho, mas sabíamos muito pouco sobre as técnicas recentes desse processo, ou sobre seus subprodutos, que obviamente eram também produtos. Naquelas reações inglesas confusas à Revolução Industrial estava a resposta que, parecia-me, qualquer marxismo naquele momento do século teria de incluir. Socialistas posteriores, falando abstratamente sobre a produção, não estavam de forma alguma capacitados a apreender, do mesmo modo que as pessoas que realmente viram a transformação industrial, o que ela literalmente significou. É bastante curioso que a teoria histórico-materialista tenha conhecido, com respeito a isso, a história, mas não o material. Isso não vale para a obra de Marx, onde o processo físico é bastante vívido.

Contudo, isso gera outra consequência à organização de seu livro em termos puramente nacionais. Onde eles abrem espaço ao marxismo? Aparentemente, somente quando ele discute os poucos marxistas ingleses da década de 1930 e suas visões sobre o tópico restrito da arte. O que é tão peculiar nesse processo é que o próprio Marx, para não falar em Engels, viveu na Inglaterra vitoriana e trabalhou e escreveu, como nenhum outro em seu tempo ou posteriormente, sobre a Revolução Industrial. Ele escreveu sobre toda a gama de temas presentes em sua obra, incluindo, obviamente, uma teoria geral da sociedade como todo um modo de vida, para usar seus termos. Ele também possuía algo que o coloca em uma posição completamente separada da de todos os personagens que você discute, que era um sentido da inter-relação dialética, o vínculo da complementaridade histórica entre o utilitarismo e o romantismo – o discurso do mercado e o discurso da cultura. Você provavelmente conhece a frase dos Grundrisse em que Marx diz: "A perspectiva burguesa nunca avançou além da antítese entre ela própria e a perspectiva romântica, e a última a acompanhará como sua antítese legítima até o seu final abençoado"...

Fiquei bastante entusiasmado quando encontrei essa passagem, mas isso aconteceu bem recentemente.

Marx estava bastante ciente desse processo[19] e pôde avaliar muitos dos pensadores que você discute, bem como pensadores do lado oposto – os da economia política. Ele deu bastante atenção a Carlyle, bem como a Ricardo. Objetivamente, ele está inserido, do modo mais direto possível, no seu campo de trabalho, embora nenhum desses senhores vitorianos estivesse ciente dele. Mesmo isso não sendo verdadeiro em Morris. Mas, ao construir a sua tradição em termos estritamente nacionais, você necessariamente teve de deixar Marx de lado. Essa omissão é artificial. O livro seria bastante diferente se houvesse um capítulo sobre Marx e a Revolução Industrial. Você chegou a considerar fazer isso?

Sim, eu pensei sobre isso, sobretudo quando eu estava dando forma ao capítulo sobre os romances industriais, que inicialmente deveria ser uma narrativa de toda uma gama de respostas ao desenvolvimento industrial nas décadas de 1830 e 1840. Fiquei impressionado com o fato de Engels e Gaskell estarem ativos em Manchester ao mesmo tempo: parecia impossível eles não terem tido contato por meio da *Statistical Society*. *A situação da classe trabalhadora inglesa* é, sem dúvida, a acusação social mais eloquente da década de 1840, precisamente por ter sido concebido da forma mais abrangente possível. Mas havia uma dificuldade quanto à organização de meu livro. Embora Marx e Engels tivessem realizado seu trabalho aqui, a obra foi escrita em outra língua e não se voltou a essas pessoas, não apenas por elas estarem indiferentes ao livro, mas também devido ao isolamento dos exilados no país. Quando discuti os marxistas ingleses, estava interessado principalmente no que havia se tornado um argumento bastante alterado. Saudei Marx dizendo que foi contemporâneo a Ruskin e George Eliot, mas naquele momento é absolutamente verdadeiro que discutia apenas a teoria da arte. Não sei o que teria acontecido se inserisse Marx. Embora pudesse não o fazer muito bem, no mínimo, conhecia Marx tanto quanto conhecia qualquer outro pensador. Bem, é inteiramente correto que a inclusão teria radicalmente

---

19 Marx, *Grundrisse*, p.162.

melhorado o livro. Também penso que se tivesse tomado as várias direções que vejo hoje como desejáveis, ainda estaria escrevendo o livro...

Há outra questão que é, em certo sentido, o oposto da ausência de uma dimensão internacional em Cultura e sociedade. *Trata-se do silêncio do livro em relação ao tema e ao problema da nação como tal. Há muitas razões pelas quais não seria irrelevante perguntar a você sobre isso. Uma delas pode ser colocada de forma bastante simples. A tônica da conclusão do livro é a ideia de comunidade. Hoje, esse conceito possui vários sentidos diversos. Mas uma coisa pode ser dita com alguma confiança: no século XX o uso do termo "comunidade" com o sentido de nação como uma unidade foi provavelmente usado com mais frequência do que com o sentido de qualquer outra entidade formada por homens e mulheres. Mais mesmo do que região, classe ou qualquer entidade internacional. O termo a que ele é usualmente vinculado ou lhe é companhia, ao menos na retórica oficial de hoje, é obviamente a nação.*

Cultura e sociedade *não contém, evidentemente, nenhuma reflexão direta sobre o problema do nacionalismo, mas se olharmos para os personagens com os quais você lida, muitos deles tiveram algo a dizer sobre a nação – a nação deles. O livro de Burke sobre a Revolução Francesa não foi apenas um manifesto conservador, foi também um esforço para mobilizar o sentimento patriótico contra a ameaça estrangeira, mobilização que se tornou parte de uma campanha extremamente bem-sucedida realizada pela classe dominante naquele tempo. Em Carlyle, encontramos um imperialismo e um racismo cuja lâmina afiada é usada contra os negros e os povos dominados pelo império colonial. Os exemplos poderiam ser multiplicados. Entre 1790 e 1920, a sociedade sobre a qual você escrevia era não apenas o local da primeira grande revolução industrial, mas também uma sociedade que estava conquistando, anexando e explorando fisicamente um quinto do planeta, criando o maior império que o mundo jamais havia visto. O processo histórico estava centralmente presente na consciência de todos os que viveram por todo o período que você discute. Não se tratava de algo secundário ou externo – ele era absolutamente constitutivo da natureza total da ordem política e social inglesa. Isso é algo que, para qualquer um que observe a experiência social inglesa de fora – um francês, um italiano, um alemão ou um russo, para não falar de um jamaicano, um nigeriano ou um indiano –, apresenta-se como o fato mais relevante. Se lhes perguntarmos a que eles associam a Inglaterra do século XIX, eles obviamente pensarão na Revolução Industrial, mas pensarão ainda mais na* Pax Britannica.

Contudo, em Cultura e sociedade *há apenas uma frase que insinua, de algum modo, essa experiência. Ao final do livro, quando você defende e ilustra o sentido de comunidade na classe trabalhadora inglesa, você diz: "Na ocasião, ele foi limitado pelo nacionalismo e pelo imperialismo". Mas o ponto é que o nacionalismo e o imperialismo foram, de muitos modos, as definições dominantes e reinantes de comunidade. Tendo em vista tudo o que você disse sobre a sua atividade e consciência prática, desde a sua infância, é claro que você esteve sempre intensamente consciente da natureza da hegemonia e da opressão imperialista britânica no exterior, e das lutas coloniais emergentes contra ela. Contudo, isso não ecoa no livro. Por quê?*

Deixem-me tocar em um aspecto menor antes de tratarmos do que é essencial. Há, de fato, dois lugares no livro que se referem à experiência imperialista, embora, de certa forma, eles confirmem a sua ênfase geral: a discussão da defesa da emigração como uma solução social em Carlyle e a análise da função mágica da saída para o império na ficção do período. Mas, isso posto, não há mais nada sobre o assunto. Não discuto Disraeli por esse viés, nem a ligação de Mill com o *India Office*, nem a relação espantosa entre os fabianos e o imperialismo. Mesmo algo que me interessa bastante hoje, a entrada consciente de uma representação e evocação realmente profunda e prolongada da crítica da experiência imperialista nos romances da década de 1890, não está lá. Penso que um dos motivos para isso é que a experiência particular que poderia ter-me capacitado a pensar de modo muito mais crítico sobre esse tópico estava, por várias razões, em suspensão naquele momento: a minha experiência galesa. A forma como usei o termo comunidade teve sua fonte nas minhas memórias do País de Gales, como já disse. Mas a experiência galesa também foi, precisamente, uma experiência de sujeição à expansão e assimilação histórica inglesas. Isso é o que mais deve ter me alertado aos perigos de um tipo persuasivo de definição de comunidade, que é simultaneamente dominante e exclusivo.

Historicamente, havia uma ambiguidade real, em inglês, na distribuição e uso de comunidade como um termo. Todas as definições iniciais das décadas de 1830 e 1840 que incluem a raiz comum possuem um sentido bastante forte de comunidade como uma ideia em deliberado contraste com as teorias baseadas no individualismo. Nas décadas de 1870 e 1880, comunista ainda significava, na Inglaterra, alguém que acreditasse na fundação de comunidades, em seu sentido utópico. Todos esses sentidos se alteraram bastante no século XX. O termo comunidade foi largamente utilizado nas décadas de 1930 e 1940 pela classe trabalhadora e pelo movimento trabalhista, especialmente no País de Gales, onde também possui, na vivência da não conformidade, um sentido religioso. Mas, por volta dos anos 1960, ouvi constantemente conversas sobre os interesses da comunidade sobrepondo-se ou opondo-se a um pequeno grupo de grevistas, por exemplo. Isso me levou a refletir sobre a sua inutilidade como um termo que nos capacitaria a estabelecer distinções: não estamos nunca plenamente certos da noção de formação à qual o termo se refere. Foi quando notei, subitamente, que ninguém jamais havia utilizado o termo comunidade em um sentido hostil, que percebi o quão perigoso ele era.

Correto. Na Alemanha, Tönnies, que cunhou o termo, era um simpatizante do partido social-democrata pré-guerra. Após a guerra, foram os nazistas que utilizaram, no Terceiro Reich, o termo Volksgemeinschaft *como um leitmotiv de sua propaganda interna, visando particularmente à classe trabalhadora. Poucos conceitos provaram ser tão maleáveis ideologicamente.*

Creio que a razão para isso é que o termo permite uma ligação constante com outros conceitos, sobretudo, os de nação e Estado. Quanto ao vínculo do termo à ideia de nação, lembro-me do momento em que sua função se expandiu notavelmente para mim: foi quando li uma passagem de Leavis na qual ele falava mais uma vez da qualidade inglesa essencial [*essential Englishness*]. Por esse tempo, eu não estava mais disposto a usar o termo "*English*" como um sinônimo para as pessoas das Ilhas Britânicas. O adjetivo "essencial" acarreta um distanciamento em relação ao uso desse termo. Então, também percebi a função ideológica da literatura em si, o que não tem nada a ver com qualquer função específica das obras individuais. A noção de surgimento da literatura nacional, a definição de uma nação através de sua literatura, a ideia de literatura como a essência moral ou o espírito da nação, estes são apoios para uma ideologia política e social específica. Tudo o que posso dizer é que não percebi isso quando escrevi *Cultura e sociedade*.

A confusão no que tange ao Estado foi ainda mais séria. Por muito tempo houve o hábito, não apenas meu, mas da esquerda em geral, de equiparar os avanços socialistas com o Estado, devido ao efeito nebuloso do uso indeterminado de termos como "comunidade" ou "público", como em "patrimônio público". A ideia mesma da nacionalização como um termo político central repousava na premissa, pela esquerda, da nação como uma entidade não problemática. Em outras palavras, nós estávamos bem pouco cientes do Estado capitalista pós-guerra. A introdução mais bem-vinda ao pensamento marxista da última década foi a reinserção decisiva do problema do Estado capitalista. Todos esses termos não são agora facilmente omitidos. Eu mesmo abandonei o uso da palavra comunidade da forma como o fiz em *Cultura e sociedade*.

Passando a outro tópico, há uma questão sobre a epistemologia do livro. A pergunta está relacionada ao método de avaliação dos pensadores individualmente. Em vários momentos do livro, você parece contrastar ou contrapor ideias e argumentos ao que você chama de resposta ou experiência. O primeiro exemplo pode ser encontrado no seu tratamento de Burke, sobre quem você diz: "O acerto dessas ideias não está, em um primeiro momento, em questão; e sua veracidade não deveria, de início, ser avaliada por sua utilidade para a compreensão da história ou para a percepção política. A obra de Burke é uma experiência articulada, e como tal possui uma validade que pode sobreviver mesmo à demolição de suas conclusões gerais".[20] Aqui, parece haver uma oposição entre a veracidade das ideias como habitualmente entendida, do tipo que nos ajuda a entender a história e a política, e uma experiência mais profunda e duradoura que não corresponde necessariamente a qualquer tipo de verdade discursiva comum. O mesmo tema parece recorrer em sua conclusão sobre Coleridge: "Um posicionamento total como o de Coleridge não pode ser proposto como convicção; este não é, e não poderia ser, um elemento persuasivo. O melhor que uma pessoa como Coleridge pode oferecer é um exemplo, mas, na medida em que percebemos a sua posição, percebemos também que um exemplo é, de fato, o que há de maior valor a ser oferecido".[21] O seu veredito sobre Carlyle é bastante similar: "O que é importante em um pensador como Carlyle é a qualidade de sua resposta direta: os termos, as formulações, a morfologia das ideias são, propriamente, um assunto secundário".[22] Essas passagens podem parecer desvalorizar os critérios comuns do julgamento

---

20 Williams, *Culture and Society*, p.24-25.
21 Ibid., p.81-82.
22 Ibid., p.85.

CULTURA E SOCIEDADE

racional, o sentido pelo qual decidimos se determinadas ideias são verdadeiras ou falsas. Sua direção é bastante enigmática: a mesma sugestão não ocorre em nenhum outro momento de seu texto. Qual a explicação para elas? Quando escrevia sobre Mill, você disse: "Há um momento, obviamente, no qual duvidamos se há qualquer diferença significativa entre as perguntas 'É verdade?' e 'Qual o significado disso?'".[23] Mas, na linguagem usual, essas duas perguntas são bastante diferentes. Primeiro perguntamos qual o significado de uma ideia e, então, decidimos se ela é verdadeira ou falsa. É desconcertante ver você fundindo ambas. Não havia o perigo de uma escorregada em direção a um irracionalismo?

Há uma questão bastante difícil e profunda aqui. As passagens que vocês citaram são nitidamente o resultado de minha formação em literatura – todo o modo como fui ensinado a ler um texto. Esses eram os termos pelos quais um poema era geralmente definido em oposição a qualquer outro texto. A primeira tarefa do leitor era oferecer uma resposta à experiência ou instância articulada representada pelo poema, o que era muito mais importante do que as ideias ou convicções que poderiam ser lá encontradas. Questionar se eram verdadeiras ou quais outras implicações possuíam era coisa completamente secundária. O procedimento do julgamento literário, aprendido a duras penas, era um tipo de suspensão antes da experiência. O que fiz em *Cultura e sociedade* foi estender esse procedimento a outros tipos de escrita que apresentavam problemas bastante diversos: não apenas as questões relativamente simples sobre a verdade ou a falsidade, embora elas fossem bastante importantes, mas as questões mais complexas da proporção ou conexão entre ideias e argumentos em uma obra. Como uma ideia se posiciona em relação a outra. Fica mais fácil entender por que isso aconteceu se voltarmos a algo que comentei previamente sobre os modos antagônicos do pensamento. Nos anos anteriores, eu havia reagido de forma muito rápida e negativa a escritores que eu não apreciava. *Cultura e sociedade* foi escrito em reação a essa postura. É significativo que todos os julgamentos que vocês citam se relacionam, de forma bastante natural, a personagens que considero bastante antipáticas. Eu realizei um esforço consciente para entender o que pessoas como Burke ou Coleridge poderiam pensar. De fato, havia um sentido no qual, enquanto eu escrevia sobre cada um deles, sentia

---

23 Ibid., p.69-70.

estar olhando para as coisas tão em sintonia com os seus termos que eu estava quase me tornando um deles. Isso foi enaltecido como uma qualidade do livro, embora não seja uma que eu valorize hoje. Naquele momento, eu acreditava tanto que "essa é uma experiência importante, essa é a forma correta de lê-los", quanto que "isso é ridículo, eu não posso fazer isso". Mas percebi que eu estava me envolvendo tanto com o material, que este era um esforço positivo para balizar meu próprio texto no modo de escrita que eu estava retrabalhando. Creio que isso me capacitou a me aproximar de algumas das ideias desses escritores de um modo que eu não o faria por outros meios. Percebi que a tarefa era muito difícil de ser realizada com Eliot, sobre quem eu quase imediatamente comecei a escrever de modo muito mais agressivo. Mas não previ para onde o argumento iria se eu alterasse essa minha posição geral. Nós havíamos ouvido de modo consistente que, se nos movêssemos para fora dessa posição, perderíamos por completo o contato com a literatura.

Na realidade, se rejeitarmos essa forma de ler certo tipo de literatura, teremos de repudiar muito mais. Creio que devamos rejeitá-la, mas a reavaliação em questão é muito maior do que imaginamos quando damos o primeiro passo. Minha crítica a Richards em *Cultura e sociedade* começa, de fato, a identificar o que nela havia de errado: o paradoxo da passividade induzida em um leitor intensamente ativo. Hoje creio que a relação precisa entre o leitor e o texto, que a disciplina definiu de forma tão central, é insustentável e destrutiva. A posição teórica do leitor ativo-passivo deve ser abandonada. Obviamente, qualquer abordagem alternativa deve ser uma construção bastante séria, pois, de outra forma, sabemos como são resolvidas de modo tão sumário em leituras menos atentas e menos abertas questões sobre a verdade e a falsidade, sobre o bom e o prejudicial.

A ênfase na experiência articulada não é necessariamente inapropriada quando avaliamos um poema ou uma autobiografia. Por que deveríamos renunciá-la por completo? É a oposição implícita a ideias em um argumento político ou social que é perigosa.

Hoje eu não usaria os mesmos termos, nem mesmo no que eu considero como um sentido positivo preservado, como no caso de uma autobiografia. Mas é fato que um dos grandes interesses de um conjunto de textos que sobrevivem a uma vida específica é eles de fato serem, em um plano, a articulação da experiência dessa vida, algo não obtenível por

CULTURA E SOCIEDADE

qualquer outro modo fora de seu período contemporâneo imediato – e, mesmo nesse caso, apenas em uma dimensão limitada. Há um sentido no qual a composição de um indivíduo específico em qualquer momento é irredutível ao que podem ser, contudo, questões importantes sobre ele: o grau em que ele representou algo, se causou mais danos do que bem, se estava certo ou errado. Provavelmente eu valorizei esse aspecto mais do que valorizo agora. Não creio que um relacionamento seja sustentado por um texto, mas posso imaginar este relacionamento com um momento irredutível do passado que seria, por outros meios, inacessível: não quando as partes se separam e as opiniões se assentam, mas ao interagir e se contradizer na mente de um indivíduo. Creio que sempre tive um sentido mais forte das contradições e confusões dentro do *processo* de realização da obra de alguém do que em qualquer outra narrativa que compendie seu *produto* como um todo e diga o que a pessoa significou.

A reconstrução de toda a tradição em Cultura e sociedade, *apesar e através de todas as objeções e críticas diversas, ainda é uma conquista duradoura. O estabelecimento dessa tradição mantém-se solidamente presente para qualquer leitor, qualquer socialista de hoje. Essa é a verdadeira questão. Ao mesmo tempo, o livro contém outro plano de interesse, que é o seu julgamento dos personagens específicos na tradição. Essa não é uma questão secundária, uma vez que muito do poder da obra tem sua fonte na delicadeza e precisão extremas de seu tratamento dos pensadores sucessivos, isolando as dificuldades ou impasses característicos de cada um. Evidentemente, você não apoia plenamente nenhum deles. Dito isso, cada leitor terá a sua própria lista de objeções em apreciações específicas. Talvez possamos começar perguntando se você ainda pensa hoje sobre Burke do mesmo modo como pensava naquele momento.*

De forma alguma. Hoje eu conheço os radicais ingleses das décadas de 1770 e de 1780, a quem Burke se dirigia, além de responder à Revolução Francesa. Isso me fez ver Burke de modo totalmente diferente. O radicalismo inglês fez a sua própria contribuição à tradição com a percepção, mesmo que de uma perspectiva racionalista algo simplificada, de que poderíamos remodelar a índole pelo ambiente, de que todo erro e injustiça deveriam ser vistos por uma perspectiva social, bem como em seu encontro com uma experiência mais complexa, no momento em que sua fórmula se rompia. Esse encontro é mais interessante do que o de Burke. Godwin, que fui obrigado a omitir, foi um dos primeiros mensageiros dessa fórmula, e afirmava que pela explanação paciente e a investigação racional poderiam ser reveladas as causas do vício e da injustiça, possibilitando sua reforma por meio da mudança das instituições. O que Godwin e os outros tiveram então de enfrentar foi a negação de sua posição pelo poder autoritário brutal – a resposta não de um discurso racional, como assumido por eles, mas da perseguição, do aprisionamento e da deportação. *Caleb Williams* ou, como prefiro chamá-lo, *Things as They Are* [As coisas como elas são], foi escrito sob a pressão dessa experiência. O exercício do máximo poder estatal contra essa versão do racionalismo forçou uma reconsideração das consequências dessa fórmula. *Things as They Are* busca, desde o início, ilustrar o argumento original e então, por todo o resto do livro, é levado a contestá-lo e negá-lo. Esse tensionamento de uma posição ao seu limite, sem o abandono da intenção que a sustenta, é notavelmente o tipo de pensamento político que eu evocava como uma alternativa à aplicação das doutrinas herdadas. O retrabalhar da fórmula pela experiência, tanto no sentido pessoal quanto no sentido social mais imediato do que estava de fato acontecendo na Inglaterra. Esse é um exemplo muito mais impressionante do que Burke.

E quanto a Arnold?

Eu pensei ter sido, naquele tempo, bastante duro e divergente para com Arnold. Na disciplina à qual eu pertencia, foi recebido como um choque eu ter feito uma crítica mais séria a Arnold. O que então eu diria sobre ele agora! Ver Arnold reagir a um distúrbio bastante trivial no Hyde Park, causado pela estupidez oficial durante a campanha pelo sufrágio em 1866, com a construção de uma teoria da anarquia, que foi posteriormente respeitada como o mais alto grau do pensamento chamado literário ou cultural – eu teria de ser selvagem hoje, nada menos do que isso bastaria. Enquanto isso, o pobre Mill foi pego do outro lado do argumento, tentando persuadir os envolvidos no movimento pela reforma a não mais se encontrarem no parque, a irem a um salão onde não seriam incomodados. Um instinto bastante decente, mas evidentemente o correto a fazer era voltar ao parque.

Há outro pensador sobre o qual você parece ter mudado de ideia de modo bastante drástico: Lawrence. Você comentou em outro momento que, quando tratou do século XIX, estava fazendo o que equivalia a uma pesquisa histórica, no sentido de revelar muitos personagens que eram desconhecidos por você e completamente desconhecidos por seus leitores. Logo, não se poderia esperar que você realizasse uma cobertura completa do campo. Isso parece correto: você estava, com efeito, escrevendo um novo tipo de livro, que não era crítica literária e não era uma história tradicional das ideias. Mas você disse que, quando tratou do século XX, conhecia os pensadores muito melhor em todos os aspectos, e que o seu julgamento político foi mais confiante e menos sujeito a revisões. Supõe-se que você conhecia a obra de Lawrence muito bem naquele momento. Contudo, sua narrativa sobre ele é bastante diferente dos seus comentários posteriores. Ao citar o dictum de Lawrence de que "nenhum homem deve tentar determinar a existência de qualquer outro homem, ou de qualquer outra mulher", você o qualifica como uma "declaração de fé na democracia" – embora uma declaração que fosse "algo diverso da democracia de, digamos, um utilitarista".[24] Você prossegue afirmando que, até onde o Estado estivesse em questão, Lawrence "está bastante próximo ao socialismo de um homem como Morris, e há pouca dúvida de que ele e Morris teriam sentido o mesmo com relação a muito daquilo que, posteriormente, passou por socialismo".[25] Por fim, discutindo as ideias de Lawrence sobre a igualdade e a desigualdade, com sua ênfase nas relações e na aceitação da alteridade entre as pessoas, você afirma categoricamente: "Isso me parece o melhor já escrito sobre igualdade em nossa época".[26] Contudo, em O campo e a cidade, você escreve sobre Lawrence: "É característico e significativo que alinhou as ideias sobre a independência e a renovação humana com uma oposição à democracia, à educação e ao movimento trabalhista".[27] O que fez você mudar de opinião?

O erro de Lawrence foi partir da noção de seres que não vivenciaram uma determinação antes de se relacionarem. Em um plano teórico, é impossível pensar de uma forma significativa sobre os relacionamentos, o que, afinal, ele estava tentando fazer com fervor por todo o tempo e que, em tantos níveis de recriação imaginativa, teve sucesso em fazê--lo a partir dessa premissa. Colocar as questões dessa forma é repetir a abstração clássica dos indivíduos no pensamento burguês tradicional, com suas formulações subsequentes e separadas das relações sociais. Eu deveria saber disso, pois foi o que Ibsen, afinal, mostrou, mesmo que de forma trágica: quando você percebe a si mesmo, você já é um ser deter-minado. As determinações de Ibsen são extremamente negativas. Seus

---

24 Ibid., p.208.
25 Ibid., p.209.
26 Ibid., p.210.
27 Williams, *The Country and The City*, p. 271.

personagens são determinados no sentido mais forte e destrutivo. Mas não há a temática, em sua obra, de indivíduos isolados encontrando-se e entrando em determinação: uma ideia tão artificial quanto a construção de um sistema comercial a partir de duas pessoas em uma ilha. O fato é que a determinação dos seres é um processo social que Lawrence deliberadamente não entenderia nas tensões de sua própria fuga. Eu endureci muito com Lawrence com o passar dos anos. O clímax disso foi quando Joy e eu editamos juntos uma coleção dos textos de Lawrence sobre educação, quando tivemos de ler tudo o que ele escreveu sobre o assunto. Nessa época, fiquei tão hostil que não queria tomar qualquer parte na circulação do material. Aquilo foi bastante exagerado. Mas uma vez selecionado tudo o que é tão interessante em Lawrence, que é aquele seu outro tipo de escrita, suas teorias eram tão marcadas pela ausência de mediação com textos políticos, sociais e educacionais que provocaram uma repulsa. Ainda não creio que se tratava de fascismo. Em certo sentido, tratava-se do mais generoso tipo de liberalismo burguês naquele momento, mas a obra não poderia jamais constituir seu próprio campo porque se iniciava em um estágio muito avançado do processo.

As opiniões de Lawrence sobre homens e mulheres não contradizem qualquer descrição desse tipo? Mill seria um exemplo do liberalismo burguês em sua melhor forma. Seu ensaio sobre as mulheres continua a ser um documento comovente e contemporâneo. Sejam quais forem os outros méritos de Lawrence, seus textos sobre sexualidade dificilmente são muito avançados.

Eu me referia à ideia de que ninguém deveria determinar a existência de qualquer outro, não por todo o espectro das posições de Lawrence, porque ele foi uma pessoa profundamente contraditória, que com frequência não conseguia nem mesmo perceber a sua situação pessoal imediata. Certa ocasião, ele fulminava contra o divórcio, quando alguém simplesmente disse a ele: "Lawrence, você está casado com uma mulher divorciada, está falando com outra mulher divorciada, e morando na casa de uma outra". Sua resposta foi: "Meu Deus, é verdade!". Apesar de desagradável, essa era uma resposta plausível e corrente. Ele ficou completamente envergonhado e surpreso por não ter conectado a sua situação mais imediata à sua opinião. Há pessoas que dizem: "Bem, devemos desconsiderar as suas opiniões". Mas elas foram bastante influentes. Se havia uma pessoa que todos queriam ser após a guerra, ao ponto da caricatura, essa pessoa foi Lawrence.

Dentre seus romances, *Mulheres apaixonadas* representa o modo ficcional de caracterização que corresponde à noção do ser. Iniciamos a narrativa com quatro pessoas liberadas de qualquer determinação, e então testemunhamos a mais intensa exploração dos relacionamentos, positiva e negativa, criativa e destrutiva. É uma obra bastante poderosa, mas para mim trata-se de um momento de absoluta degeneração do romance como forma. Isso porque, naquele momento, surge um romance burguês em certo sentido muito mais estrito do que o que é chamado de ficção burguesa do século XIX – que, afinal, ainda apresenta a mistura de perspectivas, e mantém-se muito mais interessado com os processos sociais de produção, incluindo a produção de pessoas e de relacionamentos. *Mulheres apaixonadas* adquire uma força notável por ser ostensivamente a continuação de *O arco-íris*, um romance escrito precisamente de dentro do processo de produção histórica de tipos diferentes de relacionamento e de personagem. O contraste entre os dois livros é bastante acentuado, porque os personagens são, nominalmente, as mesmas pessoas, mas, de fato, não o são. O único Lawrence que leio hoje é o Lawrence tardio, as versões de *Lady Chatterley* e os textos autobiográficos que escreveu antes de morrer. São as poderosas incertezas nesses textos que são tão impressionantes.

Em sua introdução a Marxismo e literatura, *você insinua a necessidade de uma reavaliação de Christopher Caudwell, um processo ao qual Edward Thompson recentemente contribuiu no* Socialist Register. *Você escreveu, então, em uma frase famosa, que ele "não foi específico o suficiente para estar errado".[28] O que você pensa sobre Caudwell hoje?*

Rejeito *Illusion and Reality* de forma tão imperiosa em *Cultura e sociedade* porque tomei o livro nos termos em que ele foi apresentado. *Illusion and Reality* parecia o livro que a esquerda queria – um escopo suficiente, uma posição teórica e um tipo de classificação. Vocês devem se lembrar de que eu era então um crítico bastante afiado e o livro provocou aquela resposta profissional de minha parte. Penso que, como um empreendimento, ele estava fadado ao fracasso, mas também que ele deve ter sido escrito sob condições intoleráveis. Mesmo que a história não estenda esse tipo de caridade ao que as pessoas produzem, eu deveria ter percebido que as pressões que ele enfrentava eram maiores que as minhas.

---

28 Williams, *Culture and Society*, p.268.

Eu me tornei novamente consciente de Caudwell quando escrevi a primeira parte de *The Long Revolution*, sobre o processo criativo. Esse também foi um dos interesses de Caudwell, o que me capacitou a entender melhor o seu projeto. Eu diria hoje que as partes interessantes da obra de Caudwell são, para mim, *Studies in a Dying Culture* [Estudos de uma cultura agonizante] e *Further Studies* [Outro estudos], embora sejam muito instáveis. A debilidade mais evidente nesses estudos é seu fracasso em separar a noção genérica do que é explorado e alienado na sociedade atual das projeções simplificadas de um homem futuro. Ele realizou o mais sério esforço para pensar sobre o homem futuro. Creio que não teve sucesso porque, de certa forma, quem poderia tê-lo? Em particular, seu movimento de retorno a conceitos antropológicos e psicanalíticos, como o genótipo, estava errado. Mas posso ver agora o que ele estava tentando fazer. Hoje posso ler com ele, enquanto em *Cultura e sociedade* eu estava apenas lendo contra ele.

O outro pensador sobre o qual nos perguntamos se você ainda analisaria do mesmo modo é Morris. Sua narrativa de Morris é bastante positiva. Mas percebemos que não há uma ruptura na textura de sua atitude ou do tratamento dispensado a ele dentro da organização do livro. Isso possui o efeito sutil de reassimilar e neutralizar Morris, que é prensado entre Ruskin e Mallock, como se você estivesse apenas avançando de um autor a outro que lhe seja equivalente. Enquanto o que Morris realmente representa é a primeira ocasião em que toda essa tradição se conecta, de forma central, à classe trabalhadora organizada e à causa do socialismo. Isso deveria ter alterado a forma como você o apresenta. Houve, obviamente, argumentos posteriores relevantes, e ele não proferiu a última palavra em várias questões críticas. Mas ele ocupa indiscutivelmente uma posição especial, que o livro não mostra ao leitor.

No que tange à posição que ele ocupa, concordo plenamente com a descrição que vocês acabam de fazer. Morris representa o momento clássico da transvaloração da tradição. Contudo, há aqui um problema específico. Morris é um personagem razoavelmente isolado, se não for tão completamente isolado quanto tem sido frequentemente afirmado. A organização do livro seria bastante diferente se houvesse uma linha alternativa de desenvolvimento a partir dele. Mas isso não aconteceu. A confluência a que ele chegou teria provavelmente sido muito mais produtiva do que foi. É bastante importante investigar por que isso não ocorreu. Por outro lado, ao ler a defesa bastante vivaz de Morris no pós-escrito de Edward

Thompson à nova edição de seu livro sobre ele, não creio que eu tenha uma visão hoje diametralmente oposta à que Morris atingiu em sua obra, em distinção à confluência crucial que ele representou e o incentivo que ele ainda representa para esse tipo de junção. Estou tentando escrever no momento sobre a introdução da ruptura e da descontinuidade histórica nas formas ficcionais. Isso envolve a consideração da posição dos romances utópicos. Logo, vou revisitar Morris e Wells nesses termos, bem como as tentativas posteriores na ficção científica. Gostaria de poder revisar, embora não creia que eu venha a fazê-lo, meu julgamento sobre a qualidade do que se segue à percepção da descontinuidade. O que a representação da descontinuidade tipicamente produz é uma ideia de simplicidade social que é insustentável. O grau a que a ideia de socialismo é conectada à de simplicidade é contraprodutivo. Parece-me que a ruptura em direção ao socialismo pode apenas ser uma ruptura em direção a complexidades inimaginavelmente mais complicadas.

Há, contudo, outra dimensão de Morris além de Notícias de lugar nenhum *e* A Dream of John Ball *[Um sonho de John Ball]. Você mesmo citou uma passagem da qual Edward Thompson recordava-se com frequência quando, em um instante extraordinário de imaginação histórica, Morris concebeu algo que viria a ser muito parecido com a Inglaterra paralisada da política Tory da década de 1950 – na qual os trabalhadores seriam "mais bem tratados, mais bem organizados e participariam do governo, mas sem mais a pretensão de igualdade com os ricos, ou sem nenhuma pretensão superior à que hoje possuem". Você comentou: "Essa percepção do que talvez seja o curso real dos eventos desde sua morte é uma medida da qualidade de Morris como um pensador político".[29] Esse deve ser um dos poucos momentos no livro em que você cumprimenta alguém pela qualidade de seu pensamento político, em oposição ao pensamento social ou cultural. Mas, então, você freia o efeito dessa afirmação dizendo: "Contudo, isso não foi mais do que uma aplicação, sob novas circunstâncias, do tipo de avaliação que o pensamento do século sobre os significados de cultura disponibilizou".[30] Com esses termos abstratos – século e cultura – Morris é reintegrado. A sugestão desses termos é que qualquer um que tivesse absorvido a tradição poderia ter realizado essas predições. Contudo, para fazê-lo, Morris teve de cruzar uma divisão de classes.*

---

29 Ibid., p.161.
30 Ibid.

A segunda frase é, claramente, falsa. Não se tratou de uma aplicação a novas circunstâncias. Contudo, penso que Morris se beneficiou da distinção de Ruskin entre uma alteração das relações e uma alteração das condições. O sentido havia sido fornecido, mas Morris usou-o como uma ruptura política. Vocês estão corretos aqui.

Ao tratar de Ruskin, há outro silêncio curioso em Cultura e sociedade. *Trata-se da relativa ausência de uma atenção à religião. Pois se passarmos o nosso olhar pelos pensadores presentes no livro, notamos imediatamente o quão central foi a religião para o desenvolvimento dessa tradição. Se você lhes tivesse perguntado quais eram as suas ideias principais em seu próprio tempo, provavelmente a maioria deles – Burke, Southey, Coleridge, Kingsley, Arnold, Ruskin, Hulme, Eliot, Tawney – teria respondido com uma definição centralmente religiosa. Não se tratava apenas de um fenômeno acidental e extrínseco. Os temas cristãos, seja em sua forma anglicana, dissidentes, evangélica ou católica, todo o escopo de possibilidades das versões protestantes e não protestantes, forneceram um dos principais repertórios ideológicos a partir dos quais o capitalismo industrial poderia ser, e de fato foi, criticado. Isso é também bastante evidente na tradição continental. No caso da sociologia, como você provavelmente sabe, houve uma tentativa, por parte de Comte, que acreditava que o cristianismo era inadequado, de criação de uma nova religião com as mesmas finalidades. Você acredita que referências à religião desorganizariam o livro?*

Creio que tenha sido muito mais um caso de surdez. Sua crítica é perfeitamente justa, é óbvio que a religião foi uma questão central. Penso que presumi inconscientemente uma característica da tradição marxista criticada com eficácia por Christopher Hill, que se termos religiosos surgissem no discurso, seriam uma transposição de termos sociais. Não os analisei em sua essência. Isso explica, incidentemente, a omissão, no livro, de pessoas como Mark Rutherford, que deveriam estar lá. Um fenômeno posterior que não enfatizei o bastante foi o papel central desempenhado pela ideia do valor literário em substituição aos valores religiosos e éticos – um movimento bastante consciente em Arnold, como podemos ver se compararmos *Cultura e anarquia* com *Literatura e dogma*, e que tem tido consequências extraordinárias no século XX. Mas tratar de toda a questão das variedades do pensamento social e sua relação com a experiência religiosa produziria outro livro bastante diferente. Eu jamais poderia ter escrito sobre isso de modo empático, como Basil Willey o faz, porque não me sentiria engajado o suficiente ao tema.

A mudança pública de perspectiva que você fez de Cultura e sociedade até agora ocorre no pós-escrito à reimpressão de 1970. Lá, você cita um uso premonitório da palavra "cultura" por Milton, em seu último e comovente panfleto de 1660, escrito quando a Restauração se aproximava. Você diz que considerava o pensamento social da República de Cromwell como uma fonte principal da tradição posterior e que também representou, obviamente, um ciclo revolucionário da história inglesa que muito do pensamento vitoriano estava determinado a apagar da memória nacional. Parte do interesse de Green, e que o coloca distante da maioria dos personagens que você discute em Cultura e sociedade, é que para ele a história inglesa moderna deveria ser entendida, essencialmente, da perspectiva da revolução de 1640. Quando você escreveu Cultura e sociedade, essa não foi uma perspectiva que você tomou. Poderíamos dizer que você sentiu uma descontinuidade tão profunda entre os debates do século XVII e os do final dos séculos XVIII e XIX que a experiência anterior da Revolução Inglesa pareceu pertencer a um mundo completamente diferente?

Sim, creio que minha percepção histórica estava concentrada na forma da Revolução Industrial, de um modo que dificultou a visualização das conexões reais com a Guerra Civil. Um bom exemplo é o modo como percebi, após escrever o capítulo de *The Long Revolution* intitulado "O crescimento da imprensa popular", que eu havia omitido o surgimento dos panfletos e jornais puritanos durante a Guerra Civil, e então trouxe ao meu texto. Suspeito que há, de fato, continuidades subterrâneas bastante profundas do período da derrota, no século XVII, até a reemergência do radicalismo nas décadas de 1770 e 1780. Isso é o que, espero, pessoas estejam cada vez mais aptas a demonstrar. Mas há grandes dificuldades para estabelecer essas conexões, menos nas relações históricas e políticas do que no pensamento literário e cultural, onde elas parecem tomar a forma de certos tipos de imagem ou visões religiosas com um conteúdo social bastante intenso. A cultura articulada da classe dominante, obviamente, impôs sua própria descontinuidade com suas interpretações falsas do século XVII.

Um momento óbvio da conexão negativa é que a mais poderosa imagem isolada da sociedade, contra a qual toda a sua tradição estava, em certo sentido, argumentando, foi um produto da época da Guerra Civil, o Leviatã. A filosofia das manufaturas, *no século XIX, descende do universo de Hobbes.*

Sim. Lamento não ter escrito, ou talvez não ter ainda escrito, as palestras que proferi, logo após ter chegado a Cambridge, sobre Hobbes e os dramaturgos jacobinos, que foram fisicamente contemporâneos, embora sejam historicamente situados, de modo usual, em pontos tão diversos, e então as palestras sobre Hobbes e o teatro da restauração. A qualidade das obras do século XVII é tal que não quis me aventurar nelas até que eu estivesse certo do que fazia. Mas aquela revisão pós-escrita da perspectiva é correta, particularmente na medida em que recompomos as relações sociais e políticas para o nosso entendimento da tradição.

Como você foi afetado pela recepção de Cultura e sociedade? *Quais foram os efeitos de seu sucesso nas condições de sua prática como escritor?*

A editora que aceitou o manuscrito, devido nitidamente a *Drama from Ibsen to Eliot* – que havia conquistado uma estima acadêmica modesta – disse-me que este era um tipo de livro que ela gostaria de ter na sua lista, um trabalho bastante respeitável, mas que com certeza bem poucas pessoas gostariam de ler. E acrescentou: "Tenho outro livro intitulado *Os usos da cultura*, sobre o qual eu diria o mesmo". Logo, a grande atenção que o livro teve foi bastante inesperada. O livro foi lido e discutido, e pareceu tanto iniciar quanto confirmar a tendência em direção a um novo tipo de debate. Em particular, uma geração mais jovem de leitores aparentou entendê-lo muito bem. Por outro lado, ele não foi, de forma alguma, bem recebido por todos. As citações usadas para vender o livro hoje não dão uma ideia da quantidade de reações negativas que ele recebeu. Um exemplo foi a crítica bastante hostil de um editor literário do *Guardian*, Anthony Hartley. O setor da opinião liberal de direita ficou bastante alarmado com o livro, visto por seus membros como uma nova tentativa de reassociação da cultura ao pensamento social, que pensavam ter desaparecido depois da década de 1930.

O efeito mais imediato que tive foi a remoção de algumas pressões e o surgimento de outras. O sucesso do livro deu fim à frustração de escrever tanto material não publicado. Após *Cultura e sociedade*, foi muito mais fácil publicar o que eu fazia. Também consegui algum dinheiro, que trouxe uma diferença material substancial para nós, uma vez que naquele momento tínhamos uma família de tamanho razoável. Foi bastante difícil continuar a escrever obras de um tipo sendo que mais da metade não havia sido publicada, em condições nas quais outros tipos de texto que eu poderia ter escrito, escrita comercial, teriam aliviado a situação. Pela primeira vez desde o final da guerra, não tivemos de viver sob a pressão de uma extrema escassez monetária. A nova pressão foi a de, daquele momento em diante, trabalhar em um domínio muito mais público. De repente, pessoas diziam, "por que você não escreve sobre este ou aquele tópico?". Foi mais fácil publicar o que eu estava escrevendo, mas havia agora muitos convites para escrever coisas que eu não queria escrever. É fácil conviver com isso. Muito mais difícil é lidar com o projeto que não se importaria em fazer, algo perfeitamente interessante em si, mas que não era necessariamente o próximo passo que gostaria de tomar. A questão das prioridades mostrou-se bastante difícil. Levou algum tempo para que eu pudesse lidar com essa situação.

THE LONG REVOLUTION

Poderíamos perguntar sobre a conexão entre Cultura e sociedade *e* The Long Revolution *[A longa revolução]? Como o segundo livro foi concebido?*

Meu primeiro título para o livro foi *Ensaios e princípios na teoria da cultura.* Os princípios seriam uma declaração da primazia da produção cultural – o significado do processo cultural em que pensei durante todo o processo no qual escrevi sobre outras pessoas em *Cultura e sociedade.* Essa narrativa tornou-se a primeira parte de *The Long Revolution.* Os ensaios eram tópicos que eu havia lecionado, ou lecionaria, em classes para adultos – o público leitor, a história social dos escritores, a imprensa e as formas dramáticas. Eles se tornaram a Parte Dois do livro. Dessa maneira, o projeto inicial era de um livro que teria esses capítulos teóricos acrescidos de capítulos sobre a história das instituições e formações específicas. Foi em resposta à situação bastante nova dos anos de 1957-59, incluindo, até certo ponto, a própria discussão de *Cultura e sociedade,* que concebi a ideia de escrever uma terceira seção, "A Grã-Bretanha nos anos 1960". Queria desenvolver uma posição brevemente traçada na conclusão de *Cultura e sociedade,* por meio de uma análise geral da cultura e da sociedade contemporâneas, uma ampla estrutura de sentimento da sociedade na medida em que ela se intercruzava com os desenvolvimentos institucionais. A obra foi um projeto muito mais desenvolvido que *Cultura e sociedade* que, obviamente, parece hoje o livro mais unificado. O interesse estava na confluência de certos impulsos e na tentativa de retê-los em algum tipo de forma, que enfim foi encontrada no curso da pesquisa.

Já que estamos nesse assunto, estaríamos certos em lembrar que The Long Revolution *teve uma recepção muito mais hostil pela imprensa?*

O grau de hostilidade foi inesquecível. Houve um ataque em grande escala do tipo mais áspero por parte de alguns órgãos centrais. O *TSL* foi particularmente violento e *ad hominem*. Mas a reação foi bastante geral. Não creio ter pensado, quando o livro foi publicado, que alguém o tivesse realmente entendido. *Cultura e sociedade* adquiriu rapidamente a reputação de ser um tipo de livro meritório e honroso, ao passo que *The Long Revolution* foi considerado escandaloso. Uma reclamação comum era a de que eu havia sido corrompido pela sociologia, que eu havia aderido à teoria. O fato é que esse livro foi percebido como muito mais perigoso. Foi exatamente nesse momento que retornei a Cambridge. O espírito da experiência foi novamente como o de 1939-41: houve a vivência de um conflito muito duro e amargo.

A situação política, obviamente, havia se alterado muito rapidamente entre 1938 e 1961. The Long Revolution *apareceu em 1961, durante o pico da campanha extremamente violenta da imprensa contra a Campanha pelo Desarmamento Nuclear (CND) no Partido Trabalhista, e Gaitskell prometia uma luta total contra ela. Havia um receio repentino da esquerda que não existira poucos anos antes na arena política nacional.*

Isso afetou, obviamente, a recepção do livro. É um incidente irônico que a crítica bem-vinda ao livro tenha sido escrita por Crossman, dentre todos. Ele não compreendeu quase nada – de fato, não sei quanto do livro ele leu. Pouco depois, participei de um debate público sobre a imprensa, um dos tópicos centrais do livro, com Crossman, em que ele estava radicalmente do outro lado: ele até se recusou a acreditar que era eu a pessoa que havia escrito o livro, quando alguém lhe disse isso.

O que você sentiu ao ler o longo ensaio sobre o livro escrito por Edward Thompson, que apareceu na New Left Review *naquele momento? Foi aquela a primeira crítica mais elaborada que você recebeu da esquerda?*

Penso que provavelmente foi – de qualquer forma, está impresso. A natureza da cultura naquele momento era tal que os argumentos e debates ferozes ocorreram por todo o tempo informalmente. Uma das dificuldades que tive para focar a crítica de Edward, como eu lhe disse, foi que naquele momento eu estava sob um intenso ataque da direita: foi extremamente difícil saber em qual direção olhar. O assalto da direita foi tão forte que senti, em alguns momentos críticos, uma inabilidade da esquerda para sustentar diferenças teóricas e apresentar uma frente comum. Não estou me referindo ao argumento central do artigo de Edward, mas a certos apartes e tons. Foi um período no qual a esquerda em geral teve dificuldade em frear uma crítica frustrada, algo distinto da expressão das diferenças teóricas cuja finalidade fosse o esclarecimento mútuo para seguirmos adiante. Edward disse algumas coisas necessárias e corretas. Um tema central do seu ensaio foi a contraposição de ideias sobre a sociedade (e então a cultura?) como um modo de vida e um modo de luta. Isso apontava para um problema bastante crucial que, na realidade, não havia ainda desaparecido de sua própria obra e, certamente, não havia desaparecido da minha. Mas o ambiente do momento era tal que facilitava escorregarmos muito rapidamente em algo que, certamente naquela crítica, viraria um ponto polêmico menos substancial.

O que quero dizer é o seguinte: se alguém definisse a cultura como todo um modo de vida e excluísse a luta, isso deveria nitidamente ser enfrentado com a oposição e a correção mais agudas. Por outro lado, pareceu-me que havia alguma opacidade entre dois tipos de formulação que eram, de fato, usados quase de forma intercambiável pela esquerda: conflito de classes e luta de classes. Não há dúvida de que o conflito de classes é inevitável dentro da ordem social capitalista. Há um conflito de interesses absoluto e impassível em torno do qual toda a ordem social é construída e que ele, de uma forma ou de outra, necessariamente reproduz. O termo luta de classes se refere, propriamente, ao momento em que esse conflito estrutural torna-se uma disputa consciente e mútua, um engajamento visível das forças. Qualquer discurso socialista sobre cultura deve incluir o conflito como uma condição estrutural, como todo um modo de vida. Sem *isso*, ele estaria errado. Mas se definirmos todo o processo histórico como luta, então devemos salientar ou aludir a todos os períodos em que o conflito é mediado por outras formas, quando há resoluções provisórias ou composições temporárias. Eu estava, afinal, particularmente consciente disso, uma vez que os anos 1950 na Inglaterra foram precisamente o período – todo o argumento político era sobre isso – de uma notável diminuição da luta de classes em uma situação na qual havia, de qualquer forma, conflito de classes. A não ser que pudéssemos fazer essa distinção, correríamos o perigo de cair na retórica de "um modo abrangente de luta", peculiarmente inadequada para um momento em que o conflito era permanentemente expresso em termos que não eram os de luta. Intuí no ensaio de Edward um forte sentimento pelos períodos históricos de luta, o que era bastante compreensível. Contudo, na medida em que esse sentimento ganhava forma, mostrava-se particularmente inadequado para lidar com a década destituída de heroísmo pela qual passávamos. Pois os anos 1950, apesar da renovação de uma esquerda significativa e mais jovem, foram um período bastante estável, que parecia ter neutralizado e incorporado muitas das várias instituições de luta às quais o apelo estava sendo feito. Mas, ao mesmo tempo, eu podia ver um perigo no meu próprio lado. Pois há elementos em qualquer processo cultural que tendem a criar vínculos entre as classes que não são meramente relações antagônicas. Quase por definição, algumas instituições culturais envolvem relações positivas, independentemente de sua tensão, entre as classes. Nesses casos, conflitos emergem como argumentos sobre o âmbito das instituições, sobre a natureza de seu conteúdo ou de seu currículo, e assim por diante. Sempre foi possível, ao estudarmos esses elementos no processo cultural, que nosso sentido de luta diminuísse ao ponto de perdermos de vista os embates reais entre as classes sociais. Uma das áreas em que isso de fato aconteceu foi em minha pesquisa sobre a história da imprensa popular no século XIX. Foi precisamente Edward quem me ajudou a ver que a imprensa popular até o final da década de 1840 foi uma imprensa da luta, o que eu não havia registrado de maneira adequada. Mas, infelizmente, a imprensa popular após a década de 1840 o deixou de ser, e me pareceu que a retórica do modo de luta, em oposição ao modo de vida, poderia dificultar nosso entendimento do desenvolvimento posterior – o que eu poderia definir agora como incorporação.

Se procurarmos a premissa mais fundamental em The Long Revolution, *talvez devamos começar pela definição inicial do próprio título. No início do livro, você parte de três processos – a revolução democrática, a revolução industrial e a revolução cultural – que juntos compõem uma única longa revolução. O problema aqui colocado para uma posição marxista tradicional pode ser visto com bastante nitidez se olharmos para o que você diz sobre as inter-relações entre as práticas envolvidas e esses três processos. Quase no final da primeira parte, você diz: "A verdade sobre uma sociedade deve ser encontrada, aparentemente, nas relações reais, sempre excepcionalmente complicadas, entre o sistema de decisão, o sistema de comunicação e aprendizado, o sistema de*

THE LONG REVOLUTION 131

manutenção e o sistema de reprodução e criação. Não se trata de procurar por uma fórmula absoluta, pela qual a estrutura dessas relações poderia ser invariavelmente determinada. A fórmula que nos interessa é a que, em primeiro lugar, estabelece as conexões essenciais entre o que jamais são sistemas separados e, em segundo lugar, mostra a variabilidade histórica de cada um desses sistemas e, dessa forma, das organizações reais dentro das quais eles operam e são vivenciados".[1] A ênfase central aqui está na impossibilidade de separar esses sistemas. Uma segunda afirmação significativa ocorre no curso da discussão sobre a questão das relações entre arte e sociedade como convencionalmente definidas. Você escreve: "Se a arte é parte da sociedade, não há um todo sólido fora dela ao qual, pela lógica de nossa formulação, concederíamos prioridade. A arte está lá, como uma atividade, ao lado da produção, do comércio, da política, do crescimento de uma família. Para estudarmos as relações de forma adequada, devemos estudá-las de modo ativo, percebendo todas as atividades como formas particulares e contemporâneas de energia humana. [...] Não se trata, então, da relação entre arte e sociedade, mas do estudo de todas as atividades e de suas inter-relações, sem qualquer concessão de prioridade a qualquer uma delas que venhamos a escolher de modo abstrato".[2] Aqui, você associa a ideia da abstração de sistemas à de imputar prioridade a qualquer um deles, rejeitando ambos os procedimentos. A conclusão lógica chega de forma mais clara nas primeiras páginas da obra que você escreveu logo em seguida, Communications [Comunicações], onde você declara: "Estamos acostumados a descrições de nossa vida comum em termos políticos e econômicos. Como uma questão de experiência, a ênfase nas comunicações afirma que os homens e as sociedades não estão confinados a relações de poder, de propriedade e de produção. Seus relacionamentos na descrição, no aprendizado, na persuasão e na troca de experiências são concebidos como igualmente fundamentais".[3]

Essas passagens aparecem em contradição frontal com o princípio central do materialismo histórico: a primazia, ou determinação, em última instância, do econômico dentro da totalidade social. Seus argumentos para rejeitá-lo parecem percorrer dois caminhos. Em primeiro lugar, você sustenta que as várias atividades de uma sociedade são tão intimamente tecidas que não são jamais

---

1 *The Long Revolution*, p.36.
2 Ibid., p.61-62.
3 *Communications*, p.18.

separáveis na realidade. Em segundo lugar, você argumenta que, uma vez que elas são simultâneas em nossa experiência, devem ser equivalentes em sua significância na forma geral da sociedade. Mas no período compreendido entre The Long Revolution *e* Marxismo e literatura, *seu pensamento claramente passou por mudanças e evoluções bastante relevantes em toda uma gama de tópicos – culturais, políticos e teóricos. Em seus dois livros mais recentes,* Palavras-chave *e* Marxismo e literatura, *você diz que está produzindo a partir de uma posição geral do materialismo histórico. O que gostaríamos de perguntar é se as formulações em* The Long Revolution *e em* Communications, *que acabamos de citar, ainda representam a sua posição sobre a natureza da totalidade social hoje.*

Tentarei responder da seguinte forma: há duas qualificações centrais que eu gostaria de fazer em relação àquelas definições iniciais. Em primeiro lugar, é visível que em certos períodos possa existir uma disparidade, de um tipo bastante marcado, entre os diversos sistemas de uma sociedade – a importância relativa de tipos diferentes de produção e de processo social pode ser bastante desigual. Isso limita necessariamente a ideia de paridade das estruturas. Em segundo lugar, é óbvio que há também um desnivelamento temporal na formação e evolução dessas estruturas. Sempre estive ciente desse problema, como pode ser verificado em tantas das minhas análises específicas, embora eu não tenha sido capaz de negociá-lo teoricamente naquele momento. Meu vocabulário atual dos padrões dominantes, residuais e emergentes dentro de qualquer cultura dada tem a intenção de indicar precisamente o fenômeno dessa discrepância histórica. Assim, no que tange a esses assuntos, houve uma mudança bastante significativa em meu modo de pensar.

Por outro lado, mantenho a tese a que vocês chamam de inseparabilidade das estruturas – as relações inextricáveis entre política, arte, economia e organização familiar. A forma como a colocaria hoje é que esses são elementos indissolúveis de um processo sociomaterial contínuo. Mas posso ver que, naquelas definições iniciais, meu apelo à experiência para fundar essa unidade foi problemático. O que de fato eu dizia era que sabemos ser assim em nossas próprias vidas; logo, podemos tomar isso como uma premissa teórica. A dificuldade desse argumento, contudo, é que em certas épocas é precisamente a experiência em sua forma mais fraca que aparece para bloquear qualquer realização da unidade do processo, ocultando as conexões entre as diversas estruturas. Isso sem falar das relações não percebidas de dominação e de subordinação, de disparidade e de desnivelamento, do residual e do emergente, que cedem a sua natureza particular a essas conexões. De fato, poderia ser dito que o meu próprio tempo foi essa época, e que o projeto dos meus livros foi precisamente forçar, contra as conclusões da experiência em seu sentido alusivo mais simples, uma consciência renovada da indissolubilidade de todo o processo sociomaterial. Não me parecia possível reavivar esse sentido de conexão total por meio das estratégias que eu havia previamente testemunhado. Em suma, elas procuravam mostrar, em casos particulares, o quão determinante havia sido a prática econômico-política sobre todo o resto da vida real. Essas estratégias envolveram, de forma própria, uma seletividade extrema nessa demonstração de consequências específicas e uma exclusão de outros tipos de atividades que não possuíam a marca de qualquer relação tão direta. Acima de tudo, a extração de uma área de ênfase dentro da sociedade, a abstração do modo capitalista de produção como tal, tendeu a levar, pela repetição, a uma substituição dos termos de substância pelos termos de análise. Se a ideia de um processo sociomaterial indissolúvel fosse aceita com seriedade, a prioridade analítica de uma extração particular da sociedade não seria concebível. Pois essa extração permitiria a visualização de certas conexões causais, mas não permitiria a visualização de outras. Uma vez que a maioria dessas técnicas foi elaborada historicamente, ao chegarmos à sociedade contemporânea a análise se mostraria relativamente entorpecida. Ela simplesmente iniciaria por um setor e assimilaria os outros a ele.

Paradoxalmente, penso que nesses livros iniciais eu tive a tendência de contrapor a ideia de processo cultural, que me parecia tão extraordinariamente preterida, ao que tomei como um processo econômico e político previamente enfatizado e adequadamente exposto. O resultado foi que acabei por abstrair minha área de ênfase de todo o processo histórico. No esforço por estabelecer a produção cultural como uma atividade primária, penso que às vezes passei a impressão, sobretudo dada a ambiguidade de meu uso de "experiência", de que eu estava negando totalmente as determinações, embora meus estudos empíricos dificilmente sugiram isso. Levou muito tempo para que eu desse o passo crucial para a formulação da ideia de produção cultural como material em si, algo que estava implícito em muito de meu trabalho empírico, mas que seria mais bem entendido se tivesse sido explicitado. Porque, uma vez que a produção cultural seja vista como social e material, então a indissolubilidade do processo social total ganha uma base teórica diferente. Ela não é mais baseada na experiência, mas na característica comum dos processos respectivos de produção. Contudo, naquele tempo, meu esforço para reafirmar o que havia sido uma área radicalmente negligenciada da prática cultural foi visto, tanto pelos que me apoiavam (cujo apoio eu não queria) quanto pelos que se opunham a mim (o que era muito fácil fazer), como um apelo pela sua primazia sobre todos os outros processos. Então, a organização do livro poderia ser vista sob essa ótica, uma vez que continha uma história prolongada de várias instituições culturais, mas não possuía nenhuma referência a outros tipos de prática que criaram instituições bastante diversas, e que eram inseparáveis daquelas. Em outras palavras, meu livro ficou sujeito a algumas das mesmas críticas que fiz a outros, a saber, a de que ele era uma abordagem a partir de uma definição setorial.

Esse é um esclarecimento útil de alguns dos problemas colocados por suas formulações iniciais. Mas restam ainda várias outras objeções que podem ocorrer a qualquer pessoa com uma formação marxista mais clássica. Uma delas poderia ser feita com a citação de um comentário feito por um marxista que você particularmente respeitava, Lucien Goldmann. Ao comentar o que Marx quis dizer pela primazia da produção econômica no processo histórico, Goldmann disse que essa era uma ideia que não deveria ser muito difícil de ser entendida, e aceita, se pensarmos que, por toda a história até a época presente, a esmagadora maioria das vidas humanas conscientes foi consumida na produção de seu próprio meio de subsistência. Qualitativamente, essa é a experiência e a prática absolutamente dominantes para a maioria dos seres humanos ainda hoje.[4] É difícil resistir à conclusão de que essa área de ativi-dade deve possuir uma primazia causal real sobre todas as outras atividades sociais. Não estamos dizendo que se trata necessariamente de uma explica-ção ou definição plenamente satisfatória, mas qual seria sua resposta a tal proposição?

Seria de uma concordância calorosa, e então eu perguntaria aonde isso nos leva, especialmente nas sociedades capitalistas avançadas de meados do século XX. Essa foi certamente a base da mudança radical da vida intelectual alcançada por Marx e que de fato, na crise da Revolução Industrial, estava também sendo tateada por outros. Mas uma vez que

---

4 Goldmann, *Recherches Dialectiques*, p.67.

a aceitemos, duas questões devem ser colocadas. A primeira, olhando pelo viés do registro histórico e antropológico, é a extensão extraordinária em que pessoas no limite das possibilidades de manutenção de suas próprias vidas estavam, de uma forma ou de outra, envolvidas em outras atividades. Ao viajar pela Grã-Bretanha, por exemplo, continuo a me surpreender com a quantidade de igrejas que encontro quando penso puramente no esforço material envolvido na sua produção, muitas delas belas construções em pedra que sobreviveram desde períodos nos quais quase ninguém teria uma casa feita desse material. É muito difícil, mesmo em uma avaliação que é natural e esmagadora, enquadrá-las em noções simples de primazia causal – a não ser que argumentemos que as construções da casa de Deus tenham sido uma parte integral de um modo de produção em si, e mesmo que, como Godelier argumentaria, elas tenham sido um elemento controlador das relações de produção.

A outra questão refere-se à especificidade do capitalismo. Em *The Long Revolution*, falei da economia como um sistema de "manutenção", ao invés de um sistema de "produção", o que foi muito criticado pela esquerda. Mas a razão de eu ter feito essa opção foi que, qualitativamente, o capitalismo pareceu-me uma nova ordem em sua constante criação de novos tipos de produção e de necessidades por razões internas a seu próprio desenvolvimento econômico. Havia o perigo de generalizar o processo de forma retrógrada. Logo, optei por usar o termo mais limitado, manutenção. Provavelmente isso levou a uma ênfase insuficiente na outra direção. Hoje, contudo, estou interessado na influência crescente da ideia, que deriva originalmente de Lukács, de que a dominação da ordem econômica da sociedade é peculiar à era capitalista. Acho difícil de aceitar essa ideia em seu sentido mais simples, mas ela explicaria a impressão da alteração qualitativa do sentido da produção quando o modo capitalista de produção atingiu a sua maturidade. É observável, de qualquer modo, que os expoentes do capitalismo no século XX são os teóricos que mais insistem na primazia causal da produção econômica. Se vocês quiserem ouvir que nossa existência como um todo é governada pela economia, basta ler a seção de economia dos jornais da imprensa burguesa. Essa é a forma como eles realmente veem a vida.

Poderíamos discutir um pouco mais esses pontos? Tomemos o seu exemplo – a espantosa quantidade de trabalho e energia investida na construção de igrejas na Inglaterra do século XI, em uma época em que casas de pedra eram desconhecidas para a maioria esmagadora da população. É certamente verdadeiro que não houve nenhuma época na qual a sociedade tenha coincidido apenas com as práticas da produção econômica: atividades políticas e culturais sempre a acompanharam. Mas insistir nesse fato é retornar à problemática da simultaneidade. Pois estruturas podem ser temporariamente simultâneas, mas não precisam exercer o mesmo grau de causalidade. Na Inglaterra anglo-normanda havia muitas casas de Deus e poucas casas de homens que lhes fossem comparáveis em qualquer aspecto. Contudo, seria possível imaginar uma sociedade sem casas de homens – apenas com casas de Deus? A questão é um reductio ad absurdum: obviamente que não, pois a população não teria onde morar. Poderíamos, por outro lado, imaginar uma sociedade apenas com casas de homens, sem nenhuma casa de Deus? A resposta é sim, perfeitamente bem. De fato, tal sociedade existiu a uma distância não tão grande da Inglaterra. Muito da Escandinávia não havia ainda sido cristianizada: na Suécia do século XI não havia casas de Deus. Logo, temos como fato histórico que essa variação é possível. É verdade que o materialismo histórico não possui nenhuma teoria elaborada para uma época, e muito menos uma teoria transistórica, das conexões exatas entre as ordens econômica, política, cultural e ideológica. Mas insistir de forma prolongada e exclusiva nesse ponto pode ser um modo de liquidar ou evadir o fato central de que podemos afirmar, de uma forma perfeitamente justificável e empiricamente verificável, que os processos de produção física têm, até agora, exercido um poder definitivo de coação sobre os outros – que eles formam uma moldura para todas as outras práticas que todas as outras práticas não formam para a economia no mesmo sentido. Você aceitaria essa formulação?

Sim, certamente eu aceitaria – se ela for definida nos termos da variabilidade histórica inerente. Eu não a aceito caso ela seja tomada como a base sobre a qual se construiria uma explicação da sociedade capitalista tardia, pois nessa época operam muitos outros tipos de atividade econômica sem qualquer relação com a subsistência ou a manutenção física. Deixe-me retornar àquele exemplo das igrejas. É perfeitamente claro que se tratava de um modo imposto de construção. Mas o seu sucesso coloca a questão bastante difícil das interconexões precisas entre as estruturas do poder político, as relações reais de produção e os padrões de incorporação cultural, pois os produtores primários que estavam bem próximos da penúria fizeram muito – frequentemente sob protesto, mas em alguns momentos por vontade própria – do trabalho produtivo em construções que não tinham qualquer relação com a satisfação das urgências físicas para a sobrevivência. Havia quem morava em condições inadequadas no exato momento em que construía uma morada para uma entidade que não era humana, que não era um deles, e atribuía-se a esse outro funções sociais que a igreja promovia. Em outras palavras, penso que a distribuição social de energia investida na sobrevivência e na reprodução física é, historicamente, bastante variável. Se ela de fato se tornasse uma intenção humana primária ou uma prioridade absoluta, toda a sociedade passaria por uma revolução. Mesmo quando permitimos os tipos mais graves de dominação e de subordinação – a imposição de ordens políticas e o uso da força militar para obrigar um deslocamento de energia das tarefas primárias –, é inquietante para a análise histórica o grau em que elas não são totalmente percebidas como tais.

Outro modo de ver o problema seria colocar a questão da mudança histórica de forma bastante nítida. De certa forma, ela pode ser considerada o calcanhar de Aquiles de suas formulações desse período. Há uma passagem em The Long Revolution *que trata especificamente desse problema. Você escreve: "Se pensarmos, como frequentemente, que uma atividade específica veio para mudar radicalmente toda a organização, ainda assim não podemos dizer que é a essa atividade que todas as outras estão relacionadas; podemos apenas estudar as formas variadas pelas quais, dentro da organização em transformação, as atividades específicas e suas inter-relações foram afetadas. Além disso, uma vez que as atividades específicas estarão a serviço de finalidades mutantes e, em alguns casos, conflituosas, as mudanças que devemos procurar serão raramente de um tipo simples: elementos de persistência, de ajustamento, de assimilação inconsciente, de resistência ativa e de esforço alternativo estarão todos, em geral, presentes nas atividades específicas e no todo da organização".[5] Com efeito, você rejeita aqui a ideia de que a mudança histórica possa produzir evidências de hierarquia causal. Você prefere enfatizar a ambiguidade e a heterogeneidade da mudança, "os elementos de persistência e de ajustamento", que são de tal sorte que tudo o que podemos fazer é "estudar as atividades específicas e suas inter-relações". Mas não é de modo algum claro por que, se uma atividade de fato altera radicalmente toda a organização da sociedade – e você concede que esse seja, com frequência, o caso – não podemos dizer que todas as outras atividades estarão a ela relacionadas. Obviamente, elas também devem*

---

5 *The Long Revolution*, p. 62.

estar relacionadas umas às outras, e todas as mudanças em uma sociedade em um dado momento não serão redutíveis à atividade que altera a sua estrutura geral. Mas, ainda assim, poderíamos certamente dizer que, se uma atividade específica altera radicalmente toda a organização de uma sociedade, ela possui uma primazia causal – esse é o sentido comum do termo. Por que você não se dispôs a aceitar isso?

Outro modo bastante simples de colocar essa questão seria: qual o ponto de partida para toda a sua obra nesse período? A Revolução Industrial. Se olharmos para a Revolução Industrial, um fato óbvio é que ela transformou completamente a sociedade inglesa como um todo. Você mostrou a forma como seu advento também transformou a experiência real a partir da qual a literatura veio a ser escrita: esse é um dos temas mais óbvios em Cultura e sociedade, *e está presente de forma bastante forte na segunda parte de* The Long Revolution. *Agora, se nos perguntarmos: é concebível que, ao invés da Revolução Industrial, tivesse ocorrido um evento como uma revolução poética, capaz de transformar a sociedade de modo similar, em uma velocidade similar e com uma profundidade similar? A resposta é, evidente e simplesmente, não. Essa dúvida tão do senso comum apenas nos traz de volta ao ponto em que a economia é vista como detendo um alcance e poder causal que a poesia não possui. Você parece ter sentido, nesse período, que aceitar essa formulação seria, de alguma forma, rebaixar a posição da arte ou de outras práticas culturais. Essa não é uma implicação necessariamente decorrente. Tudo o que você precisaria conceder é que há uma assimetria de eficácia no processo histórico. A mudança histórica é o cerne de todo o problema por ser o local onde podemos, de forma mais próxima e evidente, discernir a ordem relativa ou a hierarquia das práticas.*

Não me vejo discordando disso. E incluo aqui a possibilidade, a probabilidade mesmo, de entender o que eu dizia como algo que contradiz isso. Obviamente, o ponto de partida é visto, nesses dois livros, como a Revolução Industrial, que foi uma revolução na produção econômica. Nesse sentido, ela teve primazia causal. Contudo, o tipo de relação em que eu pensava quando escrevi a passagem que vocês acabam de citar era a ideia de que, digamos, uma vez que a Revolução Industrial ocorreu, então deveria ter surgido a poesia industrial. De fato, houve romances industriais, como demonstrei. Mas o que não houve foi o tipo de entidade postulada por Caudwell, "uma poesia capitalista". Contudo, essa pareceria uma dedução perfeitamente sensata se partíssemos da versão simplista da determinação econômica de que, uma vez que o fenômeno decisivo tenha sido o advento do capitalismo, deveria haver uma poesia capitalista. Ao escrever *The Long Revolution*, é provável que eu estivesse excessivamente preocupado com esse tipo unidimensional de explicação e de relação. O que vocês estão pedindo para eu dizer, e o que eu diria de bom grado, é que a Revolução Industrial foi uma causa primária em todo o escopo de meu estudo. Eu arguiria mesmo que ela teve um efeito desproporcional sobre as outras atividades que não lhe puderam sobreviver, mesmo quando conscientemente opostas a ela.

Mas o que deveríamos então dizer é que é impossível tratar a Revolução Industrial como um processo que teve efeitos externos em uma literatura a ela subsequente. Pois a Revolução Industrial foi, entre outras coisas, uma revolução na produção de alfabetização, e é aqui que o argumento dá uma guinada de 360 graus. A imprensa a vapor foi tanto uma parte da Revolução Industrial quanto os teares a vapor ou as locomotivas a vapor. O que ela produziu foi alfabetização – e, com isso, um novo tipo de jornal e de romance. As formulações tradicionais que eu atacava teriam visto a imprensa como apenas um reflexo de uma fase muito mais ampla da ordem econômica, fase que produziu a ordem política, que então produziu a ordem cultural, que ao cabo produziu a imprensa. Porém, a própria revolução, como uma transformação do modo de produção, já incluía muitas mudanças que as definições comuns – e é aqui que todos os problemas se iniciam – diziam não serem econômicas. A tarefa não era ver como a Revolução Industrial afetou outros setores, mas ver como ela foi tanto uma revolução na produção de cultura quanto uma revolução na produção de roupas – que creio ter sido o seu primeiro êxito – ou na produção de luz, de poder e de materiais para construção. Se começarmos a fragmentar a produção econômica até os seus processos específicos, não é muito surpreendente verificar que, em uma sociedade naquele estágio de desenvolvimento histórico, também tenha sido produzida a popularização da capacidade de ler, a ordem política, a opinião pública ou o entretenimento. Isso é muito difícil de colocar, e não estou, de forma alguma, dizendo que o fiz corretamente em *The Long Revolution*. Vejo que o esforço para estabelecer uma nova ênfase me levou, não creio que a negar, mas a não afirmar suficientemente que a causa histórica deva ser vista como a primeira nos termos da produção de mudanças em modos de produção. Mas isso havia sido reduzido a uma definição estreita da economia que acabou por subestimar o grau até onde ela seria verdadeira. Embora eu não tivesse os termos corretos naquele momento, essa foi a direção da minha análise. A reivindicação materialista fundamental foi não menos verdadeira, mas mais verdadeira do que tradicionalmente concebida. Gostaria de acrescentar que hoje encontro muito apoio para a minha escolha no trabalho de socialistas da área da antropologia econômica.

Correndo o risco de parecermos insistentes, gostaríamos de retomar outra questão. É uma característica bastante notável, em toda a sua obra, a sua discussão de cultura em termos materialistas, de um modo que muitos marxistas que declamavam a primazia do econômico nunca fizeram. Eles tendiam a aceitar uma divisão de papeis entre a cultura, uma realidade relativamente menos tangível não inscrita em práticas materiais, e uma economia dedicada à produção e reprodução física de máquinas e de meios de consumo. Por contraste, seus escritos, de The Long Revolution *até* Marxismo e literatura, *sempre exploraram os elementos materiais precisos de um sistema cultural. Contudo, há uma ênfase na materialidade das práticas culturais que nos leva de volta a um todo social circular. Pode-se sugerir que, uma vez que elas são materiais, elas podem ter uma causalidade equiparada às práticas materiais de um tipo convencionalmente entendido como mais econômico. Isso seria um avanço além das versões idealistas de um todo social, mas seria uma resposta adequada ao nosso problema? No seu caso, afinal, não é certamente por acaso que tenha sido a manufatura têxtil, com o seu vasto potencial de demanda para objetos de necessidade física básica, o que puxou o gatilho da Revolução Industrial – e não a impressão de jornais. A sua própria definição dada à indústria de algodão, "seu primeiro êxito", não concederia a essa prática a prioridade estrutural relevante?*

Poderíamos tomar outro problema histórico para cristalizar a questão. O exemplo mais clássico da dificuldade extrema para relacionar um fenômeno cultural ao processo econômico, compreendendo um conjunto vasto de práticas materiais, é obviamente a história do cristianismo. Um complexo de práticas religiosas pululou em uma província remota no primeiro século do Império Romano, cresceu até se tornar a doutrina oficial do Estado Romano tardio, persistiu por toda a Idade das Trevas, exerceu supremacia ideológica na Idade Média, e então sofreu transformações múltiplas, demonstrando vitalidade e eficácia, pela Renascença, pela Reforma e pelo Iluminismo até o período da Revolução Industrial, quando obviamente ocorreu uma das grandes mudanças no sentimento religioso. Historiadores têm frequentemente privilegiado a história do cristianismo como um exemplo para uma refutação firme à ideia marxista da superestrutura que deve se ajustar a uma infraestrutura econômica, emergindo e desaparecendo com ela. Seria aqui uma resposta adequada insistir no fato de que essa relação foi sempre constituída por um complexo massivo de práticas materiais, muitas delas – mosteiros, catedrais, escolas, taxas – diretamente imbricadas na vida econômica? A resposta é, certamente, não. A questão fundamental na história do cristianismo é que, embora esse sistema cultural e ideológico imensamente poderoso tenha persistido através de épocas e civilizações, cobrindo toda a Europa com seus monumentos em pedra, em vidro, em tinta, seus manuscritos e suas impressões, seria possível apontar mudanças históricas significativas na estrutura da sociedade trazidas por qualquer transformação no cristianismo? É extremamente difícil afirmar isso. É evidente que, entre o mundo clássico e a Idade Média, as estruturas da sociedade foram alteradas de cima para baixo e que essa transformação pode, evidentemente, ser relacionada às mudanças nos processos produtivos, da escravidão às economias feudais. Mas não ocorreram mudanças comparáveis na estrutura do cristianismo, embora a sua história tenha sido de imensa importância para nós. O preço de sua persistência é o limite de seu poder de determinação. É nesse tipo de comparação que a assimetria do efeito entre a economia e a cultura pode ser mais bem vista.

Concordo. Mesmo quando os esforços para conduzir a Reforma são seriamente tomados como responsáveis pela emergência do capitalismo, creio que não se possa aceitar isso como uma explicação histórica. De outro lado, não deveríamos subestimar o grau de transformação interna dentro da continuidade aparente desses sistemas de crença imensamente prolongados. De uma forma geral, toda crise central na sociedade provocou um grande conflito no sistema, que respondeu com reinterpretação, redistribuição de ênfase e, em muitos casos, negação positiva. Essas respostas, por sua vez, tenderam a formar novas configurações dos sentimentos religiosos residuais, dominantes e emergentes. O resultado é, tipicamente, uma simultaneidade de relações múltiplas diferentes entre o sistema de crença presumido e o sistema social operativo.

Há outro problema crucial que eu ainda não compreendo o suficiente, que coloca uma dificuldade teórica similar. É bastante notável que, se olharmos por todo o espectro do marxismo, a importância físico-material do processo reprodutivo humano tem sido, em geral, negligenciada.

Observações corretas e necessárias foram feitas sobre a exploração das mulheres ou o papel da família, mas não há disponível um estudo significativo sobre o processo reprodutivo. Contudo, é bem pouco possível duvidar da centralidade absoluta da reprodução e nutrição humana e de seu caráter físico inquestionável. Visto como um processo histórico-material, ele claramente mantém relações complexas com outras formas de produção. Se você me perguntasse, "pode uma mudança na natureza da família provocar o tipo de alteração na sociedade que mudanças na produção de energia ou de vestimenta geraram?", a resposta é não. Ainda concordaríamos aqui. Mas, ao mesmo tempo, penso que a categoria de produção é, em si, uma expressão da especialização capitalista da produção de mercadorias, o que então nos coloca justamente o problema das formas de produção que não geram mercadoria. Na vitalidade de nosso protesto contra a ubiquidade da mercadoria, nossa primeira resposta foi dizer que essas formas não eram, de maneira alguma, áreas de produção. A consequência foi torná-las secundárias. Creio que devamos agora voltar e dizer que elas são uma forma de produção, embora registrando que certos tipos de produção possuem efeitos de deslocamento e mudança radical que outros tipos de produção não possuem. Parece-me que muito é concedido, mas muito é deixado de lado, se apenas insistirmos, como deveríamos insistir, que a produção de alimentos, de habitação e de vestimenta deve ter primazia na vida social e que a forma como isso se realiza determina o modo como todo o resto é realizado. A dificuldade específica é integrar esse tipo de verdade com uma análise da sociedade capitalista avançada, onde a produção de mercadorias se tornou muito mais extensiva, ao passo que áreas centrais da vida humana foram totalmente excluídas da categoria de produção.

É curioso uma das principais omissões em The Long Revolution *estar justamente nessa área por você mencionada. Você argumenta que há quatro sistemas essenciais dentro de qualquer sociedade: o sistema de manutenção (econômico), o sistema de decisão (político), o sistema de comunicação (cultural) e o sistema de reprodução e criação (familiar). Ao mesmo tempo, contudo, é notável que você descreva a longa revolução como composta, desde seu início, por três processos – a revolução democrática, a revolução industrial e a revolução cultural. Em sua conclusão, é essa tríade novamente utilizada para analisar a sociedade britânica nos anos 1960. Sua discussão da indústria como um sistema de manutenção toma a forma de uma crítica bastante poderosa ao socialismo de consumo e à nacionalização burocrática: ela representa o primeiro caso abrangente, realizado de dentro da Nova Esquerda britânica, em defesa de um socialismo da produção focado nas relações de trabalho. A sua descrição do sistema político de decisão é de menor alcance, mas contém algumas das críticas mais precoces ao eleitoralismo inglês, bem como propostas para uma reforma parlamentar no período. Sua investigação do sistema cultural inclui o que foi então um programa altamente original de inovação institucional, que você então desenvolve em Communications. Mas nesse seu levantamento, em outros aspectos, extenso, há uma área bastante silenciada. O quarto sistema que você distingue em sua teoria analítica da composição de qualquer ordem social não recebe qualquer tratamento pragmático – o sistema de reprodução e criação. Como poderíamos interpretar essa ausência? Isso significa que você sentiu que os problemas da família, sobretudo o da posição das mulheres, não seriam favoráveis a uma mudança social deliberada na mesma escala dos outros três sistemas? Dada a sensibilidade geral de seus textos para áreas não presentes no discurso político convencional daquele momento, é bastante surpreendente que questões sobre as mulheres e sobre a família não estejam, de forma alguma, presentes nas produções desse período.*

Creio que a crítica seja absolutamente justa, mas não foi por eu não ter pensado nesses temas. Em certo sentido, as reflexões que se formavam em minha mente sobre esse tópico estavam intimamente relacionadas ao tipo de análise desenvolvida na última parte de The Long Revolution. Se eu as tivesse escrito, minha abordagem seria a de examinar as características contraditórias do que foi também uma revolução nessa área. O surgimento de um movimento militante e explícito pela liberação feminina a partir do final dos anos 1960 foi altamente bem-vindo, necessário e tardio. Mas ele me pareceu, em uma análise das contradições desse processo, insuficientemente estruturado. Quero dizer que, por um lado, é nítido que o sistema de reprodução e criação continua a reter certas prioridades distintas na alocação da energia e atenção humanas. Trata-se de uma área na qual realmente lutamos para preservar certos valores absolutos contra a ordem capitalista, sob qualquer pressão, devotando-nos ao cuidado dos outros nas dificuldades econômicas mais acentuadas. Por outro lado, ao longo dessa experiência importante, há também a evidência frequente da ruptura de relações sob as tensões da pobreza e do desemprego e da reprodução bastante indigna, em certas famílias, da repressão, da crueldade e da frustração nas situações de trabalho, das quais mulheres e crianças são as vítimas primárias. A contradição das mudanças sociais contemporâneas é que o esforço inacabado para liberar as mulheres e as crianças dos controles tradicionais da privação extrema e da brutalidade da reprodução dentro das famílias foi dificultado, como qualquer liberação o é dentro da ordem capitalista, por imperativos produzidos pelo próprio sistema. Não tenho em mente apenas a redução ideológica do sexo para consumo, que hoje é tão comum. Também quero dizer que o outro lado da liberação das famílias é ela ter sido solicitada, em certo estágio, pelo próprio capitalismo – que, em sua necessidade de recrutamento de trabalho feminino barato, de fato dizia, "saiam de suas casas e façam o trabalho leve para nós por um salário menor do que o que pagamos aos homens". Dessa forma, há hoje simultaneamente a reivindicação legítima das mulheres para sair e trabalhar no mundo, e a consequência criada pelo capitalismo, em sua miopia deliberada e usual. Todo o sistema de reprodução e criação tornou-se problemático em algumas formas bastante novas, embora nada seja feito contra isso.

O movimento de liberação feminina ofereceu a resposta teórica correta: a geração e a alimentação deveriam, por sua própria natureza, ser um processo partilhado por homens e mulheres. Mas a amplitude prática da liberação provável de acontecer sob o capitalismo tenderá a ser determinada pelas prioridades do mercado. Nesse sentido, a ordem capitalista corrente é ainda mais intrusiva do que algumas fases do passado, quando havia mais escassez e pobreza real. Problemas de reprodução e criação são hoje falsamente atribuídos a um cuidado público que não é fornecido de modo adequado, ou nem é mesmo fornecido. Ao invés de as mulheres cuidarem das crianças em casa, devem mandá-las para creches, mas não temos dinheiro para isso no momento: essa é hoje a mensagem capitalista e liberal característica. Junto a isso, vem a noção de que o trabalho, trabalho por salário, não trabalho livremente escolhido, possui uma prioridade categórica sobre qualquer outra disposição da energia humana. Contra isso, o movimento de liberação feminina está inteiramente correto em colocar a exigência transitória do pagamento pelo trabalho doméstico, ou – algo com o qual me identifico bastante – do pagamento a mães de crianças pequenas, que são excessivamente sobrecarregadas com trabalho e são hoje negligenciadas por completo, na medida em que não oferecem lucro para a ordem social e que não atraem atenção política significativa de nenhum partido. Esses são os tipos de contradição dentro do processo real de liberação que eu teria tentado analisar. Gostaria de tê-lo feito em *The Long Revolution*, e gostaria também de entender o que me impediu de fazê-lo, pois não se trata de eu não estar pensando sobre essa questão naquele momento. Creio que a razão possível seja eu ter tido uma experiência comparativamente bem pouco problemática em minha própria casa e família, que foram muito boas, de forma que eu não estava tão intensamente consciente da desordem e crise das famílias como eu estava consciente da desordem e crise em outras áreas. Mas, apesar disso, foi uma falha intelectual não ter enfrentado o problema, sobretudo por eu tê-lo identificado.

Sua obra contém uma crítica bastante efetiva ao modelo de base e superestrutura de um tipo economicista de marxismo. Ao mesmo tempo, você sempre insistiu que qualquer teoria da sociedade deve ser inclusiva, com um entendimento da totalidade social como um todo. Uma das suas críticas ao modelo de base e superestrutura é precisamente que, ao marginalizar todo um conjunto de práticas centrais, ele não permite qualquer entendimento do processo social em sua totalidade. Mas há outro modelo marxista de determinação cujo eixo é o conceito de contradição, a ideia de que a sociedade capitalista é conduzida por leis de acumulação que geram crises econômicas recorrentes, e cuja dinâmica cria conflitos sociais entre as classes que produzem o potencial para a reviravolta política. Uma das debilidades do argumento central de The Long Revolution *é que, após a leitura do livro, retemos um sentido bastante reduzido da dinâmica do conjunto total das relações de classe. De modo mais específico, quais são as contradições ativas no processo que você chama de revolução cultural? Essa é uma revolução que se opõe a que?*

A teoria clássica das contradições dentro da economia capitalista ainda me parece firme, embora seja evidente que ela deva se tornar muito mais complexa. O desenvolvimento do capitalismo no pós-guerra mostrou, para a surpresa dos que haviam aceitado a retórica da década de 1930, que ele poderia evitar crises econômicas por um longo período por meio de uma série de adaptações, as quais, por sua vez, produziram outros tipos de crise que presenciamos hoje. A lição é que as contradições da economia capitalista se resolvem em um plano muito mais profundo e estrutural do que as formas nas quais elas foram inicialmente apresentadas a nós. Penso que ainda devemos estar preparados para algumas surpresas a esse respeito. Espero que não.

Em um sentido mais geral, contudo, há algo fundamentalmente contraditório no modo de produção capitalista que não tem relação apenas com as leis econômicas internas. O que o capitalismo produz na forma da mercadoria exclui certos tipos cruciais de produção que são necessidades humanas permanentes. Isso é verdadeiro não apenas em seu período turbulento inicial, quando o capitalismo transformou brutalmente os padrões de organização populacional e de relacionamento imediato, dos ritmos de trabalho e das disposições de tempo, mas também na forma como se acomodou em uma ordem mais estável. Todas as necessidades humanas essenciais que não poderiam ser coordenadas pela produção de mercadoria – a saúde, a habitação, a família, a educação, o que chamamos de lazer – foram reprimidas ou especializadas no desenvolvimento do capitalismo. O aprofundamento da divisão do trabalho e a redução radical das noções de humanidade e de sociabilidade envolvidos nesse processo produziram contradições profundas, menos possíveis de serem resolvidas pelo capitalismo do que as geradas dentro do mercado. Não se trata de diminuir as contradições econômicas em seu sentido tradicional, pois creio que o sistema jamais as resolverá. A revolução cultural encontra a sua fonte na resistência perene à supressão, pelo capitalismo, de formas de produção tão básicas e necessárias. A revolução cultural é, dessa forma, contra toda a versão de cultura e sociedade que o modo de produção capitalista impôs.

Em certo momento no livro, você diz: "O erro mais grave do socialismo, revoltado contra as sociedades de classe, foi limitar-se tão frequentemente aos termos de seus oponentes ao propor uma ordem econômica e política ao invés de uma ordem humana. É obviamente necessário ver a realidade do poder e da propriedade como obstáculos a essa ordem, mas a sociedade alternativa então proposta deve ser concebida em termos mais amplos, se buscamos a geração da energia plena necessária para a sua criação". Qualquer socialista revolucionário concordaria com isso. Então, você continua: "De fato, as mudanças econômicas e políticas poderão vir, e a ordem humana ser bem pouco alterada, se essas conexões não forem feitas".[6] Você não correu aqui o risco de exagerar a ênfase na outra direção? O argumento é certamente muito totalitário – mesmo considerando o que é presumivelmente uma referência tácita ao stalinismo na União Soviética. Talvez a sociedade soviética não seja socialista, mas não poderíamos dizer que suas imensas mudanças políticas e econômicas não alteraram a ordem humana da Rússia pré-revolucionária.

---

6 Ibid., p.131.

THE LONG REVOLUTION

Creio que foi um exagero. Eu estava, na realidade, pensando não apenas na experiência do stalinismo, mas também no fabianismo – que, de modo ainda mais desastroso, não sabia o que era uma ordem humana. O exemplo imediato que dei foi relacionado ao problema do trabalho. Eu escrevia no espírito da passagem de Morris que discutimos anteriormente. Nesse sentido, a questão sobre o capitalismo liberal e o socialismo real existente ainda deve ser investigada.

Ao falar de sua própria pesquisa em The Long Revolution, *você escreveu: "Temos narrativas razoavelmente adequadas e contínuas sobre o surgimento da indústria e o crescimento da democracia na Grã-Bretanha. Mas não temos uma história adequada de nossa cultura em expansão".[7] A segunda cláusula é, digamos, um programa para a Parte Dois do livro. A primeira, contudo, parece uma premissa estranha em 1961, quando você o escrevia. Hoje lembraríamos imediatamente de, digamos,* A formação da classe operária inglesa *e* Indústria e império *como histórias adequadas: o grande florescimento da historiografia socialista e marxista é essencialmente um fenômeno que ocorre após seu livro. Quais foram as suas referências naquele momento?*

Apenas percebi quão inadequada era a literatura que eu havia lido quando o notável livro de Thompson, *A formação da classe operária inglesa*, foi publicado. Mas ao menos alguns livros existiam, ao passo que não havia nada sobre os assuntos com o quais eu lidava, como a história da imprensa ou do padrão inglês [*standard English*].[8] Contudo, devo também dizer que foi com algo aproximado do pânico que escrevi aquelas linhas em particular. Pois eu podia ver para onde me conduzia meu argumento sobre uma narrativa de todo um processo social, e eu sabia que teria condições de responder a isso na Parte Dois – os capítulos específicos da história cultural, com o acréscimo importante de uma história projetada da habitação, que teria introduzido muito mais da ordem econômica. Em outras palavras, estava consciente de que, em certo sentido, o que eu desenvolveria estava em contradição com o que eu advogava. Então, aquelas frases foram, em parte, um artifício para me isentar daquele compromisso. Mas também sabia que não poderia fazer nada se tivesse de me comprometer com algo além do meu campo. Afinal, o novo conhecimento que vocês citaram é o produto de toda uma

---

7 Ibid., p.141.
8 Referência à uniformização da língua em que se predomina o sotaque britânico. (N. E.)

geração de pesquisa histórica que eu jamais poderia ter feito. Mesmo a minha pesquisa sobre a cultura me obrigou a estudar a história inglesa quando eu a desenvolvia, pelas razões autobiográficas que já expliquei.

Isso coloca uma segunda questão. O paradoxo em The Long Revolution *não está apenas em você apelar de forma apaixonada, na Parte Um, a um sentido do processo social total, polemizando – em alguns momentos incisivamente – contra a separação analítica entre áreas ou atividades específicas daquele processo, e depois, na Parte Dois, concentrar-se apenas no domínio cultural. Ele também repousa em seu tratamento da cultura propriamente dita. Pois o que você oferece ao leitor são sete capítulos, todos eles estudos pioneiros sobre a educação, a alfabetização, a imprensa, as línguas faladas, os escritores, o teatro e o romance. Mas não há uma consolidação de todos esses capítulos. De fato, há bem pouca conexão, mesmo em relação ao estilo da escrita, entre um capítulo e outro. A interconexão entre os diferentes processos não é explorada, de forma que a soma das mudanças que você chama de "a história de uma cultura em expansão" nunca é reunida. Isso é ainda mais notável por você oferecer em outra parte do livro uma demonstração bastante brilhante, que qualquer leitor lembraria, de uma análise sistemática da inter-relação entre áreas e atividades diversas em uma conjuntura histórica particular, em sua narrativa sincrônica da estrutura de sentimento na década de 1840. Outro aspecto do isolamento relativo entre capítulos sobre as instituições, que acentua a sua distância, é que eles não partilham de um ponto inicial no tempo. Os capítulos sobre as línguas faladas, a educação e o público leitor retornam à Idade Média; os relativos à imprensa e ao romance popular, à Revolução Industrial; o capítulo sobre escritores ingleses se inicia nos períodos bastante iniciais da prosa inglesa; ao passo que o que trata das formas dramáticas preocupa-se apenas com o período moderno. Foi uma decisão deliberada escrever a Parte Dois de forma descontinuada, sem qualquer esforço para uma inter-relação conclusiva entre os capítulos?*

Não sei o quão consciente eu estava disso. Eu podia ver as conexões entre eles, mas não sabia como consolidá-los em uma totalização. Ainda acho isso difícil. Esforcei-me, em um ensaio recente, para relacionar apenas uma parte desse processo, no plano da cultura da classe trabalhadora, reunindo o que acontecera no drama, na imprensa e na educação, mas aqui também não há a inclusão das organizações político--culturais da classe trabalhadora. Tudo o que posso dizer é que mesmo esse esforço apresentou grandes dificuldades, sobretudo por conta das relações bastante complexas entre a classe trabalhadora e o que seriam posteriormente chamados de elementos da classe média baixa na cultura popular urbana. Naquele momento, senti que o ensaio sobre a década de 1840 era o máximo que eu conseguiria reunir. A segunda parte do livro consiste em uma série de incursões não consolidadas em certas áreas, talvez um pouco mais do que isso. O melhor que pude fazer foi deliberadamente colocar a educação no início. Também lamento a omissão de um capítulo sobre publicidade – ele foi reservado para um volume sobre o assunto. Isso teria, ao menos, fornecido um fio crucial de conexão com a economia. Contudo, o que é encorajador é que muito do trabalho necessário de conexão está agora sendo feito, produzindo relações entre os campos que com frequência me levam a olhar novamente meu próprio material, o que faço com prazer.

Por que você decidiu adotar o termo "cultura", tendo plena consciência de sua extensão semântica acumulada para denotar todo um modo de vida, ao invés de "sociedade" – já que, nas páginas iniciais de sua análise da cultura, você admite que poderiam ter o mesmo significado? Sua escolha parece ser uma das opções que qualifica seu trabalho como uma oeuvre *distinta dentro do pensamento socialista.*

Penso ter sentido que, apesar de todas as dificuldades, cultura indica a ideia de uma ordem humana total de modo mais conveniente do que a forma como o termo "sociedade" estava sendo usado. Também creio que, naquele momento, eu estava tão acostumado a pensar com esse conceito que a escolha foi mais uma questão de persistência do que qualquer outra coisa. Afinal, a maior parte do trabalho que eu realizava estava na área que as pessoas denominavam cultura, mesmo em seu sentido mais restrito, de modo que o termo possuía certa obviedade. Mas vocês sabem quantas vezes eu desejei não ter jamais ouvido essa palavra maldita. Tornei-me mais consciente das dificuldades, não menos, com o passar do tempo.

Apesar disso, há certamente diversas conotações significativas do termo "cultura" como um sinônimo para "sociedade", com o sentido de "um modo pleno de vida". Uma delas é que cultura coloca uma grande ênfase, de uma forma que "sociedade" não o faz, na textura vivida da ordem social: ela é mais próxima, por suas associações, à interiorização da experiência subjetiva. Outra é que ela pode sugerir uma assimilação da ordem social a alguma área particular dessa ordem, tendendo a uma perspectiva culturalista. Por fim, e o mais importante, o termo "cultura" possui um elemento normativo forte que "sociedade" não possui. Pode-se estar cem por cento contra a sociedade capitalista, mas não se pode estar 100% contra a cultura burguesa, como Marx mesmo atesta. O conceito de cultura contém componentes inerentemente positivos, seja como um meio partilhado, tal como uma língua nacional, seja como herança da arte elevada.

Há outra conotação que me foi muito importante quando escrevi o livro: o sentido de cultura como um processo. Historicamente, cultura significava o cultivo de algo, uma atividade. Já sociedade pode parecer algo bastante estático. Muitas vezes gostei do termo por esse motivo. Sua derivação moderna provém de Vico, que usou-o precisamente com essa ênfase. A frase "a longa revolução" pretendia transmitir um sentido similar de movimento através de um longo período. Ao mesmo tempo, obviamente, o conceito de cultura converteu-se, de forma clássica, em um corpo de valores ou ideias eterno. Assim, as dificuldades do vocabulário são agudas. Entre nós e o processo histórico, os problemas de linguagem são realmente formidáveis. Por esse motivo, simpatizo muito mais do que muitos da minha geração com neologismos ou importações de expressões, algo característico da geração imediatamente posterior à minha. É incrivelmente fácil zombar deles, mas eles são impelidos pelo fato de os termos existentes terem adquirido tanta carga ideológica. De outro lado, podemos desenvolver o argumento por outro viés: se não contestarmos a apropriação de termos como cultura, que foi constantemente contraposto à democracia e à educação, a renúncia é grande.

Quais vantagens específicas você viu no termo cultura para uma teoria socialista? Como você definiu a sua relação com classe?

Há duas respostas a essa pergunta. A tese mais chocante para a opinião liberal estabelecida em *Cultura e sociedade*, incluindo os que gostaram do livro por outras razões, foi eu não ter definido a cultura da classe trabalhadora como alguns romances proletários – o que eles estavam bastante preparados para classificar como um gênero regional –, mas como instituições do movimento trabalhista. Essa foi a vantagem de se falar em cultura como todo um modo de vida. Foi um avanço sobre as noções convencionais da cultura da classe trabalhadora, inclusive as da esquerda, que até então havia se concentrado no esforço da classe trabalhadora para articular o conjunto de sua poesia e de sua autobiografia, e por fim também outros tipos de escrita. Em minha opinião, foi extremamente importante recuperá-las e honrá-las, mas foi um engano apresentá-las como uma cultura alternativa, o que era uma tendência comum. O que os escritores proletários do País de Gales disseram sobre sua experiência extraordinária no País de Gales industrial, por exemplo, é do maior interesse, mas não diminuímos nosso respeito pelo esforço que isso representou ao dizermos que ele se manteve em uma cultura subordinada. Creio que essa foi uma posição mais marxista do que aquela com a qual eu rivalizava.

Por outro lado, também rejeitei, pelas mesmas razões, as descrições convencionais, por parte da esquerda, do pensamento e da literatura na Inglaterra do século XVI ao século XX como cultura burguesa. Pois o fato é que grande parte daquela cultura foi produzida por pessoas que lutaram contra a burguesia, mesmo quando falharam, mesmo quando foram profundamente contaminadas pelas formas burguesas. Era crucial reter o sentido daquela luta, pois, de outra forma, todo o conjunto daquele trabalho essencial seria simplesmente apropriado pela direita. Por volta de 1950, havia o artifício de se afirmar que, se pensássemos que George Eliot havia sido uma boa romancista, então tínhamos de estar contra o socialismo. Havia um confisco diretamente político do passado intolerável. Não posso enfatizar o suficiente o quão importante me pareceu contestar essa apropriação, bem como a noção de cultura mantida para ratificá-la e interpretá-la.

Ao fazê-lo, claro que corri alguns riscos. Percebi isso quando alguém me disse, no final da década de 1950: "Eu sei o que você está fazendo – está escrevendo uma história socialista da cultura, mas sempre que você vê um termo socialista surgindo, você o omite e escolhe outro". Eu disse: "Esse pode ser o efeito, mas não é a intenção". Devido à necessidade de engajamento com a interpretação dominante, minha linguagem era muito diferente daquela que eu teria utilizado entre 1939 e 1941. Não me surpreende que, na fase seguinte, muitos sentiram que deveriam se mover para uma terminologia bastante alternativa, porque pensaram que o vocabulário existente dificultava em muito o surgimento de uma posição diferente.

O conceito de "estrutura de sentimento" é uma das inovações teóricas mais notáveis em The Long Revolution, *um conceito que você usou e desenvolveu* de forma consistente no longo período que se estende desde esse livro até os dias de hoje, com Marxismo e literatura. Já em seu início, você o define do seguinte modo: "O termo que eu gostaria de sugerir é 'estrutura de sentimento': ele é tão sólido e preciso quanto sugere 'estrutura'; porém, ele opera nas partes mais delicadas e menos tangíveis de nossa sociedade. Em certo sentido, a estrutura de sentimento é a cultura do período: é o resultado específico da vivência de todos os elementos em uma organização geral".[9] Você então prossegue: "Não quero dizer que a estrutura de sentimento, mais do que o caráter social, é possuída da mesma forma pelos muitos indivíduos em uma comunidade. Mas creio que se trata de uma possessão bastante ampla e profunda, em todas as comunidades reais [...] Uma geração pode treinar a sua sucessora com um êxito razoável no que tange ao caráter social ou aos padrões culturais gerais, mas a nova geração terá a sua própria estrutura de sentimento, que parecerá não ter surgido de lugar nenhum".[10] O ponto de referência essencial para a ideia de estrutura de sentimento parece aqui ser não tanto uma classe, ou uma sociedade, mas uma geração. Embora nunca seja trazida de forma explícita, a mesma ênfase recorre em seu tratamento da década de 1840 e, novamente, bem depois, em Marxismo e literatura. A passagem citada segue: "A nova geração responde, de seu próprio modo, ao mundo único que herda, absorvendo muitas continuidades que podem ser traçadas, e reproduzindo muitos aspectos de sua organização que podem ser descritos separadamente, embora sentindo sua vida plena, de certa forma, diferentemente, e moldando sua resposta criativa em uma nova estrutura de sentimento".[11] Toda a problemática das gerações também é, obviamente, bastante importante em seus romances e outras obras. A primeira questão crítica que gostaríamos de colocar sobre a sua definição de estrutura de sentimento é: deixando aqui de lado o problema da pluralidade das classes, qualquer período histórico sempre conterá ao menos três gerações adultas ativas e produzindo significados em um único intervalo de tempo. Como podemos falar de estrutura de sentimento de um período, como você o faz em sua narrativa da década de 1840, quando ao menos três estruturas de sentimento estariam, por definição, presentes, uma vez que haveria ao menos três gerações ativas?

A razão geral é a conexão próxima, em minha narrativa, entre a ideia de estrutura de sentimento como acessível à análise e o que parece ser uma

---

9 *The Long Revolution*, p. 64.
10 Ibid., p.65.
11 Ibid., p.65.

nova atividade cultural. Pois, com ou sem razão, e penso que, no geral, com razão, nós geralmente identificamos o ponto no qual uma geração cultural parece se formar com o que é usualmente, nos termos das vidas reais dos que compõem aquele grupo, apenas uma década de sua atividade. Se tomarmos, por exemplo, a década de 1930, podemos traçar lá o surgimento de uma estrutura de sentimento específica em um conjunto de escritores jovens com os quais aquela década é então identificada retrospectivamente, embora a maioria deles tenha continuado a escrever até os anos 1960, alguns mesmo até os anos 1970. O modo como me inclinei a usar o termo na análise refere-se à geração que está realizando a nova atividade cultural, o que em geral significa um grupo que teria uma idade média em torno dos 30 anos, quando começa a articular a sua estrutura de sentimento. Segue daqui que poderíamos identificar a estrutura de sentimento das pessoas em meia-idade e em idade avançada pelas décadas anteriores. Foi nesse sentido que falei da estrutura de sentimento na década de 1840. Mas não tornei claro o suficiente o meu procedimento naquela ocasião.

A segunda questão é, então, como o conceito pode ser articulado a uma pluralidade de classes. Pois, na Inglaterra vitoriana, para manter o exemplo, havia ao menos três classes sociais importantes – a aristocracia proprietária de terras, a burguesia industrial e o proletariado urbano, para não falar dos trabalhadores agrícolas, dos pequenos proprietários rurais, ou da pequena burguesia heterogênea. Paradoxalmente, você de fato se refere a essas classes quando discute a noção de caráter social, mas não o faz quando analisa a estrutura de sentimento. Fica a impressão de que a estrutura de sentimento poderia ser comum a todas as classes da sociedade, uma vez que sua única referência é geracional. Como você entendeu esse problema?

Ele exigiu muito de mim. O conceito foi desenvolvido, inicialmente, a partir da evidência de articulações reais disponíveis em textos e obras que pude ler. O resultado foi que, em sociedades nas quais as contribuições de classe àquele tipo de escrita foram imensamente diferenciadas, foi também bastante possível negligenciar a existência de estruturas alternativas. Não há, certamente, ênfase o suficiente nisso em *The Long Revolution*, onde a ideia é apresentada em termos essencialmente temporais e gerais. Eu gostaria hoje de usar o conceito de forma bastante diversa entre as classes. Mas é também importante notar que essa diversidade é, ela mesma, historicamente variável. Por exemplo, durante as décadas de 1660 e de 1670, duas estruturas de sentimento contemporâneas de um caráter completamente oposto existiram mesmo dentro da classe social limitada que estava contribuindo ativamente para uma nova atividade cultural. Há outros períodos, contudo, nos quais uma estrutura parece ser a mais difundida. A década de 1840 foi desse tipo. Pois, embora a estrutura de sentimento que eu analisava naqueles romances escritos sobretudo por escritores da classe média e da classe média baixa tenha sido uma posse de classe – se avançarmos na análise, os elementos de classe são bastante claros – ela foi, de forma surpreendente, partilhada pelos escritores da classe trabalhadora que, naquele momento, iniciavam a sua contribuição. O problema em um caso como esse é que, obviamente, a evidência para o conceito só pode ser articulada e disponibilizada em obras plenamente expressas. Contudo, é possível questionar que a noção implica, de modo ilegítimo, a partir dessa gama de evidências, a existência de uma estrutura que é muito mais ampla e sem expressão. Percebo a força dessa crítica.

Como exatamente você desenvolveu esse conceito?

Usei-o pela primeira vez no *Preface to Film* [Prefácio ao filme]. A passagem dizia: "No estudo de um período, é possível reconstruirmos, com mais ou menos precisão, a vida material, a organização social e, em grande medida, as ideias dominantes. Não é necessário discutirmos aqui qual desses aspectos é, se algum deles for, determinante no todo complexo. Uma instituição importante como o drama terá, com toda a probabilidade, sua coloração tomada, em graus variados, de todos eles... Relacionar uma obra de arte a qualquer parte dessa totalidade observada pode ser, em graus diversos, útil, mas é uma experiência comum perceber na análise que, quando mensuramos uma obra a partir de suas partes separadas, sempre sobra algum elemento para o qual não há contrapartida externa. Creio esse elemento ser o que chamei estrutura de sentimento de um período, que é apenas perceptível pela experiência da obra de arte em si, como um todo".[12] Em outras palavras, a chave para esse conceito, tanto para tudo o que ele pode realizar quanto para todas as dificuldades que nele permanecem, é ele ter sido desenvolvido como um procedimento analítico para obras escritas, com uma ênfase bastante forte em sua forma e convenções. É um conceito muito mais direto

---

12 *Preface to Film*, p.21-22.

quando limitado a essa situação. Contudo, a pressão do argumento geral continuou a levar-me a dizer, penso que corretamente, que tais obras foram o registro articulado de uma experiência muito mais geral, que foi a área de interação entre a consciência oficial de uma época, codificada nas doutrinas e na legislação, e o processo total de realmente viver suas consequências. Pude ver que essa poderia ser, com frequência, uma das fontes sociais da arte. O exemplo com o qual então trabalhei foi o contraste entre a ideologia formal da classe média do período vitoriano inicial e a ficção que seus escritores produziram. O aspecto desse período deliberadamente contraditório com o qual nunca fiquei satisfeito é ele ter sido uma estrutura que podíamos perceber operando em várias obras não conectadas de outra forma. As pessoas não estavam aprendendo umas com as outras. Contudo, era uma estrutura muito mais de sentimento do que de pensamento, um padrão de impulsos, inibições, tons, dos quais a maior evidência eram, frequentemente, as convenções reais da literatura e do drama. Até hoje percebo que continuo retornando a essa ideia pela experiência da análise literária, não por qualquer satisfação teórica com o conceito em si.

Mantendo a discussão sobre a documentação literária, parece ainda haver alguma incerteza em sua aplicação cronológica do termo. Você explicou, de modo bastante claro, que a estrutura de sentimento de determinado período se relaciona primeiramente à obra criativa realizada por uma geração ativa mais jovem. Você escreveu em Marxismo e literatura *que enquanto "as formações efetivas da maior parte da arte se relacionam a formações sociais já manifestas, dominantes ou residuais", "é primeiramente a uma formação emergente que uma estrutura de sentimento, como solução, se relaciona". Em outras palavras, outras formações artísticas representam estruturas de sentimento precipitadas, e não em solução. Isso parece bastante consistente. Mas, na mesma página, você diz: "Por vezes, a emergência de uma nova estrutura de sentimento pode ser mais bem relacionada ao surgimento de uma classe: a Inglaterra de 1700 a 1760".[13] Esse é um longo período: de 1700 a 1760. É a melhor parte de um século. Por volta de três gerações teriam estado ativas naquele período com a idade média de 30 anos. Novamente, em seu livro sobre o drama, você usa, de forma bastante reveladora, o conceito de estrutura de sentimento para traçar o beco sem saída liberal entre o indivíduo e a*

---

13 *Marxism and Literature*, p.134.

sociedade. Contudo, essa estrutura abarca toda a época de Ibsen até Brecht, e além. Novamente um processo multigeracional parece estar em jogo. Você quis dizer que havia estruturas de sentimento sucessivas que eram distintas em termos de geração, mas, de certa forma, cognatas, cada uma representando uma modulação da última?

Não possuo uma resposta simples, mas talvez algum esclarecimento. A época de 1700 a 1760 é bastante complexa por incluir duas estruturas de sentimento radicalmente opostas que estão relacionadas à mesma classe: o classicismo augustano e o realismo burguês. Continuo tentando trabalhar nesse tópico, por ser tão importante teoricamente. Claro que isso pode ser parcialmente esclarecido pela distinção de frações de classe dentro de uma chave variável na educação universitária. Além disso, trata-se de uma época de composição cultural consciente de uma nova classe. Pretendo escrever sobre Johnson por esse viés. Certamente, dentro de uma geração, houve um classicismo dominante e um realismo emergente, mas um dos fatos extraordinários sobre o período de 1760 em diante é que um realismo muito vigoroso tenha sido, por fim, contido e deslocado para outra geração, e mesmo além. Uma forma de traçar isso estaria nos limites de cada estrutura de sentimento. O problema metodológico é similar ao de outras áreas. Isolamos, pela análise, uma estrutura particular, mas quando ela é realmente dominante, influenciando ou mesmo determinando períodos posteriores, movemo-nos de modo quase imperceptível de um momento capturado pela análise estrutural ao que também é, obviamente por todo o tempo, um movimento e desenvolvimento histórico. Mas então, enquanto reconhecemos que há também outros movimentos, há bastante valor em traçar, como vocês colocaram, modulações sucessivas em uma estrutura de sentimento até chegarmos ao ponto onde há uma ruptura qualitativa – a década de 1790 na Inglaterra, por exemplo. Nesse momento, postulamos um período e tentamos analisar uma nova estrutura de sentimento emergindo.

Outro problema colocado pela sua unidade de análise, por assim dizer, é como delimitar uma geração particular em determinada sociedade. Pois é uma questão metodológica delicada a forma como você desenha as linhas entre as faixas etárias. Para tomarmos o seu critério, em um momento há aqueles com uma idade média de 30 anos, mas e os com uma idade média de 25 ou 40? Onde eles se encaixam? Esse é um problema que ocorre com bastante frequência na fala do dia a dia. Qual solução você adotaria para isso?

Essa é uma pergunta bastante difícil. Há períodos, como os da década de 1840, que revelam uma geração de escritores, nesse caso romancistas, que não estão na mesma época apenas fisicamente, mas que são plenamente contemporâneos uns aos outros, no sentido de partilharem manifestamente certas percepções, preocupações e estilos em sua obra. Há, então, outros períodos em que uma gama de escritores com a mesma idade não parecem compor, de forma alguma, uma geração nesses mesmos termos: são pessoas diferentes realizando tipos diversos de obras. Outra complicação pode ocorrer se contemporâneos biológicos compuserem ou publicarem seu trabalho a uma grande distância temporal uns dos outros, embora com conexões internas íntimas. Um exemplo que ilustra esse problema é o fato de Hobbes ser, em idade, um contemporâneo de dramaturgos jacobinos como Webster ou Tourneur. Mas os dramaturgos jacobinos foram jovens que publicaram suas peças nos anos 1920. Hobbes, devido às mais variadas vicissitudes, mas também à natureza de seu trabalho, não publicou até a meia-idade ou a idade avançada. Assim, pode-se perguntar como uma peça como *O diabo branco* ou *A tragédia do ateu* pode ser descrita como contemporânea ao *Leviatã*. Mas creio que se lermos o *Leviatã* juntamente com essas peças, ganhamos uma iluminação mútua. Eles partilham uma estrutura de sentimento bastante precisa, incluindo a premissa absolutamente básica, contradizendo tanto a consciência oficial da época, de uma condição inicial de guerra de todos contra todos. Os dramaturgos jacobinos produziram essa estrutura subitamente, como um conjunto de convenções formais. A ação do drama se torna uma série virtualmente infinita de lutas entre indivíduos mutuamente destrutivos, para as quais não há alívio. Isso contrasta de modo bastante agudo com as peças escritas apenas dez anos antes, nas quais a destruição máxima pode estar à solta, mas há sempre o conceito de uma autoridade que a resolverá, seja qual for o plano da perda. Hobbes toma as premissas de Webster ou de Tourneur como um ponto de partida, mas trabalha através delas para um tipo de resolução com uma nova definição de autoridade. Esse é o efeito histórico posterior.

Dessa forma, o problema das gerações é certamente bastante complexo. Talvez precisemos de outro termo, distinto de uma categoria biológica. Eu mesmo estou particularmente consciente disso, uma vez que não tenho, desde 1945, escrito em sintonia com a minha própria geração, e penso que essas assimetrias sempre acontecem. Deveríamos falar, nesse tipo de análise cultural, de uma geração [constituída] por suas obras, ao invés de surgida a partir do nascimento? Estou tentando resolver isso agora, com uma nova metodologia das formações culturais.

A sua discussão das estruturas de sentimento em The Long Revolution *emprega com frequência um contraste entre o passado e o presente. Você escreve, por exemplo: "É apenas em nosso tempo e lugar que podemos esperar conhecer, de uma forma substancial, a organização geral. Podemos aprender muito sobre a vida em outros locais e outros tempos, mas me parece que certos elementos serão sempre irrevogáveis. Mesmo os que podem ser recuperados são recuperados em abstração, e isso é de importância crucial. Apreendemos cada elemento como um precipitado, mas na experiência vivida da época cada elemento estava em solução, uma parte inseparável de um todo complexo. O mais difícil para apreendermos, ao estudarmos qualquer período do passado, é esse sentimento da condição de vida em um tempo e lugar específico: um sentido das formas pelas quais atividades específicas se combinaram em uma forma de pensar e de viver".[14] Você continua falando de testemunhas vivas "silenciando-se" ao nos aproximarmos do passado. A sugestão geral é que é muito mais difícil capturar ou interpretar a estrutura de sentimento no passado do que no presente, quando uma experiência está imediatamente disponível. Contudo, o seu argumento certamente deveria trabalhar em uma direção oposta. No presente, a imensidão de atividades culturais não selecionadas diante de nós deveria tornar muito mais difícil apreender, de dentro, a natureza das estruturas de sentimento contemporâneas – particularmente dadas as incertezas sobre a direção que muitas dessas atividades vão tomar. Ao passo que o passado é tipicamente caracterizado por certa cristalização do julgamento histórico sobre quais obras ou documentos foram mais centrais: seus materiais são mais fixos. A fluidez e indeterminação do presente certamente o tornam tão difícil, senão mais difícil, de interpretar do que o passado. Em certos momentos, você parece próximo de aceitar isso. Uma vez você disse que nem todos aqueles que vivem ou suportam a estrutura de sentimento em um período específico têm alguma consciência disso, o que deve significar que não é uma questão simples discerni-la em qualquer momento dado. Em outra passagem, em seu capítulo sobre as formas dramáticas, você diz: "Nunca é fácil, em nossa própria geração, ver se a situação [presente] é aquela de 1630 ou de 1735, com muita atividade, mas sem uma base duradoura, ou de 1530*

---

14 *The Long Revolution*, p.63.

ou 1890, no início de um movimento maior".[15] Essa parece ser uma posição muito mais plausível. Mas como você pode conciliá-la com a afirmação anterior?

Creio que eu simplesmente confundi a qualidade da presença, que distingue uma estrutura de sentimento de uma doutrina explícita ou codificada, com o presente histórico, que é uma questão totalmente diversa. O que eu gostaria de dizer agora é que enquanto a estrutura de sentimento sempre existe no tempo verbal presente, não mais creio que ela seja mais recuperável ou mais acessível no presente temporal do que no passado. Eu percebi, ao reler The Long Revolution há dez ou quinze anos, que a parte que se mantinha a melhor era a análise final da estrutura de sentimento no momento em que foi escrita, porque ela capturou os fatos da dissidência generalizada. Contudo, ao situá-los dentro de uma estrutura de sentimento, vi a dissidência como uma reação sobretudo negativa, a partir da qual um novo período construtivo provavelmente não ocorreria. Obviamente havia bastante evidência para isso nas convenções e estilos do período. Assim, podemos por acaso localizar uma estrutura de sentimento no presente, mas teoricamente eu não diria que é mais fácil fazê-lo. Pois a estrutura é precisamente algo que pode apenas ser apreendido como tal se formos além do fluxo indiscriminado das experiências que nos são contemporâneas. Por outro lado, creio que a razão para a confusão ter surgido foi que eu quis insistir de forma aguda na presença real de uma estrutura de sentimento como algo distinto do pensamento oficial ou herdado de uma época que sempre se sucede a ela.

A frase que você acabou de usar tem o tom da revista Scrutiny. Em que medida a ideia de estrutura de sentimento representou um modo de reter a ênfase de Leavis na experiência, mas dando-lhe uma forma objetiva e histórica?

Sim, experiência foi um termo que tomei da Scrutiny. Mas vocês devem se lembrar de que eu estava, por todo o tempo, trabalhando com mudanças históricas nas formas e convenções literárias. A força de Leavis estava na reprodução e interpretação do que ele chamou de "o conteúdo vivo de uma obra". Em oposição a isso, toda a tradição da Scrutiny era bastante fraca em suas considerações sobre questões formais, particularmente

---

15 Ibid., p.297.

quando se tratavam de estruturas formais profundas que haviam passado por mudanças históricas. Eu estava bastante consciente disso ao escrever sobre o drama. Por outro lado, a maioria das análises marxistas inglesas que eu conhecia passava tão rapidamente dos produtos literários ao que representavam que se tornavam maiores que as obras ao encontrarem suas afiliações sociais. A ideia de estrutura de sentimento foi projetada para focar em um modo de relação histórica e social que ainda era bastante interno à obra, ao invés de dedutível a partir dela ou fornecido por alguma colocação ou classificação externa.

Você enfatizou as origens literárias da ideia de estrutura de sentimento – como o conceito contribui em seu trabalho crítico sobre os textos. Não há, contudo, o perigo, em The Long Revolution, *de um deslize silencioso dos textos de um período como evidência privilegiada de estruturas de sentimento para as estruturas de sentimento como evidência privilegiada da estrutura social ou época histórica como tal? O conceito, então, tende a se tornar uma epistemologia para atingirmos a compreensão de uma sociedade como um todo. Esse movimento, do texto para a estrutura de sentimento, e então para a história, parece-nos bem menos defensável.*

Percebo fortemente hoje a necessidade de definir os limites do termo. Há casos em que a estrutura de sentimento tangível em um conjunto específico de obras é claramente uma articulação de uma área da experiência que se estende para além dela. Isso é evidente nos momentos específicos e historicamente definíveis em que obras bastante novas produzem um choque abrupto no reconhecimento. O que pode estar acontecendo nessas ocasiões é que uma experiência que é de fato bastante ampla subitamente encontra uma forma semântica que a articula. Eu hoje chamaria tal experiência de pré-emergente. Por outro lado, um conjunto dominante de formas e convenções – e, nesse sentido, de estruturas de sentimento – pode representar um bloqueio profundo para os grupos subordinados na sociedade, sobretudo uma classe oprimida. Nesses casos, é bastante perigoso presumir que uma estrutura de sentimento articulada é necessariamente equivalente a uma experiência inarticulada. Por exemplo, parece provável que a classe trabalhadora inglesa lutava para expressar uma experiência nas décadas de 1790 e 1830, o que nunca foi plenamente articulado, em certo sentido, devido à subordinação da classe, à sua falta de acesso aos meios de produção cultural, e também à dominação de certos modos e convenções de expressão. Se olharmos para suas afiliações reais, o que é notável é um grande uso de outros textos. Trabalhadores usaram Shelley e usaram Byron, dentre todas as pessoas, e responderam de forma bastante forte a Mrs. Gaskell. Deveriam tê-lo feito, ou não? Essas obras poderiam ser apenas aproximações ou substituições para a sua própria estrutura de sentimento. Então, há experiências históricas que nunca encontram suas formas semânticas. Percebi muito bem isso ao escrever *O campo e a cidade*. Mesmo havendo muito mais expressão literária do que é comumente permitido, há ainda muitas áreas silenciosas no livro. Não podemos preencher esse silêncio com a estrutura de sentimento de outras pessoas.

Isso delimita a noção de experiência social da estrutura de sentimento articulada. Mas há ainda o problema do privilégio epistemológico da experiência em si em sua obra. Em The Long Revolution, *você diz diversas vezes que a chave para qualquer descrição é a experiência específica, que é o seu ponto inicial. Essa ideia, que a experiência é determinante para o conhecimento, encontra uma formulação bastante central em sua introdução, onde você escreve: "não me confino à sociedade britânica devido a uma falta de interesse no que acontece em outro lugar, mas porque o tipo de evidência em que estou interessado está apenas disponível onde vivemos".[16] Essa premissa leva a consequências que são historicamente bem pouco garantidas. Por exemplo, quando você discute a década de 1840, você lista sete influências decisivas na estrutura de sentimento da década. Nenhuma delas tem qualquer relação com desenvolvimentos estrangeiros ou ultramarinos. Contudo, quando você discute o romance* Mary Barton, *de Elizabeth Gaskell, você encontra uma advertência direta aos leitores dos perigos da repetição, na Inglaterra, das insurreições parisienses de 1848. De fato, os contemporâneos ingleses estavam bastante conscientes dos levantes sísmicos de 1848 na Europa – apenas alguns anos antes de Peel fortificar a sua casa de campo contra os perigos de um possível ataque armado. Contudo, por 1848 não ser uma experiência nacional em um sentido direto, ela não é nem mesmo mencionada em sua narrativa.*

A lista que ofereci das principais características da década de 1840 tinha a intenção de delimitar a forma como a sua história era convencionalmente assumida como refletida na literatura. O propósito da análise literária foi então tentar mostrar todas as pressões que estavam sendo negligenciadas por essa visão. Assim, *Mary Barton* foi composta dentro

---

16 Ibid., p.14.

de uma estrutura de sentimento que a tornou particularmente adequada para as conjunturas de 1848, quando ocorreu a explosão europeia – esse foi o ponto de sua nota introdutória. Pois uma das características determinantes de tantas obras literárias inglesas do final da década de 1840 foi uma oscilação ansiosa entre a simpatia pelos oprimidos e o medo de sua violência. A tensão é um dos processos profundos de composição de *Mary Barton*. Podemos também ver isso em George Eliot, que escreveu uma carta respondendo de forma amistosa à Revolução Francesa de 1848, e desejando que um evento similar ocorresse aqui, mas então dizendo, de modo típico, que isso não ocorreria, uma vez que os pobres ingleses não possuíam as ideias e a inteligência necessária. Essa combinação de um movimento de simpatia e de medo de violência é bastante importante para a estrutura de sentimento que eu descrevia. Certamente eu hoje enfatizaria isso ainda mais.

Contudo, a sua resposta ainda se mantém dentro dos termos de uma experiência vivida que você reconstruía. A questão é que a composição de seu livro parece unir esses limites, ao apelar, por sua vez, ao privilégio da experiência nacional. Há uma conexão entre a sua afirmação inicial do método e a falta particular de ênfase que você acabou de observar.

Eu admito isso. Mas devo explicar que as frases que vocês tiraram da minha introdução estavam se referindo muito mais à Parte Três de *The Long Revolution*, onde eu de fato fiz um levantamento da situação contemporânea na Inglaterra e tentei mesmo esboçar uma análise total, cuja falta você notou na Parte Dois. A reivindicação pela evidência de onde vivemos não estava relacionada à década de 1840. Contudo, não estou usando isso para evadir a questão teórica, que penso estar correta. Se o modo de análise é viável, ele deve ser aplicável em todos os lugares. Alguns elementos da estrutura de sentimento são, obviamente, apenas traçáveis por meio de uma análise atenta da linguagem, que sempre será nacional. Mas a evidência mais comum para tal estrutura são as convenções, que são em geral internacionais. Em minha opinião, o uso mais interessante que pude fazer do conceito ocorreu, muito mais do que no ensaio sobre a década de 1840, em meu estudo sobre Ibsen e Brecht, de cujo contexto e experiência eu conhecia muito pouco.

Esse é um esclarecimento muito útil. Mas o problema mais amplo da categoria da experiência continua desconcertante. Esse deve ser o único termo

THE LONG REVOLUTION   163

que você usa frequentemente não listado em Palavras-chave. *Nos textos de Leavis, trata-se de uma noção subjetiva de valor – de "vida". Apesar de você ter transformado o seu uso pela* Scrutiny, *o termo continua a carregar algo de sua herança intelectual. Pois a sua discussão mais recente de uma estrutura de sentimento define-a como um campo de contradições entre a ideologia conscientemente mantida e a experiência emergente. A ideia de uma experiência emergente mais além da ideologia parece pressupor um tipo de contato imaculado entre o sujeito e a realidade na qual ele está imerso. Isso não deixa a porta suficientemente aberta para o retorno de uma noção de vida e experiência nos termos de Leavis?*

Não. Isso deveria estar bastante claro. Pois, afinal, todo o argumento básico do primeiro capítulo de *The Long Revolution* é precisamente que não há uma forma natural de ver e, portanto, não pode haver um contato direto e não mediado com a realidade. Por outro lado, em muitas teorias linguísticas, e em certo tipo de semiótica, corremos o risco de chegar à conclusão oposta, na qual o epistemológico absorve plenamente o ontológico: é apenas nas formas de conhecimento que existimos. Aos amigos formalistas, e tenho muitos, que gostam de duvidar da possibilidade mesma de um referencial externo, é necessário lembrar uma das premissas absolutamente fundadoras do materialismo, a saber, que o mundo natural existe, demos ou não significado a ele. O fato é que passamos por uma fase de idealismo fanático da esquerda nos anos 1960 e 1970. É um alívio ler Timpanaro lembrando-nos de que os organismos físicos existem em um mundo inegavelmente material, tenhamos ou não dado a eles significado.

Dito isso, creio que a relação entre a significação e a referência na situação própria a cada um difere da de qualquer outro. Isso é bastante difícil de formular. Mas no caso de outras situações, aprendemos apenas por meio das articulações registradas. Tudo o que temos são, necessariamente, textos ou documentos. Certamente em nosso próprio tempo colhemos muito mais do que a maioria das pessoas imagina das versões de uma documentação sem fim. Por outro lado, no processo total da consciência – aqui eu colocaria muita ênfase nos fenômenos para os quais não há um conhecimento simples, embora haja uma denominação tão simples: o inconsciente – todos os tipos de ocorrência interceptam as relações estabelecidas ou oferecidas entre uma significação e um referente. A posição formalista que afirma não haver significado sem significante é equivalente a dizer que é apenas na articulação que vivemos. Talvez essa seja apenas uma generalização a partir de nossa própria história, mas tenho percebido que áreas que eu chamaria de estruturas de sentimento muitas vezes são inicialmente formadas como certo tipo de distúrbio ou inquietação, um tipo específico de tensão para o qual podemos, algumas vezes, encontrar um referente quando dele nos afastamos ou nos lembramos. Colocando de outra forma, o lugar peculiar da estrutura de sentimento é a equivalência sem fim que deve ocorrer, no processo da consciência, entre o articulado e o vivido. O vivido é, por assim dizer, apenas outro mundo para a experiência: mas temos de encontrar uma palavra para esse plano. Pois tudo o que não é plenamente articulado, tudo o que surge como distúrbio, tensão, bloqueio ou problema emocional me parece precisamente a fonte das mudanças significativas na relação entre o significante e o significado, seja na linguagem literária, seja nas convenções. Temos de ao menos postular a possibilidade da equivalência nesse processo, e se isso é uma equivalência, então com o quê? Se preenchermos a brecha imediatamente com uma dessas palavras que todo mundo conhece, como experiência, isso pode levar a efeitos bastante infelizes para o resto do argumento. Pois pode sugerir que essa é sempre uma instância superior, ou criar um deus a partir de uma subjetividade não examinada. Mas como acredito que o processo de equivalência ocorra frequentemente de forma particularmente não articulada, embora seja uma fonte das muitas transformações que por fim são evidentes em nossa articulação, temos de buscar um termo que não seja plenamente articulado, nem plenamente confortável em seus vários silêncios, embora ele não seja usualmente muito silencioso. Eu não sei qual deveria ser esse termo.

Há uma similaridade notável entre as formulações que você acabou de usar e as descrições, em Sartre, do que ele chama precisamente de l'expérience vécue em sua obra tardia sobre Flaubert. Um modo de tentar examinar o problema poderia ser ampliando seus termos de referência. Para tomarmos o exemplo de outro pensador na França, poderíamos contrastar o uso que você faz da experiência até agora com o de Althusser, diametralmente oposto. Na obra de Althusser, a experiência é apenas um sinônimo para ilusão. É ideologia em seu estado puro – o oposto da ciência, ou da verdade. Essa é uma posição que ele tomou, de modo mais ou menos inalterado, de Spinoza: ela representa uma forma extrema da tradição filosófica do racionalismo europeu. Já em sua obra até o momento, há a impressão de que a experiência, ao contrário, é o domínio da verdade direta. Em alguns momentos, como vimos em Cultura e sociedade, *você chega a contrapor à experiência imediata o pensamento conceitual ou discursivo, superficial e não confiável – uma esfera de fixidez e clareza falsa, o mundo das doutrinas. Essa ênfase, obviamente, possui uma longa história: podemos traçá-la desde Locke. Em termos filosóficos, ela representa a posição clássica do empirismo europeu. Mas há objeções óbvias a serem feitas para ambas as posições. Por exemplo, no caso da obra de Althusser, a oposição exclusiva ciência/ideologia efetivamente equipara a ideia de verdade à de ciência. Uma vez que a experiência imediata é o meio da ilusão ideológica, Althusser argumenta que apenas pela produção de conceitos podemos apreender a realidade. Contudo, esse não é, claramente, o caso: podemos olhar pela janela e dizer se o sol está brilhando ou não sem qualquer conhecimento meteorológico. Nosso parecer é uma questão da experiência imediata, e registra uma verdade. Esse é um aspecto elementar. Mas esse tipo de experiência escapa completamente ao sistema de Althusser. Por outro lado, a sua tendência a tratar a experiência como a área mais profunda da verdade incorre em um compromisso oposto. Pois é evidente que pessoas podem ter experiências bastante poderosas, e estarem completamente convencidas de sua conexão com a realidade. Porém, de uma perspectiva social ou histórica diversa, podemos percebê-las como saturadas de ilusão e estruturadas em outro lugar completamente diferente. Um exemplo familiar são certos tipos de desordem psicológica ou doença em que a pessoa está completamente presa à experiência que é muito vívida para ela, mas cuja fonte lhe escapa completamente e pode estar sendo radicalmente distorcida. De modo similar, para tomarmos o exemplo anterior, uma habilidade para descrever o tempo não é suficiente para fornecer o conhecimento do movimento da Terra em torno do Sol: a experiência imediata é diretamente desmentida pela ciência astronômica.*

É por esse motivo que a sugestão, em The Long Revolution, *de que deveríamos tentar interpretar a estrutura social por meio de sua vivência real, se tomada com seriedade, é centralmente incapacitante. Pois mesmo em uma sociedade nacional há muitos processos que são intrinsecamente inacessíveis à nossa experiência imediata. Não podemos, por exemplo, esperar deduzir as leis da acumulação de capital ou a tendência da taxa de lucro a partir de nossa experiência pessoal do dia a dia. Contudo, elas podem ser um determinante absolutamente essencial no modo como a sociedade como um todo se movimenta. Isso não significa falar da limitação nacional implicada nesse critério, o que efetivamente eliminaria por completo a investigação ou comparação internacional. Obviamente, o mundo tem funcionado assim por um longo tempo, de modo que podemos entender muito pouco sobre nossa sociedade sem o conhecimento de todo o ambiente internacional no qual ela está integrada. Essa é, certamente, uma das primeiras lições do socialismo.*

Em sua última definição de uma estrutura de sentimento como uma área de tensão entre ideologia ou articulação e a experiência primária, fica o perigo de que esses limites anteriores, que você criticou, possam não estar totalmente superados. Pois há a sugestão de que a articulação ou a ideologia abarca ou informa, e muitas vezes deforma, uma experiência que é sempre mais ampla do que ela. Na posição binária que você emprega, a experiência necessariamente excede a articulação, produzindo significados que podem ou não ser registrados – esse é o problema do silêncio – mas sempre contendo mais do que a ideologia pode permitir. Em sua discussão política recente da ideia de hegemonia, você levanta a questão bastante eficaz de que a hegemonia da classe dominante nunca pode se estender para além da gama total da experiência de uma sociedade, uma vez que, por definição, ela opera por meio da exclusão e da limitação.[17] Contudo, há um problema que se mantém presente: há diversos tipos de processos históricos de grandes proporções que não podem ser abarcados por nenhum dos dois termos pelos quais você formula a estrutura de sentimento, a ideologia ou a experiência imediata. Qualquer discurso sistemático sobre a história ou a sociedade deve ter como alvo um conhecimento científico que não é derivável de qualquer texto literário. Para retomar a sua análise de 1840: naquela década, houve um evento cataclísmico, muito mais dramático do que qualquer coisa que ocorreu na Inglaterra, a uma distância geográfica bastante próxima, cujas consequências foram administradas diretamente pela ordem estabelecida do Estado inglês. Essa foi, obviamente, a fome na Irlanda – um desastre sem comparações na Europa. Contudo, se consultarmos o mapa da ideologia oficial do período ou o da experiência subjetiva registrada nos romances, nenhum deles se estendeu a ponto de incluir essa catástrofe que ocorria na frente de sua casa, casualmente relacionada aos processos sociopolíticos na Inglaterra. Isto é, certamente, uma lembrança de que não podemos trabalhar com dois tipos diversos de investigação na forma como você às vezes parece fazer em The Long Revolution. Não é possível movermo-nos de textos para estruturas de sentimento e de experiências para

---

17 *Marxism and Literature*, p.125.

as estruturas sociais. Há uma disjunção profunda entre o texto literário, a partir do qual uma experiência pode ser reconstruída, e o processo social total naquele momento. Não há, de forma alguma, uma continuidade.

Aceito isso quase por completo. Mas creio que podemos diferenciar suas aplicações históricas. É bastante notável que a técnica clássica criada em resposta à impossibilidade de compreensão da sociedade contemporânea a partir da experiência – o modo estatístico de análise – tenha as suas origens precisas no período do qual você fala. Pois, sem a combinação da teoria estatística, que em certo sentido já estava matematicamente presente, com arranjos para a coleta de dados estatísticos que culminaram na fundação da Sociedade Estatística de Manchester, a sociedade que emergia da Revolução Industrial não poderia ser totalmente reconhecida. Tentei desenvolver, em *O campo e a cidade*, o contraste entre a comunidade cognoscível, um termo usado com ironia, uma vez que o que é conhecido é revelado como incompleto, e o sentido do sombriamente incognoscível. Há muitos tipos de resposta a isso. Após a Revolução Industrial, a possibilidade de entendermos uma experiência em termos de uma articulação disponível de conceitos e da linguagem foi qualitativamente alterada. Houve muitas respostas a isso. Novas formas tiveram de ser criadas para penetrar o que foi corretamente percebido como uma ampla extensão obscura. Dickens é um exemplo fantástico disso, por estar sempre tentando encontrar formas ficcionais para ver o que não está visível – como as passagens em *Dombey and Son* [Dombey e filho] em que ele visualiza os tetos das casas sendo removidos, ou uma nuvem negra que possui a forma física de todas as vidas vividas, mas que não podem ser representadas de nenhuma outra forma. Com essas imagens, ele tenta dar forma à realidade básica da sociedade, o que certamente não é observável empiricamente. Poderíamos ligar isso ao desenvolvimento das técnicas estatísticas de investigação social. O contraste entre Mayhew e Booth é bastante interessante. O trabalho de Mayhew é composto por uma interação constante entre premissas, observações e questões. Ele leva às ruas as suas premissas de como as pessoas vivem, e conversa com elas para descobrir se as premissas são verdadeiras: se alguém lhe disser que não ganha aquele valor como um vendedor de agrião, isso modifica a sua visão do mundo. Não seria insólito chamar isso de uma observação social continuamente temperada pela experiência. O método de Booth é bastante diverso. Antes de falar com qualquer pessoa no extremo leste de Londres, ele já havia mapeado por completo a sua estrutura por ruas, num trabalho impressionante. Então, ele levou as suas classificações para o extremo leste para provar que a propaganda radical sobre a região era falsa. Para seu crédito, ou creio que para o de Beatrice Webb, quando as observações factuais contradiziam a racionalidade do modelo, havia algum ruído na pesquisa. A partir da Revolução Industrial, que alterou qualitativamente um problema perene, houve o desenvolvimento de um tipo de sociedade que é cada vez menos penetrável pela experiência – experiência aqui significando um contato vivido com as articulações disponíveis, incluindo sua equivalência. O resultado é que nos tornamos cada vez mais conscientes do poder positivo das técnicas de análise, que em seu maior grau são capazes de interpretar, digamos, os movimentos de uma economia global integrada, e das qualidades negativas de uma observação ingênua que não pode jamais atingir o conhecimento da realidade com a mesma precisão. Mas, ao mesmo tempo, é uma crise ideológica dessa mesma sociedade que essa consciência inevitável tenha também levado a uma dominância privilegiada das técnicas de penetração racional e a uma desvalorização das áreas em que há alguma troca diária entre as articulações disponíveis e o processo geral que tem sido chamado de experiência. A experiência se torna uma palavra proibida, ao passo que o que temos a dizer sobre ela é que se trata de um termo limitado, pois há muitos tipos de conhecimento que não a proporcionarão, em qualquer um de seus sentidos comuns. Essa é uma correção necessária. Mas creio que, ao me mover nessa direção, vejo um tipo de paródia espantosa disso em minha frente – a alegação de que toda experiência é ideologia, de que o sujeito é inteiramente uma ilusão ideológica, o que é o último estágio do formalismo. Mas creio que a retificação é correta e, de certa forma, eu deveria saber disso, pois, afinal, estive bastante dependente dos procedimentos estatísticos na Parte Dois de *The Long Revolution* para descobertas que eu provavelmente não poderia obter a partir da experiência.

Esse equilíbrio parece bastante aceitável. Uma das áreas que você poderia ter mencionado, na qual a noção de experiência mantém claramente suas credenciais, é a prática da luta de classes. É comum na linguagem política do socialismo falar de uma classe trabalhadora militante como experiente – Lênin o fez centenas de vezes. O que significa algo bastante preciso: que alguém com o mesmo grau de conhecimento formal da sociedade, ou mesmo maior, mas sem aquela experiência, não poderia organizar ações com o mesmo grau de eficácia. Obviamente, é também verdade que a fetichização da experiência dentro de uma organização pode se tornar um tipo de conservadorismo: a experiência adquirida hoje não dita, necessariamente, as táticas ou a estratégia de amanhã, parcialmente porque o inimigo também aprende com a experiência. Mas uma ênfase correta na experiência como prática na luta é essencial para qualquer forma de política revolucionária. Pode-se ter a impressão, em The Long Revolution, que você sentiu que a teoria socialista estava reivindicando um conhecimento da sociedade contemporânea que, de fato, não atingia a experiência prática da luta contra ela. Isso está correto?

Bem, muito da Parte Três é uma comparação consciente entre os modelos herdados da sociedade inglesa naquele momento e o que me pareceu estar de fato acontecendo. Eu fiz uso de vários tipos de evidência alternativa em minha própria resposta aos debates violentos e agitados entre a direita e a esquerda dentro do movimento trabalhista durante os anos 1950. Mas o que essencialmente senti foi que, embora eu estivesse muito mais perto de um do que de outro, nenhum era realmente uma resposta à experiência social com a qual tentavam se comunicar. Isso explica o julgamento indubitavelmente exagerado de que o socialismo teria perdido quase por completo qualquer significado contemporâneo. O que eu tentava dizer era ser necessário, acima de tudo, não supor que houvesse um movimento socialista forte e bem enraizado em posição de modificar a sociedade, cuja nossa primeira tarefa seria a de nos afiliarmos a ele. Foi uma época, ao contrário, em que a necessidade real era contrastar as relações sociais, que se alteravam muito rapidamente, com as formulações prevalecentes, que eram inúteis para entendê-las. Penso que disso vieram certas diretrizes para uma prática cultural relevante, apesar de que agora eu as colocaria com muito mais força.

Talvez pudéssemos concluir perguntando sobre a última parte de The Long Revolution. Você disse antes que concebeu o ensaio "A Grã-Bretanha nos anos 1960" como um esforço para capturar a estrutura de sentimento naquele momento. Isso nos coloca novamente os problemas com os quais iniciamos. Se esse foi o caso, como você relacionou sua análise com as divisões de classe dentro da sociedade? Havia ao menos duas classes principais na Inglaterra naquele período, sem falar dos diversos estratos intermediários com a sua própria sensibilidade, história e memória. A sua referência tácita à estrutura de sentimento no singular não tenderia a borrar aquela realidade?

Eu estava usando o termo no sentido que sugeri antes, como a estrutura de sentimento de uma classe produtiva emergente. O que eu tentei fazer foi registrar simultaneamente a força com a qual ela emergia, tornando desse modo certos significados anteriores residuais, e também o fato de que ela estava sendo contida dentro de uma estrutura predominantemente burguesa, que havia incorporado uma grande parte do pensamento organizado da classe trabalhadora. Por exemplo, pensei ser necessário explicar o assim clamado fenômeno da ausência de classes: mostrar o que fazia sentido naquela estrutura de sentimento emergente e o que era estritamente uma ideologia que bloqueava a emergência mesma dessa estrutura. Muito obviamente, certos hábitos de deferência e de adiamento estavam sendo perdidos. Por outro lado, não apenas nas ideologias herdadas, mas em muitas descrições feitas por trabalhadores sobre suas próprias vidas, havia um deslocamento das relações de classe de sua centralidade necessária para uma mistura curiosa de certo afrouxamento indubitavelmente real e de um estilo específico de consumo que era apenas uma mudança no mercado, e não tinha nada a ver com as relações fundamentais entre as classes. É por isso que estabeleci uma distinção entre o que chamei de diferencial de uma classe aparentemente aberta e de diferencial fundamental e inalterado da posse do capital. O foco de minha narrativa foi a estrutura de sentimento das pessoas da classe trabalhadora, e não das doutrinas políticas ou dos argumentos daquela época.

PALAVRAS-CHAVE

O tipo de filologia histórica representado por Palavras-chave parece ser uma aventura inteiramente original, ao menos no mundo de língua inglesa. Na introdução você explica que o livro nasceu do material que não pôde incluir em Cultura e sociedade. Mas, nos vinte anos que separam a escrita de ambos os livros, suas ideias obviamente se alteraram e se desenvolveram. Palavras--chave tem como princípio o olhar sobre as transformações no significado histórico das palavras de forma muito mais avançada e sistemática do que Cultura e sociedade. Você foi influenciado por estudos linguísticos que poderiam ter tido um impacto direto sobre Palavras-chave?

Iniciei com a descoberta, na década de 1950, de que eu poderia entender os significados contemporâneos de termos como "cultura" de modo muito mais claro se eu explorasse a semântica histórica por trás deles, o que foi uma grande surpresa para mim. Claro que esse não era um método inteiramente estranho, uma vez que o curso de inglês em Cambridge havia envolvido a discussão de certas palavras, como "natureza", como um modo de estabelecer seu uso histórico. Mas isso era visto como apoio para a apreciação literária. Quando percebi o interesse potencial muito mais amplo desse procedimento, escrevi um apêndice a *Cultura e sociedade*, tratando de uma série de palavras centrais no livro. O editor não quis incluí-lo, por questões de tamanho. Nos anos seguintes, continuei a notar outros exemplos de termos que haviam sofrido mudanças importantes em seu significado. Também estava lendo mais teorias sobre a linguagem. Mas, embora hoje eu saiba de uma ou duas escolas que teriam sido relevantes para mim – por exemplo, os acadêmicos alemães que pesquisam certos termos medievais –, naquele momento não encontrei nenhuma outra investigação que se movesse, em teoria ou na prática, na mesma direção. Assim, nesse sentido, senti-me como se estivesse trabalhando sozinho. De fato, muito da linguística que eu estava lendo, especialmente nos anos 1960, era de tendência estruturalista, distanciando-se mesmo da ideia de evoluções históricas no significado. Creio que cultivei a vontade de reagir a isso, por sentir fortemente que uma semântica histórica era tão necessária quanto uma análise estrutural. Quando *Palavras-chave* foi publicado, convidei leitores, no final do prefácio, a enviar material sobre outros termos que lhes interessassem. Desde então, tenho recebido notas detalhadas sobre em torno de duzentas palavras. De certa forma, as pessoas já faziam isso, mas nas margens de outros tipos de trabalho. Alguns leitores também escreveram para dizer que não haviam percebido que existia a possibilidade aqui de uma disciplina ou matéria específica que poderia ser perseguida conscientemente. Hoje creio que isso é o que deveria acontecer – eu gostaria de ver essa investigação estendida de forma muito mais sistemática. Agrada-me ver que pessoas que poderiam ter previamente incluído alguns parágrafos ou seções incidentais sobre mudanças históricas no significado de uma palavra começam hoje a sua pesquisa a partir dessas alterações. A tendência teórica perseguia antes outra direção.

Se compararmos Palavras-chave com Cultura e sociedade, um aspecto absolutamente central de Palavras-chave vem à tona com muito mais intensidade do que no livro posterior, devido à gama mais ampla de termos discutidos, que inclui não apenas a possibilidade, mas mesmo a frequência, de uma inversão de 180 graus no significado de um termo: a forma como palavras podem adquirir um significado exatamente oposto ao original. "Indivíduo" é um caso exemplar, mas há muitos outros. Como você resumiria a significância dessa mutabilidade drástica, cuja demonstração forma a substância do livro? Que lições podemos tirar disso?

Em um plano teórico, isso sublinha o fato de que a linguagem é uma produção social contínua em seu sentido mais dinâmico. Não uma produção em um sentido compatível com o estruturalismo, em que um corpo central de significados é criado e propagado, mas no sentido de que, como qualquer outra produção social, trata-se da arena onde ocorrem todos os tipos de mudança, de interesse e de relações de dominação. Certas crises em torno de determinadas experiências ocorrerão e serão registradas na linguagem, não apenas como criação de signos arbitrários, então reproduzidos dentro dos grupos, que é o modelo estruturalista, mas como signos que adotam as relações sociais instáveis e frequentemente revertidas de uma determinada sociedade, de modo que o que passa a constitui-los é a história social contraditória e movida por conflitos dos falantes dessa língua, incluindo todas as variantes entre signos em um determinado momento. Isso também envolve a rejeição das explicações idealistas da linguagem como uma possessão comum. No melhor dos casos, a noção de Leavis da linguagem como um legado contínuo, através dos tempos, que transporta as intuições mais refinadas da comunidade. Pois se Leavis estava correto ao enfatizar a importância cultural da linguagem, a sua ideia de continuidade era bastante falsa, uma vez que se baseava em uma abstração do que eram sempre transformações e inversões históricas extraordinárias, e então na proposta de uma única herança de significados que era tomada para aprovar valores contemporâneos específicos. Assim, o tipo de pesquisa que iniciei em *Palavras-chave* é um corretivo para ambas essas explicações da natureza da linguagem. Essa é a sua importância teórica. Ao mesmo tempo, ela também nos permite olhar para todo o conjunto de evidência social que pode ser estudado e relacionado, de forma bastante precisa, ao resto da história social, mas que não foi até hoje plenamente explorado. Pois pessoas que poderiam se predispor a fazer isso têm geralmente assumido que a linguagem é meramente um instrumento ou um registro das mudanças ocorridas em outros lugares. Contudo, parece-me que certas mudanças de sentido indicam períodos bastante interessantes de confusão e contradição nos desfechos, nas latências, nas decisões e em outros processos de uma história social real que podem ser posicionados de forma razoavelmente precisa nesse outro tipo de pesquisa, e colocados ao lado de evidências mais familiares. O interessante, de fato, seria perseguir essa pesquisa através de diversas línguas e ver se há, e deve haver, certas alterações semânticas partilhadas em determinados tipos de ordem social.

O efeito intelectual do tipo de trabalho iniciado em Palavras-chave *pode ser visto como análogo ao da crítica marxista à economia política: a demonstração de que ideias e categorias que são consideradas universais e eternas são na realidade eminentemente instáveis e vinculadas ao seu tempo. O hábito* linguístico, contudo, possui um ar ainda mais natural do que a prática econômica. Talvez a linguagem, mais do que qualquer outro domínio da vida humana, tenda a acrescentar mitos de longevidade e essencialidade sobre ela, daí a fonte de tanto misticismo filosófico nessa área no século XX. A sua estratégia em Palavras-chave é registrar as mudanças de significado por todo um vocabulário muito incisivamente, mas não necessariamente remontar à ação histórica dessas alterações. Seria possível passar pelo mesmo terreno filológico por uma direção oposta, examinando cuidadosamente os primeiros estágios dos termos ou as mudanças iniciais em sua significação, e então, com a difusão desses usos e alterações, traçar as formas que foram a sua base? Em outras palavras, escrever uma história socialmente explicativa?

Sim. Uma vez traçadas as transformações extraordinárias de uma palavra como "juro" [interest], por exemplo, o passo seguinte seria ver quais áreas da sociedade iniciaram esses usos específicos, em quais eles foram então invertidos, e assim por diante. O mesmo poderia ser feito com "ciência". Isso provavelmente também seria interessante com "família", na qual as mudanças no uso poderiam ser localizadas relativamente cedo. Em alguns casos, uma narrativa bastante cuidadosa e diferenciada seria necessária, mostrando em qual grupo uma mudança de significado foi iniciada, e como ela foi então generalizada, se foi difundida por um sistema educacional geral ou por outras formas, ou se foi mantida dentro de uma classe específica. Todas essas possibilidades devem ser exploradas.

Um fato bastante notável sobre o vocabulário que você selecionou em Palavras-chave, e que você não menciona no livro, é a sua composição etimológica. Há 110 verbetes. Destes, não menos do que 106 são de origem latina: apenas quatro são formações anglo-saxãs. Essa proporção é, obviamente, de uma discrepância dramática em relação ao equilíbrio geral das palavras inglesas, já que em torno de 55% são latinas, e 45% anglo-saxãs. O padrão em Palavras-chave possui uma relação direta com uma passagem eloquente de The Long Revolution, *em que você discute os efeitos da divisão entre o francês e o inglês antigo após a invasão normanda, anterior ao surgimento de uma linguagem comum em torno do século XIV. Você diz: "O inglês passou, durante a separação [entre duas linguagens], para a boca dos não instruídos e dos sem poder. Assim, a maior parte do vocabulário da instrução e do poder, juntamente com o grosso do vocabulário de um modo de vida mais rico, veio de fontes normandas. [...] Provavelmente é importante, em inglês, que muito da linguagem da instrução tenha esse tipo especial de marca de classe".*[1] *De fato, parece uma suposição razoável a de que, para o leitor que não possui uma origem de classe cuja educação o familiarize com o alcance latino do inglês contemporâneo, deva haver uma distância maior do tipo de vocabulário que forma* Palavras-chave *do que nos países com um estoque semântico bastante mais homogêneo, como a Alemanha ou a França. É provável que o problema da compreensão e apropriação democrática de todas as fontes da língua seja particularmente agudo na Inglaterra, devido à sua herança linguística dividida.*

É certamente minha impressão, quando ouço uma entrevista de um militante ou líder sindical francês, que eles dominam um vocabulário muito mais amplo do que seus equivalentes sociais ingleses, o que deve, ao cabo, ter um efeito na qualidade do que eles dizem. Também tenho dúvidas se poderíamos apresentar uma lista similar em alemão. Creio que vocês estejam corretos ao dizer que o problema seja especialmente intenso na Inglaterra. Eu ficava constantemente aflito, nos anos em que trabalhei com educação para adultos, com os bloqueios que as pessoas encontravam quando um conceito perfeitamente necessário era usado, e a facilidade com que isso poderia ser entendido como anti-intelec- tualismo, ou com o caso menos feliz de alguém que se defronte com uma palavra, mas, embora não a entenda plenamente, comece a usá-la frequentemente no movimento trabalhista. É por isso que, quando não pude incluir o apêndice em *Cultura e sociedade*, quis escrever uma série no *Tribune* sobre palavras que causavam dificuldade. É revelador que não houve interesse. Eu possuía uma noção muito forte, como em tudo o mais, de que as pessoas da classe trabalhadora precisariam controlar todas as ferramentas com as quais as operações sociais são conduzidas. Vejo hoje pessoas usando *Palavras-chave* por defrontarem-se com uma dessas palavras e quererem entendê-la, mas sem demonstrar interesse por nenhum de meus outros livros. Incluí deliberadamente alguns termos, por sentir que muitos não conheciam sua história social mais interessante e complexa, estando frequentemente incertos sobre como usá-los, ou recuando diante de um de seus significados bastante empre- gados por jornais e publicitários da classe dominante. Eu queria lhes oferecer confiança em sua habilidade para usar esses termos.

---

1 *The Long Revolution*, p.240.

Uma das características mais bem-vindas do livro é ele expor a crueza e igno-rância das campanhas correntes da mídia burguesa, visando à preservação de nossa linguagem. Obviamente, sempre houve uma conexão entre essas atitudes de cão de guarda e a política conservadora. Mencken na América, e Kraus na Áustria, são exemplos razoavelmente distintos desse tipo de con-servadorismo. Os expoentes ingleses são uma caricatura deles. O que Kraus teria pensado das colunas jornalísticas regulares em The Times *devotadas ao protecionismo de nossa língua? Os esforços para propagar a ideia de que as palavras têm apenas um significado, que é eterno, e que qualquer desvio dele é ignorância, têm crescido nos últimos anos. Você teve isso em mente quando escreveu* Palavras-chave?

Não naquele momento. Mas o tive após, e o tenho até hoje. Obvia-mente, é necessário atacar por inteiro a posição desses jornalistas que servem à ordem ideológica, econômica e política, que tomam erronea-mente as mudanças linguísticas como degeneração, e a de todos os que tentam cooptar palavras como "democracia" ou "representação" para propósitos políticos. Ainda em 1880, uma definição de dicionário para "democracia" era a de "uma forma republicana de governo". Esses pro-pagandistas são demonstravelmente ignorantes do legado que eles têm a pretensão de defender.

Podemos perguntar sobre alguns termos que você não incluiu no livro, como a palavra – fundamental – "experiência", que mencionamos anteriormente? Foi essa uma escolha consciente?

Ela está lá, nas margens de minha discussão sobre a divergência inglesa entre "experiência" e "experimento" no século XVIII, mas no verbete sobre "ciência". Ela deve ser incluída quando *Palavras-chave* for revisado.

Outra palavra que é bastante proeminente no vocabulário contemporâneo, e que certamente tem uma história interessante, é "raça". Seu uso corrente deve ser bastante recente.

Li bastante sobre o termo, e não sei por que ele foi omitido no final. O termo se expandiu, de espécies e grupos com parentescos locais, para indicações falsamente mais genéricas e políticas. Outro termo bastante importante relacionado a "raça" é "sexo", também excluído. Creio que a noção comum de "sexo" como uma diferenciação entre homem e mulher, e então o significado físico especializado anexado a ele, é relati-vamente recente. Suspeito que há muita história social aqui.

Seu verbete da palavra "inconsciente" é de interesse particular em Palavras-
-chave, uma vez que parece ser a primeira vez em que você sugere a sua
posição em relação a essa categoria central da psicanálise. Nele, você diz não
ser frequentemente claro, dentro de uma gama de experiências comumente
em transição do inconsciente ao consciente, se a hipótese de um inconsciente
indica casos de uma transição fracassada, ou se ela denota dois estados fixos,
o consciente e o inconsciente, como abstrações reificadas. Você então faz refe-
rência à teoria freudiana, sem mencioná-la, como uma escola que "faz frente
à implicação de uma transição 'normal' [do inconsciente ao consciente] e, por
outro lado, insiste em uma área plenamente inconsciente, na qual a transição
não é possível, exceto com o uso de métodos especiais".[2] Devemos assumir
que você acredite haver um processo normal e continuado de transição do
inconsciente ao consciente, com certas exceções, quando há uma falha no
trânsito? É essa a hipótese científica que você considera como a mais plausível
e aceitável hoje?

Deixe-me colocar o problema da seguinte forma: eu certamente não
voltaria meu olhar, até estar definitivamente convencido de que todas as
outras direções seriam infrutíferas, a uma categorização anterior de um
inconsciente acessível apenas por meio de certas técnicas especializadas.
Todavia, dizer que a transição do inconsciente ao consciente é normal
é pedir muito. Creio que duas considerações bastante importantes
estão em jogo aqui, pelas quais muito da importância de Freud pode ser
propriamente concedida, permitindo, contudo, que a pesquisa prossiga
em uma direção útil. Em primeiro lugar, na área bastante interessante da
relação entre a fala manifesta e o que Voloshinov [Bakhtin] chamou de fala
interna, há processos dos quais creio estarmos todos conscientes de serem
anteriores à articulação e que são, nesse sentido bastante estrito e literal,
não plenamente conscientes. Dificilmente esses processos são identificados, mas creio que alguns deles são assuntos da experiência do dia a dia.
Exemplos incluiriam a forma como escritores tipicamente descobrem o
que querem dizer no ato próprio da escrita. Nesse caso, parece ser uma
hipótese perfeitamente razoável falar dos processos inconscientes que
podem ser articulados e se tornam conscientes. Mas não creio que isso
possa ser chamado necessariamente de normal. É um processo frequentemente especializado. Por outro lado, um processo bastante normal é

---

2 *Keywords*, p.273.

o do desenvolvimento sociocultural da linguagem, como a possibilidade histórica ou mesmo evolucionária da transição.

Mas você não acabou construindo uma inclinação em direção à ideia de normalidade, uma vez que, afinal, toda a fala manifesta é o que falamos por todo o tempo, de forma que, se há uma fala interior por trás dela, deve haver um processo constante de transição?

É aqui que emerge o segundo aspecto, que me interessa bastante. É uma área à qual os marxistas deveriam particularmente se mover. Há certas formas de repressão bastante literais – do tipo mais comum descrito em termos políticos, sociais, econômicos e mesmo, de fato, militares – que são quase institucionalizadas na língua. Quero dizer, e essa é uma área muito difícil, por ter uma disputa teórica significativa dentro dela, que há certos períodos da língua que impõem áreas de silêncio, de forma que o que é teoricamente um processo natural de transição não pode ocorrer. Isso é de interesse especial para os marxistas, uma vez que sempre haverá condições sociais e históricas profundas para esse silêncio. A razão pela qual digo isso é por haver a hipótese bem conhecida de Sapir-Whorf de que certas culturas não possuem a capacidade, como evidenciado pela sua linguagem, para pensar certos conceitos. Estou plenamente convencido, pelos argumentos de Rossi-Landi, de que essa é uma tese idealista. O que eu argumento, de qualquer forma, é que historicamente há certas situações da linguagem que são repressivas. Fala-se da linguagem como um meio de expressão, mas ela é também, evidentemente, um meio de seleção. Em certas circunstâncias sócio-históricas, há coisas que não poderiam ser ditas e, portanto, não poderiam ser, em qualquer forma de conexão, pensadas. Isso pode ajudar a explicar o fenômeno cultural tão comum de uma inovação extraordinariamente impactante na linguagem, o próprio Freud como um exemplo disso, que, contudo, produz elementos de *reconhecimento*. A possibilidade de uma estrutura de sentimento pré-emergente, bem como de uma estrutura emergente, corresponde, nos meus termos, a esse fenômeno.

A forma como você fala do inconsciente é sempre nos termos de uma zona interna de silêncio, de repressão pura. Já em Freud, o inconsciente é sempre ativo na fala. Não se trata tanto de uma área em branco não operativa, completamente reprimida para fora da experiência, mas algo como o lado oculto de tudo o que é manifesto. Para ele, os casos de repressão real são aqueles em que os processos normais de comunicação do inconsciente ao consciente estão bloqueados, e o resultado é um sintoma determinado de distúrbio que pode ser rastreado no consciente. Há um deslocamento anormal. Quando você fala do inconsciente, é como se ele fosse um setor reservado, um enclave especial, que pode ser criado por certos tipos de proibição social, enquanto, para Freud, ele é coextensivo ao consciente. O efeito de seu entendimento sobre o processo inconsciente é reduzir enormemente seu significado quantitativo em comparação ao de Freud, para quem o inconsciente é uma estrutura ativa trabalhando em tudo o que fazemos. A ideia de um inconsciente como uma estrutura psicológica central é dissociável do mapa particular que Freud desenhou dele, frequentemente muito imperfeito, você concordaria com isso?

Certamente, essa é uma maneira muito mais aceitável de colocar a questão. Mas se virmos o inconsciente como permanentemente ativo no consciente, então eu gostaria de distinguir situações diversas que têm sido assimiladas indevidamente. É obvio que há muito conteúdo involuntário nas expressões conscientes. Dizemos mais do que sabemos, revelamos mais do que percebemos. O outro termo, "involuntário", está felizmente disponível, pois não há nada necessariamente inconsciente, em um sentido categórico, nesses processos, uma vez que, frequentemente – e isso é, afinal, a reivindicação aceitável da psicanálise –, o entendimento deles é possível por alguém que não manifeste esses lapsos específicos de consciência ou fracasso de conexão, e que possa corrigir a involuntariedade do falante. Esse é um processo altamente racional que executamos constantemente uns com os outros no plano diário bastante simples, ao dizermos – "você percebe que se disser isso...", ou "por que você se expressou dessa maneira?". Essa é uma forma de falar bastante comum, tanto nas relações emocionais quanto nas intelectuais. Dadas as associações que o inconsciente adquiriu, eu gostaria de distinguir a categoria do involuntário, mesmo que apenas para dar mais importância ao que pode ser genuinamente chamado de inconsciente, que é o distúrbio realmente ativo do intercâmbio consciente, da fala manifesta, causado pelas forças que não são suscetíveis aos processos essencialmente normais de clarificação, de entendimento, e de subsequente elucidação. Mas, então, preciso estar realmente certo das direções nas quais devo procurar por uma clarificação nessa área, por se tratar de um desafio tão grande. Seria um acidente extraordinário se, tão logo a sua importância fosse cientificamente reconhecida, embora já tivesse sido descrita na literatura muitas vezes, fosse alcançada uma explicação categórica do fenômeno, praticamente impossibilitando outras explorações do que seria, por definição, a investigação humana mais difícil que jamais foi feita, precisamente porque estaríamos investigando as razões que bloqueiam tal investigação.

Qual a sua opinião sobre os esforços para unir a psicanálise ao marxismo?

Embora nunca tenha havido um esforço para dizer que a área da vida indicada pelo inconsciente não seja importante, ela nunca foi vista, dentro do marxismo, como problemática do mesmo modo como qualquer relação social e econômica é vista como problemática. Isso levou a esforços repetidos para compensar esse silêncio dentro do materialismo histórico por meio de apelos à psicanálise, em várias formas. Não quero resguardar o marxismo do que penso ser um desafio significativo a ele: a importância dos impulsos humanos fundamentais que não são uma natureza humana idealizada, mas que são simplesmente condições biológicas e materiais. Mas não creio que a teoria freudiana das pulsões ou a ideia dos genótipos pela qual Caudwell foi atraído por um breve tempo forneçam uma base possível para uma explicação nessa área, que não tem sido explorada em termos histórico-materialistas. Nunca pensei que Freud e Marx pudessem ser combinados dessa forma. Não pode haver um compromisso vantajoso entre uma descrição das realidades básicas como a-históricas e universais e uma descrição delas como diversamente criadas e modificadas por uma história humana em mutação. Embora os dados biológicos possam ser universais, nossas ações relevantes são *biológicas* e *culturais*, e uma não pode ser reduzida à outra.

De certa maneira, você seria tão cético em relação à terapia quanto em relação à teoria psicanalítica?

Falo com ignorância. Se alguém pode ajudar o outro, se alguém pode curar o outro, não vou criticá-lo. O que é chamado de distúrbio emocional ou psicológico da civilização contemporânea é de uma escala e intensidade tão extraordinária – é difícil saber se é comparativamente maior à dos períodos anteriores, precisamente porque a vida da maioria dos homens e mulheres não foi registrada – que nenhuma forma sensata de terapia deve ser desconsiderada. Por mais céticos que sejamos sobre a ideologia da função terapêutica na psicanálise, é muito importante estabelecermos uma linha divisória entre ela e o tipo de rejeição ao tratamento médico defendido por Illich que, embora bem intencionado, torna-se cruel em sua aliança com todas as forças da civilização contemporânea indiferentes ao sofrimento. Mas é certamente verdade que a psicanálise não possui nenhum registro terapêutico marcante ou ímpar ao ser contrastada a outros tipos de terapia cujas superestruturas ideológicas não seriam tratadas como respeitáveis por um momento sequer. Também deve ser dito que o princípio pelo qual só podemos ser conduzidos, em uma crise emocional difícil, por um profissional, é uma noção extremamente característica da sociedade burocrática burguesa. Penso que muitas pessoas são conduzidas, durante desordens bastante profundas, pelos desenvolvimentos reais de relacionamentos comuns, e não creio que isso seria negado por muitos médicos. Alguns tipos de mudança social podem também produzir um efeito bastante profundo no estado psicológico das pessoas. Há uma verdade, em determinadas situações, na afirmação de que a ação cura, e que certos tipos de relacionamento curam. Se certo tipo de profissional também cura, ótimo, desde que ele não reivindique um privilégio de casta categórico.

Sinto-me especialmente incomodado pela psicanálise hoje devido à intensidade com que se converteram grupos do movimento de mulheres, que me parece central e decisivo. Sou completamente relutante em opor-me a esses grupos, mas algumas de suas formulações são evidentemente precipitadas. A pressa para que autoridades instantâneas forneçam "a versão científica" do que realmente acontece é uma condição de dependência ignóbil, o que é um fato sobre nossa cultura. Por outro lado, a rapidez das mudanças de uma autoridade para outra é encorajadora, significa que um processo de procura bastante ativo está ocorrendo. No final, contudo, o movimento terá de se organizar e retomar os procedimentos aparentemente mais maçantes relacionados ao quê, ao onde e ao como.

III
DRAMA

DRAMA FROM IBSEN TO ELIOT

Quais são as raízes de sua preocupação especial com o drama, hoje a sua área profissional na universidade?

Desde cedo me interessei pelo drama. Quando fazia graduação, a parte do curso que mais atraiu minhas energias foi a obra de Ibsen. Então, quando deixei Cambridge, continuei a estudar o tema de forma razoavelmente consciente como um projeto acadêmico. Minhas ideias sobre Ibsen se transformaram em meu primeiro livro sobre drama. Dessa forma, houve um tipo de continuidade acadêmica nesse processo. Sempre acontece de o drama ser a matéria que mais sou convidado a ministrar. Meu outro trabalho, por outro lado, desenvolveu-se desde o seu início fora de uma moldura universitária, primeiramente na educação para adultos, e então como projetos pessoais, mesmo quando se misturava com minhas atividades acadêmicas.

Você vinculou um sentido político e cultural ao fato de as formas dramáticas serem apropriadas pública e coletivamente, enquanto as literárias são apropriadas por uma multiplicidade de indivíduos em condições privadas?

Sim, isso me pareceu importante. Ao mesmo tempo, logo percebi que uma das funções do teatro, na forma como está organizado hoje, é a de reinserir o drama de modo a isolá-lo de sua função coletiva. Assim, pode-se encontrar uma hostilidade familiar ao teatro em textos como "A dialogue on actors" [Um diálogo sobre os atores], em *Politics and Letters*, ou mesmo na introdução de *Drama from Ibsen to Eliot*, que enfatiza certa oposição entre o drama e o teatro. Eu tinha então boas razões para crer que o drama precisou romper mais de oitenta anos de história europeia com o teatro em cada um de seus momentos significativos para, enfim, produzir um progresso dramático. Esse sempre pareceu ser um conflito entre o potencial do drama como um modo novo ou coletivo e as formações particulares do teatro que o bloqueavam ou reduziam.

Drama from Ibsen to Eliot *foi o primeiro livro que você escreveu?*

Creio que sim. O texto foi escrito em 1947-48. Houve então um intervalo de dois anos, antes que eu encontrasse uma editora para ele. Quando o livro foi finalmente aceito, adicionei a seção sobre *The Cocktail Party* [O coquetel], que havia acabado de aparecer.

Um sinal de sua distância substancial em relação a Leavis e sua influência, mesmo no início, foi a atenção ao drama, uma área que Leavis havia essencialmente negligenciado. Portanto, os elementos de leavismo aparente que podem ser encontrados em Reading and Criticism *não devem ser superestimados, uma vez que* Drama from Ibsen to Eliot, *que o precedeu, aponta para uma direção completamente diferente. Do mesmo modo, lendo o livro, ficamos abismados pelo grau em que você parece tê-lo concebido pragmaticamente como uma extensão direta da crítica prática. Você escreve em sua introdução: "Minha crítica é, ou procura ser, uma crítica literária. Uma crítica literária que, em sua maior parte, é baseada em julgamentos demonstrados por textos, e não por levantamentos históricos ou impressões generalizadas. Do tipo conhecido na Inglaterra como crítica prática. A crítica prática começou com os trabalhos de Eliot, Richards, Leavis, Empson e Murry, relacionados, sobretudo, à poesia. Desde então, se estendeu, por um grupo importante de críticos, ao romance. No drama, exceto pelo trabalho de Eliot sobre os dramaturgos elisabetanos e o de outros críticos sobre Shakespeare, a utilidade da crítica prática ainda está a ser testada. Este livro pretende ser, para além de seus objetos centrais, uma obra experimental na aplicação dos métodos da crítica prática à literatura dramática moderna".[1]*

Isso está correto. Mas é necessário fazermos uma distinção aqui entre a crítica prática e Leavis, que certamente foi o expoente mais poderoso da crítica prática, de forma que, em retrospecto, assume-se em geral que ele tenha sido seu criador ou diretor. Mas se olharmos para a história

---

1 *Drama from Ibsen to Brecht*, p.14.

real, o modelo da crítica prática foi estabelecido dentro dos estudos ingleses, em Cambridge, durante a década de 1920, por Richards. Foi ele que, afinal, cunhou o termo. A partir de então, esse foi um procedimento estabelecido na faculdade como um todo. Assim, por exemplo, durante os anos em que Leavis foi largamente excluído de Cambridge, a crítica prática se manteve, e se mantém até os dias de hoje, como um ensaio compulsório em todos os estágios do curso. Assim, a ideia de que a adoção de um procedimento da crítica prática implica diretamente uma lealdade a Leavis é apenas parcialmente verdadeira. Estávamos seguindo um modo de análise dos textos literários que, naquele momento, em um plano inferior às discordâncias entre Leavis e o resto da faculdade de Inglês, foi bem disseminado. Todos o praticávamos, quer ou não estivéssemos interessados em Leavis e fôssemos favoráveis a ele. É um erro crucial igualar os procedimentos da crítica prática à abordagem literária de Leavis, que era uma aplicação dela bastante especializada.

No capítulo "The major drama", em Preface to Film, *escrito mais ou menos no mesmo período, você afirma: "Está prestes a ser aceito, talvez particularmente na Inglaterra, que a definição de uma arte deve ser buscada por meio de referências nas obras reais, e não em qualquer generalização abstrata sobre a arte como um todo".[2] Poder-se-ia argumentar que, em uma construção, esse é um sentimento plenamente válido. Mas a entonação sugestiva do "talvez particularmente na Inglaterra" não estaria repercutindo uma nota patriótica não teórica, juntamente com a oposição da "abstração generalizada" às "obras reais", quando certamente qualquer definição adequada envolveria elementos de ambas? Essa ênfase parece derivada, de modo bastante específico, de Leavis, pois afinal Richards aventurou-se em generalizações sobre a arte, bastante aceitáveis, mas ainda assim proposições de um tipo impossível de ser enquadrado em uma fórmula.*

O que Richards teoriza são os problemas da leitura e da significação. Esse é um plano teórico que penso ser importante, e que, de certo modo, foi excluído do desenvolvimento subsequente da crítica prática a um alto custo. Pois esse tipo específico de leitura tornou-se tão não problemático quanto a sua descrição como prática, o que na realidade instigou todas as questões, e perdeu a dimensão teórica que Richards procurou colocar. Por outro lado, nem Richards, nem qualquer outro além de Bradbrook realizou, em Cambridge, qualquer análise genérica. Quando trabalhamos

---

2 *Preface to Film*, p.3.

com o drama, inevitavelmente somos posicionados do modo mais direto diante dos problemas da forma. Contudo, se olharmos para os trabalhos realizados em Cambridge sobre o romance ou a poesia, nunca foram de fato colocados o que eu hoje definiria como os problemas básicos da postura e do modo. Essa é a chave para toda aquela época, da qual Leavis é apenas um dos seus representantes: a teorização, quando aparece, é sempre uma teorização da *leitura*, não uma teorização da composição. Até onde a questão se refere a *Drama from Ibsen to Eliot*, minha introdução pode ser vista como uma combinação de três tendências. Em primeiro lugar, a adoção da crítica prática em seu sentido mais técnico, que teve sua origem em Richards. Em segundo lugar, a ênfase na comunidade e na sensibilidade que, diferentemente da primeira tendência, não deriva de Leavis. Em terceiro lugar, o esforço para desenvolver uma teoria genérica do naturalismo como forma. Nesse último caso, não pude encontrar ajuda nenhuma na tradição de Cambridge. De fato, percebi mais tarde que a própria questão da definição do naturalismo ameaçava o modo leavista típico de julgamento, com suas referências não problemáticas à "vida" como o princípio do texto. Naquele momento, aquelas três tendências resultaram em uma confusão.

A natureza de sua dívida para com as muitas tendências dos estudos ingleses em Cambridge naquele estágio ainda necessita de alguma explicação. A crítica prática nunca foi simplesmente uma técnica. No caso de Richards, tratava-se de um instrumento de uma teoria liberal das comunicações, que pressupunha que as contradições entre o leitor e o texto eram mal-entendidos que poderiam ser eliminados. No caso de Leavis, ela estava alinhada a uma ideologia do concreto que assegurava a validade do close reading. *Contudo, ainda não está claro em qual sentido você usou o termo e aceitou a diretiva do* close reading. *Pois, por um lado,* Cultura e sociedade *contém um ataque bastante sucinto e direto aos pressupostos individualistas de Richards. Porém, por outro lado, o seu próprio interesse inicial pela teoria estava obviamente em um ritmo diferente das posições de* Scrutiny. *Contudo, no prólogo de* Drama in Performance *você diz sobre a arte em geral: "O seu estudo [...] pode se alimentar da erudição, mas a sua substância é uma resposta pessoal imediata, e seus métodos são, e devem ser, a apreensão e articulação dessa resposta: ou seja, a prática da crítica".[3] Uma formulação desse tipo sugere que, acima de*

---

3 *Drama in Performance*, p.9.

sua ideia sobre a importância e a possibilidade de recuperação dos procedimentos do close reading, *uma herança substantiva de Richards e de Leavis ainda estava ativa em seu trabalho naquele estágio.*

Sem dúvida. Uma razão foi a demonstração realizada por Richards em *Practical Criticism* [Crítica prática], de que o consenso cultural em torno de certas ideias sociais antigas de refinamento e gosto poderia ser brutalmente refutado, ao se oferecer às pessoas textos sem signos culturais como o nome do autor ou quaisquer outras pistas para "a resposta correta". Se perguntadas sobre os autores que haviam escrito esses textos, as pessoas saberiam o que dizer dentro dos termos do consenso. Mas quando elas tiveram de ler e descrever os textos, o resultado foi radicalmente diferente. Em alguns casos, o reverso. Assim, o efeito da crítica prática de Richards foi anti-ideológico em um sentido bastante decisivo: ele expôs a disparidade entre as pretensões culturais de uma classe e suas capacidades reais. Esse foi um elemento atrativo na técnica do *close reading*. Contudo, essa técnica também sofreu uma capitulação ideológica devido à sua própria autodefinição como prática em oposição à teoria. Claro que, no caso de Richards, é verdade que *Practical Criticism* foi escrito em associação direta com *Principles of Literary Criticism* [Princípios da crítica literária]. A prática relacionava-se essencialmente à atividade da leitura, e não ao processo da composição. O resultado foi uma definição subsequente da obra como *texto*, uma capitulação ideológica que tem persistido de modo relativamente intacto da crítica prática inglesa até a nova crítica americana, avançando ainda até o estruturalismo literário de hoje.

Até onde me concernia na época, eu estava tentando aplicar a crítica prática a um novo campo. A técnica havia sido desenvolvida para a análise de poemas curtos, onde o *close reading* era teórica e praticamente possível. Ela foi então estendida de forma bastante imprudente à crítica da ficção por meio da extração de passagens que supostamente, mas nunca comprovadamente, seriam representativas da obra como um todo. No drama, ela foi muito pouco usada, exceto em certas avaliações locais de imagens e ritmos em Shakespeare. Lendo extensivamente a literatura sobre o drama moderno, parece-me que o elemento da análise verbal cuidadosa faltava de modo decisivo. Ainda penso isso, mas eu não consideraria a crítica prática o remédio hoje: o que deve ser preservada é a técnica específica da análise bastante cuidadosa da organização verbal.

O propósito a que ela deve servir é também bastante diverso do perseguido pela crítica prática. Sem estar consciente disso naquele momento, usei a técnica de um modo não ortodoxo em meu livro sobre o drama. Por que as pessoas analisam cuidadosamente o texto dentro de uma tradição prático-crítica? Para tornar mais compreensível a sua resposta como avaliação. A análise verbal das peças de Ibsen e de Strindberg que realizei está bem pouco preocupada com a resposta. O seu objetivo é a elucidação da composição e da continuidade do tema pelas obras. É esse o emprego do que pode parecer a mesma técnica para propósitos radicalmente distintos.

Passando para o que você chamou de segunda tendência em sua introdução a Drama from Ibsen to Eliot, *os temas culturais tomados de Leavis, o que surpreende hoje é sua fidelidade categórica e não qualificada às concepções meta-históricas de Leavis. Você escreveu: "Por muitas razões, e talvez principalmente sob a pressão daquele complexo de forças que chamamos industrialismo, o inglês falado hoje é raramente capaz de oferecer uma expressão exata de qualquer coisa em um grau mais complexo".[4] Então, você prossegue: "A sensibilidade do artista, a sua capacidade para a experiência, seu modo de pensar, de sentir e de se integrar, será frequentemente mais refinada e mais desenvolvida do que a média de seu público. Mas se a sua sensibilidade for ao menos do mesmo tipo, a comunicação será possível. Quando a sua sensibilidade é do mesmo tipo, a sua linguagem e a linguagem de seu público estão relacionadas íntima e organicamente. A linguagem comum será a expressão da sensibilidade comum. Não há tal sensibilidade comum nos dias de hoje. A pressão de um ambiente mecanizado dita formas mecânicas de pensamento, de sentimento e de convivência, que artistas, e alguns outros com o mesmo temperamento, rejeitam apenas por meio de uma resistência consciente e um grande trabalho. É por isso que a literatura séria de nosso próprio período tende a se tornar uma literatura da minoria". Você então acrescenta uma importante ressalva: "embora a minoria seja capaz de extensão e, em minha opinião, não possua correlato social".[5] Mas você conclui: "Não é a falta de crenças em comum na sociedade que restringe a comunicação [dos artistas]. É, ao contrário, a falta de certas qualidades de vida, certas capacidades para a experiência. Assim, o drama hoje, se pretender ser sério em seu sentido*

---

4 *Drama from Ibsen to Eliot*, p.30.
5 Ibid., p.31.

tradicional pleno, será inevitavelmente um drama para uma minoria".[6] O conjunto de proposições aqui é bastante diverso de qualquer outra coisa em seu trabalho. Parece ser uma destilação pura de Leavis. Qual a sua opinião hoje sobre o papel desses temas em seu livro?

Não há defesa possível para a sua descrição. O parágrafo é, de fato, uma reprodução virtual de Leavis. A razão pela qual eu digo reprodução é que, em uma medida extraordinária, as análises no livro não possuem conexão com esse raciocínio. Nada segue a partir dele. Claro que é um fato histórico que, desde a década de 1890, por razões bastante diferentes, o drama mais relevante tenha sido sempre uma ruptura de uma minoria com o teatro comercial majoritário. Creio que a única discussão no livro em que esses termos provavelmente afetaram a análise seja o contraste entre Synge e O'Casey, que eu hoje reescreveria, embora o contraste receba no livro um sentido mais voltado a uma transição social específica da fala rural para a urbana. Dessa forma, embora eu aceite a influência direta de Leavis naquela parte da introdução, rejeito o rótulo de leavista de esquerda que muitas pessoas têm dado à minha obra até hoje. O que está errado é que esta noção idealiza um tipo de posição acabada que é uma variante de todo um complexo de ideias associado a Leavis. A realidade, em minha opinião, é que *Drama from Ibsen to Eliot* representa a absorção e a reprodução de toda uma série de influências que são incompatíveis. Nesse plano, o livro simplesmente não adere, enquanto o que é sugerido pelo termo "leavista de esquerda" é uma posição coerente que se moveu de algum modo pelo espectro político. Esse é um diagnóstico falso, porque conduz à projeção de um todo complexo sobre a obra inteira. Na realidade, foram os elementos de incoerência que se mostraram decisivos, tal como o interesse por formas que eram, como havíamos sido cautelosamente alertados, um desvio de interesse e de energia. Isso sem falar da atenção ao próprio drama, que envolvia uma controvérsia direta com Leavis em relação às peças de Yeats, por exemplo. A combinação de direções contraditórias tornou a posição do livro inerentemente instável. Creio que suas instabilidades não foram resolvidas até os anos 1960.

Há outro aspecto de Drama from Ibsen to Eliot *que sugere uma filiação entre seu método e os estudos ingleses de Cambridge, e que nos deixa incomodados.*

---

6 Ibid., p.32.

Trata-se da intenção deliberada de abstrair a obra dramática dos autores que você discute de sua história cultural, nacional ou qualquer outra história social de sua época. Você ataca e rejeita veementemente qualquer tipo de contextualização das obras. Com alguma habilidade retórica, você cita um comentário de Ibsen de que ele não era um homem, mas uma pena, e escreve: "Essa condição infeliz possui, obviamente, as suas vantagens. Ela serve ao menos para proteger o artista de seus biógrafos".[7] No caso de Strindberg, você diz aos seus leitores: "A biografia pode ser prontamente usada para dar lustre, mas não para explicar ou julgar a literatura. É hora de dizer, após quinze dezembros selvagens, que a crítica necessita de uma disciplina diferente. O presente ensaio preocupar-se-á apenas com o Strindberg dramaturgo, e a limitação de espaço não será tomada como uma desculpa".[8] Por que essa preocupação com Strindberg apenas como um artista, sem qualquer esforço para entender quais foram as suas ideias, a sua vida, a sociedade em que ele surgiu? Naquela época, você parece ter sentido fortemente que tudo isso era bastante externo ao drama, e poderia ser ignorado. No mesmo capítulo, você ignora qualquer preocupação com as atitudes políticas ou sociais de Strindberg. Contudo, Strindberg, um homem altamente inteligente em seu próprio modo, escreveu exaustivamente, e com paixão, sobre política, classe, sexo, sociedade e religião fora de sua obra dramática, e esses elementos não estavam de forma alguma ausentes de seu drama. Ocasionalmente, você toca nessas questões. Contudo, ao tomar como princípio uma abstração deliberada de um pelo outro, você não acabou dizendo menos do que precisa ser dito sobre a substância do próprio drama?

Sim. As passagens que vocês citaram são exemplos do que poderia ser chamado de retórica de Cambridge. Mergulhe no texto e não se preocupe com mais nada. Claro que a mesma retórica também nos convidava a olhar para a vida e julgar o texto a partir dela. Mas a mensagem essencial era: atenha-se ao texto, e o tom era de moralidade confiante. Porém, vejam o outro lado. Essa ênfase era uma resposta a quê? Meus comentários sobre Strindberg foram instigados pela leitura de biografias medonhas de artistas que nos diziam qual dentre suas esposas ou namoradas é tal personagem, qual episódio foi transcrito em determinada cena, e reduzia cada obra a uma neurose do autor. Mesmo que uma biografia social, em seu sentido generalizado, fosse incluída, esses estudos apenas discutiam os componentes de uma experiência tomados

---

7 *Drama from Ibsen to Eliot*, p.111; *Drama from Ibsen to Brecht*, p.75.
8 Ibid; ibid.

para explicar a obra, mas jamais poderiam demonstrar a sua verdadeira composição. Penso que minha rejeição particularmente violenta a esse estilo mostrou-se útil mais tarde, por ter limpado o terreno para que eu visse o problema de uma forma completamente diferente, explorando as condições reais da prática dramática. Hoje percorro todos os caminhos: os teatros, as formas disponíveis, todos os sistemas de pensamento dentro dos quais formas e instituições específicas se desenvolveram, mas nunca o tipo de biografia literária que eu estava então atacando. Quando novamente escrevi sobre Strindberg em *Tragédia moderna*, relacionei seu trabalho a uma fase precisa da crise social e ideológica, não a qualquer número de dezembros selvagens. Naquela época, a sucata que a crítica de Cambridge jogava fora me impediu de ver a sua abstração arrogante do texto, que obviamente se mostra insuportável quando nos comprometemos com a análise séria de uma obra. Uma consequência foi que me recusei, por exemplo, a explorar os finais alternativos de *Journey to the Frontier* [Jornada à fronteira], pelo fato de que isso poderia ser explicado nos termos dos desenvolvimentos políticos de Auden e Isherwood, e eu não estava interessado nisso. Esse tipo de distanciamento estava alinhado ao meu ponto de vista. Mas devemos nos lembrar de seu contexto.

Contudo, o problema não é apenas de abstenção formal: ele afeta alguns de seus julgamentos essenciais. Um exemplo é o seu tratamento cortês da dimensão especificamente social das peças de Ibsen. Você escreve com desdém sobre Casa de boneca, *por exemplo: "Casa de boneca é hoje, como sempre tem sido, um fenômeno mais social do que literário. A sua exaltação repousa em sua relação com o feminismo e, embora Ibsen rejeite a atribuição de um apoio ao feminismo, em termos práticos isso parece importar muito pouco".[9] A sua avaliação da peça termina da seguinte forma: "A rejeição de Ibsen ao final moral convencional foi apenas uma cura limitada para essa deficiência" – a deficiência sendo a sua aceitação das convenções de palco românticas – "um negativo parcial dentro de uma aceitação essencial. Qualquer cura completa teria envolvido a restauração da substância dramática total".[10] Não parece ser necessário discutir a validade da opinião de que* Casa de boneca *é, em certos aspectos, uma obra de menos peso do que outras peças de Ibsen, incluindo*

---

9 *Drama from Ibsen to Eliot*, p.75-6; *Drama from Ibsen to Brecht*, p.47-8.
10 *Drama from Ibsen to Eliot*, p.78; *Drama from Ibsen to Brecht*, p.49.

algumas das obras tardias que você discute. Mas o tom no qual você discute a peça parece desnecessariamente depreciativo. O que você está de fato dizendo é que a aceitação por Ibsen de uma convenção de palco foi, de certa forma, mais significativa do que a sua rejeição de uma convenção moral ou social. Essa é uma questão delicada para se arbitrar – certamente não é uma questão para um julgamento excessivamente político ou anacronicamente pragmático. Teria sido o impacto da peça no público de Ibsen em sua época uma ilusão meramente ideológica ou uma complacência por parte desse mesmo público? O fato é que Casa de boneca *dramatizou uma afirmação sobre a situação das mulheres na sociedade burguesa que tem a sua força, e foi sentida como tal por mulheres em seu tempo e certamente também mais tarde. No contexto de um ensaio bastante longo sobre Ibsen, você parece dar um peso surpreendentemente baixo a essa conquista. Não há um desequilíbrio, talvez um conservadorismo velado, em seu julgamento final sobre Ibsen em seu livro?*

A questão é que a imensa maioria das peças de Ibsen não envolve o escape temporário disponível em *Casa de boneca* ou em *Um inimigo do povo*. Novamente, vocês devem entender contra o que eu estava escrevendo – *The Quintessence of Ibsenism* [A quintessência do ibsenismo], de Shaw, que realizou uma assimilação ideológica de Ibsen com algo bastante diferente, uma versão da liberação individualista. Para fazer isso, ele enfatizou *Casa de boneca* e *Um inimigo do povo*, claro que não enfatizou *Espectros*, e interpretou de forma radicalmente errônea, e muito deliberadamente, o resto de sua obra, de forma a evitar o que ele não queria mostrar, a noção que Ibsen possuía das barreiras que não conseguimos ultrapassar. Pois o drama de Ibsen não é de forma alguma sobre a liberação individualista, mas sobre o que chamo mais tarde de tragédia liberal, uma forma muito mais significativa. Por ser um movimento crucial, qualquer contribuição ao feminismo (e a negação de Ibsen é meramente tática), mesmo que isolada ou atípica, é importante. Gostaria de dizer isso agora e, assim, corrigir-me. Mas é igualmente necessário vermos que os casos em que a liberação tem um sucesso ambíguo, quando um indivíduo se desembaraça de sua situação, devem ser contrastados ao que possui um peso muito maior na obra de Ibsen, onde há uma falta radical de crença no projeto liberal de libertação. Embora, após Nora bater à porta, o que aconteça? Ibsen explorou várias versões possíveis, incluindo reescrever a peça para trazê-la de volta. Nunca há um cancelamento dos impulsos, mas uma percepção singularmente poderosa do que os bloqueia: a herança física, a herança social, todo o tipo de circunstância. Para Ibsen, é a sociedade em seu pleno sentido que frustra qualquer emancipação desse tipo. Ainda creio que seja muito mais relevante enfatizar a criação extremamente poderosa em Ibsen de formas de bloqueio aos projetos de liberação, às quais ele nunca renunciou, do que olhar para um ou dois casos onde ele as suspende e permite um escape ambíguo, algo mais fácil de ser assimilado pelo pensamento progressista.

Isso é inteiramente aceitável. Mas é um pouco diferente do que você sugeriu na época. Por exemplo, você mencionou Espectros. *Você trata da peça logo após discutir* Casa de boneca, *e diz o seguinte: "*Espectros *é uma peça do mesmo tipo de* Casa de boneca, *mas de um temperamento bastante diverso. Os seus temas são mais sérios".*[11] *Pode-se perguntar em que sentido os temas seriam mais sérios, pois a peça* Espectros *exemplifica a forma mais redutiva e viciada do naturalismo, a noção do fatalismo biológico. A fisiologia é usada como um paradigma da sociedade. Qualquer pessoa da época de Ibsen sabia da diferença: uma doença hereditária não é o mesmo que uma restrição social. Confundir os dois é dramaticamente falso. Isso poderia ser demonstrado na própria peça, que possui momentos poderosos de retórica, mas muitas fraquezas estruturais. A ideia de que os temas em* Espectros *são mais sérios do que os de* Casa de boneca *parece ser uma concessão a uma ideologia conservadora. Pode-se dizer que a peça é mais séria, mas por que os temas o seriam?*

Claramente eles não são. O que eu deveria ter dito não é que os temas eram mais sérios, mas que todo o modo de composição era mais sério. Ele inclui mais. *Espectros* possui um conjunto de relações muito mais complicado do que *Casa de boneca*, no qual a dependência de Ibsen por convenções anteriores de resolução milagrosa pela boa sorte limita o plano no qual ele manuseia a experiência. O que eu diria é que minhas formulações específicas estavam erradas, mas creio que a direção do julgamento ainda está correta. Ibsen é um dramaturgo dos bloqueios à liberação, que ele ainda assim toma como um projeto, e não um dramaturgo da liberação, como ele tem sido apresentado. Tomando a questão da posição das mulheres, se formos de *A casa de boneca* para *A dama do mar* ou *Hedda Gabler*, poderemos ver que a saída de Nora é uma solução bastante temporária dentro de uma forma particular, e Ibsen não

---

11 *Drama from Ibsen to Eliot*, p.78; *Drama from Ibsen to Brecht*, p.50.

mantém esse tipo de possibilidade. Ele vê um impulso irrefreável em direção à liberação que então se torna, por necessidade, uma forma de autodestruição. Mas não quero discordar de sua questão original, que é bastante justa.

Na versão revisada do livro, você reestruturou a segunda parte em uma seção intitulada "Os dramaturgos irlandeses" – logo após a "Geração de mestres", que abrangia Ibsen, Strindberg e Tchekhov. Você comenta essa mudança em sua introdução: "Volto-me então, na segunda parte, a uma tradição nacional notável: a dos dramaturgos irlandeses, de Yeats, na década de 1890, passando por Synge e Joyce, e chegando a O'Casey na década de 1940. Essa tradição acabou por incluir a maior parte das formas dramáticas modernas, mas em uma situação nacional e histórica particular, que requer ênfase".[12] Na verdade, um leitor desses capítulos sobre os irlandeses não encontra uma ênfase considerável na sua situação histórica e nacional. Você de fato repreende O'Casey pela sua relação tardia com o povo e a história irlandesa em seu trabalho mas, de modo geral, mesmo nessa revisão, há a persistência de uma abstração da história nacional real, algo que também não é irrelevante para a obra de Ibsen. Você achou impraticável remodelar a forma de seu livro quando você o reescreveu como Drama from Ibsen to Brecht?

Sim. O livro deveria continuar a ser essencialmente uma análise das formas dramáticas. Ao agrupar os dramaturgos irlandeses, eu quis oferecer uma ênfase histórica sem de fato escrever história, que creio ter sido feito em toda parte, ao passo que o que não havia sido feito era mostrar as formas bastante complexas e variáveis do que é simplesmente classificado como uma única tradição dramática irlandesa. Posso ver hoje que um ensaio interessante poderia ter sido escrito analisando precisamente as fases do movimento nacional nos termos de uma evolução dramática das formas. O drama inicial de Yeats constrói uma imagem de uma nação que é bastante característica do início do ressurgimento nacionalista, profundamente baseada em um passado lendário. O encontro entre a lenda e a realidade social contemporânea é bastante problemático: essa forma tornou-se rapidamente um objeto de ataques violentos dentro do movimento nacionalista, [que a rotulou] anti-irlandesa e antipopular. A versão de O'Casey da guerra civil fornece uma nova margem de realismo contra a lenda. Contudo, ao mesmo tempo, ela enfatiza exageradamente

---

12 *Drama from Ibsen to Brecht*, p. 21.

o seu caos e confusão, a ponto de cancelar elementos sociais e históricos decisivos em um projeto de libertação nacional. Então, há a rejeição bastante consciente da Irlanda como um todo, dentro de uma preocupação continuada, em toda a trajetória de Joyce. Certamente, alguns elementos desse mesmo movimento podem ser encontrados em Ibsen, cujo trabalho inicial é inspirado pelo sentimento nacional norueguês contra a Suécia, envolvendo, de forma clássica, todo o problema da linguagem, que era obviamente o pivô do nacionalismo político-cultural inicial. Estou tentando trabalhar recentemente o caso do País de Gales, onde há evolução similar, um ressurgimento cultural galês que remete a um passado celta presente desde os tempos romanos e anterior a qualquer tradição histórica inglesa – e, dessa forma, livre das influências corruptoras do modernismo como um movimento – e vai até uma crítica dessa vinculação lendária a um novo tipo de escrita nacionalista, que sofreu crises severas com o industrialismo e aniquilou tantos usos da língua galesa.

Esse é o tipo de ensaio que poderia ter sido escrito sobre o drama irlandês. Mas meu livro havia sido concebido como um estudo das formas dramáticas. Quando o revisei, eu já tinha desenvolvido, em *Tragédia moderna*, o tipo de análise socioideológica – e não histórica – que desde então me pareceu necessária para entender o conflito dessas formas. Achei muito difícil revisar o livro, pois eu tinha incluído muitas análises de dramas recentes cujos originais não me lembrava de quando havia escrito. Tive de mudar certas coisas e excluir outras. Contudo, ele ainda teria de ser, em certo sentido, o mesmo livro, concebido na mesma estrutura.

Sua obra sobre o romance é uma defesa e ilustração permanente do realismo. Você insiste que há uma unidade necessária entre o indivíduo e a sociedade. O sucesso na sua representação ficcional depende da habilidade em manter ambos num balanço complexo e delicado, no qual as qualidades de um se tornam visíveis nas atividades do outro. Você ataca simultaneamente o romance sociológico e o psicológico, nos quais os dois polos do que deveria ser uma tensão dialética são cindidos nas abstrações típicas do modernismo e em suas formas opostas. Porém, pode-se dizer que o paradoxo central de sua obra sobre o drama é que ela parece tomar uma direção contrária ao ímpeto de seus textos sobre o romance. Pois Drama from Ibsen to Eliot é teoricamente uma crítica constante do naturalismo como forma. Pode-se pensar inicialmente que essa tenha sido uma junção lógica, tomando o naturalismo como o tipo de perversão ou reificação do realismo que Lukács entendia por esse termo. Mas examinando o seu livro mais de perto, essa antítese específica não é nele operativa. Na verdade, se tomarmos as famosas definições do naturalismo e do realismo dadas por Strindberg e citadas por você, é evidente que o que Strindberg concebia como naturalismo era notavelmente similar ao que Lukács chamaria de realismo, enquanto o que Strindberg chama de realismo é equivalente ao que Lukács denomina naturalismo.[13] Nessa conexão, é interessante que quando peças específicas se aproximam da forma do romance, você em geral as ataca. Por exemplo, em sua discussão sobre Rosmersholm, você culpa Ibsen por tentar fazer algo que o dramaturgo não pode alcançar, reproduzir o desenvolvimento psicológico do personagem no palco. Este, você argumenta, é um procedimento do romance que é inapropriado ao drama. Isso significaria que você pensa que a síntese realista peculiar é inerentemente impossível no teatro. Em outras palavras, que as formas dramáticas não podem representar a inter-relação e implicação mútua do social e do pessoal que você toma como sendo a grande conquista do romance realista?

Ao mesmo tempo, o aspecto central de sua polêmica contra o naturalismo é um interesse agudo, em alguns momentos mesmo uma exaltação do drama versificado como um antídoto moderno ao naturalismo. Essa ênfase programática toma uma forma que parece particularmente estranha – a sua grande admiração pelos méritos do drama de Eliot, sugerida pelo primeiro título do livro. É perfeitamente aceitável que você reserve sua maior admiração por Assassinato na catedral, e que você se torne progressivamente mais desapontado ou desiludido com os textos posteriores de Eliot. Mas você ainda encontra palavras para peças que a maioria das pessoas consideraria hoje como meramente de mau gosto, como O coquetel. Seja como for, o que quer que as peças de Eliot possam ser, elas não estão de forma alguma preocupadas com a unidade de substância entre personalidade e sociedade. Contudo, você termina o seu capítulo sobre Eliot dizendo: "O teatro do personagem e o teatro das ideias viveram, acima de tudo, em uma união deliberada e íntima por setenta ou oitenta anos. Se necessitamos de uma frase para o tipo de drama que Eliot se esforça por recriar, devemos falar do teatro da experiência. Não se pode dizer que Eliot resolveu todos os problemas que emergiram da decadência do drama romântico e das limitações do drama naturalista que o substituiu. Mas talvez

---

13 *Drama from Ibsen to Eliot*, p.116-7; *Drama from Ibsen to Brecht*, p.79-80.

ele tenha nos levado ao ponto no qual tal solução possa ser vislumbrada".[14] *Mesmo que deixemos de lado o caráter questionável de seu julgamento, o seu veredicto sobre o naturalismo e o drama versificado nesse trabalho inicial poderia ser reconciliado com as suas reflexões posteriores sobre o realismo?*

Deixe-me dizer, logo de início, que me foi impossível escrever de modo adequado sobre as formas dramáticas até que eu tivesse entendido plenamente a natureza do movimento histórico do naturalismo e do realismo, o que não ocorreu naquele momento. De fato, eu retornei, nos últimos sete ou oito anos, a uma defesa de certos tipos de drama naturalista que está muito próxima da posição que você descreveu corretamente em meus textos sobre o romance. Há, porém, uma distinção importante a ser feita entre os modos do drama e do romance. O que vemos continuamente em peças que, num sentido técnico, são naturalistas, ou seja, pretendem reproduzir a vida real no palco, é que certas coisas que podem ser alcançadas com relativa facilidade no romance podem ser acomodadas ao drama apenas de modo desajeitado e fraco, se é que o podem. Há uma demonstração famosa disso na obra de Lawrence, onde há um conto e uma peça naturalista que partilham muito de seu material, de forma que se pode dizer com propriedade que uma é ficcional e a outra a sua versão dramática. Comparei ambas já em 1945-46. O que Lawrence pôde fazer dentro do modo ficcional e dentro do modo dramático foi radicalmente diferente, pois no primeiro ele pôde incluir a experiência social mais geral que foi decisiva para a compreensão da experiência familiar específica na qual ele estava interessado. Em outros casos, o problema seria o da integração do movimento histórico nas duas formas. A base integral de minha análise da transição do naturalismo ao expressionismo é que muito do expressionismo foi um esforço para reformar a peça teatral, de modo a capturar uma experiência social e histórica mais ampla do que permitiam as limitações do naturalismo a um único espaço de atuação. Contudo, a inclusão total da experiência histórica ou social mantém-se profundamente difícil dentro da forma dramática, mesmo após a liberação alcançada pelo expressionismo social, que podia ao menos inserir, e era caracteristicamente uma inserção, a ideia de um movimento muito mais amplo da sociedade e da história dentro do qual ações específicas eram encenadas.

---

14 *Drama from Ibsen to Eliot*, p.270.

Porém, esses problemas técnicos são muito menos agudos para um romancista. Em um romance, um personagem pode chegar com uma história social apresentada diretamente, frequentemente antes de ele começar a falar. De fato, o método típico do romance realista do século XIX era o de introduzir o personagem com uma longa descrição, incluindo uma definição muito mais completa da aparência física e da maneira de falar do que o roteiro de uma peça pode alcançar, uma vez que as direções de palco são pouco mais do que um conjunto de pistas. Mesmo antes de o personagem chegar, todo o cenário já poderá ter sido descrito, evocando de forma típica uma sociedade ou economia específica dentro da qual a ação ocorrerá. Nada disso é conseguido com facilidade no palco. Embora eu veja com muito mais simpatia o projeto naturalista do drama hoje, sobre o qual direi mais, ele se mantém mais problemático do que o projeto realista no romance. Algumas das mesmas dificuldades reapareceram agora no romance, devido à redução drástica de sua escala física sob pressões econômicas específicas da publicação, que têm na realidade cancelado muitas das vantagens tradicionais do romance como forma, embora esse não seja o único motivo para isso ter acontecido.

Retornando à sua questão mais ampla, quando escrevi *Drama from Ibsen to Eliot* aceitei, como qualquer outro, a definição do naturalismo fornecida pelos seus inimigos e por escritores de porte que lutavam com suas dificuldades ou estavam frustrados com algumas de suas restrições – a definição essencialmente técnica do naturalismo como uma reprodução da vida contemporânea real no palco. Como qualquer outro, vi esse projeto nos termos das dificuldades que ele veio a encontrar. Em primeiro lugar, como muitos disseram, era impossível, dentro desse modo, representar uma experiência que não fosse um assunto provável para uma conversa. Yeats notou que quando pessoas modernas vivem emoções fortes, elas não dizem nada, apenas olham para o fogo. Todos os tipos de problema da subjetividade, ou da representação do pensamento, poderiam ser manuseados apenas de modo bastante desajeitado, se pudessem o ser, e muitos deles foram evitados. Em segundo lugar, como enfatizei, o naturalismo foi simplesmente incapaz de se mover para fora, em direção à sociedade e à história. Ele não pôde estender o seu foco. Assim, tracei as duas formas que o substituíram na prática: o movimento em direção ao expressionismo subjetivo, que reconstruiu o lugar da ação dramática como consciência, e não como ação ou comportamento; e o movimento em direção ao expressionismo social, que reconstituiu o lugar na sociedade em uma forma bastante generalizada. A análise da transição estava absolutamente correta. O que estava errado era o modo como concebi o projeto original. Pois o naturalismo foi parte de um movimento social secular necessário e progressivo. A questão central do naturalismo era a de sua oposição ao supranaturalismo. Seu impulso apontava para três direções: uma ênfase no secular, no contemporâneo, e nos procedimentos científicos da história natural, nessa ordem. Em outras palavras, a forma introduzida pelos naturalistas pertence decisivamente a um projeto de liberação e, nesse sentido, parece análogo, dentro de seu âmbito de sucesso mais estreito, à forma realista no romance.

Há ainda uma proposição fundadora do naturalismo como um movimento intelectual que também produziu duas gerações bastante poderosas de produção literária: a do personagem como inseparável de seu ambiente, em sua versão mais fraca; e a do personagem determinado pelo ambiente, versão mais robusta. A forte ênfase do naturalismo dramático na criação de cenários precisos e a reprodução incessante de cômodos imitando a realidade foram mais tarde vistas como um esforço pela verossimilhança, com o objetivo de induzir o público à ilusão de que estava presenciando um cômodo real. A sua significância concreta era bastante diversa. O seu impulso real foi que o ambiente deveria ser fisicamente apresentado por ser um aspecto decisivo da ação. Não se trata de um cenário. Não há algo como um cenário naturalista, como fica evidente nas peças naturalistas de Ibsen, nas quais os personagens produzem o ambiente ao viverem nesses cômodos, que são sempre o centro físico da atenção. Eles estão mergulhados nesse ambiente que, em certo sentido, espelha materialmente suas vidas. Contudo, ao mesmo tempo, o ambiente é decisivamente ativo em suas vidas, com as restrições físicas reais do cômodo e o sentido de um tipo particular de paisagem fixa. Costumava ser um lugar comum, algo que ainda pode ser encontrado em livros didáticos, que o único motivo para a construção daqueles cenários realistas fossem os avanços técnicos da carpintaria e iluminação de palco, que tornaram possíveis réplicas exatas dos cômodos no palco. Isso é, obviamente, um absurdo, uma vez que o cômodo poderia ter sido construído no teatro grego do período clássico se houvesse interesse em fazê-lo. O propósito era a criação de um ambiente físico como uma agência e não como um cenário. Ao mesmo tempo, esse foi um movimento da sociedade burguesa e, dessa forma, o ambiente que foi criado definia o centro da sociedade como a família e a vida privada. Em oposição ao drama anterior, o ambiente não apenas rejeitou a dimensão religiosa metafísica, mas também estreitou a esfera da ação pública da corte, do fórum e da rua para o cômodo em uma casa de família. Era lá que coisas importantes aconteciam entre poucas pessoas. O resultado foi que a proposição de uma relação determinante entre o personagem e o ambiente sofreu uma qualificação peculiar, que não era inerente ao projeto original, na medida em que o ambiente se tornou socialmente limitado e, em seus desenvolvimentos extremos, estático. A imagem física mais poderosa criada no período do drama naturalista é a do cômodo como uma armadilha. As pessoas olham pela janela para ver o que está acontecendo no mundo, que não pode ser mostrado. Mensagens do mundo exterior chegam pela porta, mas o centro do interesse dramático é o interior. Um sentido passivo do ambiente, não meramente como formativo – que, em minha opinião, é uma ideia progressista – mas como totalmente determinante – que creio não o seja – é, por fim, incorporado nessa forma imóvel e presa.

Por outro lado, a definição marxista do realismo se inicia discutindo a sociedade e a história, e não a noção burguesa de "ambiente". Isso é um avanço, por introduzir uma mobilidade necessária. Era precisamente com o movimento da história que a forma dramática desenvolvida mais extensivamente dentro do naturalismo não podia lidar. Ela podia, no máximo, procurar por um momento típico da crise no qual a história social irrompesse no espaço fechado do drama – o final de O jardim das cerejas, de Tchekhov, é um exemplo clássico – mas como uma ação que ocorre essencialmente fora do palco. Assim, para entendermos todas as possibilidades do projeto naturalista como uma perspectiva secular nova do caráter pessoal e das relações sociais, o drama teve de se mover para outras formas. Essa necessidade realça a diferença entre o que é possível dentro das formas dramáticas e o que o é dentro das ficcionais, em ambos os casos produtos de um mesmo impulso. Pois uma descrição profundamente detalhada do ambiente físico e social, uma apresentação completa do personagem, é algo relativamente não problemático em um romance. A sua exclusão em toda uma área da ficção modernista parece-me, indubitavelmente, uma regressão em um plano significativo – embora evidentemente essa exclusão tenha permitido alguns avanços menores de outro tipo. Mas no drama, devido à forma bastante específica das restrições burguesas por que passou, o naturalismo em um sentido técnico teve de ser rejeitado. Contudo, as formas que o sucederam tenderam a ser, em sua maioria, esforços para realizar de modo mais adequado o projeto inicial. A exceção importante é o drama de Yeats e de Eliot. É por isso que foi realmente um erro eu não ter compreendido o caráter do ataque de Eliot e de Yeats ao naturalismo. Pois eles estavam se opondo não às restrições técnicas do naturalismo, embora pudessem falar eloquentemente sobre elas. O que Yeats e Eliot tentaram realizar foi uma restauração, em seu sentido real, um retorno a uma concepção pré-secular e metafísica das relações e dos personagens anterior ao naturalismo. Seu objetivo era uma contrarrevolução. Eu deveria ter sido capaz de separar as questões técnicas que eles realçavam meticulosamente dos temas ideológicos que eles propunham, mas que só mais tarde pude definir.

Isso ficou bem claro. Mas deixa espaço para ainda outra questão. Em sua conclusão revisada de Drama from Ibsen to Brecht, *escrita em 1963, você registra o colapso do drama de Eliot e expressa a sua desilusão com isso. Mas o peso principal de sua crítica é que o que estava errado era o seu compromisso com o naturalismo. "O que de fato aconteceu no drama versificado foi que o novo princípio colidiu com um hábito consagrado [do teatro naturalista], e foi o princípio que bateu então em retirada".[15] Você então prossegue: "O desaparecimento do teatro de esquerda dos anos 1930 conduziu a uma identificação do drama versificado com uma única doutrina: um cristianismo extraordinariamente lúgubre. No topo de suas dificuldades técnicas, o isolamento doutrinal foi demais para ele. Ele estava muito exposto, e foi facilmente atacado". A marca impeditiva dessa identificação foi que "quando se pensava em peças teatrais inglesas versificadas de meados da década de 1950, pensava-se em temas religiosos ou quase religiosos, ou em fragmentos de uma educação clássica, todos degenerados em maneirismos".[16] A pergunta que deve ser feita é a seguinte: não seria possível haver uma conexão intrínseca entre o isolamento doutrinal e o projeto mesmo do drama versificado em primeira instância? Foram os dois em algum momento separáveis? Você apresenta o drama versificado como uma solução essencialmente técnica ao problema da baixa intensidade da fala contemporânea. Seu argumento foi que o drama versificado seria capaz de acelerar ou elevar o alcance comum da expressão em*

---

15 *Drama from Ibsen to Eliot*, p.302.
16 Ibid., p.302-3.

conversas informais até o ponto em que uma profundidade bastante nova da experiência pudesse ser incorporada no palco. Contudo, não poderíamos dizer que a própria ideia de usar versos no palco como um meio discursivo em meados do século XX possuía um caráter inescapavelmente hierático e ritualizado que tenderia inevitavelmente a uma perspectiva clerical ou conservadora? Em outras palavras, talvez a junção entre a solução técnica e a orientação ideológica não tenha sido tão contingente como você sugeriu. Poderiam poetas talentosos de esquerda ter levado esse tipo de projeto muito longe?

Eu acabei por entender essa dificuldade quando percebi que a questão decisiva não era sobre verso ou prosa, mas sobre que tipos de verso e de prosa. O maior erro de Eliot foi a sua tentativa de encontrar um verso dramático apropriado para todas as ocasiões, que poderia funcionar como um substituto para a conversa. Pois toda a questão do verso como capaz de uma maior precisão e intensidade de significado sucumbiu quando os personagens tiveram de perguntar se alguém havia comprado o jornal da tarde, uma conversa perfeitamente comum em um modo poético uniforme. Agora, se olharmos para os experimentos com o verso dos anos 1930 ou para algumas outras formas do drama pós-guerra, o ponto central é que o verso ou a canção foram usados para uma intensificação, mas jamais pretenderam impor o que é necessariamente uma unidade falsa. Todos os planos diversos de intercâmbio e de inter-relação não podem estar contidos num único ritmo.

Nossa questão é ainda um pouco diferente da sua. O que estamos sugerindo é que mesmo que nenhuma ação da peça seja rebaixada ao nível do banal ou do mundano, é provável que um drama versificado se mantenha inaceitavelmente arcaico e regressivo. Há uma ausência bastante suspeita em seu livro. Ele é uma obra extensiva sobre o drama europeu, mas um nome que não pode ser lá encontrado é o de Claudel, que é o pioneiro do drama versificado em sua maior escala. As peças de Claudel são absolutamente hieráticas e religiosas, e não fazem concessões a qualquer conversa do dia a dia: a ação é sustentada em um tom elevado e heroico por todo o tempo. Os resultados da prática de Claudel deveriam ser uma advertência sobre a direção que qualquer tentativa de reintroduzir o verso em larga escala contra a corrente tende a tomar.

Sim, mas essa é ainda uma análise formal. Vocês podem dizer exatamente isso, uma vez que meu argumento original foi redigido em termos formalistas. O problema, contudo, é que qualquer definição do drama versificado depende de uma definição anterior do drama em prosa. Contudo, como Eliot mesmo apontou, o *Monsieur Jourdain* de Molière estava autorizado a ficar surpreso ao lhe dizerem que ele havia falado em prosa por toda a sua vida, pois evidentemente esse não era o caso. Na verdade, bem pouco da fala dramática é prosa nesse sentido. Toda a questão do drama está em ele ser um modo bastante específico de escrita para a fala, não a escrita da fala. A novidade específica do naturalismo, que é bastante separada da questão do verso ou da prosa, foi que ele realizou pela primeira vez a reprodução de uma conversa. Com o tempo, a escrita do diálogo se tornou extraordinariamente habilidosa, como vocês podem ver em Ibsen, cujo uso é uma inovação significativa no drama europeu. Essa técnica tornou-se mais tarde um hábito naturalista. Quando chegamos ao drama televisivo dos anos 1960, é surpreendente a habilidade técnica em reproduzir conversas, ao ponto mesmo de enfatizar as suas deficiências, a dificuldade de articulação característica, os falsos inícios, as sentenças inacabadas. Em certa época, todos os episódios de *Z-Cars* tinham policiais falando como personagens do drama naturalista tardio, onde a dificuldade de articulação como tal é comunicada, ao invés de a conversa ser inarticulada.

Mas se a escrita para a fala é um problema, é evidente que, se impusermos uma forma versificada uniforme por toda a peça, estaremos engajados em uma posição em direção à realidade representada, ainda que distante. Outros tipos de experimento podem usar o verso com sucesso ao integrar uma multiplicidade de níveis no drama. Seria bastante errado excluir o verso de certos tipos de escrita para a fala em um plano teórico geral. O que se torna intolerável é ou a opção pela adoção de uma forma versificada geral que englobe tudo no plano do mito, ou a descida do metafísico ao trivial dentro de um meio versificado uniforme, como o que encontramos nas últimas peças de Eliot. Por outro lado, o caminho oposto produz paradoxalmente a mesma uniformidade, não da prosa, mas da fala representável. O resultado é um efeito bastante similar de fechamento. Pois, uma vez que certo plano da fala conversacional seja decidido, não se pode mover além dele: estaremos confinados aos seus limites em momentos em que uma maior intensidade de expressão seria necessária, e o resultado será um tipo correspondente de fracasso. Comentei alguns exemplos desse drama naturalista inglês inicial, onde personagens movem-se em direção a uma dicção mais intensa e têm então de fazer uma retirada constrangida, dizendo coisas como:

"Podemos terminar a conversa em prosa?" Por outro lado, se olharmos para a forma como a representação da fala é escrita na ficção realista, ela varia extraordinariamente do plano da conversa simples, quando pessoas perguntam como chegar a algum lugar ou falam de algum assunto imediato, ao tipo mais trabalhado de escrita, quando uma experiência decisiva está em jogo. A convenção comporta essa amplitude com perfeita facilidade, porque ela é unificada no romance por uma narrativa global. Não estou de forma alguma convencido de que esse tipo de variação de planos deva ser removido do drama. O seu significado será, evidentemente, diferente. Tomem o verso não em um sentido formalista, mas como o emprego de certos recursos de ritmo para intensificar certos tipos de escrita para a fala, e então olhem para *A dança do Sargento Musgrave*. Esse é um exemplo bem-sucedido de um experimento desse tipo, justamente devido à sua grande variedade de planos.

Esse é um exemplo interessante, pois Arden usa a canção com bastante eficiência. A canção está, de certo modo, mais próxima da fala comum do que a poesia, uma vez que as pessoas de fato cantam em seu dia a dia, embora nunca falem poeticamente. Curiosamente, a canção pode ser uma ruptura menor dentro da textura do drama do que a declamação. É certamente sugestivo que Brecht, embora um poeta de peso, tenha recorrido em geral à canção e não ao verso em suas peças. A maioria dos recursos de elevação dos quais você falou provavelmente estão mais próximos da canção do que do verso tradicional, com a sua metrificação clássica.

Eu não gostaria de defender um abandono teórico das formas versificadas. Estaria em séria dificuldade alguém que defendesse que o realismo está comprometido com a representação cotidiana provável, só possível de ser quebrada quando as ações prováveis do dia a dia fossem rompidas, como a experiência nova e partilhada da canção. Pois certas áreas de silêncio ou de códigos dominantes só podem ser quebradas por algo que é indubitavelmente uma convenção alternativa da escrita para a fala. Se ela será o verso é outra questão. É verdade que atores que não são treinados para declamar versos, o que acontece mesmo quando encenam Shakespeare, tendem a imprimir à poesia outros ritmos, tornando qualquer ruptura muito mais acentuada. Creio, de qualquer forma, que a situação geral tenha sido transformada pela mobilidade das formas dramáticas inauguradas pela câmara. O teatro está agora longe de ser o único lugar de experimentação radical significativa. Pois a criação de imagens visuais funciona agora continuamente em algumas das formas que o verso um dia funcionou: não apenas estabelecendo cenas que correspondam a um ambiente naturalista, mas imagens de um tipo conscientemente estendido.

Minha opinião é que é crucial, dentro da mais ampla perspectiva sociocultural, a retenção dos princípios do projeto naturalista original. Não me desculpo por usar o termo "naturalista", embora talvez seja mais conveniente chamá-lo realista. Refiro-me aqui ao projeto de um drama vinculado à história, à sociedade e à secularidade. Ao mesmo tempo, tal drama deve sempre resistir ao movimento em direção à reprodução da realidade do dia a dia em seus próprios termos, o que teve efeitos nefastos mesmo em algumas composições poderosas e necessárias do romance. Nesse sentido, a realização do projeto naturalista ou realista exige uma abertura a muitas convenções, e não uma confiança em apenas uma, seja ela qual for.

Essa posição não é incompatível com muito do drama naturalista clássico, que nunca ficou confinado a uma dicção monorrepresentacional. Ibsen, como você mostra muito bem, mostrou uma habilidade notável para mudar o tom da fala em suas últimas peças.

Ibsen efetuou rupturas entre pessoas, conversando sobre assuntos correntes de sua época e as articulações mais extraordinariamente intensas do que seria bastante improvável de ser dito. Essas rupturas foram bastante difíceis de serem alcançadas, mas ele pôde controlá-las.

Outro caso central poderia ser a linguagem de Büchner, que possui um poder poético de uma intensidade assombrosa dentro do projeto dramático mais implacavelmente naturalista concebido, tomando a definição estrita que você deu ao termo.

Sim. O maior interesse de sua obra está no uso de convenções múltiplas, cuja origem está no fato de ele ter visto a sociedade como nitidamente uma ordem de classes. Büchner procurou representar modos alternativos de fala, não apenas entre diversos planos da personalidade, o contexto usual das preocupações formalistas, mas entre diversos planos de sociedade.

No intervalo entre a publicação de Drama from Ibsen to Eliot *e a ampla revisão de* Drama from Ibsen to Brecht, *você escreveu* Tragédia moderna.

Esse é, obviamente, um livro de grande alcance e importância no desenvolvimento de sua obra como um todo. Apesar do título, apenas uma parte dele é voltada ao drama, e também são discutidos romances, filosofia e história política. Teremos de voltar a isso nesses outros contextos. Para o momento, poderíamos perguntar quais foram as origens de Tragédia moderna *como uma intervenção?*

Esse nunca foi um livro que me vi escrevendo. A maior parte dos livros que escrevi foi projetada alguns anos antes. Muitos deles vieram a ser muito diferentes da ideia inicial, mas foram visualizados anteriormente. *Tragédia moderna*, ao contrário, foi apenas uma resposta ao choque de retornar a Cambridge e encontrar o curso sobre tragédia em uma forma muito mais ideológica do que ele havia sido quando fui um estudante. A surpresa foi ainda maior porque, afinal, eu havia tomado do curso anterior muitos impulsos que direcionaram minha pesquisa sobre o drama, e eu não achava que iria novamente trabalhar nessa área. Minha reação inicial tomou a forma do breve ensaio "Dialogue on tragedy" [Diálogo sobre a tragédia], publicado na *New Left Review*.[17] A princípio, eu não tinha a intenção de ir muito além daquele texto, mas no processo do debate a questão tomou novas dimensões. Eu ainda não pensava que dali sairia um livro, apenas alguns ensaios. Então, algo curioso aconteceu. Foi-me dado um curso sobre tragédia moderna e pensei, bem, não preciso realmente me preparar para ele, já que tenho *Drama from Ibsen to Eliot*. Tomarei minhas palestras de lá. Mas no processo de ministrar as palestras, agora com uma consciência específica de um debate mais geral sobre a natureza da tragédia, elas se transformaram. É como se eu fosse para a sala de palestras com o texto de um capítulo de *Drama from Ibsen to Eliot* diante de mim, e saísse com o texto de um capítulo de *Tragédia moderna*. Os mesmos autores são discutidos em ambos os livros, os mesmos temas são desenvolvidos, as mesmas citações são usadas, o que é o aspecto central da continuidade. Mas a discussão estava agora em outro modo. Enquanto muito do trabalho anterior havia sido bastante técnico, concentrando-se nas convenções dramáticas e nas relações do palco teatral e de dramaturgos individuais, a nova pesquisa estava mais próxima de uma crítica ideológica.

Tragédia moderna possui um tom fortemente engajado, tanto política quanto culturalmente. Talvez o capítulo intitulado "Tragédia e revolução" seja o texto

---

17 *New Left Review*, 13-14, 1962.

mais militante que você publicou desde seu período como estudante em Cambridge. Qual foi a reação ao surgimento de Tragédia moderna? *Qual foi a conjuntura na qual o livro foi publicado?*

Esse foi um período de uma escrita mais consciente contra uma oposição, após a recepção bastante hostil a *The Long Revolution*. Quando escrevi o livro, uma formação bastante específica em torno de uma situação docente, cultural e política estava em minha mente. O capítulo "Tragédia e revolução" foi escrito bem tarde, e estava diretamente relacionado à conjuntura de meados dos anos 1960. Pois já havia atividade o bastante nas universidades para que a ideia de revolução tivesse, se não o impacto do final dos anos 1960, ao menos uma ressonância significativa. Fui convidado a ministrar uma palestra e escolhi especificamente o tema de tragédia e revolução, uma vez que era um público formado predominantemente por estudantes de esquerda. Após *Cultura e sociedade*, a recepção de minhas obras mudou completamente. É curioso que eu fosse um acadêmico relativamente sensato antes de entrar na academia. Uma vez lá... Creio que a conexão não seja acidental.

Você escreveu que uma base essencial para a ideia contemporânea da tragédia é "a premissa de uma natureza humana permanente, universal e essencialmente imutável".[18] *Você critica essa ideia de modo bem convincente e desmistifica os seus elementos constitutivos: a persistência do mal, a falha heroica etc. Mas se rejeitarmos tão completamente uma narrativa geral da tragédia, qual a razão para continuarmos falando da tragédia moderna como tal, o que sugere uma variedade específica dentro de uma categoria mais ampla? Foi o termo mais do que uma conveniência léxica e processual para você?*

Há dois planos para responder a essa questão. Um é que muitos dos escritores cuja obra discuto pensaram sua produção como tragédia – havia uma continuidade em sua consciência entre seus próprios objetivos e aqueles de seus predecessores, bem como diferenças radicais. Essa é a resposta mais simples. A resposta mais substancial é que o conceito de tragédia ainda representa um agrupamento razoável, embora bastante problemático, de certa modalidade de obras em torno dos problemas da morte e do sofrimento e desintegração extremos. Digo certa modalidade por haver formas de escrever sobre esses problemas que não podem ser

---

18 *Modern Tragedy*, p.45.

agrupadas de modo sensato como tragédia. É possível falar em tragédia como uma categoria geral, uma vez que a morte é uma constante material na vida social, e que há várias formas de sofrimento e deslocamento extremos cujas causas podem ser bastante díspares, e que essas experiências são interpretadas e capturadas ideologicamente em formas sucessivas de significação. Estava interessado em mostrar as relatividades bastante substanciais operando em certas permanências na situação material, mesmo no caso da inevitabilidade da morte. As constantes físicas estão lá, mas sempre sofrem uma interpretação cultural, filosófica ou sociológica altamente variável nas obras de arte, que as elaboram como tragédia.

BRECHT E ALÉM

Ainda não discutimos a mudança significativa que ocorreu em seu modo geral de ver o drama moderno, simbolizada pela alteração do título de seu livro para Drama from Ibsen to Brecht. *É evidente que o seu encontro com as peças de Brecht o levou a uma reavaliação de suas posições anteriores. Há duas perguntas que gostaríamos de colocar. Uma é simplesmente por que Brecht é tão ausente na primeira edição de seu livro – você teve a oportunidade de ler ou assistir a peças de Brecht? Em caso negativo, quando você teve a oportunidade de se familiarizar com ele? A segunda pergunta é um retorno ao centro de nossa discussão anterior: a sua discussão do drama de Brecht é certamente a análise mais brilhante do livro. O seu argumento é essencialmente que Brecht rompeu com o drama naturalista ao introduzir a história e produzir uma ação onde o naturalismo havia, de modo característico, se preocupado com a paixão em um sentido técnico, ou seja, com pessoas sofrendo algum processo determinado além do espaço do palco. Contudo, ao mesmo tempo, você demonstra que Brecht reteve o nó central da estrutura de sentimento naturalista, pois os dois termos de seu drama mantiveram inalterado o par do indivíduo isolado e da sociedade esmagadora contra o indivíduo. Assim, enquanto as últimas peças, como* Galileu *e* Mãe Coragem, *são críticas diretas ao mito do indivíduo autônomo, mostrando o grau no qual os personagens centrais estão sujeitos a todas as mudanças e determinações da sociedade, elas nunca mostram a sua composição real, uma vez que Brecht não estava quase nunca "interessado nas relações imediatas, no todo complexo da experiência simultaneamente pessoal e social entre os polos do indivíduo separado e da* sociedade total[.]".[1] *Da mesma forma, você mostra que, apesar de Brecht estar engajado em um socialismo revolucionário, ele não pôde representar qualquer libertação social possível em suas peças. Ao invés disso, a sua força real vem de uma oposição irresoluta entre as satisfações da experiência sensual imediata e as exigências e sacrifícios organizacionais abstratos da política. Incapaz de enfatizar a imersão nos prazeres materiais da experiência imediata, mas ciente do que envolvia os ditados da política comunista na época de Stálin, ele nunca pôde situar suas ações centrais no presente, colocando-as em um passado histórico longínquo. Você conclui: "Devido à relação polar fazer-se presente e ainda ser decisiva, o drama é retrospectivo em um sentido profundo: o isolamento intolerável é um fato, e quando vemos homens produzindo a si próprios e suas situações, é isso, essencialmente, que eles produzem. Isso é visto como inevitável e, contudo, é rejeitado. A forma dramática não é orientada para o crescimento. As experiências das relações em transformação e das mudanças sociais não estão incluídas, e o tom e as convenções são decorrentes disso: é mostrado por que as pessoas estão isoladas, por que fracassam... Essa é uma originalidade significativa, não por entrar em um novo mundo, mas por avaliar um mundo antigo de modo diferente: um mundo criado diretamente no drama por Ibsen, Strindberg e Tchekhov – um mundo do fracasso, da frustração, do isolamento. Um mundo racionalizado por Pirandello e pelos absurdos de uma condição total, da insignificância e da perda de valores. Um mundo agora depurado, por Brecht, da piedade e da aceitação mantidas a uma distância próxima, criticadas e explicadas". Então, você diz: "O poder desse mestre único é conclusivo. Com essa última mudança, um mundo dramático particular, o do indivíduo contra a sociedade, pode agora ser visto em sua plenitude. Sem a substância criada por outros, o epílogo crítico de Brecht, seu negativo dramático, não poderia ter sido escrito. Mas agora que ele foi escrito em duas ou três grandes peças, e numa conquista mais ampla de uma consciência dramática poderosa e inesquecível, temos de lutar para entrar, como Brecht insistiu, em um novo mundo".[2]*

Parece haver um novo final pragmático no livro. Com efeito, você sugere que o futuro drama estaria além do teatro de Brecht, um drama que simultaneamente ultrapassaria as versões polarizadas do indivíduo e da sociedade, avançaria em direção às relações intermediárias das estruturas de classe

---

1 *Drama from Ibsen to Brecht*, p.289.
2 Ibid., p.289-90.

concretas, e representaria as ações históricas não mais paralisadas pela oposição entre hedonismo e autoritarismo, sendo então capaz de transformar nosso mundo presente. Foi essa a sua intenção? Se foi, houve algum drama anterior ou posterior que você consideraria aproximado do horizonte que evoca?

Em primeiro lugar, deixem-me explicar por que Brecht não estava no livro original. Foi simplesmente ignorância. Na realidade, Brecht apareceu na *Left Review* nos anos 1930, e se olharmos para trás, veremos que houve maneiras de conhecer a sua obra, mesmo se distantes e especializadas. Mas creio que esse tipo de falta de conhecimento era bastante comum naquela época. Foi apenas em meados dos anos 1950 que muitos de nós entramos em contato com Brecht. Mesmo assim, sua obra foi apresentada de modo bastante ideológico: corretamente, como drama político, mas também como uma supersessão não problemática do naturalismo e o coroamento de um espectador crítico. Para muitas pessoas, foi e continua sendo muito difícil separar essa posição, imediatamente subscrita por ser onde queriam estar, das ações realmente dramáticas nas quais sua obra estava incorporada. Quanto mais eu conhecia a obra de Brecht, de *Baal*, passando pela *Ópera dos três vinténs*, até a transição bastante decisiva em *Santa Joana dos Matadouros*, mais me parecia que esse drama era um tipo bastante poderoso de negação crítica, cujo efeito dependia da presença do que estava sendo negado. Isso está conectado ao fato de que muito da produção de Brecht foi uma adaptação brilhante da obra de outros escritores – Shakespeare ou Marlowe, a quem ele reagia. Então, as peças do exílio, como eu vim a pensá-las, uma vez que a emigração de Brecht fundamenta todo o trajeto de seu trabalho tardio, sempre reverteram ao indivíduo isolado e à sociedade total. Elas não me pareciam em nada com o que todos propunham, um drama revolucionário. O drama não o era. Embora possamos ler com interesse os esforços de Brecht para lidar com a Alemanha fascista nos anos 1930, é nítido que seu poder criativo foi canalizado para obras como *Mãe coragem, A boa alma de Setsuan* ou *O círculo de giz caucasiano*. A ideia de um olhar complexo, que se torna tão importante, não deve ser associada com uma entrada revolucionária em um novo mundo, porque isso frequentemente não acontece nas peças. Não há transformação, há modos de evasão, necessários para uma proteção contra a sociedade opressiva. Essa é uma preocupação a ser profundamente respeitada, devido ao número de pessoas que têm de recorrer a isso. Mas é perceptível o quanto ele teve de se distanciar de seu tema, ambientando no passado tantas das suas peças mais significativas. Quando as peças começaram a ser produzidas, o Berliner Ensemble visitou Londres, e acabei conhecendo o drama de Brecht. Porém, ainda levou algum tempo até que eu pudesse ver uma quantidade suficiente de peças para estar em condições de levantar questões sobre elas, pois o modo daquela introdução particular de Brecht na Inglaterra também tendeu a reduzir a obra a um novo método de encenação. O drama inglês estava tão dominado pelas preocupações com a produção teatral, que foi bastante difícil ir além dessas questões para o corpo mesmo de obras. A peça foi obviamente interpretada de forma modista como um ataque ao naturalismo, uma vez que, a cada nova temporada, o teatro apresenta o que é anunciado como alguma nova versão antinaturalista, mesmo em obras que são claramente uma reprodução do hábito naturalista. Então, quando li pela primeira vez a obra crítica e teórica extremamente interessante de Brecht, o que mais me chamou a atenção foi a sua descrição curiosa do que ele chamava de teatro aristotélico. Aquela descrição de Brecht teria surpreendido muito Aristóteles, dada a possibilidade de um encontro cruzando dois milênios. Ele estava na realidade se referindo ao teatro naturalista, e o que o preocupava era a questão da empatia. Ele desenvolveu uma posição política fora de sua teoria, baseada em algumas continuidades reais, algumas rupturas reais, mas também algumas evasões e assimetrias. Assim, *Galileu* é uma evocação bastante poderosa dos problemas de uma ciência alienada, que ele próprio relacionou à questão da bomba atômica. Contudo, é um drama sobre o século XVII, como o é *Mãe coragem*. Deve ter havido algo na natureza da realidade contemporânea que impediu outro projeto. Mas como o uso de Brecht contra o realismo estava se tornando uma nova modalidade radical, como uma forma burguesa que ele havia mostrado como transcender, era necessário apontar a continuidade negativa de sua obra com o naturalismo e a relativa ausência da transformação que ele tinha como alvo.

A questão da possibilidade de mover-se além dos limites do drama de Brecht para mostrar relações em transformação deve ser considerada em contextos bastante precisos. Penso que há muito pouca reflexão desse tipo no teatro. Uma arte metropolitana conscientemente minoritária não será o meio pelo qual esse tipo de passo será dado. O desenvolvimento do drama televisivo tem sido, nesse tópico, muito mais interessante. Mas aqui chegamos a um paradoxo. O projeto naturalista original de mostrar as pressões determinantes do ambiente sobre o personagem floresceu dentro do drama burguês do último quarto do século XIX. Cem anos depois, estamos agora vendo o início da produção de todo um corpo de textos que, se não foram escritos pela classe trabalhadora, ao menos pertencem a ela. Algumas das formulações naturalistas originais poderiam avançar consideravelmente nessa nova área da experiência social, antes de os mesmos problemas técnicos serem encontrados novamente. Estou muito surpreso com esse desnivelamento no tempo. A classe operária foi historicamente muito mais excluída do drama do que da ficção, de forma que o seu início bem-sucedido nas formas naturalistas foi, em certo sentido, muito parecido ao do teatro burguês da década de 1880, quando havia muito material esperando pelo momento de ser dramatizado. Obras como *Days of Hope* [Dias de esperança] ou os primeiros episódios em *When the Boat Comes In* [Quando o barco chega] podiam nitidamente operar o novo material de forma não problemática, antes de serem atingidas pelos mesmos problemas enfrentados pelo drama naturalista burguês. Caracteristicamente, o foco desse naturalismo era retrospectivo, preenchendo o vazio da experiência histórica de uma classe trabalhadora jamais representada. O seu impulso era contemporâneo às novas obras significativas da história que estavam reconstruindo de forma similar o passado não registrado de uma classe. Assim, de certa forma, as pessoas que deveriam estar avançando tinham essa tarefa urgente e necessária a cumprir que, contudo, deixou a forma dramática nesta situação.

Pois você não pode mostrar a transformação dentro da moldura realista, a não ser que introduza o tipo de distinção para o qual o drama de Brecht contém um bom precedente, que pode talvez ser melhor entendido como a diferença entre os modos indicativo e subjuntivo dentro da forma dramática. A forma dramática indicativa afirma que a realidade é assim, esses foram os impulsos que emergiram e esses são os impulsos que foram frustrados. Ela pode ter de representar uma situação social na qual, em um ou outro plano, todos os caminhos foram bloqueados. Ou mesmo, se certos limites estão sendo alargados, ainda subsistirão enquanto essa sociedade de classes manter-se presente. É nesse momento que a ideia de um modo subjetivo precisa ser introduzida. Eu uso o termo deliberadamente, e não com um sentido utópico ou futurista, que possui outras conotações, pois o subjuntivo captura precisamente a intenção brechtiana mais importante. O que subitamente começou a me interessar foram as cenas em Brecht que são apresentadas e reapresentadas. Essa é uma inovação incrivelmente poderosa. Um padrão típico e menos interessante na obra de Brecht é certo desfeche fatalista da ação, resgatado apenas pela percepção do espectador de que as pessoas no palco estão erradas. Elas foram vencidas, mas podemos ver por que foram vencidas, de forma que é nossa a tarefa de ir para casa e fazer nossa própria revolução. O modo subjuntivo permite outro tipo de resolução. Há um exemplo notável em *Terror e miséria no Terceiro Reich*, onde uma cena é apresentada com esse tipo de desfecho, e então é reapresentada com a introdução de algum outro elemento, de forma que o resultado é um desfecho diferente.

Essa ideia de uma possibilidade subjuntiva é o terreno principal de minha disputa com os que atacam o realismo como uma forma burguesa sem, contudo, proporem uma alternativa específica a ele além de um tipo diferente de crítica. Deixe-me tomar a peça televisiva *The Big Flame* [A grande chama], de Garnett e Allen, como ilustração. Ela se inicia como um drama totalmente indicativo no sentido realista. De fato, ela reproduz o mundo fechado dos estivadores de Liverpool no momento bastante crítico de reorganização em direção a uma greve, de modo quase interno e bastante dependente da identificação realista. A peça então mostra as frustrações de qualquer luta visando a melhoria das condições dentro da ordem social e política do presente, enquanto não está em pauta a sua transformação. O que se pode então fazer? Pode-se representar a greve vencendo heroicamente ou perdendo tragicamente. Mas em *The Big Flame* há um esforço, mesmo que não sustentado de forma adequada, para fazer algo diferente. Em determinado momento, os grevistas dizem: suponha que nós tivéssemos avançado mais um passo, suponha que tivéssemos ocupado as docas e tomado o seu controle? Toda a sequência que então se segue é realmente subjuntiva. Sua forma é: "se fizermos isso, o que acontecerá depois?". A ocupação ocorre. Durante o evento, os trabalhadores são vencidos, uma vez que o exército invade o depósito. Apesar disso, o que a peça apresenta com sucesso é uma experiência que não é realista no sentido indicativo de registrar a realidade contemporânea, mas o é no sentido subjuntivo de supor uma sequência possível de ações além dela. Um drama utópico ou futurista, por outro lado, realizaria um salto completamente falso para docas socialistas dirigidas por trabalhadores em que não mais haveria conflito. Nessa modalidade, não há forma de ir do presente para o futuro, e é isso que sempre esteve errado com a definição stalinista de realismo social.

Refletindo sobre a peça e conversando com Tony Garnett a seu respeito, eu disse-lhe: "suponhamos que você tivesse abandonado uma grande quantidade de material antigo, que simplesmente estabelecesse que esses são os estivadores, e que essa é a forma como eles falam e pensam, porque dessa forma a peça seria muito longa e fechada, e você teria trazido a situação do 'como se' da ocupação que, devido a traições ou falta de preparo, é vencida pelas tropas. Você talvez tivesse de reprisar toda a ação da tomada das docas, com os trabalhadores agora assumindo outras disposições que conduziriam a outros desfechos". Isso teria provocado um clamor sobre uma falta de realismo por parte dos críticos medianos. Eles teriam dito o quão ridículo é encenar uma ação e então voltar ao começo da peça. Mas me parece que esse movimento é precisamente o que o projeto realista deveria agora realizar. A noção da hipótese dramática é perfeitamente compatível com a intenção realista. Nesse caso, como sugeri, não há razão para a hipótese não estar clara desde o início. É irônico que *The Big Flame* tenha sido atacada, do outro lado, por pessoas da esquerda clamando a autoridade de Brecht. Pois, embora não seja isso o que Brecht faça de modo sustentado, ele dá mais exemplos reais da ação subjuntiva do que qualquer outro que eu conheça.

Você focou de modo bastante útil no aspecto de sua crítica ao naturalismo que se refere à sua passividade essencial, a determinação externa dos personagens no drama por forças que se mantêm permanentemente além deles. O que você acabou de sugerir é o modo como uma mudança na forma do indicativo para o subjuntivo pode tornar possível a representação dos tipos mais diversos de futuro alternativo e de ação dinâmica, sem uma ruptura com a intenção realista. Contudo, há outro aspecto pelo qual você critica o naturalismo, a sua polarização entre o indivíduo e a sociedade. De fato, você argumenta que Brecht nunca rompeu com esse dualismo essencialmente liberal, que faltaram ao seu drama esquemático todas as relações intermediárias. Porém, examinando o problema, as questões do naturalismo e do realismo podem ser colocadas de forma um pouco diferente. Parece haver duas leituras possíveis da oposição realismo/naturalismo em seu livro. Uma seria lukacsiana em seu sentido estrito, a outra possivelmente mais formalista. Comecemos apresentando a verão lukacsiana. O realismo, que Lukács definiu em termos bastante similares aos seus como um tipo de síntese do pessoal e do social, aparece como a grande conquista estética da burguesia ainda em sua ascensão histórica. O naturalismo é seu sucessor decadente, rompeu com a ligação dinâmica entre homens e mulheres e a sociedade, ele projeta a sociedade como um tipo de segunda natureza. Os personagens na ficção naturalista se tornam essencialmente passivos. O herói de A educação sentimental é um exemplo arquetípico. Lukács argumenta que o naturalismo instala-se na Europa do século XIX, quando a burguesia deixa de atuar em seu papel histórico progressista. 1848 é, evidentemente, o ponto de virada nessa interpretação, após o qual Flaubert surge e é seguido por Zola e Maupassant, em uma curva crescente de decadência estética. Aqui, a oposição entre naturalismo e realismo é fundada na história e corresponde ao destino social em mutação de uma classe. É perceptível que o seu uso do naturalismo se enquadra bem nesse esquema cronológico, pois ele se inicia na época que, para Lukács, já é o momento em que a burguesia começa a decair numa escala europeia: por trás das décadas de 1880 e 1890 encontra-se a Comuna como um divisor de águas, que para ele representa o estágio seguinte da reação após a grande mudança de 1848. Essa leitura parece compatível com a sua narrativa, uma vez que você enfatiza bastante o fato de o teatro naturalista, mesmo em seu melhor momento, ser incapaz de recriar ou incorporar a relação dinâmica entre pessoas e sociedades. Os grandes mestres do naturalismo não alcançam esse estágio, ao passo que os mestres do romance o realizam. Segundo essa leitura, poderíamos argumentar que, ao final da grande crise da forma naturalista, os escritores de uma nova classe social, da qual Brecht poderia ser um anunciador de vanguarda, tentariam uma nova síntese realista. Ao menos não haveria nada diretamente impossível nessa perspectiva. Um dos trunfos desse novo realismo seria presumivelmente uma ruptura com o impasse liberal-naturalista, não apenas no que tange à ação e à mudança, mas também às interconexões entre o social e o pessoal. Em outras palavras, haveria personagens no palco que seriam simultaneamente possuidores e transformadores das relações sociais determinantes, mas essas seriam as relações essencialmente intermediárias de uma estrutura de classe concreta, ao invés das polaridades abstratas do naturalismo. Por outro lado, outra leitura é possível, que você parece já ter sugerido, a de que o teatro como tal é inerentemente incapaz de reproduzir as interconexões, ou mesmo as ações, da síntese realista. Poderíamos visualizar um teatro realista que possui ações dinâmicas e em transformação. Ainda assim, as pessoas no palco se manteriam necessariamente esquematizadas muito abaixo de sua materialização mínima em um romance realista. Qual das duas versões melhor corresponde à sua própria posição?

Deixe-me primeiro dizer uma palavra sobre a questão bastante interessante das relações entre formas da arte e fases de uma classe. Fiquei bastante surpreso, obviamente, com a explicação de Lukács. Seria muito mais fácil se pudéssemos aderir a ela, mas há sérios problemas. O drama naturalista, apesar das limitações que discutimos anteriormente, ainda me parece estar engajado no que Lukács descreve em outro momento como o projeto realista clássico: mostrar um homem ou uma mulher realizando um esforço para viver uma vida muito mais plena, mas encontrando os limites objetivos de uma ordem social específica. Descrever a contradição criativa entre o impulso em direção a uma outra vida vislumbrada, não como aspiração individual, mas como aspiração geral, e os limites estruturais da sociedade. A descrição se adapta com precisão ao drama de Ibsen e às obras iniciais de Strindberg. Contudo, não pode ser relacionada a fases diferentes da burguesia, porque não falamos aqui de representantes ideológicos centrais da burguesia em nenhum momento. O que testemunhamos é um fenômeno curioso dos últimos cem anos da cultura burguesa, em que grupos bastante significativos rompem com a burguesia dentro de seus próprios termos. Não é o caso de dizer que eles não estão dentro dos termos da burguesia, embora rompam com ela. Toda a formação social desse drama, mesmo no plano institucional, sugere esse tipo de movimento. Houve um teatro burguês que reproduziu a sociedade de forma bastante poderosa como uma ordem imutável, dentro da qual havia apenas problemas de ajuste e atitude. O naturalismo inglês foi um exemplo perfeito disso. Então, ocorreu uma ruptura, curiosamente dentro dos mesmos dez ou quinze anos em tantos países europeus, em direção a novos teatros minoritários e conscientemente de vanguarda. Eles foram todos burgueses em sua composição social. Contudo, o drama que deles emergiu proclamava que a vida social era asfixiante, e afirmava a validade dos desejos e impulsos reprimidos ao ponto de questionar toda a ordem, embora por definição o drama não rompesse com ela. Isso é geralmente chamado naturalismo, e produziu uma grande confusão de termos. Talvez tivesse sido mais simples se o tivéssemos chamado de drama realista. Mas isso teria deixado sem discussão o problema da fase histórica diferente do romance e do drama. A periodização do romance por Lukács parece ser o pivô do contraste entre Balzac e Zola: é perceptível que muitas das suas construções têm sua fonte na literatura francesa. Creio que o romance inglês possui o seu próprio desenvolvimento específico.

Mas não seria difícil reescrever o paradigma de Lukács como a diferença entre Dickens e Gissing, certo?

Certo. Mas por outro lado, o movimento de George Eliot para Hardy seria diferente. *Felix Holt* conclui que, quando um impulso alcança certos limites, é sábio aceitá-los e aprender um tipo de resignação madura. Mas os limites são ainda mais atrozes em *Judas, o obscuro*, pois destroem completamente o portador do impulso. Contudo, toda a ação do romance subverte a ordem social que produziu os limites. Hardy é notavelmente contemporâneo a Ibsen em sua apresentação de um desejo inteiramente válido e nunca questionado, que é tragicamente vencido sem o cancelamento da validade do impulso, e que alcança o momento do questionamento da ordem social que o venceu.

Você parece agora estar usando uma nova definição de realismo: a ação de um homem ou mulher que busca uma vida mais livre com a conquista de mais valor, e que encontra na sociedade uma barreira intransponível. A ratificação da busca, mas ao mesmo tempo, a representação da sociedade – isso não é o que Lukács chamou de projeto realista. Esse é o motivo condutor de A teoria do romance, antes de ele se tornar um marxista. Ao mesmo tempo, Flaubert, mas de forma alguma Balzac, foi o seu modelo estético. Claro que Goldmann nunca aceitou a teoria literária tardia de Lukács ou se comprometeu com o realismo. A luta do desejo individual isolado contra a sociedade que o frustra é uma figura temática comum a um vasto número de diferentes tipos de obra no século XIX. Ela não chega a distinguir uma forma ou fase específica. O que você descreve tão eloquentemente em Ibsen, por exemplo, existe literalmente em Stendhal. Você mesmo citou o caso de Hardy. Estamos perguntando outra coisa: há uma diferença substancial entre os avanços de Ibsen e os de Hardy, que corresponda aos dois termos do naturalismo e do realismo, ou há apenas uma diferença na forma dos dois modos nos quais eles trabalharam?

É bastante significativo que Hardy tenha parado de escrever romances após *Judas, o obscuro*. Podemos especular sobre suas razões, mas creio que ele tenha atingido certo limite dentro da forma de sua ficção. Deixe-me, contudo, tentar responder a sua questão de modo mais geral. Parece-me que não há apenas a possibilidade, mas a necessidade de uma retomada do projeto realista hoje. Mas isso envolverá a distinção mais nítida possível, e o afastamento do naturalismo como convencionalmente estabelecido. Se voltarmos nosso olhar para a maior parte da ficção sobre a classe trabalhadora e, em certa medida, da ficção realizada por escritores dessa classe, ou para o drama que surgiu com a contribuição crescente da classe trabalhadora para a cultura inglesa, é evidente que essas obras se mantêm massivamente nesses moldes. Elas transmitem uma ideia de queixa e de injustiça, frequentemente de modo retrospectivo, e dizem a verdade dentro desses termos naturalistas, o que sempre requer respeito, mas não apresentam uma perspectiva alternativa. Não vejo como o projeto realista possa ser retomado dentro de qualquer forma teatral que conheço, mas isso não quer dizer dentro de qualquer forma dramática. Contudo, penso que as chaves para a mudança não estão apenas na questão da estrutura, mas também na relação com o público. Não se pode, ao cabo, definir uma forma sem a definição da relação produtiva real na qual ela é gerada. Em um ensaio recente sobre o naturalismo inglês, argumentei que, em um país onde ele deveria ter sido bastante forte, formas elevadas do drama naturalista nunca foram alcançadas, devido às constrições da forma pela natureza dos teatros londrinos como instituições e ao caráter de classe do público que elas representavam. Na televisão de hoje, contudo, há uma organização totalmente diferente do público, especialmente desenvolvida na Grã-Bretanha, que ultrapassa por completo as relações extraordinariamente limitadas do drama para com o seu público estabilizadas nos teatros metropolitanos. Ao mesmo tempo, formas muito mais móveis são possíveis no cinema e na televisão, distintas do teatro por causa da câmera. Mostrei há pouco a dificuldade técnica de qualquer forma dramática teatral para encontrar o equivalente da localização e realização intensa das pessoas e dos lugares alcançada com excelência pelo romance realista. Mas a câmera permite agora à televisão e ao cinema realizar o que o teatro do século XIX não estava em condições de fazer. Ela permite a retomada das ações públicas em locais históricos plenamente reconhecidos, movendo o drama para fora do cômodo fechado ou de seu espaço básico abstrato para locais de trabalho, ruas e fóruns públicos. Penso que está no futuro do novo realismo a combinação de três forças – as formas dramáticas mais móveis da câmera, a relação direta com um público mais popular, e o desenvolvimento de ações subjuntivas.

Não há aqui o perigo de exagerar os limites do teatro e superestimar as possibilidades da televisão e do cinema? Ao menos na Grã-Bretanha, tem havido um desenvolvimento extraordinário de diferentes tipos de teatro e de grupos teatrais nos últimos anos, ao passo que, ao mesmo tempo, tem se revelado extremamente difícil o desenvolvimento de obras igualmente originais no cinema e mesmo na televisão, apesar de alguns sucessos. Há várias razões para isso. Uma delas é o fato de a televisão e o filme se manterem como mídia extremamente cara, exigindo altos recursos financeiros que naturalmente as companhias burguesas ou as corporações burocráticas controlam muito bem. Mas os desenvolvimentos atuais tecnológicos abrem as portas para outro potencial – uma situação em que o equipamento para a visualização imediata esteja ao alcance de qualquer orçamento escolar, que fitas de vídeo possam ser reutilizadas etc. Isso, porém, está longe de nossa realidade no momento. Mesmo os esforços mais modestos para construir cinemas fora dos circuitos comerciais de distribuição têm se revelado muito difíceis na Inglaterra. Contudo, ao mesmo tempo, com subvenções mais modestas do Conselho das Artes, talvez haja nesse momento mais de vinte grupos teatrais socialistas, feministas, anarquistas ou populistas ativos em várias partes do Reino Unido. Um bom exemplo desse fenômeno, embora haja muitos outros, é a 7:84 Company, que produz em sua maioria peças de John McGrath, ele mesmo uma pessoa oriunda da classe trabalhadora, que antes trabalhou na televisão e no cinema naturalista. O princípio organizacional central da companhia é não ficar longos períodos na capital e nunca ir ao West End. Ela atua essencialmente em teatros, salões e clubes nas províncias, onde há público da classe trabalhadora. Uma de suas peças, The Cheviot, the Stag and the Black, Black Oil [O carneiro, o veado e o óleo muito, muito preto] é uma tentativa de traçar a história da Escócia, do despovoamento forçado das Highlands [regiões montanhosas] até a chegada das companhias petrolíferas. Ela certamente atende ao seu critério de um movimento histórico ativo e de convenções múltiplas, usando canções e música de uma forma particularmente efetiva. Talvez mais de cem mil pessoas tenham visto essa peça ao vivo na Escócia. Ela foi televisionada com grande sucesso, mas foi criada especificamente para o palco. Uma obra como essa parece representar um desenvolvimento sem equivalentes na forma cinematográfica ou televisiva.

Tenho dito a pessoas por toda a Europa que The Cheviot é a peça recente mais importante da Grã-Bretanha. E não preciso persuadir ninguém quanto a isso. Mas creio que esse seja um caso bastante especial, pois a peça gozou da vantagem de um local cultural preciso na Escócia que, não apenas assegurou a relação bastante específica entre o público e a forma, mas também disponibilizou certos materiais para serem usados como novas convenções, a continuidade de um corpo de canções populares. O uso das canções foi responsável por uma parte considerável da compatibilidade entre a companhia e o público. Elas não precisaram ser produzidas para serem aprendidas, pois já existiam como um vínculo. *The Cheviot*, nesse sentido, se beneficiou de um dos casos relativamente isolados de continuidade com uma tradição cultural nacionalista e da classe trabalhadora. Há uma possibilidade desse tipo de vínculo na cultura galesa. Eu pensava que estas conexões estavam muito menos disponíveis na Inglaterra industrial – elas são obviamente mais difíceis de serem encontradas – mas McGrath me persuadiu há pouco tempo de que elas podem estar lá se forem procuradas ativamente.

De modo mais geral, um dos desenvolvimentos mais interessantes e promissores dos anos 1960 foi o surgimento de novos grupos que podiam contornar alguns dos bloqueios da cultura dominante e atuar de formas diferentes: o teatro de rua, o teatro do porão, o teatro na hora do almoço. Eles foram os equivalentes à explosão extraordinária da nova publicação de periódicos, que também dependeu do barateamento das técnicas que um dia chegarão ao vídeo. Contudo, embora esses projetos alternativos sejam cruciais, a esquerda nunca deve se contentar com uma política cultural que não ataque diretamente os meios de produção dominantes. É perfeitamente verdadeiro que muitas pessoas estejam agora vivenciando suas experiências em arenas marginalizadas, mas o fato é que elas estão operando dentro de uma cultura capitalista crescentemente centralizada, que possui essa margem parcialmente tolerada e mesmo parcialmente apoiada de uma forma distante e, finalmente, complicada. Para realizar projetos mais significativos, é necessária a apropriação dos meios de produção centrais.

Sim: se o poder e a oportunidade estiverem lá para alcançarmos essa apropriação, não há dúvidas de que você está correto. Mas enquanto isso não acontece, há um argumento que poderia ser usado contra você. Para tomarmos o meio de produção cultural mais dominante de hoje, deve haver algo específico e não alterável em uma dada sociedade sobre o público televisivo. Você enfatizou de modo bastante eloquente a natureza do teatro burguês como um cômodo. Você escreve, por exemplo: "Qualquer ruptura com o naturalismo é uma ruptura com o cômodo: com esse cômodo representativo, acima mesmo de uma metrópole; com o cômodo como uma armadilha na qual as vítimas se torturam umas às outras; com o cômodo do dia a dia, aonde os agentes ameaçadores chegam sem explicação. Não se trata, obviamente, de uma questão apenas de encenação, mas de uma questão de consciência. O que é representado no cômodo é um estado de espírito no qual essas coisas acontecem a pessoas a partir de um mundo determinante que está além delas".[3] Em sua palestra inaugural, você se refere ao teatro do cômodo no qual a plateia é, por assim dizer, a quarta parede.[4] Porém, há uma forma pela qual o reverso do argumento se aplica à televisão. Pois poderíamos pensar no aparelho televisivo como uma quarta parede dentro do cômodo burguês real. Evidentemente, grande parte da população que assiste à televisão é da classe trabalhadora, mas o aspecto notável é que quase os mesmos termos podem ser mantidos para a relação entre o público e a forma. Independentemente do quanto seja utilizada a mobilidade da câmera ou locais e tempos diversos, mesmo as técnicas mais avançadas da televisão são ainda recebidas e absorvidas por espectadores isolados uns dos outros em inúmeros cômodos privados, recebendo literalmente, simultaneamente ou logo após o seu desenvolvimento, outros programas que chegam sem explicação como mensagens de um mundo dominante e determinante que vêm de fora por essa abertura na parede. O público televisivo é, nos termos de Sartre, arquetipicamente serializado – um objeto, se preferir, da reificação do cômodo. Já as pessoas que saem desses cômodos e vão aos teatros e clubes ou às encenações em fábricas, salões e escolas locais, como você deve ter feito em algum momento, entram em uma atmosfera completamente diferente por meio de suas relações comuns com outros espectadores. A energia e a mobilidade do drama, muito íntima por estar sobre o mesmo chão do espectador, podem ser comunicadas a duzentas ou trezentas pessoas com um poder notável. Não deveria ser argumentado que esse tipo de drama é agora uma forma mais efetiva do que a peça televisiva, por conta da organização social do público?

Eu não quero negar de forma alguma o acesso à energia que surge quando companhias e espectadores se colocam em relações sociais deliberadamente alteradas. O resultado é um novo tipo de drama. Nem discordo de que para entender a televisão como um meio devemos apreender a função do palco como um cômodo. Ela é de fato a realização, em uma tecnologia diferente, de muito do mesmo conjunto de relações sociais. Mas o fato de a televisão ter sido desenvolvida como um receptor doméstico não foi um efeito da tecnologia, mas uma consequência de decisões específicas de investimento feitas pelo capital. Os experimentos

---

3 Ibid., p.325.
4 Drama in a dramatized society. In: *Writing in Society.*

que alguns grupos radicais estão fazendo com a tela formada por um conjunto de aparelhos, a televisão de tela gigante, que é afinal uma possibilidade dentro de dez anos, estão agora criando a possibilidade de retirar a televisão dos cômodos.

Em uma sociedade genuinamente socialista, a televisão teria obviamente um potencial diverso. Mas, se quisermos combater as relações sociais que existem hoje, teremos de ter em conta a forma como ela está organizada no presente.

Concordo. Mas, afinal de contas, mesmo essa organização permitiu o surgimento de uma série de dramas da classe trabalhadora na televisão, que já me parecem uma conquista significativa – as obras de Garnett e de Loach, algumas das produções dos *Wednesday Plays* [Peças das quartas-feiras] ou *When the Boat Comes In*. Sejam quais forem as suas limitações como uma retomada do naturalismo, apresentam uma quantidade bastante substancial de obras. Por outro lado, embora me pareça perfeitamente possível que radicais trabalhem nas margens não ocupadas de uma cultura, não creio que, de modo geral, o projeto realista esteja sendo recuperado lá. O que se vê é um uso bastante efetivo de certas modalidades teatrais para a sátira política ou para a mobilização em torno de questões específicas, para novos tipos de público. Ironicamente, algumas das pessoas envolvidas nesse teatro radical são tão hostis à ideia do realismo quanto a vanguarda do teatro burguês. Muito desse movimento está, correta ou incorretamente, tão distante quanto qualquer outro movimento teatral do projeto de retomada do drama realista num estágio social mais elevado.

Você acha que há uma conexão intrínseca entre o que você chama de apelo à retomada do projeto realista e a política revolucionária? Há uma direção de classe necessária para essa forma?

Em última análise, sim. Penso que deve haver uma relação desse tipo, no sentido de que a única possibilidade de superar a polaridade indivíduo-sociedade ou família-ambiente é uma postura simultaneamente socialista e da classe trabalhadora. Mas as dificuldades do projeto são enormes. Na realidade, creio hoje que há mais possibilidades práticas em toda a gama do drama, incluindo especialmente o cinema e a televisão, do que há no romance, no qual os problemas da produção cultural são mais severos. É bastante cansativo ouvir as pessoas reclamando sobre a superficialidade dos romances de hoje, quando elas ignoram o fato elementar de que qualquer pessoa que tenha em sua frente folhas de papel numa mesa sabe, desde o início, que o tamanho característico para que um romance moderno possa encontrar um editor é em torno de uma seção de um romance de Tolstói, George Eliot ou Balzac. Embora haja possibilidades de exceder essa dimensão por meio de trilogias e séries, o resultado não é o mesmo, uma vez que elas envolvem uma diferença básica na organização formal. Não quero dizer que o realismo é atingido pela magnitude, mas que ele exige um escopo para uma complexidade e mudança de perspectiva que simplesmente não é negociável em 80 mil palavras. De certa forma, o cinema e a televisão podem mover-se muito mais rapidamente. Mas aqui também é muito mais fácil dramatizar situações extremas de um tipo polarizado entre o indivíduo e a socie-dade do que mostrar as interconexões entre eles, ou explorar as relações intermediárias que são adequadas ao projeto realista. Tudo isso necessita espaço, um espaço que as pressões da cultura capitalista no estágio atual em geral não permitem.

Desde o início de sua argumentação sobre o drama moderno, você diz que as primeiras peças que você discute, especialmente Peer Gynt, de Ibsen, ten-tam alcançar efeitos que não podem ser atingidos no palco, mas antecipam o cinema. Você repete o mesmo comentário quando fala de Strindberg, um pouco depois.[5] Extrapolando o seu argumento, poderíamos dizer que as con-densações visuais no cinema podem executar algo como funções análogas às longas descrições físicas ou ao desenvolvimento de personagens realizados no romance realista por meio do discurso indireto – precisamente o elemento que você sugeriu ser, por definição, impossível no teatro. Se fosse assim, poderíamos talvez considerar o drama naturalista como uma forma de transição numa concepção mais ampla de época. Pois, afinal, ele surgiu muito tempo após a fotografia ter alterado profundamente o que deve ter sido uma ampla área da consciência europeia sobre o significado da precisão visual na reprodução ou representação, uma questão que você nunca discute no livro, e seu curso se sobrepõe por cinquenta anos à gênese e ao desenvolvimento do filme. Por essa perspectiva, seria possível argumentar que, dentre os dois elementos do impasse naturalista, a limitação da ação e da interconexão, o problema da ação histórica poderia ser resolvido no palco, como a obra de Brecht ao menos parcialmente demonstrou, enquanto a solução para o problema da conexão

---

5 *Drama from Ibsen to Brecht*, p.43, 76, 93.

intermediária encontra-se além, na plenitude relativa da nova imagem do cinema e da televisão?

Pode ser. Não há como não ficarmos admirados diante dos esforços recorrentes, dentro da crise geral dos últimos trinta ou talvez quarenta anos, para criar novas formas que são extremamente difíceis de serem classificadas em termos antigos. Há discussões intermináveis na televisão, por exemplo, sobre as relações entre o drama e o documentário, incluindo decretos oficiais que exigem clareza ao público quanto a ele estar assistindo a um documentário ou a uma peça, algo que está encontrando a resistência dos produtores progressistas. O que pode emergir dessas novas formas, que não se assemelharia a muito do que hoje passa por realismo, não necessita, em um sentido convencional, ser dramatizado ou narrado, mas poderia ainda ser uma produção realista.

Poderíamos perguntar sobre o desenvolvimento de sua opinião sobre o cinema? Como você veio a escrever Preface to Film *após a guerra?*

O livro foi concebido de dois modos. Um foi o meu interesse, naquele momento, em lecionar sobre o cinema em classes para adultos. O outro foi uma proposta de Orrom, com quem eu não tinha contato por alguns anos, para que trabalhássemos juntos em um filme, introduzindo nossa abordagem na forma de um livro. O que aconteceu, obviamente, foi que o livro ficou pronto, mas o projeto para o filme nunca se realizou por falta de verba.

O argumento estético em Preface to Film *culmina com a categoria da "expressão total", que você define como "o ideal de um drama concebido como um todo", no qual "cada um dos elementos usados – a fala, a música, o movimento, o projeto – possui uma relação controlada, necessária e direta com qualquer outro elemento usado no momento da expressão".[6] Historicamente, sentenças como essas são associadas a uma estética que tem muito pouco a ver com o realismo, dadas as implicações subjetivas do termo "expressão". Elas evocam uma ideia simbolista de sinestesia ou de Gesamtkunstwerk [a arte total] da ópera wagneriana. O que você tinha em mente com essa ideia?*

A ideia não foi lá colocada de forma adequada. Eu deveria ter falado em "forma total". Essa era a sua lógica. Há uma relação incrivelmente

---

6 *Preface to Film*, p.52, 54.

problemática no drama moderno entre o escritor e a produção de sua obra desde o advento do diretor de teatro. Na Inglaterra, isso ocorreu na década de 1860, com Robertson. O diretor começou a intervir com mais e mais força como um produtor real, embora retendo a ligação cada vez mais ambígua com o produtor original, o escritor. A fórmula ideológica característica era a de que o escritor fornecia o roteiro para a produção. Essa, então, se tornou a relação de trabalho padronizada na indústria cinematográfica. Em termos dramáticos, as consequências têm sido, em geral, desastrosas. Não é necessário, obviamente, que haja um único autor para uma obra, mas nesse sistema a escrita é reduzida ao fornecimento da matéria-prima processada em algum outro lugar. Por outro lado, se tomarmos o caso clássico de Tchekhov protestando amargamente contra o que Stanislavsky fizera com suas peças, é óbvio que Stanislavsky tinha de fazer algo com elas, porque o que Tchekhov tinha escrito não era executável. Autores dramáticos nos últimos oitenta anos têm reclamado sobre a perda do resultado de seu trabalho no estágio seguinte ao processo de produção. Contudo, ironicamente, o que é perdido, o texto, sobrevive, enquanto o que é alcançado, a atuação, não sobrevive. O problema real então é: como podemos encontrar uma notação para a escrita, não simplesmente para o diálogo, mas para toda a ação dramática? A ideia de uma forma total foi projetada para indicar que todos os elementos de uma obra dramática deveriam estar sob um controle coerente, ao invés de estar sob os caprichos de um processo dissociado típico das relações capitalistas de produção. O interesse específico do cinema era que ele mantinha a promessa técnica de uma atuação total, com a vantagem de ser tão durável quanto o texto escrito. Daí veio o meu interesse por Bergman, que publicou seus próprios roteiros. *Drama in Performance* termina com uma análise dos problemas da notação e da realização física em *Morangos silvestres*.

Um dos aspectos mais notáveis de Drama in Performance *é o livro concluir com um tipo de manifesto em defesa da primazia do cinema hoje. Você defende por todo o argumento a maior fusão ou unificação possível entre o texto escrito e a atuação ativa no drama. É então, de certa forma, lógico que você termine com uma discussão sobre alguém importante no cinema pós-guerra, o diretor que escreve seu próprio roteiro e supervisiona até o último detalhe cada aspecto da produção final do filme, até onde as pressões comerciais o permitam. Idealmente o controlador completo do artefato final. Você estava realmente sustentando que a atuação total poderia ser atingida no cinema numa forma jamais possível no teatro, onde a encenação tende a ser uma versão mais ou menos pobre ou adulterada do que o dramaturgo escreveu, uma imitação grosseira no melhor dos casos, uma traição direta no pior deles?*

Não, isso não precisa acontecer ao texto no teatro. O problema é o da notação. Havia uma unidade entre texto e atuação no drama grego ou elisabetano, até onde podemos reconstruí-lo, possibilitado por um conjunto de convenções partilhadas que controlavam não apenas a escrita do diálogo, mas também o movimento e agrupamento dos atores no palco. Algo similar ocorre hoje quando uma peça é escrita para ser produzida por uma companhia específica, como as obras de Brecht para o *Berliner Ensemble*. Nesse caso, não há nem os hábitos conhecidos da companhia, nem um corpo de conhecimento partilhado e talvez não escrito a ser trazido para a produção, de modo que se possa assumir que o texto completo sem disparidade será realizado, de fato atualizado, na encenação. O problema surge quando o texto dramático moderno é tratado pelos diretores como um simples roteiro, o que significa apenas diálogo. A aparência de um texto com formas de notação para a cena e para a movimentação dos atores seria bastante diferente. Esse foi o grande interesse da obra de Bergman. Pareceu-me que alguns dos problemas correntes do teatro, com a sua falta de notação adequada, poderiam ser contornados no cinema, onde uma atuação definitiva de um texto fosse possível quando ela teoricamente se sujeitasse a um controle integral.

Contudo, para evitar mal-entendidos, eu deveria ter enfatizado que eu não estava dizendo "qualquer projeto de controle individual". Uma atuação total poderia claramente ser controlada por um grupo em colaboração. Nem quis sugerir que o filme seria, na prática, uma forma necessariamente mais fácil de se atingir tal objetivo na atuação. Pelo contrário, o cinema tem tipicamente reduzido o escritor a um roteirista, de modo mais radical do que o teatro. A televisão não tem se saído muito melhor. Em certa ocasião, passei por essa experiência. Fui convidado, após escrever uma peça televisiva, a participar da produção, apenas para descobrir que lá o autor é um incômodo, a não ser que ele tenha de cortar dez minutos da cena e rapidamente reescrevê-la, ou que algumas novas linhas devam ser escritas para uma outra cena. Mesmo com um diretor bastante simpático, o escritor é um tipo de adjunto, testemunhando a produção de algo que não tinha a intenção de produzir.

Você disse que a sua experiência cultural mais intensa quando estudante foi o cinema. Mais tarde, você defendeu que, ao menos em princípio, o filme possuiria um privilégio potencial para uma unificação completa entre o texto e a atuação, de forma que a distinção entre ambos seria abolida por completo, e que a produção final seria equivalente a um poema ou a um romance. Contudo, em Preface to Film, *você não cita exemplos reais do que você sustenta ser a conquista criativa do cinema. Isso coloca a questão do tipo de filme a que você assistia no período pós-guerra. Quais filmes estavam mais próximos das possibilidades realistas de um cinema capaz de realizações além de Ibsen ou Strindberg?*

Assisti a muito menos filmes entre 1946 e 1960 do que em qualquer período anterior, sobretudo por eu estar vivendo em uma pequena cidade da província e lecionando à noite. O cinema soviético inicial sempre me pareceu o corpo de obras significativo que mais tomou o projeto naturalista original do secular, do contemporâneo e do socialmente amplo. Ele ampliou o movimento para uma ação pública e histórica, graças à aplicação de novos conceitos ao processo de produção. A esse respeito, o cinema soviético dos anos 1920 foi decisivamente superior ao, digamos, neorrealismo italiano dos anos 1940 e 1950. Eu era simpático ao neorrealismo por conta do novo material social apresentado, do qual havia muitos exemplos decentes após a guerra. Mas a sua forma me parecia um passo para trás, de modo similar ao drama inglês tardio da experiência da classe trabalhadora que já comentei. As inovações conceituais do cinema de Eisenstein, que podem ser relacionadas à forma complexa de ver em Brecht, estão ausentes. Nos anos 1960, por outro lado, houve um desenvolvimento incrivelmente complexo das formas de ver, mas nada muito além disso. A complexidade tornou-se uma concentração fetichizada do ponto de vista, à custa do que estava sendo visto. Esse cinema pode ser genuinamente descrito como formalista, tendo em vista que se preocupava com problemas do meio sem qualquer relação adequada entre os métodos e o tipo de conteúdo que eles deveriam supostamente interpretar. No final da década de 1930, a admiração por *O gabinete do Doutor Caligari* ou *Metrópolis* era virtualmente uma condição de entrada para o Clube Socialista em Cambridge. Quando assisto a eles hoje, o que sinto é: "aqui chegam os anos 1960". As preocupações temáticas são bastante similares, fazendo concessões às diferenças técnicas entre as épocas do cinema expressionista e do cinema contemporâneo. Há

BRECHT E ALÉM 231

também uma confusão bastante similar, nos anos 1960 e nos anos 1920, entre os tipos de radicalismo formalista e socialista que, por razões históricas, se misturaram. Os dois tiveram de ser separados, e terão de sê-lo novamente.

Qual foi a sua atitude para com o cinema americano após a guerra?

A maior discussão que tive com Orrom foi sobre Hollywood. Enquanto discutíamos o que entendíamos ser um filme de expressão total, pedi-lhe que citasse um exemplo. Ele respondeu *Cantando na chuva*. Num primeiro momento, fiquei sem entender nada. Achei que fosse uma piada. Então a ênfase na técnica, abstraída do conteúdo, causou-me um total desconforto. Minha forma de pensar era derivada do cinema dos anos 1920, o que fez que minhas ideias parecessem reacionárias, pois estaria ignorando as condições produtivas bastante diversas da época. O cenário composto por mim foi um esforço para retrabalhar uma lenda galesa específica nos termos da situação contemporânea. Essa poderia ter sido uma direção melhor do que a de *Cantando na chuva*, mas não era exatamente uma alternativa que impressionasse. De qualquer modo, o texto nunca saiu do papel.

O desenvolvimento da televisão veio a modificar a sua ideia sobre a atuação total? Ou você ainda considera suas possibilidades técnicas limitadas demais? Um dos argumentos mais poderosos em Television: Technology and Cultural Form *[Televisão: Tecnologia e forma cultural] é que a tela de televisão não é apenas uma versão em miniatura da tela do cinema, mas que a redução na escala das imagens produz um meio qualitativamente diferente e mais restrito.*[7] *Você considera essa uma característica intrínseca da televisão que prevalecerá no futuro?*

Não necessariamente. Telas muito mais amplas são tecnicamente possíveis. Mesmo hoje, é evidente que muitos filmes são feitos para a transmissão televisiva. Ainda há o problema da reprodução técnica da imagem, mas creio que, tendo em vista a situação atual, devemos nos preparar para aceitar certas perdas se quisermos conquistar certos ganhos. Se é bastante difícil visualizar um panorama de um renascimento da produção ativa de filmes nesse país em curto prazo, temos quinze ou dezesseis anos de contribuições relevantes no drama televisivo. Quando

---

7 *Television: Technology and Cultural Form*, p.62-63.

falo na Europa sobre o drama britânico contemporâneo, pessoas perguntam de modo particular sobre dramaturgos do teatro cujos textos foram traduzidos ou cujas produções realizaram turnês. Quando respondo que há obras muito mais importantes na televisão, eles em um primeiro momento pensam que estou brincando. Para um italiano, por exemplo, parece incrível ou ridículo que possa ser assim. Por outro lado, quando eles dizem: "Muito bem, mostre-nos alguns exemplos", o que eu posso fazer? Não posso. Há acordos tão estreitos sobre a reprise de produções televisivas, especialmente com a Equity, que é extremamente difícil ver qualquer um desses dramas, mesmo quando eles não estão deliberadamente destruindo obras que poderiam ser facilmente arquivadas. Por exemplo, para assistirmos a *The Big Flame* em uma discussão coletiva sobre a peça, precisamos adotar os subterfúgios mais incomuns. Na realidade, tivemos de contrabandeá-la.

É difícil imaginar o drama televisivo fundando uma tradição cumulativa onde quer que seja, até que haja uma possibilidade mínima de rever as obras. Não seria isso essencial a qualquer processo de desenvolvimento em que haja uma interação dinâmica entre obras dos mais variados estilos numa mesma forma?

A situação corrente é alterável. Estou nesse momento envolvido em uma campanha para alterá-la, que não envolveria qualquer mudança nas condições sociais, apenas uma renegociação sensata dos direitos autorais e dos acordos sindicais, que já foram bastante racionais: nada comparado à escala do problema da mudança na natureza da produção cinematográfica capitalista. Não há dúvida de que isso tomará tempo, mas pode ser feito.

IV
LITERATURA

READING AND CRITICISM

Quando você escreveu Reading and Criticism *[Leitura e crítica], houve divergências substantivas entre você e a tradição da* Scrutiny? *Lendo o livro hoje, ambos parecem muito próximos, mas talvez tenham ocorrido diferenças imprevistas?*

Eu estava ciente de uma diferença que pode não parecer óbvia hoje, mas que foi importante na época. A prática usual da *Scrutiny* na crítica da ficção era julgar a qualidade do romance ou do romancista pela análise de um exemplo da prosa que se assumia ser um padrão representativo da obra como um todo. Esse método foi desenvolvido essencialmente para a análise de um único poema curto. Não achei que ele funcionasse no romance. Enquanto me preparava para os exames finais de meu curso de graduação, tentei por muito tempo encontrar pares de exemplos na prosa de George Eliot e Lawrence que demonstrassem esse ponto. Os trechos que escolhi mostravam que um par faria de George Eliot uma melhor escritora do que Lawrence, e o outro par faria de Lawrence um melhor escritor do que George Eliot. Naquele momento, pensei que isso fosse uma contestação a uma ortodoxia crítica. Mais tarde, obviamente, eu viria a dizer que a seleção da passagem para a análise cuidadosa usualmente pressupõe um julgamento não examinado da obra da qual ela é tomada.

A sua comparação das passagens de Eliot e de Lawrence em Reading and Criticism *ainda mantém-se bastante eficaz. A conclusão prática a que você chegou foi a necessidade de analisar obras completas, e não passagens arbitrariamente isoladas. Você tentou prosseguir com esse método em sua análise da novela* Coração das trevas, *de Conrad. Como você se sente com relação àquele capítulo hoje?*

Creio que ele se moveu na direção correta, embora a escolha tivesse novamente sido por uma obra relativamente curta. Contudo, o que o capítulo mostra são os limites daquele tipo de análise crítica, o que ela pode fazer e o que não pode. Pois ironicamente o texto de Conrad levanta questões bastante decisivas sobre o imperialismo, por exemplo, que vieram a me interessar muito mais tarde, mas que não discuti naquela ocasião, e que, de certa forma, dificilmente poderiam ser discutidas dentro dos procedimentos tão exclusivamente focados no uso da língua ou na organização temática.

Isso levanta a questão de sua posição teórica geral naquela época. Reading and Criticism *contém algumas declarações agressivas contra alguns dos princípios intelectuais mais abrangentes de Leavis. Por exemplo, você explora ousada e deliberadamente a ideia de que os julgamentos literários são sempre sujeitos a perspectivas teóricas mais amplas, sem falar da forma como se beneficiam deles. Você escreve: "'Quais são os padrões?' A questão poderia ser tratada teoricamente, mas uma preocupação com teorias de julgamento e valores literários parece ser com frequência de pouca relevância para a análise efetiva da literatura, independentemente do quão útil ela possa ser em outras áreas do conhecimento. Frequentemente, pode-se ver um interesse teórico desse tipo tirar a atenção da literatura propriamente dita". Então, você prossegue: "Às questões 'Quais são os valores literários?' ou 'Quais são os padrões literários?', poderíamos responder 'São a própria literatura'".[1] Não é esse o argumento clássico leavista em sua maior abrangência?*

Sim, essa foi mais ou menos uma declaração de uma posição ortodoxa. Contudo, eu não estava muito preocupado com a teoria da literatura como uma teoria do julgamento literário. De fato, embora eu não vá colocar isso da mesma forma hoje, ainda mantenho muito da mesma opinião no que tange à teoria crítica, o que é um assunto bastante diferente da teoria literária ou da teoria cultural. Há uma grande quantidade de discursos aparentemente teóricos sobre os processos de criação de julgamentos

---

1 *Reading and Criticism*, p.25-16.

que, como atividades isoladas, repetem as limitações da própria prática crítica isolada.

No final do livro, você diz que a literatura é "valiosa primeiramente como um registro da experiência individual detalhada, enunciada e apreciada de modo coerente".[2] Essa parece uma formulação bastante surpreendente vinda de você, mesmo naquela época.

Correto. Obviamente eu não usaria esses termos hoje, embora eu mantivesse os elementos do detalhe e da experiência. É o termo "individual" que destrói a ênfase. A intenção da palavra era a rejeição da ideia de uma sociedade como uma abstração literária. Na realidade, como argumentei mais tarde, um sistema social só pode funcionar em vidas e relações especificamente detalhadas. Se isso não for dito, a literatura é deslocada em direção a formas de discurso que são mais apropriadas ao estudo da estrutura e do sistema. Mas o que não vi foi a pretensão profundamente ideológica do uso do termo na outra direção. Eu queria declarar que o sistema social é também uma sociedade humana, mas as formas de minha definição perpetuaram o contraste falso entre indivíduo e sociedade.

Um último problema colocado por Reading and Criticism *nos traz de volta ao presente. Para um jovem leitor de hoje, o tema mais notável no livro é, de certa forma, o seu apelo à crítica e os termos em que você constrói o seu argumento. Você escreve: "A crítica está amplamente ressentida, e a hostilidade que ela provoca é tão frequentemente intensa, que é nítido haver grandes forças emocionais envolvidas. É um pouco difícil entender por que deveria ser assim".[3] Você ataca o tratamento da crítica como uma mera "atividade irritante e à procura de falhas",[4] projetada para remover o prazer, e declara que ela é, na realidade, o processo legítimo de avaliação e comparação de padrões na leitura madura. Trinta anos mais tarde, você toma os mesmos termos em seu verbete sobre a crítica em* Palavras-chave *e em sua discussão em* Marxismo e literatura, *mas você agora parece endossar essa equação entre a crítica e a procura de falhas que você havia denunciado. Em Palavras--chave, você escreve, expressamente: "O sentido recorrente da crítica como*

---

2 Ibid., p.107.
3 Ibid., p.3.
4 Ibid., p.2.

uma procura de falhas é a influência linguística mais útil contra a confiança do hábito [de julgamento]".[5] Você teve a intenção de realizar aqui uma inversão completa e calculada de sua posição anterior?

Claro que foi bastante consciente. A mudança, contudo, deve ser relacionada não apenas ao progresso de minha obra, mas também à evolução do contexto cultural. O fato é que, e esse é um aspecto importante, os estágios iniciais da atividade da crítica prática estavam associados a uma defesa correspondente de certos tipos de escrita contemporânea. A força da nova crítica nos anos 1920 estava diretamente relacionada à nova poesia e à nova prosa de Eliot e Joyce. A literatura do passado era, obviamente, invocada com frequência por esses críticos, mas havia a ideia de sua conexão com a prática literária do presente. Quando tomamos as palavras de ordem dessa crítica logo após a guerra, percebemos a necessidade de travar uma batalha cultural. Havia certas pessoas e estilos de escrita que queríamos atacar. Por exemplo, Priestley, que nos respondia precisamente com o tom arrogante do escritor criativo: "Quem são esses jovens irritantes de Cambridge?". É isso que quisemos dizer pelo ressentimento contra a crítica da época. Por outro lado, era muito menos claro para nós quais seriam as direções positivas alternativas para a literatura contemporânea. Essa dúvida foi sucedida por uma indiferença geral nos anos 1950, quando muito pouca prática crítica sobreviveu, mesmo na defesa qualificada de uma tendência de escrita corrente. A crítica e a escrita criativa se separaram bastante. Leavis foi uma influência decisiva nessa mudança, rejeitando tudo após a guerra, com a exceção de alguns escritores sobreviventes do período anterior. O padrão implícito pelo qual a obra contemporânea era agora julgada era simplesmente a obra do passado. O resultado foi o surgimento da conhecida doutrina sociocultural que postulava a civilização do passado e o caos presente, combinada com a afirmação da prioridade da crítica literária sobre qualquer tipo de prática literária. Pelos anos 1960, era amplamente aceito que apontar falhas nos textos contemporâneos era uma atividade muito mais importante do que tentar realizar qualquer escrita desse tipo. Nesse momento, poderia ser dito com mais justiça que a procura por falhas havia sido elevada a uma disciplina central dos estudos ingleses, algo qualitativamente diferente do caráter original da crítica prática.

---

5 *Keywords*, p. 76.

Hoje, quando vejo jovens marxistas antirrealistas realizando críticas bastante severas contra pessoas de sua própria geração na televisão ou na ficção, rejeitando todas as premissas da tradição crítica de Leavis, e seguindo com bases filosóficas bastante diferentes, mas respondendo à obra de seus contemporâneos em um espírito de hostilidade notavelmente similar, não posso deixar de sentir que essa cultura apodreceu com suas críticas. É por isso que penso hoje ser importante restaurar a ideia de que a prática crítica, salvo nos casos em que estiver relacionada a alguma defesa da prática literária, está muito mais próxima do "meramente irritante e à procura de falhas" descrito pelo modo filisteu, e inevitavelmente provocará uma reação grosseira do tipo que diz: "Se você acha que pode escrever um romance melhor ou realizar um melhor programa televisivo, faça isso, e também analisaremos a sua obra". Claro que essa resposta é frequentemente de má-fé quando vem de pessoas que estão atarefadas impedindo outros de realizarem essas atividades. O recente festival televisivo em Edimburgo foi uma ocasião onde essas duas atitudes estavam proeminentemente visíveis. Por um lado, encontramos o tipo mais complacente de pessoas "criativas" dizendo aos jovens críticos: "Evidentemente vocês são apenas críticos, nós somos os que fazem os programas". Esse tipo de resposta me leva de volta à posição de 1947. Contra ela eu escreveria novamente a mesma defesa da crítica. Por outro lado, quando converso com muitos dos críticos que são descartados por não entenderem "nós, as pessoas criativas" sobre as direções de sua crítica e sua relação com as obras contemporâneas, é impossível deixar de notar a sua desconexão com qualquer prática alternativa, o que deveria ser uma condição para a sua saúde.

Além disso, não podemos ver a institucionalização da crítica como uma prática educacional estendida a exames e ensaios universitários sem desenvolvermos um sentido bastante forte do que ela faz com a geração que é treinada para a presunção do privilégio crítico. O evento que cristalizou minha convicção sobre isso foi todo um conjunto de respostas de um exame sobre o epitáfio a Levet de Johnson, que descreve Levet como "*officious*" no segundo verso, mas também como "inocente" e "sincero". "*Officious*" possuía um sentido em geral positivo no século XVIII, e queria dizer "consciente", ao passo que hoje significa "mandão" ou "inoportuno". Qualquer um poderia ser desculpado por não saber disso. Mas seria de se esperar alguma abertura nos graduandos que encontraram essa palavra problemática em uma lista de virtudes, alguma disposição em admitir: "Há algo enigmático aqui que eu não posso explicar". O que achei surpreendente foi a confiança na qual as respostas recorriam à mistificação técnica que emerge da crítica prática. Essa era uma ambiguidade interessante: Johnson era simpático e inoportuno ao mesmo tempo, ou simplesmente estava confuso e foi incapaz de decidir-se. Esse hábito não autocrítico assume o controle com incrível facilidade, e não traz nenhum benefício, seja aos seres humanos, seja aos animais. Um estilo profundamente não produtivo se desenvolve, tornando-se mais confiante na medida em que é mais institucionalizado. Na realidade, ele é hoje um ingrediente decisivo em certo tipo de cinismo antipolítico. Críticos desse tipo estão tão afinados com falhas que, quando há uma disputa na indústria, eles tendem a analisar a linguagem dos militantes, que sempre inclui erros e clichês, ao invés de se importarem com o motivo da disputa. É nesse momento que a ideia da crítica como meramente uma procura por falhas deve ser articulada, em qualquer forma qualificada. É por isso que eu conscientemente revisei meu julgamento em *Palavras-chave*, para proteger pessoas que precisam de alguma proteção.

Qualquer socialista deveria ter a mais forte simpatia por isso. A sua resposta é, na realidade, um lembrete de um aspecto importante de Reading and Criticism, que não é facilmente inferido a partir de uma simples comparação de textos, mas que deveria ser parte de qualquer julgamento retrospectivo do livro: o fato de você estar tentando transformar as relações sociais da crítica de Leavis e Richard. O público de Richard foi factualmente uma elite social. O público de Leavis foi programaticamente uma elite intelectual. Enquanto o seu público direto foi, em princípio, a classe trabalhadora, preponderantemente ensinada por socialistas engajados que viam a sua prática educacional por esse viés. Assim, de certa forma, o livro se manteve fora do desenvolvimento sobre o qual você falou, a profissionalização da disciplina.

Isso é objetivamente verdadeiro. Mas não creio que eu estivesse tão consciente dessa diferença. Claro que, como expliquei, pelo fato de a educação para adultos ser um movimento misto, havia um sentido no qual se tratava apenas de uma expansão da elite. Mas a presença de estudantes da classe trabalhadora era o outro lado da mistura, e levar a prática da crítica a eles conduziu inevitavelmente à sua modificação. As relações sociais alteradas necessariamente produziram um tom social alterado.

THE ENGLISH NOVEL FROM DICKENS TO LAWRENCE

Gostaríamos de lhe colocar uma questão geral sobre o papel da crítica literária em seu desenvolvimento biográfico. Há um lapso de tempo bastante longo entre a publicação de Reading and Criticism *e* The English Novel from Dickens to Lawrence *[O romance inglês de Dickens a Lawrence]. Você já ensinava literatura há quinze anos na educação para adultos e então, por outros sete ou oito anos em Cambridge, antes de publicar um outro livro especificamente sobre os estudos ingleses. Esse é um intervalo notável. Qual foi a relação da crítica literária com o restante de sua obra naquele período? Você tinha a intenção de produzir uma obra em grande escala nessa área?*

Não, eu não estava particularmente interessado. Quando estava lecionando na educação para adultos, eu costumava dedicar, a cada ano, até dois terços do curso para obras que, ou eu nunca tinha lido, ou conhecia apenas superficialmente. Dessa forma, passei muito tempo simplesmente ampliando minhas leituras. Eu não tinha muita vontade de escrever sobre isso. Eu estava mais preocupado com *Cultura e sociedade* e *The Long Revolution*. Em algum momento no início da década de 1950, deixei de considerar obras críticas como o tipo de livro que eu queria produzir. Não me mantive atualizado, por exemplo, com o que era chamado literatura. Quando voltei a Cambridge, eu estava bem fora desse circuito; eu não era um estudioso profissional da literatura. Tive de ler todas as publicações sobre os autores mais significativos que haviam aparecido desde que eu era um estudante para me atualizar. Mesmo com relação a autores sobre os quais eu frequentemente pensava, como Dickens, eu não havia lido aqueles livros, sobretudo os artigos.

Quando voltei à atmosfera acadêmica, era presumido por todos que o que deveríamos fazer era crítica. "Em que você está trabalhando?", pessoas costumavam perguntar. Eu respondia vagamente, "Não sei, em Godwin ou Herrick ou qualquer outra coisa". Contudo, o retorno a Cambridge produziu duas obras que incluem crítica literária, mas também outros tipos de atenção e argumento. Elas foram *Tragédia moderna*, que escrevi por estar pasmo diante da ideologia da tragédia na universidade, e *O campo e a cidade*, que teve a sua origem em discussões sobre os poemas de casas de campo no mesmo período. O impulso em direção a esses livros veio, em certo sentido, de minha reentrada na atmosfera crítica literária. Mas nenhum deles foi considerado como um livro de crítica literária. Ao final, apenas publiquei o livro sobre o romance inglês, que foi originalmente uma série de palestras, porque a discussão de meus dois outros livros na obra de outras pessoas ocorria em tal velocidade que pensei ser melhor colocar minha posição de forma clara. Não foi um livro planejado, e foi feito muito rapidamente. Eu apenas tomei as minhas notas e transcrições antigas e as reescrevi em um livro breve.

Muitos leitores devem ter notado que o livro possui uma clareza e urgência típicas de oralidade, talvez pelos textos terem sido originariamente produzidos para a fala. O texto final está bastante próximo da forma original?

Sim. Quando retornei a Cambridge, envolvi-me bastante com o curso que ministrei sobre o romance. O curso gerou muitas discussões e, com o passar dos anos, vários pós-graduandos – Terry Eagleton, Pat Parrinder, e outros – começaram a desenvolver suas próprias pesquisas a partir dele. Muitas das ideias ocorreram enquanto eu estava falando. Lembro-me, por exemplo, do momento em que estabeleci uma conexão entre a composição analítica de *Middlemarch* e a perda da perspectiva social inicial de George Eliot, uma conexão que não me havia ocorrido até então. Terry Eagleton, que estava sentado na primeira fileira, esticou o corpo ao notar a mudança súbita de julgamento que acabara de emergir da lógica de meu argumento, por estar tão afinado ao dele – conversávamos a todo momento. Quando escutei as gravações, conservei a forma como as palestras foram dadas. Eu deliberadamente mantive o livro naquele nível. Tive dúvidas se deveria fazê-lo, mas então pensei que, se eu quisesse escrever algo a ser reconhecido por meus colegas como um livro apropriado sobre o romance inglês de Dickens a Lawrence, isso me demandaria um esforço imenso que levaria anos, e o resultado seria algo inteiramente diferente. Se o livro tivesse sido concebido no estilo acadêmico corrente na época, não poderia mesmo ter sido escrito. Quanto a mim, tive a impressão de que um período havia terminado, e que havia chegado o momento de registrá-lo.

Uma característica de The English Novel from Dickens to Lawrence *que não deixa de surpreender qualquer pessoa familiarizada com a obra de Leavis é a inversão aparentemente mantida e quase simétrica dos autores, das avaliações e das ênfases encontradas em* The Great Tradition [A grande tradição]. *Ambos os livros se iniciam com Jane Austen, que não possui um capítulo único, mas aparece como ponto de partida de uma tradição, e enquanto Leavis remove Dickens de sua tradição, você o situa firmemente como o primeiro autor discutido de modo prolongado. Quanto a George Eliot, Leavis coloca toda a sua ênfase em* Middlemarch *e em* Daniel Deronda, *obras tardias, que você desaprova ao compará-las a* Adam Bede *e outras obras iniciais. Então, quando Leavis salta diretamente para James, omitindo Hardy, você avança para Hardy e omite James. Mesmo no caso de Lawrence, Leavis toma* Mulheres apaixonadas *como o seu maior êxito, enquanto você escolhe esse romance para censurá-lo, elogiando, por outro lado,* Filhos e amantes *e* Lady Chatterley, *que Leavis negligencia. Parece que, em quase todos os momentos, você discute as mesmas questões que ele discutira e procura anular o mapa que ele traçou. Quão deliberado foi isso de sua parte?*

Em alguns momentos, bastante deliberado, como no julgamento diferente da relação entre Jane Austen e George Eliot, ou entre Jane Austen e Emily Brontë, na avaliação de Dickens (que naquele momento ele havia modificado, de qualquer forma), e na transição de George Eliot para Hardy, ao invés de James. Não tinha como eu não estar consciente desse processo. E não apenas por eu haver memorizado *The Great Tradition*. Devemos nos lembrar que, embora Leavis ainda se visse como um forasteiro em seus últimos anos, ele havia vencido completamente. Quero dizer, se conversássemos com qualquer um sobre o romance inglês, incluindo pessoas hostis a Leavis, eles na verdade reproduziam a sua ideia da organização da sociedade. Diante disso, tive de intervir. Creio que isso tenha mesmo me influenciado de forma errada, pois hoje eu não iniciaria na década de 1840, mas sim na de 1790. Essa teria sido a data correta, o momento da supressão do esforço em direção a um novo tipo de romance por escritores como Godwin. Creio que provavelmente isso teria produzido outra perspectiva sobre Jane Austen e o ressurgimento de um tipo similar de ficção no final da década de 1830 e começo de 1840, uma discussão que deveria ter sido relacionada a uma história social muito anterior. Não vi isso porque a década de 1790 não estava no mapa convencional do romance.

Até onde Leavis estivesse em questão, o que eu pensava e ainda defendo com vigor é que, mesmo no julgamento mais generoso de Leavis e de todas as suas qualidades que são reais, ele não deveria ter feito o que fez com Hardy. Posso compreender a sua atitude para com a literatura em meados do século XX, embora eu a rejeite, mas ainda não consigo entender, a não ser como sendo o seu pior julgamento, por que ele adotou aquele tom particular em direção a Hardy. Mesmo as falhas de suas formulações, sua ênfase no caráter inglês ou nos tipos específicos de comunidade rural, deveriam ao menos ter direcionado a sua atenção a Hardy, ao invés de excluí-lo da tradição em que estavam sendo encorajados.

Não seria a resposta ele ter talvez se sentido ameaçado pelo radicalismo de Hardy? Você demonstra claramente no seu livro que, em muitos aspectos, Hardy é o principal predecessor de Lawrence. Mas, de certa forma, Lawrence é mais fácil de ser aceito. Se não quisermos olhar de muito perto para as realidades de classe e de poder, Lawrence é curiosamente menos explosivo do que Hardy, embora venha depois dele.

Correto. Ainda assim, é irônico que Leavis tenha listado Hardy como um dos grandes nomes em seu artigo *Minority Culture* [Cultura de minoria], de 1930, ao passo que quando escreveu *The Great Tradition* tratou-o com arrogância, quase como um caipira do campo. Creio que vocês estejam certos ao explicarem o paradoxo pelo fato de Hardy ser bastante incômodo para alguém que tenta racionalizar o julgamento refinado, civilizado e balanceado. Hardy expõe muita coisa que não pode ser deslocada de sua situação social, particularmente em seus últimos livros. Talvez o efeito mais imediato do curso de Cambridge tenha sido eu iniciar esse tipo de reavaliação de Hardy, e talvez de Wells. Era assumido que Wells havia sido liquidado por Virginia Woolf – "Ninguém lê esse tipo de coisa". Tentei mostrar que a controvérsia Wells-James era um argumento bastante aberto, e não decisivamente vencido por James, com mais nada a ser acrescentado.

Você menciona que, nos anos 1920, Leavis fez referências aprovando Hardy, sobre quem Frank Chapman faz avaliações bastante positivas em uma das primeiras edições de Scrutiny. *É interessante haver outro romance que tanto Leavis quanto Chapman tinham em alta estima, mas sobre o qual nenhum deles jamais escreveu,* Ulisses. *Será que não há algo na estratégia de escrita de Hardy, sobretudo na forma como ele tece seu discurso, uma estratégia muito mais saliente no romance de Joyce – que, de sua posição, você está apto a analisar de modo bastante efetivo – que, num sentido estrito, derrotou as concepções estéticas de Leavis sobre a concretude? Talvez também tenha sido por essa razão que esses romances foram frustrantes para ele.*

Creio que isso esteja provavelmente correto. Nos termos das posições afirmadas por Leavis sobre a coloquialidade e a experiência vivida, *Judas [o Obscuro]* ou *Ulisses* deveriam ter sido obras interessantes à *Scrutiny*. Mas, na realidade, houve um movimento crescente em direção a uma tradição precisamente alternativa, mais formal, mais conscientemente erudita e mais unificada em suas formas literárias. Quando esses críticos se viram, em seu próprio tempo, confrontados com um coloquialismo e um caráter cotidiano que não eram apenas um valor abstrato, mas estavam lá, em sua própria casa, e entre outras pessoas, todo o seu programa enfrentou dificuldades. Não se pode exaltar essas virtudes do passado, e então lamentá-las no presente, sem o mapa cultural extraordinário que Leavis teve de traçar. Houve um tempo em que todas essas coisas eram parte de nossa vida real. Hoje elas são mera vulgaridade. É aqui que tudo termina.

O conceito decisivo para muito de sua discussão sobre Hardy é a ideia de uma comunidade cognoscível. Essa categoria, que é simultaneamente sócio- -histórica e literário-textual em suas referências, é o princípio organizador de seu livro. No entanto, não há uma exposição direta disso em The English Novel. *Você poderia nos oferecer uma definição abstrata de uma comunidade cognoscível?*

Os romances que atingem um escopo amplo de experiência social por meio de relações imediatas suficientemente manifestas possuem uma comunidade cognoscível. Hardy é frequentemente descrito como um novelista regional, mas o termo é errôneo. Uma ficção regional não inclui os conflitos de uma sociedade mais ampla da qual a região é, evidentemente, uma parte. Há uma grande quantidade de ficção rural no século XX em que não se pode inferir qualquer dos movimentos centrais da sociedade inglesa. É nesse sentido que essas obras são ficção regional.

Isso é absolutamente falso em relação a Hardy, cujos romances revelam uma crise decisiva da Inglaterra no final do século XIX. Ele pôde atingir um escopo bastante amplo da experiência social, por meio de uma série de relações totalmente familiares para ele em sua forma manifesta, e que ele pôde tornar concretas em sua ficção. Isso não foi possível, por exemplo, para Dickens, que teve de criar estratégias ficcionais diferentes para um mundo urbano muito mais complexo, crescentemente dominado por processos que apenas poderiam ser apreendidos de forma estatística ou analítica – uma comunidade incognoscível nos termos da experiência manifesta. A ideia da comunidade cognoscível é bastante importante para o argumento do livro, uma vez que apenas ela pode sugerir que romances poderiam não ser escritos, exceto em circunstâncias especiais, no século XX. Essa conclusão viria, evidentemente, de encontro a tudo o que escrevi, onde esses problemas são colocados muito diretamente para a minha própria prática.

Há uma série de julgamentos específicos em The English Novel *que levantam várias questões teóricas que talvez devêssemos explorar. A primeira se refere à forma como você trata a relação entre as conquistas literárias de Jane Austen e as condições de classe dessa criação ou, em outros termos, entre o código de moralidade nos seus romances e a seletividade de classe em seu mundo. Você argumenta que a unidade extraordinária de tom nos romances de Jane Austen é devida ao fato de o aperfeiçoamento moral estar para ela de alguma forma conectado ou mesmo consubstancializado à melhora econômica. Ou seja, as virtudes da agricultura britânica em processo de modernização estavam conectadas de forma latente às virtudes da autodisciplina pessoal, à recusa a formas mais grosseiras de egoísmo e aos outros valores que qualificam o mundo de seus romances. Você argumenta que essa unidade era na realidade ilusória, e que o que de fato acontece em seus romances é uma separação de dois tipos de aperfeiçoamento, pois ela desenvolve um tipo de discriminação moral de tal intensidade e autonomia que termina por se tornar um padrão a partir do qual a sociedade econômica pode ser julgada. Um passo adiante teria sido dado na obra inicial de George Eliot. Você escreve: “O que acontece em* Emma*, Persuasão e* Mansfield Park *é o desenvolvimento de uma moralidade cotidiana descompromissada que é, na realidade, separável de sua base social e que, em outras mãos, pode ser colocada contra ela”.*[1]

---

1 *The English Novel from Dickens to Lawrence*, p. 23.

A dificuldade aqui é verificar se não é idealista tentar separar a conquista estética de uma escritora como Jane Austen do código social de sua classe. Podemos dessa forma separar a moralidade sem classe de sua obra? Não seria possível que o valor estético de seus romances seja de certa forma um produto de um tipo particular de dominação social da classe proprietária de terras na Inglaterra da época? Em outros termos, não haveria uma relação mais próxima do que você permite entre a posição social a partir da qual os romances são escritos e seus méritos literários?

Em minha opinião, Jane Austen realiza um esforço bastante árduo para unificar o que não é unificável – ou seja, os processos e estruturas de uma classe com a qual ela estava engajada e os valores universalistas de uma tradição moral que eram definidos, de modo bastante aberto, como honestidade, amabilidade e responsabilidade. É por isso que eu disse que ela teve de guiar as pessoas em direção à reconciliação da propriedade e da virtude como uma advogada sobrenatural. Eu quis dizer que seus arranjos são uma solução artificial. Quando a jovem George Eliot utiliza os mesmos valores em uma aceitação mais ampla das relações sociais reais entre o proprietário de terras e o arrendatário, por exemplo, a segurança admirável da unidade de tom em Jane Austen é rompida. Creio que esse seja um padrão frequente no período seguinte a uma unificação aparentemente bem-sucedida de uma ideologia e de uma prática dentro de uma classe dominante. Os valores em questão fornecem uma base inicial de uma crítica à prática com a qual eles se mesclaram.

Mesmo aceitando tudo o que você disse sobre a relação entre moralidade e classe social, ainda assim parece haver uma tendência, em seu tratamento de Jane Austen, a contrapor a conquista especificamente estética de um escritor, que no caso dela está obviamente relacionada a uma nitidez da percepção moral, à classe na qual a forma literária surgiu. Em outros termos, o que permitiu a produção da obra foi a sugestão de que havia um excedente de vitalidade criativa, inteligência e sensibilidade no indivíduo fundamentalmente em desacordo com a sua classe de origem. Colocando de forma provisória, a perspectiva marxista mais clássica seria a de que toda a classe em ascensão na história tenderá, no curso de seu desenvolvimento, a produzir obras artísticas significativas que incorporam a sua experiência da sociedade em seu tempo. Ou seja, deveríamos esperar uma relação causal, e não de oposição, entre ambas. Por exemplo, a experiência da aquisição da posição dominante, juntamente com toda a dominação e exploração inerentes a ela, também envolve a conquista de um domínio real do mundo e das relações sociais. A compostura literária de Austen é bastante notável a partir de qualquer perspectiva europeia. O que ela parece refletir é uma confiança e maturidade extraordinária de uma classe que tinha, naquele momento, 150 anos de existência pós-revolucionária. Nesse sentido, Austen deveria ser vista como o melhor produto de sua classe, e não como um produto divergente.

Eu não gostaria de negar que, colocando a questão de modo mais familiar, as conquistas artísticas de uma classe pertencem à sua ascensão. Essa é uma proposição marxista clássica, e há muitos exemplos que a confirmam. Mas penso que há outro caso bastante interessante, no qual as conquistas de um tipo específico de obra ocorrem em um estágio bastante tardio da história de uma classe, mesmo quando ela está em uma crise evidente. A análise que Goldmann realiza de Racine explora um exemplo disso. Outro exemplo curioso é a peça da "Restauração" escrita por Congreve em 1700, *The Way of the World* [Como é o mundo], um momento em que as bases sociais para aquele tipo de obra já haviam aparentemente desaparecido. Nesses casos, encontramos certa perfeição da forma em um estágio bastante tardio, não associado, como fazemos usualmente e de forma correta, com o vigor e domínio da ascensão de uma classe. A primeira relação seria verdadeira nos romances ingleses do início do século XVIII. Mas eles possuem uma forma radicalmente diferente da arte do início do século XIX. Eles correspondem muito mais às atividades reais da burguesia. Os romancistas são eles mesmos como as atividades que descrevem: exploratórios, possessivos e oportunistas. Eles não são comedidos, mas sim vigorosos. Outro tipo de correlação está envolvida quando chegamos a um tipo particular de obra que é, como no caso de Jane Austen, admiravelmente comedida. Não podemos usar o termo "confiança" em ambos os casos, a não ser que estejamos falando de dois tipos de confiança. Um é a energia da vontade de vencer e da exaltação da vitória, o outro é a tranquilidade de um conjunto assumido de valores que unificam todo um processo social, e que fornecem a base para inovações imaginativas específicas. Estive sempre tentado a pensar que é um padrão regular que certo tipo particular de obra formalmente perfeita surja no fim de um período da história de uma classe, embora não necessariamente no período de sua derrota, como claramente não é o caso na época de Jane Austen. Creio que tenhamos talvez dado muito pouca atenção a esse fenômeno recorrente, porque a outra proposição, de que a arte significativa está conectada à confiança e vigor da classe dominante, tem tomado todo o espaço. Na verdade, pode haver um tipo particularmente perfeito de arte numa época em que as suas posições sociais se tornaram impossíveis.

Seu argumento é, no geral, muito interessante, mas a periodização específica da obra de Austen parece questionável. Frequentemente é assumido que há ou a ascensão ou o declínio histórico de uma classe, quando na realidade há intervalos característicos de dominação estável e consumada quando a classe não está ascendendo, mas também não está em declínio. A Inglaterra na época napoleônica é certamente um caso desse tipo. Após Trafalgar e antes do Ato de Reforma de 1832, a classe proprietária de terras capitalista estava no apogeu de seu poder político, tanto nacional quanto internacionalmente. Não foi um período de ascensão, mas também não ocorreu próximo a um declínio.

Bem, o que mais me deixou satisfeito no capítulo sobre Jane Austen foi justamente constatar quanto dessa história inglesa está lá em seus romances, sobre os quais sempre foi dito tratarem apenas de relações pessoais. Não discordamos no que tange à questão central. Em casos como os de Racine e Austen, não se pode separar as conquistas extraordinárias da posição social. A questão deve ser colocada de outra forma: se há uma relação entre as duas, então suas condições devem ser analisadas. No caso de Austen, eu diria agora que duas condições específicas de sua posição ideológica foram decisivas. Ela foi duplamente marginalizada em relação à sua classe: como dependente e como mulher.

Falando de Dickens, você parece ter se arrependido do que disse tão drasticamente quanto Leavis. Em Cultura e sociedade, *a sua censura a* Tempos difíceis *foi bastante severa. Você escreveu: "*Tempos difíceis*, em tom e estrutura, é a obra de um homem que 'viu através' da sociedade, que desvendou tudo. A única reserva se relaciona aos passivos e aos sofredores, aos sem espírito que herdarão a terra, mas não Coketown, não a sociedade industrial. Esse sentimento primitivo, quando unido à convicção agressiva de ter encontrado todas as outras pessoas, é a posição conservada de um adolescente. A inocência envergonha o mundo dos adultos, mas também essencialmente o rejeita. Como uma resposta total,* Tempos difíceis *é mais um sintoma da confusão da sociedade industrial do que a sua compreensão"*.[2] *A sua crítica aos elementos*

---

2 *Culture and Society*, p.107.

pré-adultos na arte de Dickens, o tema da "inocência", é particularmente notável, uma vez que em The English Novel você endossa Dickens precisamente quando ele exalta a inocência ficcional como um desafio aos termos correntes da observação social acurada, e justifica o que é geralmente visto como as fraquezas da inverossimilhança e da fantasia que dela resultam. Você então afirma: "É fácil mostrar que, tendo definido uma condição social como a causa da virtude ou do vício, Dickens então produz a virtude quase magicamente, como em A pequena Dorrit, a partir das mesmas condições que em outros gerariam o vício [...]. Podemos ou não acreditar nisso como uma observação social; porém, embora essa mudança tenha o caráter de milagre, é o tipo de milagre que acontece – o florescimento do amor ou da energia inexplicáveis pelas formas de descrição das pessoas com as quais estamos acostumados. Ou seja, não há razão para o amor ou para a inocência, exceto a existência da humanidade, quase abolida por essa condição geral. A exclusão do humano, que podemos ver operando em um sistema descritível, não é absoluta, ou não haveria qualquer sentido em nomear o humano alienado. Não haveria, nesse caso, nada a alienar. A qualidade inexplicável da inocência indestrutível e da intervenção miraculosa da deusa, das quais Dickens depende tanto e que têm sido casualmente desconsideradas como sentimentalismo, são genuínas porque inexplicáveis. O que é inexplicável, afinal, é o sistema, que tem sido produzido consciente ou inconscientemente".[3]

A retórica desse parágrafo – o autêntico é o inexplicável – leva inevitavelmente ao protesto: ela é muito próxima à lógica do misticismo. Mas há uma objeção ainda mais importante: todo o seu argumento teórico em The English novel, como também em The Long Revolution, depende da inter-relação entre as qualidades pessoais e as relações sociais na forma realista. O divórcio entre as duas é o que você acusa como conduzindo ao colapso, seja no romance psicológico, seja no sociológico. Poderíamos dizer que a ideia de uma interconexão integral entre o pessoal e o social é o sustentáculo de toda a sua teoria literária. Contudo, a sua interpretação de Dickens contradiz diretamente esse princípio, pois você o apoia por precisamente abstrair uma qualidade humana que não é em nenhum sentido social: de um lado, há o sistema, de outro, há pessoas que o derrotam.

---

3 The English Novel from Dickens to Lawrence, p.52-53.

Há uma questão simples e uma difícil para mim aqui. A simples é que o tom e o estilo da passagem me dizem que ela está argumentando contra a corrente. É o tipo de estilo exaltado que surge da imersão indevida num escritor e da assimilação de seu próprio modo de ver o mundo. Já mencionei o perigo dessa ventriloquia inconsciente no caso de Carlyle. Eu certamente não gostaria de defender os termos da passagem hoje. Mas se basearmos nossa obra, como eu o faço, na unidade indissolúvel entre a experiência individual e a experiência social, então teremos dificuldades para explicar, em termos não metafísicos, as ações e respostas que não são, por assim dizer, preparadas por circunstâncias ou relações sociais em formas nas quais podemos comumente avaliá-las. Minha posição atual, que desenvolvi em *Marxismo e literatura*, é que, independentemente do quão dominante seja um sistema, o sentido mesmo dessa dominação envolve uma limitação ou seleção das atividades que ele abrange, de forma que por definição ele não pode abolir toda a experiência social – que, dessa forma, sempre contém um espaço para ações e intenções alternativas que ainda não foram articuladas como uma instituição social ou mesmo como um projeto. Contudo, eu hoje gostaria menos ainda de aplicar essa ideia a Dickens. Creio que ele *teve* de criar seus valores inexplicavelmente, pois se tivesse os representado de qualquer outra forma, isso teria implicado em uma aliança com forças com as quais ele não queria ter qualquer conexão. Mas isso não faz negligenciáveis os impulsos e energias de sua resposta, não importa o quão ideológicos eles sejam em sua forma final.

Não, os valores são reais, os procedimentos mágicos é que são falsos. Dickens não pode ser defendido como um romancista tendo como base esses procedimentos. São inegáveis a generosidade do sentimento e o poder do desejo para recriar nos seus romances certos impulsos fundamentais e emancipatórios. Porém, eles são deslocados pela estrutura da ficção. O seu maior elogio a Dickens está em sua habilidade para totalizar o sistema social numa forma que nenhum outro escritor poderia fazer, devido a um uso formal bastante novo da metáfora e do símbolo. Você também assume que ele estivesse curiosamente não consciente das formas que buscavam reformar o sistema em sua própria época, mas você não considera isso uma limitação séria de sua perspectiva. Mas não seria o problema real da obra de Dickens uma totalização exagerada do sistema, essencialmente o modo de produção capitalista industrial brutal em seu estágio inicial, que gerou o recurso a qualidades pessoais positivas mágica e excessivamente individualizadas, completamente fora dele? É óbvio que o sistema capitalista, em seu sentido estrito de um modo econômico de produção, nunca exauriu a experiência social da Inglaterra da década de 1840, mesmo desconsiderando sua própria seletividade repressiva, porque outros modos de produção e de relações de classe subsistiam. A formação social era muito mais complexa do que um simples esboço de Coketown, embora esse seja um exemplo bastante extremo em sua obra. Mas se Dickens possuía uma visão plena da sociedade inglesa, com seus pontos de resistência à ordem capitalista variados e diferenciados, não seria possível que ele tivesse atingido uma encarnação esteticamente muito mais persuasiva dos valores que ele se esforçava por representar?

Penso que isso esteja correto – é exatamente o que senti estar errado em *Tempos difíceis*. Temos uma contradição clássica dentro do texto. O romance se inicia com a descrição de uma cidade onde todas as pessoas são exatamente iguais umas às outras. Então, inevitavelmente, devido ao tipo de romancista que foi Dickens, o texto prossegue mostrando pessoas totalmente diferentes movendo-se em direções diversas umas contra as outras. Mas a apresentação inicial da obra nunca é revisada. Percebi isso de forma menos intensa ao escrever sobre *Dombey and Son* [Dombey e filho] e *A pequena Dorrit*. Mas, na realidade, havia outras experiências sociais que eram fontes possíveis para uma direção alternativa ou de oposição na sociedade da época de Dickens. Uma análise histórica bastante precisa seria necessária para determiná-las, o que não é algo fácil de fazer em uma análise de ficção. Mas eu gostaria de presenciar a tentativa de realizá-la porque, afinal, há várias relações não capitalistas em Dickens, embora ele mais frequentemente recorra a certas convenções como a infância, o idílio rural, a doença ou a inabilidade física como elementos de salvação em seu mundo. Contudo, se certos valores puderem ser remontados à sua origem social de forma não mágica, ainda resta a possibilidade de que outros surjam fora do âmbito estabelecido dos modos disponíveis. O mesmo problema reaparece se tentarmos localizar a origem das concepções alternativas das relações em *O morro dos ventos uivantes*. Quando pessoas estão vivendo num sistema dominante, podemos tanto obter fontes alternativas de experiência social em outros modos que sobreviveram do passado, e que podem ou não estar em oposição ativa ao sistema, quanto podemos obter outros impulsos que ainda não foram produzidos pelo cálculo das forças conhecidas. Mas nunca deveríamos dizer que, por eles não terem sido produzidos por um cálculo conhecido das forças, eles não foram produzidos por quaisquer forças, sejam elas quais forem. É isso que tentei dizer, de modo inadequado, na passagem citada. Mas em minha atitude com relação a Dickens há esse balanço. Eu nunca entenderei isso completamente. Alguma outra pessoa talvez o faça.

Você menciona uma dificuldade comparável em O morro dos ventos uivantes. *Na realidade, a sua discussão sobre Emile Brontë pode causar uma perplexidade similar no leitor. Pois o seu foco central é a natureza da relação entre Catherine e Heathcliff, sobre a qual você diz: "[...] esse tipo de laço, esse sentido da presença absoluta, da existência absoluta no outro, um no outro, é na realidade uma experiência comum, embora sempre transformadora [...] não o desejo pelo outro, mas o desejo no outro".[4] Você prossegue: "Em sua qualidade como algo dado, o local onde o social e o pessoal, a própria pessoa e os outros, crescem a partir de uma única raiz".[5] Você parece aqui estar avançando em direção a uma descrição de uma relação que é anterior a qualquer distinção entre o social e o pessoal. A imagem que você usa evoca a crescimento de uma planta. Mas se olharmos para o modo como Emily Brontë formula essa relação, ela nega precisamente essa imagem. O que Catherine diz é: "Meu amor por Linton é como a folhagem nos bosques: o tempo o transformará, estou bem consciente disso, como o inverno transforma as árvores. Meu amor por Heathcliff se assemelha às rochas eternas subterrâneas". Em outros termos, a relação não cresce naturalmente, mas é dada fora da natureza. A carga metafísica da linguagem é bastante evidente. Contudo, o seu comentário e interpretação parecem endossar algo muito difícil de ser negociado dentro dos termos de sua explicação geral das relações dentro do romance.*

Eu entendo. E aceito que a metáfora que usei pode ser tomada como contradizendo a dela; mas a dela é, de qualquer forma, bastante difícil. O que poderia ser esse subsolo fundante? Ele deve ou representar algo completamente físico, e não me parece que é só isso, ou uma configuração da graça, o que pressuporia uma pré-natureza totalmente determinante que então controlaria todo o desenvolvimento pessoal e social, que também creio não ser o caso. Emily Brontë mostra o movimento da relação pelo

---

4 *The English Novel from Dickens to Lawrence*, p.86.
5 Ibid., p.67.

tempo, da infância em diante, o que é certamente, nesse sentido, crescimento. Minha imagem da única raiz tinha apenas a intenção de sugerir que o relacionamento e o tipo mais substancial de identidade pessoal vêm da mesma experiência – não que a experiência seja pré-social, mas que ela emerge antes que se tornem relevantes as categorias separadas do social e do individual. Todas essas questões revolvem em torno de um único problema que ainda me preocupa de forma extraordinária. Como podemos explicar a possibilidade das respostas emancipatórias a um sistema que não pareçam ter sido preparadas, em qualquer forma perceptível, por condições sociais? Certas relações são muito difíceis de serem entendidas pelos princípios normais, e dão força a explicações metafísicas e subjetivistas porque essas explicações se mantêm quase os únicos termos para lidarmos com elas. Tenho muito interesse em encontrar termos alternativos. Mas também estou determinado, e isso explica o meu exagero, a não me alinhar à forma como a esquerda tem usualmente tentado resolver esse problema. No caso de *O morro dos ventos uivantes*, por exemplo, há o esforço clássico para ler Heathcliff como a figuração do proletariado. Isso não pode ser feito dessa forma. O outro perigo que tenho notado é que algumas pessoas, sentindo a necessidade compreensível de resistir às explicações metafísicas ou subjetivistas, colocam mais peso em uma identificação bastante precisa das evasões ideológicas que estão sempre em uma obra, ainda mais em Dickens e em Brontë, do que na exploração das questões apresentadas por meio da ideologia. Os problemas reais persistem, mas são frequentemente esquecidos, separados ou adiados, ao serem obscurecidos pela confiança da explicação de classe. Penso que isso esteja relacionado à negligência geral, dentro de uma tradição marxista poderosa, das questões da sexualidade e das relações primárias. O sentido do problema, da falha profundos e, simultaneamente, da possibilidade intensa dessa esfera da sexualidade e das relações primárias forma uma parte da crise social da década de 1840 tanto quanto em qualquer outra época. De fato, no final da década de 1960, a crise social de nossa própria sociedade capitalista tardia foi interpretada nesses termos com muito mais paixão do que nos termos herdados, produzindo uma grande confusão entre a emancipação política e a sexual. Quanto a mim, eu estava, de um modo geral, do lado da emancipação política. Mas eu ainda insistia que a crise social também estoura na outra esfera. Contudo, se posso dizer que isso ocorre, não estou certo de *como* isso acontece.

THE ENGLISH NOVEL FROM DICKENS TO LAWRENCE   255

Tenho tentado chamar a atenção para esse problema, como vocês podem ver em cada exemplo que vocês escolheram. Em Hardy ou Blake posso amarrar tudo mais facilmente à suas fontes, mas não estou certo de que eu possa fazê-lo em outros casos. O mesmo problema ocorre com o radicalismo herético da política do século XVII. Quanto dele é explicável nos termos das condições sociais conhecidas de uma classe excluída? Quanto se mantém um projeto bastante inexplicável de liberação sexual, que se estendeu da loucura a uma imaginação e percepção extraordinárias? Creio que haja um perigo peculiar de negligência desse fenômeno hoje, por ele ser de um tipo com o qual a crítica marxista estruturalista é particularmente impaciente, e do qual ela conscientemente se dissocia em sua versão da análise científica. Contudo, o problema desses impulsos emancipatórios não traçáveis, ou não imediatamente traçáveis é, no sentido mais enfático, não apenas uma questão de análise literária, mas uma questão política contemporânea bastante urgente.

Avançando em The English Novel, *há uma questão importante na qual o ímpeto de sua polêmica contra Leavis parece resultar numa unilateralidade prejudicial: a sua discussão sobre James. É como se seu tratamento de James funcionasse como uma vingança ao tratamento dado a Hardy por Leavis, o que não é a melhor forma de responder a qualquer um dos dois escritores. As suas observações são bastante breves e mesmo imperiosas. Mas a acusação essencial que você dirige a James é que ele não se interessa pela história. "O que ele de fato excluiu foi a história: aquela outra dimensão de valor que, de Scott, passando por Dickens, George Eliot e Hardy, até Lawrence, mas não em Joyce, transformou a prosa ficcional".[6] Esse é um julgamento bastante surpreendente. Afinal, foi você mesmo quem mostrou que há processos sociais múltiplos de um caráter manifestadamente histórico na obra de Jane Austen, cuja ficção é parte de sua época, de uma forma muito mais direta do que se pensa usualmente. O seu argumento central é que ela não é, de forma nenhuma, não histórica. Ela é uma escritora muito histórica. Não seria de se supor que, pelos seus próprios critérios, o mesmo pudesse ser dito a fortiori de James? Toda a sua obra é marcada por um interesse materialista intenso nos padrões de riqueza e nas relações sociais por eles geradas. Esses padrões são traçados num escopo temporal muito mais amplo do que em Jane Austen, envolvendo muito mais mudanças históricas sucessivas: basta pensarmos em*

---

6 Ibid., p.133.

toda a história social complexa que se sucede de Os europeus até A taça de ouro. Indo além, a dimensão da história que domina muito da obra de James é fundamental em sua época: a evolução da relação entre a sociedade americana e a inglesa ou europeia. Essa foi uma parte imensamente importante da história do final do século XIX e do início do século XX. Pode-se dizer que o mundo de James é o outro lado da moeda do universo de Conrad. A exploração colonial na Ásia, na África e na América Latina foi acompanhada por um rearranjo das relações metropolitanas entre o capitalismo inglês e o americano. Todo o futuro do imperialismo descrito por Conrad repousa essencialmente na modulação do poder dentro de uma parceria anglo-americana que absorveu James. Mesmo hoje, essa modulação nunca foi explorada exaustivamente pela esquerda. Há muitas críticas a serem feitas sobre as obras de James em sua fase central e final, mas a desatenção à história certamente não é uma delas num estudo balanceado.

Creio ser essa uma correção útil. Meus comentários sobre James foram afetados pelos seus contextos polêmicos. A principal defesa de James deveria ser feita como vocês colocaram. Eu particularmente aceito a ênfase na relação anglo-americana, que nunca foi devidamente estudada em sua obra. A única ressalva que eu ainda faria é que há algo na ficção de James que se movimenta da história para o espetáculo. Em um momento decisivo na evolução do romance, ele se move em direção a uma preocupação com os processos do espetáculo e com os processos da observação do espetáculo. Isso deve ter conexão com certos bloqueios ideológicos que o impediram de levar as suas intuições características até o fim. Outros sintomas são os casos, em sua obra, da inocência miraculosa ou da virtude predestinada, tão evidentes, a seu modo, como em Dickens. Pois eles ocorrem em meio ao que é, em geral, uma observação fria e bastante desenganada sobre o que o dinheiro e suas relações fazem às pessoas. Após publicar *The English Novel*, comecei a trabalhar com um colega nas relações que envolvem dinheiro em James. Fiquei surpreso com a proximidade com a qual James se dirige não apenas às relações entre capital e poder e entre afluência e consumo, mas também às relações entre capital monetário e outros tipos de capital. Isso parece bastante central para uma avaliação de James.

Sim, você o censura, em seu livro, por sua lealdade a Flaubert, embora ele sempre tenha dito que seu grande mestre foi Balzac, certamente um escritor mais histórico e talvez mais materialista do que Dickens. James está bastante próximo a Balzac no que tange ao dinheiro como uma força corruptora. As ramificações de sua visão são, em alguns casos tão amplas – as consequências da riqueza como o presente fatal da liberdade para Isobel em Retrato de uma senhora – que geram dúvidas do quão consciente ele estava do que de fato descrevia.

Fiquei bastante impressionado ao reler Os espólios de Poynton, não apenas pelo seu tratamento do dinheiro, mas do dinheiro como uma exibição conspícua. Embora ele seja apresentado como um espetáculo, não há qualquer possibilidade de engano por parte do espectador. Trata-se de uma demonstração incrivelmente poderosa de certo tipo de fetichismo. Pode-se mesmo sugerir que, após a leitura do primeiro capítulo de O capital, deveria ser recomendada a leitura de Os espólios de Poynton.

O seu capítulo que trata de Lawrence retoma uma discussão interessante sobre ele em Tragédia moderna, na qual você compara Mulheres apaixonadas com Anna Karenina. As duas análises tocam num tema submerso importante de sua própria obra: as continuidades nas gerações e na vida, na família e nas crianças. Um dos eixos centrais de sua crítica a Mulheres apaixonadas é que, comparado a Anna Karenina, o livro parece ser o que você define como uma rejeição de Lawrence a "todo o conjunto da vida pessoal que vai além das relações em uma única geração". Você escreve: "Lawrence, em todas as suas obras finais, reduziu continuamente a definição de vida pessoal a uma única geração, e foi seguido por muitos. Os pais estão distantes e são insignificantes [...] [Há] uma rejeição efetiva a crianças".[7] Em outro momento, você fala de Lawrence ao descrever "sentimentos sem consequência" num contexto que sugere que as consequências que você tem em mente são crianças. Não há aqui o perigo de um exagero? Sua crítica geral a Mulheres apaixonadas, bastante persuasiva, é de que o romance expande as relações pessoais até avançarem além de qualquer contexto social real, para serem então desenvolvidas em um tipo de isolamento cristalizado que gera uma ruptura prejudicial com as tradições anteriores do realismo, incluindo os próprios romances iniciais de Lawrence. Mas até onde isso necessita estar vinculado à limitação da narrativa voltada a uma única geração? Uma razão para sentirmos um mal-estar em relação ao seu argumento é o precedente incômodo dos ataques ad hominem de Leavis a Lawrence por ele não ter tido filhos, supostamente a causa de seu declínio como escritor e como homem. Ainda mais importante, contudo, a

---

7 Modern Tragedy, p.135; cf. The English Novel form Dickens to Lawrence, p.181.

literatura – incluindo a do realismo clássico – está repleta de representações de relações, frequentemente bastante perfeitas, confinadas a uma única geração: basta pensar em Stendhal. A sua frase "todo o conjunto da vida pessoal" não possuiria uma conotação integralista?

Deixem-me dizer que meus comentários sobre o romance e sobre uma única geração referem-se a um contexto bastante particular: o esforço prolongado e importante de Lawrence para definir o sentido da vida e dos relacionamentos como parte de um processo total de mudança, tendo como ponto de partida um mundo demonstravelmente partilhado. O isolamento de uma única geração possui um efeito bastante específico nessa busca, algo que não precisa ocorrer, por exemplo, no desenvolvimento de outras relações bastante complexas que podem, evidentemente, ser trabalhadas de forma plena numa única geração. Eu certamente não gostaria de sugerir que as consequências das relações pessoais podem ser reduzidas a outros seres e a outras gerações. Mas, no caso de Lawrence, a concentração em uma única geração dessa forma padronizada cria uma brecha muito ampla entre as relações pessoais intensas e o processo total da vida, concebido nos princípios de natureza criativa e destrutiva. A brecha é muito ampla para que se possa construir uma ponte sobre ela, o que coloca os dois planos do romance em questão. Se o livro fosse apenas sobre a história de quatro pessoas e suas relações, sem a consciência mais ampla introduzida por Lawrence, ele seria ao menos mais coerente em seus próprios termos. O salto abrupto que Lawrence realizou em *Mulheres apaixonadas* ficou bastante evidente quando comparado a *Anna Karenina*: a diferença não está diretamente relacionada a ter ou não crianças, mas aos processos de trabalho, incluindo aqui uma ideia da natureza, não apenas como o ambiente do trabalho, mas como o ambiente em que trabalhamos. Em outros termos, o que ocorre no romance de Lawrence é que as relações individuais são exploradas até o ponto em que ao menos algumas delas sejam percebidas como negativas ou destrutivas. Então, a brecha imensa se abre, projetando a mesma visão sobre um plano absoluto e universal. A natureza aqui funciona em um conjunto de relações bastante diverso. A brecha não é tão ampla em *Lady Chatterley*, onde há o esforço para retrabalhar esse problema. É admirável que, numa das versões do romance, Lawrence tenha tentado transferir a história para a Inglaterra industrial, ao invés da Inglaterra rural da versão final, que lhe permitiu uma transição mais plausível das relações pessoais intensas às forças cósmicas naturais. Mas era muito tarde para uma mudança desse tipo. Posteriormente, o salto ideológico das relações de um grupo limitado para os padrões das forças cósmicas, o equivalente aos polos criativo e destrutivo, se mostrou muito influente. Esse foi um estreitamento notável do escopo presente em *Anna Karenina* ou em outros romances realistas que tentaram representar o mesmo tipo de continuidade.

Uma das passagens mais poderosas e centrais em Tragédia moderna *relaciona de modo direto esses temas da natureza e da geração. Ao criticar Camus e Sartre por seu tratamento filosófico da morte, você escreve: "A mente racional só é* contradita *pelo universo quando a suposta irracionalidade não é meramente indiferente, mas hostil – uma premissa sobre a natureza bastante próxima às raízes criativas de todos esses textos. A contradição entre a vida e a morte é limitada ao tipo de consciência individual especialmente característico da filosofia burguesa. 'Existo – logo eu morro' parece absoluto dentro dessa experiência".*[8] *A que você refuta: "A vida não é apenas negada pela morte, mas é também renovada pelo nascimento". Você então prossegue: "Do mesmo modo como a experiência da vida e da morte é limitada à experiência individual e mesmo isolada por essa premissa não percebida, a natureza é convertida num tipo de teatro por uma outra premissa a ela relacionada [...] Seja na versão burguesa ou marxista-burguesa da natureza como matéria a ser dominada, ou na versão existencialista da natureza como indiferente ou resistente, não há o sentido de um processo comum da vida comum. Essa perspectiva, análoga ao individualismo, induz inevitavelmente ao desespero".*[9] *Há, evidentemente, uma tradição marxista que rejeitou por completo o tema de nosso domínio sobre a natureza, enfatizando a nossa afinidade com ela – a Escola de Frankfurt; ao passo que uma outra, representada hoje de modo mais eloquente por Timpanaro, enfatiza a dominação da natureza sobre nós, numa refundação materialista do problema da morte. Contudo, nenhuma delas possui qualquer sentido do que você chama de processo comum ou vida comum. Em que medida você percebeu, na ocasião, que seu argumento era bastante incomum para um escritor socialista?*

Nos termos da tradição imediatamente anterior a mim, percebi que meu argumento não era familiar. Por algum tempo eu não havia lido

---

8 *Modern Tragedy*, p.188.
9 Ibid., p.188-9.

ninguém da esquerda que estabelecesse conexões entre os processos naturais e a política socialista. Eu simplesmente não conhecia a Escola de Frankfurt, salvo em comentários incidentais e em relatos. Só muito tarde ela tornou-se um foco de minha atenção. Naquela ocasião, eu estava particularmente consciente de uma noção na qual a perspectiva socialista era confinada dentro de uma paisagem urbana industrial plena, separada de modo bastante arbitrário da natureza. Percebi então que esse era um entre os casos extremos nos quais, como eu disse em *O campo e a cidade*, eu não conseguia ver onde a tradição que inclui esse tipo de consciência poderia ser encontrada. Tínhamos de dizer: "deixando isso de lado, sou socialista aqui e ali", embora não se tratasse de algo que poderia ser facilmente deixado de lado. Creio que seja muito mais fácil resolver esse problema hoje, e estou bastante impressionado com os esforços para trabalhar essa questão a partir de posições bastante diversas, começando com alguns desses sentimentos profundos de negação e indiferença. A teoria da escassez de Sartre é um exemplo. Talvez algumas pessoas achem que eu seja bastante hostil a ela, uma vez que ela procede de uma polarização entre o homem e a natureza. Mas, ao contrário, creio que ela seja muito importante. Não que seja essa a forma como vejo e sinto o problema, mas é um modo de começar a enfrentá-lo como algo diverso de um dado subjetivo. Um complexo de sentimentos que não pode ser facilmente explorado nem na ficção existencialista inicial, nem em todos os tipos de trivialidade e esterilidade menores.

Retomando a The English Novel, *um dos problemas históricos principais colocados pela sua perspectiva do desenvolvimento do romance são as causas e o momento da cisão que você argumenta ter ocorrido entre as suas dimensões social e pessoal, levando, no século XX, a formas opostas do romance puramente sociológico ou documentário e do romance psicológico. Você data o início dessa divisão nas décadas de 1880 e 1890, e sugere que Wells e James representem, em seus modos diversos, um endurecimento de posições em direção a essas duas alternativas. Embora você não explore as razões para essa mudança decisiva, você parece sugerir duas explicações. Em determinado momento, você observa: "Eu me contento em dizer que a classe média isolada e autoconfiante, a classe cuja aproximação podia ser vista e ouvida por todo o século, havia então chegado [...]. A classe média inglesa, inglesa num novo sentido, talvez isolada e forte em seu isolamento porque essa ilha dentro de uma ilha dirigia um império, controlava metade do mundo".[10] A cláusula operativa nesse comentário um pouco críptico parece ser o imperialismo, que isola a nova classe média da abertura generosa à experiência que permitiu o romance realista integrado. Quanto peso você dá a essa sugestão? É certo que o imperialismo se tornou uma ideologia de massa manipulada de forma muito mais explícita e sistemática nas décadas de 1880 e 1890. Mas, estruturalmente, o apogeu do poder imperial britânico ocorreu provavelmente na década de 1850, ao passo que uma consciência imperialista certamente se estende desde as guerras napoleônicas, ou mesmo antes, na Inglaterra. A outra passagem em que você insinua uma possível explicação à ruptura amplia o escopo dos fatores que talvez tenham sido responsáveis por ela. Você escreve: "Não se tratava apenas de uma crise dentro de uma única sociedade, de uma única nação; [era] o caráter inglês específico que foi uma força e um foco na geração de Dickens a Hardy. Questões muito mais amplas, antes implícitas, agora ganhavam visibilidade: a guerra e o imperialismo, que haviam estado distantes ou marginais; a pobreza e a revolução, que tinham uma nova relevância internacional. Foi um caminho muito mais longo, parecia impossivelmente longo, e ainda parece, daquelas crises humanas, crises que decidem a vida, para o que pode ser conhecido direta e particularmente como [...] a textura do que James tão corretamente enfatizou e chamou de 'vida sentida'".[11] Novamente aqui, é bastante questionável se o imperialismo estava distante ou marginal na geração de Dickens a Hardy. Por todo esse período, ao menos a Irlanda estava bem próxima. A pobreza não foi menor na década de 1840 do que na de 1890. Foi mesmo comprovadamente pior na Inglaterra. A revolução estava mais presente na Europa de 1848 até a Comuna do que na longa estabilização que ocorreu entre 1872 e 1914. A guerra adquiriu a sua forma tecnológica moderna em Sebastopol, Magenta e Sedan; após, houve uma paz europeia por quarenta anos. Seu leitor é deixado com uma questão insistente. Você aponta uma cesura na forma do romance coincidindo com a ruptura na tradição de Cultura e sociedade, que você chama lá de interregno. Mas as explicações que você sugere como sua causa nos deixam insatisfeitos. Você poderia qualificá-las ou especificá-las um pouco mais para nós?*

Bem, elas foram tentativas. Notei as mudanças no romance e no pensamento cultural antes de saber a que elas poderiam estar relacionadas na história social. Penso que os dois desenvolvimentos que eu hoje

---

10 *The English Novel from Dickens to Lawrence*, p.122.

11 Ibid., p.131.

enfatizaria, após a década de 1880, são a emergência política de uma nova classe trabalhadora e a segregação cultural de uma nova ordem burguesa. Tomando o primeiro: é extraordinário o quão local é o pensamento sobre a pobreza no período vitoriano, precisamente porque não havia a percepção de um sistema alternativo ao capitalismo, plenamente contemporâneo e ativo. Creio que seja possível, e lanço essa ideia apenas como hipótese, que a chegada de uma classe trabalhadora articulada, recentemente organizada e moderna apresentou, qualitativamente, novos problemas para o tipo de visão social integrada e estendida que foi uma conquista dos realistas burgueses. Isso significa que muitas questões se moveram abruptamente para termos que se tornariam incompatíveis com o modo aprendido daquele realismo. Nas últimas duas décadas do século XIX, embora a contribuição cultural da classe trabalhadora pareça ter sido menor do que no período anterior, ela estava se organizando politicamente de um modo que lança um desafio radical à visão mais antiga. Era isso o que eu tinha em mente quando me referi à pobreza e à revolução. No mesmo período, houve também uma reorganização bastante profunda e bem-sucedida das instituições burguesas culturais e educacionais: a criação de novas escolas públicas, a renovação de Oxford e Cambridge, o desenvolvimento de uma imprensa burguesa totalmente estendida e a modernização do mercado editorial. Juntamente com essas mudanças, houve uma crescente centralização em Londres, que então funcionava muito mais como uma capital cultural imperialista. O resultado foi um conjunto de instituições culturais burguesas integrado e autoconfiante como jamais existira em qualquer período anterior na história inglesa. A base social dos escritores da década de 1880 até a década de 1930 é muito mais estreita e estandardizada do que do período de 1830 a 1880. É por isso que usei a expressão "classe média isolada". Os próprios escritores tinham agora uma experiência muito mais limitada. A mudança característica ocorre de George Eliot a Forster. Forster proclama os mesmos objetivos de George Eliot, mas há áreas da experiência social não mais abertas para ele. A visão do caráter inglês se altera: enquanto antes ela era restrita à Inglaterra, no período de 1880 a 1920 é muito mais definida nos termos de um papel imperialista externo. Tom Nairn argumenta que a Inglaterra foi privada de um nacionalismo moderno pelo imperialismo. Isso se articula com o que eu quis dizer com o caráter inglês se tornando problemático naquele período. Daquele momento em diante, o que significava ser "inglês" era algo bastante novo. Esse novo caráter foi definido de modo muito isolado em formações bastante intensas dentro de instituições cada vez mais estandardizadas e masculinas. Repito que essas são apenas sugestões. É muito mais fácil ver os padrões históricos após 1914, mas é do maior interesse que tenha havido uma mudança tão radical na cultura inglesa em algum momento da década de 1890, e que precedeu levantes políticos e sociais de maiores proporções.

Gostaríamos de colocar outra questão sobre The English Novel from Dickens to Eliot *como um todo. Em nenhum momento do livro você propõe ao leitor algo próximo ao programa que foi o elemento inovador em* Reading and Criticism, *uma análise de uma obra completa. De modo característico, você toma uma passagem ou uma série de passagens de um romance que, por assim dizer, figuram como condensações da obra de um novelista como um todo, sobre o qual você então tece comentários. Mas há a ausência de uma análise da estrutura de um romance como tal: você nunca menciona a narrativa, por exemplo, e apenas ao discutir Hardy você se detém em um exame mais atento à textura da prosa do escritor. É uma ênfase subjacente do livro o esforço para manter o leitor distante de uma preocupação excessiva com os problemas tradicionais da forma? É perceptível que, quando você menciona os problemas da forma, um recurso retórico recorrente aparece. Você começa observando que um dado romance possui uma forma bastante perfeita ou cristalina. Alguns exemplos poderiam ser* Middlemarch, Mulheres apaixonadas, *ou a obra de James. Os adjetivos que você usa são superlativos: "soberbo", "brilhante", "cristalino" ou "perfeito".*[12] *Então, você invariavelmente critica ou descarta o trabalho em questão como excessivamente formal:* Middlemarch *é frio,* Mulheres apaixonadas *está destacado dos problemas da vida em sociedade, os romances de James convertem a vida num espetáculo. Por outro lado, romances que são geralmente considerados muito menos bem acabados e muito menos trabalhados em termos formais recebem a sua aprovação total:* O amante de Lady Chatterley, *ou as obras iniciais de George Eliot, às quais você dá uma ênfase e um valor muito superior do que aos seus romances posteriores. Foi essa uma ênfase deliberada de sua parte, uma que você defenderia, ou trata-se de um subproduto acidental causado pelo fato de você poder dizer apenas um número limitado de coisas no livro?*

---

12 Ibid., p.91, 135, 179.

Creio que a principal razão tenha sido o fato de que o livro foi essencialmente uma transcrição de uma série de palestras, e com um público amplo você não pode se concentrar em análises profundas das formas completas. Contudo, eu também estava consciente de uma aliança curiosa entre o mapa de Leavis em *The Great Tradition* e um desenvolvimento formalista derivado da Nova Crítica americana, que eu procurava rejeitar. Há um problema teórico importante aqui. A forma é concebida normalmente apenas num sentido clássico integrado. Contudo, os romances iniciais formalmente conturbados de George Eliot ou as formas essencialmente confusas dos romances de Dickens estão relacionados aos problemas que a sua ficção abarcava, uma ficção muito mais poderosa do que, digamos, Trollope, que não teve dificuldades para reproduzir formas conhecidas. O mesmo vale para Hardy. Quando dizem que Hardy não escrevia bem, o problema não é da forma, mas do julgamento literário herdado. O que ele escreve em dois ou três planos diferentes do discurso, e como ele tenta unificar esses planos? A diversidade corresponde exatamente ao escopo da área social que ele procura abarcar. Se eu estivesse analisando formas no romance inglês, *The English Novel from Dickens to Eliot* teria sido um livro de outro tipo. Porém, apesar das palestras não considerarem os problemas da forma sistematicamente, haveria muito poucos julgamentos que eu teria de mudar.

A dificuldade com o estilo de palestra que você adotou é que, em alguns momentos, a forma como você argumenta não parece diferente do procedimento de Leavis que você criticou: a extrapolação de uma passagem de um romance para um julgamento da obra como um todo, sem uma demonstração de que a passagem seja realmente representativa. Nesse último caso, a relevância da forma é que ela encaminha o leitor ao efeito total de uma obra. Uma parte ou elemento de um romance deve ser articulado aos outros, de modo que cada um ofereça um controle sobre o julgamento final. A ausência desse controle está talvez relacionada ao fato de você parecer estar se distanciando de qualquer avaliação comparativa dos romances como obras de arte. Seria correto dizer que você não estava diretamente interessado nisso?

Completamente. No que tange à questão das passagens, a única ocasião em que analiso uma delas ocorre em minha discussão dos planos diversos da prosa de Hardy: o *close reading* foi relevante lá. Em outros casos, as citações são todas empregadas para fins ilustrativos e não analíticos, como indicações das preocupações centrais da obra, ao invés de uma avaliação de seu valor literário. Pois essa, afinal, não era a questão que eu estava colocando.

Contudo, avaliações gerais poderosas são de fato conduzidas em seu livro. O legado da crítica prática e da tradição de Leavis ainda está presente, no sentido de que há pressupostos centrais e aplicação de julgamentos, embora não sejam frequentemente defendidos de modo direto pela demonstração da qualidade de obras específicas. Um exemplo proeminente é a forma como você afirma a importância da conexão de Eliot a Hardy, ao invés da conexão de Eliot a James. Você diz categoricamente: "[...] o desenvolvimento que importa no romance inglês não percorre o caminho até James, mas até os romances de Hardy".[13] Esse é um estilo de formulação autoritário e tendencialmente subjetivista. Ele convida à resposta: "Importa para quem? Por que importa? Por que deveria haver apenas um desenvolvimento que importa?" Não seria preferível declarar a sua avaliação diretamente e justificá-la a partir dos textos?

O livro oferece um ataque polêmico a valores opostos e tradicionais. Foi parte de um desenvolvimento. Eu não poderia tentar análises de formas amplas em palestras. Realizei uma ou duas tentativas detalhadas em algumas aulas – a aula sobre *Middlemarch* foi encurtada por estar muito longa. Mas não tive interesse em dedicar muito do meu tempo para escrever sobre isso. Não sou contra análises formais, considero-as importantes. Mas se fizermos apenas isso, nós nos desviamos do centro de interesse, que é o *projeto* da obra. Uma vez que tenhamos o sentido de qual era o projeto de Dickens, ou de quais eram os problemas e o projeto de Eliot, ou de qual era o projeto de Hardy, então podemos colocar questões sobre a forma, o que pode necessitar um tipo de análise mais técnico. Pessoas em lados opostos da batalha crítica tendem a empregar as mesmas técnicas, mas há uma diferença qualitativa nos objetivos para os quais estão usando-as. Os manuais de técnica ficcional que começaram a circular na Nova Crítica americana podem parecer bastante impressionantes, mas não podem nem mesmo ser chamados de formalistas, uma vez que os formalistas russos tinham uma noção muito mais estrita de qual seria o projeto literário do que essa análise acadêmica bastante desenraizada. *The English Novel* foi uma tentativa de limpar o terreno para desafiar toda essa abordagem. O seu maior valor está provavelmente nos quatro ou cinco livros escritos por outras pessoas que

---

13 *The Country and the City*, p.181; *The English Novel from Dickens to Lawrence*, p.95.

tiveram sua origem nas questões que eu coloquei. O que eles fazem de uma forma muito mais sustentada é infinitamente mais útil. Mas o foco do interesse teve de mudar para um tipo diferente de pergunta: esses romances eram sobre o quê? Havia certa novidade nessa ideia, não para os escritores, mas para seus críticos.

Voltando-nos finalmente a problemas do passado e do presente recentes, você terminou o seu capítulo sobre o romance realista em The Long Revolution *observando que: "O romance realista precisa, obviamente, de uma comunidade genuína: uma comunidade de pessoas unidas não meramente por um tipo de relacionamento, trabalho, amigos ou família, mas por muitos tipos se entrelaçando. É evidentemente difícil, no século XX, encontrarmos uma comunidade desse tipo".[14] Aqui você evoca uma crise no desenvolvimento da ficção realista devido, sobretudo, a um crescimento da escala industrial. Hoje, contudo, você sugere uma explicação um pouco diferente: que foi o surgimento de uma classe trabalhadora organizada que pode ter abalado o mundo social manejável do realismo do século XIX. Em* The English Novel *você argumenta que não houve um declínio significativo na qualidade do romance inglês no século XX, mas que o que é necessário, e difícil de encontrar, é uma gramática contemporânea para a apresentação da comunidade. Até que ponto você vincula a descoberta dessa gramática à representação da classe trabalhadora na ficção moderna?*

O passo à frente que aprendi nos anos 1930 foi o de deslocar o realismo para o romance da classe trabalhadora. Ainda tenho um grande respeito pela literatura produzida por esse esforço, da obra de alguém como Grassic Gibbon, que não se manteve na classe trabalhadora, até alguns dos romancistas proletários galeses e londrinos da década de 1930. Creio que essas obras têm sido seriamente menosprezadas; parece que mesmo estudantes de literatura de esquerda não as leem hoje. Mas o problema é que o romance da classe trabalhadora pode muito facilmente se tornar um romance regional do modo como o defini há pouco. Ele descreve uma comunidade bastante interessante, vigorosa e autônoma que tem tanto apelo para ser tomada como um mundo total quanto a comunidade de Jane Austen ou mesmo a comunidade de *Middlemarch*, que era mais ampla socialmente, mas ainda altamente seletiva. Contudo, curiosamente, a ênfase nessa autonomia frequentemente nega o problema

---

14 *The Long Revolution*, p.312.

central da essência da ficção da classe trabalhadora: a experiência de vida dos produtores imediatos dentro de uma sociedade de classe e, especificamente, em sua relação com outras classes. É extremamente triste ler romances proletários que são totalmente autênticos e possuem algo da dimensão ampla do interesse do realismo burguês do século XIX e sentir, ao final, que eles são profundamente regionais, no sentido de que as forças que operam de fora na formação do destino da própria classe, que produzem sofrimento e exploração, não podem ser representadas dentro deles. Quando muito, o que é introduzido é a visita ocasional de alguém de outra classe, que pode pertencer à classe inimiga. Algumas vezes, temos mesmo um esforço propagandista no último capítulo, no qual a adesão a um partido específico é apresentada como a solução. Mas o problema crucial para a ficção da classe trabalhadora não é o de encontrar o caminho de saída, independentemente do quão difícil ele seja, mas o de encontrar o caminho de entrada. Mesmo quando o foco é menor, como no caso dos romances galeses do século XX, isso é verdadeiro: por definição, não se pode escrever um romance plenamente realista sobre o País de Gales sem escrever sobre a Inglaterra.

Essa questão nos leva à mudança significativa na situação subjetiva do romancista do século XIX em diante. Desde este período, houve uma transformação qualitativa na consciência dos modos alternativos de informação e de análise. A evidência estatística isolada pode, por exemplo, revelar certos processos numa sociedade que seria, sem ela, incognoscível. O romancista contemporâneo é inevitavelmente muito mais consciente desse tipo de informação. Ao mesmo tempo, a disponibilidade de explicações teóricas alternativas das relações sociais torna a situação do escritor hoje marcadamente diferenciada da situação dos escritores há um século, quando esses sistemas filosóficos não estavam presentes. Não creio que se possa escrever um romance realista sobre a comunidade da classe trabalhadora inglesa, a não ser que possamos incluir dentro de nossa ficção os tipos de conhecimento aos quais aquelas inovações teóricas estão relacionadas. Estou colocando isso com cuidado por eu não estar certo de que devamos tentar integrar os próprios argumentos teóricos, por exemplo, embora isso seja possível. A dificuldade contemporânea, contudo, é que os romancistas burgueses não tentaram ou não se interessaram em resolver essa questão – o contraste com a rápida ficcionalização do Blue Books por Dickens ou Disraeli é notável. A formação moderna exclui rigidamente essas áreas como abstrações, embora os romances sejam sobre pessoas. É decisivo, para um romance socialista, ser capaz de incluí-las. É bastante fácil dizer, em geral, que esses tipos de evidência devam ser capazes de representação na ficção. O problema é saber como.

Se esse é o problema de uma gramática da comunidade, há também a questão de um vocabulário. Muitas das passagens mais provocativas e estimulantes em The English Novel *se relacionam às relações entre o que você chama de fala educada e de fala usual na obra de escritores sucessivos. Essa questão forma um dos temas principais do livro. Você pensa que a brecha entre ambas é potencialmente menor hoje do que foi no século XIX? Você argumenta que Lawrence atingiu, em algumas de suas obras, uma unidade no idioma – o narrador e os personagens narrados falam a mesma língua – algo inatingível para Eliot ou Hardy. Você diria que em geral esse problema diminuiu no romance desde então?*

Deveria ter diminuído. Na realidade, ele diminuiu, mas o perigo é que o discurso partilhado frequentemente não vai além do discurso do sistema de comunicações. Por outro lado, há hoje um vocabulário muito mais estendido cruzando situações de classe. A esse respeito, o escritor está em uma posição totalmente diferente na década de 1970 do que estava o escritor da década de 1870.

Pela lógica, deveria ser assim. Mas é assim de fato? Cobbett e Dickens empregam um vocabulário bastante amplo, provavelmente muito mais amplo do que o da maioria dos escritores de hoje, que possuem um número de leitores próximo ao deles, não apenas em número, mas principalmente em origem de classe. Você diz que algo profundamente novo em Dickens foi o fato de ele escrever a partir de uma cultura popular. Sendo assim, o léxico daquela cultura surge como um choque. Há algum equivalente contemporâneo?

O vocabulário de Dickens é de fato bastante surpreendente. Claro que apenas uma pequena seção da classe trabalhadora foi incluída entre seus leitores. Mas ela aprendeu a ler e escrever com os clássicos: ela era bem articulada e seu vocabulário era altamente formal. É verdade que, após o êxito de Lawrence, um jargão geral foi criado para propósitos conscientemente cooptativos, uma linguagem do tipo do *Daily Mirror* cruzando as classes, que é, de certa forma, um vocabulário mais desfavorecido do que o de meados do século XIX. Um idioma artificial e muito mais limitado foi estabelecido de um modo bastante concentrado e profissional. É o oposto do vocabulário necessário para uma atenção mais ampla ao material a ser representado. De qualquer forma, penso que a possibilidade de uma linguagem comum muito mais efetiva está entre nós hoje. Em Dickens, os termos conceituais são em geral equivalentes formais para coloquialismos, a palavra longa para algo pequeno: muitas piadas funcionam em torno desse tipo de uso. Hoje, embora eu possa estar enganado, penso que certos termos que transmitem conceitos estão perdendo a sua estranheza técnica, podendo ser assimilados pela linguagem do romance. Se tentarmos resolver o problema de um método ficcional capaz de ser um equivalente à informação estatística, por exemplo, talvez a solução dependa de conceitos como esses. Estou falando agora de forma completamente especulativa, porque basta enunciarmos o problema para percebermos o quão extremamente difícil ele é. Muitas pessoas desconsiderariam a sua discussão como um absurdo, de qualquer forma. Vocês podem ver a dificuldade nos argumentos correntes sobre o drama televisivo que mencionei. Os críticos desse neorrealismo argumentam que a recriação do mundo aparentemente vivenciado pela classe trabalhadora é uma forma de naturalização que torna impossível tanto explicar essa experiência quanto mostrar que ela poderia ser diferente. A dicção desse drama, eles dizem, é apenas uma versão pela esquerda da mimetização dos hábitos da classe trabalhadora pela publicidade. A crítica possui muita força. O problema com ela é que a sua alternativa não vai além de uma única palavra, Brecht, e essa palavra poderosa não é nem mesmo bem interpretada. Brecht, como eu disse, é o exemplo notável de alguém que, com raras exceções, não resolveu o problema em sua própria obra. Contudo, o único motivo para falar sobre esse problema está nos termos da busca por uma solução possível. No romance, talvez tenhamos de aprender um novo modo que combine capítulos de ficção com capítulos mais próximos da análise social ou da história, algo que não me parece impossível. Talvez tenhamos de considerar essa forma como potencialmente integrada. No momento, isso pode parecer estranho ou absurdo. Mas, na realidade, um escritor que teria entendido isso é Tolstói, que não esteve longe de realizá-la em alguns momentos.

Uma última pergunta: por que você limitou seu livro sobre o romance à Inglaterra? O contraste com sua obra sobre o drama é notável.

O livro deve as suas margens nacionais às circunstâncias de um curso na faculdade de Inglês de Cambridge. Os livros são paradoxais porque na educação para adultos ao menos metade do curso era dedicado a romancistas não ingleses. Pontos centrais de meu mapa do romance incluiriam ainda hoje Balzac, Dostoievski, Tolstói, Thomas Mann, Kafka e Proust. Lamento que eu não tenha escrito, nos anos 1950, o mesmo tipo de livro sobre o romance que escrevi sobre o drama. Eu poderia tê-lo feito na época. Não teria sido necessário muito mais do que uma consolidação das aulas que ministrei nas classes para adultos. Mas esse é um projeto de um jovem, como o foi escrever sobre o drama europeu nos últimos cem anos, algo que não é menos ambicioso do que escrever sobre o romance europeu nos últimos 150 anos. A vida no ambiente acadêmico é bastante desfavorável a tais aventuras. Não que eu me preocupe muito com isso. Uma razão mais séria para a minha relutância em tentar escrever um livro geral sobre o romance é que acho muito difícil escrever sobre esse assunto como um crítico enquanto tento resolver qualquer desses problemas como um romancista. Eu diria, contudo, que creio que a primeira pesquisa a ser feita sobre a literatura no século XIX deva sempre tratar das tradições nacionais específicas, a partir das quais devemos então nos mover para estudos comparativos. Mas no século XX devemos proceder de forma oposta, da temática geral e exploração formal do escopo literário internacional para o romance nacional ou doméstico.

A TRILOGIA GALESA: *THE VOLUNTEERS*

Podemos iniciar perguntando sobre a posição de seus romances dentro de sua obra como um todo? Parece haver uma discrepância entre a proporção de ficção em sua obra publicamente visível, até agora, quatro romances em um total de vinte livros publicados, e a quantidade de energia moral e intelectual que você deve ter investido em sua atividade como romancista. Olhando para as suas datas biográficas, parece que entre 1947 e 1960 você escreveu algo como sete versões sucessivas de Border Country, *além de outros três romances não publicados. O mesmo padrão parece ocorrer no final dos anos 1960 e nos anos 1970:* The Fight for Manod *[A luta por Manod] teve cinco versões em doze anos, de 1956 a 1977, e* The Volunteers *[Os voluntários] levou seis anos para ser terminado. Há uma diferença significativa para você entre as obras discursivas e as ficcionais em sua prática como escritor?*

É certamente verdadeiro que dediquei relativamente mais tempo, em comparação ao que se tornou visível e valorizado, à ficção do que a qualquer outra forma de escrita. No final dos anos 1940, eu considerava que produzir romances era a atividade que eu mais desejava. Hoje me sinto diferente com relação a eles. Por muito tempo me senti pressionado a escrever sobre certos assuntos, mas eu simplesmente não conseguia encontrar uma forma alternativa para fazê-lo. Hoje, contudo, a ficção é algo que estou preparado para realizar sem sentir a necessidade de terminar rapidamente.

Mas as razões para a cronologia peculiar de minhas obras envolvem mais que isso. Estou ciente, desde *Border Country*, de que vivo em uma época na qual, ao menos no que me interessa, as formas básicas de ficção vão contra qualquer conexão simples entre o intuito de escrever e uma finalização relativamente rápida ou disponível. Nessa medida, estive sempre consciente de estar escrevendo contra a corrente das formas. As formas do romance do século XIX foram trabalhadas dentro de um mundo burguês. Assim, os primeiros modos de acesso à experiência da classe trabalhadora na ficção foram sempre as de um observador distante. Então, no entre guerras, começaram a aparecer escritores que haviam crescido dentro de uma comunidade da classe trabalhadora e que procuravam recriar esse mundo – tipicamente o mundo da infância ou da família, enquanto apagavam a si próprios do presente. O resultado foi o romance sobre uma comunidade da classe trabalhadora isolada, que se tornou um tipo de forma regional, a classe fechada como uma zona da experiência. Foi bastante característico o fato de esses romances serem retrospectivos, a recuperação de uma experiência anterior a partir de um mundo social diferente. As primeiras versões de *Border Country* estavam na mesma tradição desse tipo de romance. Mas eu não estava satisfeito com essa forma, inicialmente sem saber muito bem a razão. Então, aos poucos percebi que, com a mudança significativa após 1945, o problema estava em encontrar uma forma ficcional que permitisse a descrição tanto da comunidade da classe trabalhadora vista de dentro quanto de um movimento das pessoas para fora dela, embora ainda sentindo suas conexões familiares e políticas. Essa mudança da experiência foi exemplificada pela vida de tantas pessoas, que o tema parecia possuir alguma importância social. Mas as formas para a sua realização não estavam facilmente acessíveis. As novas formas dos anos 1950, para as quais muitos escritores se voltaram, eram em geral versões do romance do escape, que uma parte da obra de Lawrence havia preparado. O tema era realmente o da fuga do mundo da classe trabalhadora, a mudança para o cômodo no último andar ou a experiência do êxodo. Faltava a eles qualquer sentido de continuidade da vida da classe trabalhadora, que não se encerra apenas porque um indivíduo a deixa, mas que também se altera internamente. Com frequência, esses romances descreviam atitudes bastante rudes para com o mundo onde os personagens chegavam e, em alguns momentos, descreviam lembranças sentimentais do mundo que eles deixavam. Mas eles não tratavam daquilo que realmente me interessava, a tensão continuada, com emoções e relacionamentos bastante complicados por todo o tempo, entre dois mundos diferentes que precisavam ser religados. Não havia uma forma para isso. Percebi que o que eu estava escrevendo era uma experiência da incerteza e da contradição, que foi duplicada pelo problema da descoberta de uma forma para a sua representação. Desse modo, aprendi pelo caminho duro a lição de que se um escritor que faz uso de uma certa modalidade de escrita não encontra formas sociais disponíveis para o seu desenvolvimento, então a sua experiência da escrita tenderá a ser prolongada e difícil, e a obra muito mais problemática. O processo real de composição nunca foi interrompido por muito tempo. O problema sempre esteve na forma, no esforço para encontrar uma forma que me satisfizesse.

Claro que houve muitas outras razões para alguns dos atrasos. Quando me sentia bloqueado em um projeto, eu me movia para outro, e assim por diante. Houve uma longa alternância entre *O campo e a cidade* e o que se tornou *The Fight for Manod*. De fato, *O campo e a cidade* enfrentou um processo bastante semelhante, pois foi deixado de lado por três ou quatro anos, enquanto eu trabalhava em outros projetos. Mas, em geral, percebi nos últimos dez ou quinze anos que posso planejar um livro teórico e executá-lo de modo bastante direto, ao passo que os romances sempre foram escritos com as dificuldades apontadas – embora alguém possa me dizer, com a intenção de me elogiar, que leu *Border Country* do começo ao fim em uma noite, como se o texto tivesse fluído da caneta, algo tão diverso da experiência de escrevê-lo.

Você teve pontos de referência literários ou modelos prévios em sua procura por formas ficcionais apropriadas?

Eu conhecia os escritores galeses que escreviam sobre a classe trabalhadora no período do entre guerras, e que produziram um corpo distinto de obras bastante variadas, embora não sejam muito lidas hoje. Eles também estavam em busca de uma forma. Mas o problema foi sempre que os escritores que se mantiveram na classe trabalhadora tinham grandes dificuldades com o romance como tal, tendendo a mover-se à autobiografia, ao panfleto político ou a um gênero panorâmico curioso como em *Rhondda Roundabout* [Rodeio em Rhondda], de Jack Jones. Já os que deixaram a classe trabalhadora, como Gwyn Jones, que era um professor universitário quando escreveu *In Times Like These* [Em tempos como esses], produziram romances sobre uma classe trabalhadora contida, na qual o movimento para fora não era parte da ficção. Pessoas tinham que partir o tempo todo por razões econômicas, mas a experiência da continuidade e descontinuidade combinadas não aparecia como um tema. Claro que ela apareceu em Lawrence, mas como um excesso de descontinuidade, quando suas obras finais se distanciaram de relações sociais plenas. Só me senti confortável quando pude estabelecer a diferença entre os dois mundos e explorar o problema de sua religação, algo que só ocorreu de modo decisivo quando pude capturar o sentido de tensão dentro da vida da classe trabalhadora pela divisão de um personagem central, com o objetivo de ilustrar os caminhos divergentes.

Também encontrei alguns precedentes importantes para o que eu tentava fazer no século XIX. Estudos bem sucedidos de um tipo de mobilidade, a incerteza do movimento de uma vida para outra. Mas o que então percebi foi o aspecto prático quase constrangedor de que o espaço físico desfrutado pelos romancistas do século XIX era muito mais amplo do que o disponível na ficção do pós-guerra. Se estivermos tentando descrever dois tipos diversos de vida social e de pessoas se movendo entre eles, a dimensão da tela sobre a qual escritores do século passado podiam trabalhar era cerca de cinco vezes maior que a tela disponível, em termos realistas, para um romancista britânico do pós-guerra. A economia do mercado editorial impunha restrições extraordinárias aos escritores. A primeira reação de um editor para um romance naquela época era: "Ótimo, mas não mais do que 80 mil palavras". Esse foi um problema significativo para mim. Tentei com frequência construir algo que eu pensava estar no caminho certo, para então descobrir que o que deveria ser apenas um movimento dentro do romance tinha se tornado mais longo do que qualquer coisa que um editor aceitaria. Dessa forma, muito do trabalho estava em procurar por condensações ou soluções formais para enlaçar o material de uma forma mais econômica. Esse foi mais um aspecto no qual me senti escrevendo contra a corrente.

Um modo de contornar a diminuição no tamanho da ficção contemporânea seguido por tantos escritores do século XX é o romance em série, que pode recriar uma dimensão comparável ao dos romances do século XIX através de vários livros. Você alguma vez levou em conta essa possibilidade?

A série foi a resposta mais significativa para essa dificuldade, mas ela possui seus próprios problemas internos. Primeiramente, nunca se pode ter a garantia de que as pessoas lerão os romances, seja em uma sequência particular, seja em sua totalidade. Temos, dessa forma, de estabelecer elementos em cada romance individual que se mantenham por si próprios, o que não precisa ser feito em uma única obra longa. Somos então forçados a um tipo de recapitulação do passado de nossos personagens de forma sumária, salvo se for adotada a convenção, bastante comum hoje, da apresentação de personagens sem explicação e sem uma história. O mais próximo que cheguei da forma em série foram certas continuidades dos personagens entre *Border Country/Second Generation* [A segunda geração] e *The Fight for Manod*. Notei que, por todo o tempo, eu queria assumir que o leitor conheceria os personagens, embora evidentemente eu soubesse que, em geral, as coisas não funcionam assim. Mas creio que a série seja a única solução técnica aberta ao romancista contemporâneo interessado em um espectro amplo da experiência social. Gostaria de acrescentar, contudo, que não estou convencido de que os problemas econômicos de um romance longo sejam tão difíceis quanto os editores dizem sê-lo. Quando romances longos chegam dos Estados Unidos ou da Rússia, pessoas dizem o quão maravilhoso é o fato de, ao menos em algum lugar, escritores ainda possuírem a profundidade e o fôlego necessários à imaginação. Quando se é pressionado para encurtar o seu texto, isso é difícil de ouvir. Talvez a situação seja particular à Grã-Bretanha, devido à dependência peculiar da ficção ao sistema das bibliotecas públicas.

Restrições econômicas certamente conduziram a uma contradição na dimensão do romance na Inglaterra. Mas haveria também razões ideológicas e sociais para as dificuldades da forma realista?

Claro. Para começar, há o problema do local da narrativa. Pode-se mover muito mais rápida e economicamente com a adoção de um único narrador não problemático. Mas esse narrador está em questão hoje, sobretudo no tipo de romance que tento escrever. As condições do movimento entre mundos diversos são muito mais complexas do que nos romances realistas em larga escala do século passado, ao passo que o espaço para realizá-las diminuiu. Essa é uma dificuldade. Outra é muito mais diretamente ideológica. Na maior parte da ficção moderna, o personagem aparece sem muita explicação. É-lhe dado um nome e ele é usualmente apresentado dizendo ou fazendo algo. Não se aprende muito sobre a sua identidade pessoal ou social, além do que é evidente na ação subsequente do romance. Ao contrário, se olharmos para o romance realista do século XIX, quando os personagens são introduzidos, é dada a eles uma história ampla. Os mais diversos tipos de variação técnica são usados para garantir isso. Do mesmo modo, quando um lugar é apresentado, ele não é apenas o local de um evento, como ocorre de modo típico na ficção moderna, mas é a materialização de uma história que é, com frequência, extensivamente retraçada. Esse é precisamente o tipo de narrativa para o qual não há, em geral, espaço hoje, e que parece o mais fácil de ser cortado. Mas a omissão é, na realidade, uma mudança central. Pois esses esquemas formais correspondem ao momento mais alto do engajamento da cultura burguesa: um momento a partir do qual o próprio materialismo histórico é um desenvolvimento. No padrão dominante de hoje, não há mais uma história efetiva. Em qualquer momento, um personagem é um indivíduo flutuante que produz a sua vida por meio de uma série de encontros, em geral minado por forças mais amplas. Se você estiver interessado na forma de narrativa anterior, o que dizem é que você deve escrever sociologia ou história, não romances. A remoção dos princípios de apresentação possui um efeito ideológico. O resultado é a forma ficcional burguesa tardia, da qual talvez não possamos escapar. Mas ao menos ela não deve ser tomada como não problemática.

Essas modificações dentro das convenções contemporâneas são claramente inimigas da escrita ficcional socialista. Mas há outra questão ainda mais profunda. Haveria dificuldades inerentes para a reprodução das conquistas do realismo burguês clássico do século XIX a partir de um ponto de vista da classe trabalhadora no século XX? Essa questão se desdobra em várias questões menores. Em primeiro lugar, essa mudança na posição social atual envolveria, em alguns aspectos cruciais, uma forma composicional diferente de olhar para a sociedade? Em que medida os avanços do romance do século XIX são diretamente contínuos ou pertinentes aos problemas colocados por outra classe social no século XX? Em segundo lugar, há a questão da mudança nas dimensões estruturais da sociedade capitalista, não apenas dentro de cada moldura nacional, mas talvez especialmente na internacionalização de tantos processos determinantes na vida social. Os cânones do realismo do século XIX poderiam hipoteticamente lidar com a complexidade crescente do capitalismo industrial do século XX, cujo anonimato e impessoalidade, sempre discutíveis, excluem o tipo de imaginação totalizadora encontrada de forma clássica em Balzac e Dickens? Então, em terceiro lugar, pode-se perguntar se a confiança do realismo burguês no século XIX não seria inseparável da inocência teórica de seus discursos analíticos que, por fim, se desenvolveram nas ciências sociais do século XX. Você sentiu algum desses problemas com intensidade?

O problema geral que atormentou e ainda atormenta muitos produtores, talvez com mais frequência em peças teatrais do que no romance, é o da escolha entre a ruptura total com a tradição realista e a tentativa de estendê-la. Creio que seja de interesse verificar até que ponto certas áreas tipicamente excluídas da forma burguesa poderiam agora ser integradas ao romance. A experiência do trabalho é um bom exemplo. Antes de Hardy, o trabalho da maioria das pessoas nunca entrou na ficção como uma experiência relevante. Claro que o trabalho do mundo burguês é algumas vezes descrito, como na ficção de Balzac, mas não o do trabalhador rural ou industrial. A sua experiência ainda oferece a possibilidade, com toda a sorte de dificuldades, de verificar se a forma realista é capaz de ser estendida e transformada. Eu particularmente penso que o projeto vale o esforço de ser tentado, e tentei explorá-lo em meus romances.

A questão da internacionalização coloca um problema absolutamente crucial. Pois alguns dos romances-documentários mais fiéis sobre a vida da classe trabalhadora tornaram-se, como eu disse antes, romances regionais. Embora eles de certo modo expressem o que estava acontecendo em certas parcelas importantes da classe trabalhadora, não é possível apoiar essa forma. O romance rural se tornou regional não porque o Lake District seja menos importante do que a Londres central, mas porque não se pode conceber a composição de um romance realista sobre o Lake District no qual a economia externa, muito mais ampla, esteja ausente. Isso produziu complicações extremas para a forma tradicional, porque ela depende, em minha opinião, da ideia de comunidade cognoscível, e agora enfrentamos o fato de que aquela não pode ser chamada de comunidade e não é cognoscível nos termos tradicionais. O resultado é uma crise extrema da forma. Acho interessante que tantos escritores, evidentemente também por outras razões, tenham se voltado a uma forma essencialmente diferente de drama e não à ficção para escrever sobre a experiência.

Quanto à separação dos discursos, se olharmos para o exemplo clássico de George Eliot, ela foi o oposto de uma ingenuidade com relação a eles. Ela não apenas estava consciente de outros tipos de discurso, mas também, de uma forma bastante interessante, usou alguns deles na forma ficcional. Há pressuposições bastante fortes na cultura inglesa de que o escritor não deve pensar muito, pois ideias não podem ser acomodadas à ficção. Mas elas não são, de modo algum, respeitadas por todos os escritores ingleses. Há dificuldades óbvias na incongruência do idioma: percebo isso quando estou revisando um romance e, com frequência, apago sentenças que têm claramente sua origem em uma consciência diversa. Mas creio ser necessária uma discussão teórica muito mais ampla das possibilidades em *todas* as formas, porque não me parece que um movimento direto para certo tipo de drama televisivo, no geral a opção mais interessante recentemente feita por escritores socialistas, possa fazer mais do que uma pequena parte do trabalho a ser realizado. Ao longo desses debates teóricos, precisamos de muitos exemplos da prática, para que as pessoas vejam até que ponto uma forma pode ser experimentada. Devemos ser aqui bastante exploratórios.

Como se desenvolveram os seus próprios experimentos na escrita de romances? Eles ocorreram uma década antes de Border Country *ser finalizado e publicado. No mesmo período, você escreveu três romances não publicados. Eles eram de que tipo?*

O primeiro, que escrevi em 1948, chamava-se *Ridyear*. Foi uma tentativa curiosa, que hoje posso ver como errônea, de expressar certas ideias sobre a experiência política e social contemporânea por meio de um caso bastante raro que eu havia encontrado sobre um inglês que partira para Klondike. O romance descrevia a sua viagem e a sua experiência nas minas de ouro, onde ele teve um momento de sorte grande, mas terminou sem nada. A forma que escolhi foi a da aventura, mas também tentei fazer do romance um tipo de parábola. *Adamson*, escrito dois anos depois, foi novamente uma tentativa de empregar uma convenção disponível, o momento do homem que atinge uma crise de identidade e desaparece de sua vida antiga, ressurgindo em outro lugar com uma nova identidade. O terceiro experimento com uma forma simples foi chamado *Grasshoppers* [Os gafanhotos]. Hoje fico feliz por ele não ter sido publicado, embora na época eu quisesse vê-lo impresso. O romance isolava um grupo de pessoas incapazes de reconciliar seus sentimentos pela urgência da mudança com a sociedade bastante inerte à sua volta. Eles se organizaram como um comando cômico que parte com o intuito de provocar transformações. Se uma cidade estivesse tentando reorganizar o seu sistema de transporte e estivesse atolada nos atrasos burocráticos usuais, eles simplesmente sairiam à noite e alterariam a sinalização. O título sugeria tanto o seu modo de intervenção em impasses políticos locais quanto o que eu sentia com relação a esse tipo de atividade.

Olhando retrospectivamente, posso hoje ver que, se o livro tivesse sido publicado, pessoas poderiam ter dito se tratar de um romance bastante característico dos anos 1950, ou de uma antecipação dos anos 1960, e ele o foi. Trata-se do único dentre os três romances que de fato me esforcei por publicar.

Você disse que, quando jovem, queria muito escrever ficção, e não pensava em ser um professor universitário ou um crítico. Ao falar sobre a sua formação literária nos anos 1930, você observou que a obra mais interessante e atrativa para você era Finnegans Wake, *a margem mais distante do modernismo do entre guerras. Contudo, a textura do primeiro romance que você publicou não é em nada o que se esperaria de um admirador de Joyce. Em um plano puramente verbal,* Border Country *é bastante austero, fazendo bem pouco uso da metáfora ou da analogia. O estilo do livro é extraordinariamente econômico. A intensidade é quase sempre atingida pelos ritmos do diálogo falado, sem qualquer recurso a figuras retóricas. Houve alguma mudança significativa em sua sensibilidade literária após a guerra? O quão deliberada foi a sua estratégia de escrita em* Border Country?

Lembro-me que eu, como tantos de meus contemporâneos, produzi textos no estilo de Joyce, que era para nós, nos anos 1940, um método impressionante de escrita. Naquela idade, como é usual, eu possuía uma ambição pela escrita que era bastante genérica e não localizada. Não se tratava ainda, como eu hoje coloco teoricamente, de escrevermos o que somos, no sentido amplo de identidade e relações sociais. Quase todos os escritores socialistas da época estavam entusiasmados com Joyce, mas creio que poucos foram posteriormente influenciados por ele, a não ser que o impacto tenha avançado por um longo caminho, não o caminho deles. A personalidade de Joyce é muito forte. Podemos ser influenciados por outros escritores, mas no caso dele há o perigo de sermos engolidos. Percebi depois que o que me entusiasmava em Joyce pertencia a um tipo de consciência bastante específica e relevante, mas que não era propriamente minha. Uma vez superado o fascínio inicial pela forma, tornou-se perceptível que meus próprios projetos poderiam coexistir com a admiração por outros estilos que eu não queria para mim.

Por outro lado, ao escrever *Border Country* eu estava consciente de minha preocupação em não escrever no que era identificado na Inglaterra como "estilo galês". Essa foi uma reação geral presente em grande parte de meus contemporâneos. O estilo galês estabelecido na Inglaterra como uma modalidade popular tinha, de fato, alguma relação com Joyce, devido à sua exuberância verbal extrema, que englobava desde associações livres até a metáfora extraordinariamente vívida. Dylan Thomas foi o exemplo mais notável desse período da literatura galesa, que resultou na transformação de pessoas galesas nos personagens que o estilo exigia: excêntricos tagarelas. O fato de esse estilo representar um desenvolvimento das formas observáveis do hábito social galês tornou ainda mais necessário um distanciamento dele. Não que eu não o admire. Mas quando a literatura galesa entrou em voga, do final dos anos 1930 ao começo dos anos 1950, eu partilhava com muitos de meus contemporâneos o sentimento de que era necessário escapar da percepção do galês projetada pelo mundo exterior a ele. Muitos hoje dizem, alguns com muito mais vigor do que eu o faria, que aquela linguagem era uma forma de subordinação cultural, o único modo, levemente degradado e talvez mesmo sutil, pelo qual o galês poderia ser apresentado a um público londrino. De qualquer forma, eu estava determinado a evitá-lo.

Uma vez que você estava parcialmente reagindo ao estilo galês tradicional, a sua prática narrativa em Border Country *foi bastante deliberada, correto?*

Escrever ficção é uma prática bastante diferente de qualquer outra forma de composição. Não se sabe ao certo o que será dito. Para dar a esse fenômeno uma explicação mais secular do que o modo em que ele é usualmente apresentado, penso que o que provavelmente acontece é que o escritor se entrega a certos ritmos – no meu caso, o ritmo de certos tipos de fala galesa comum. Ao mesmo tempo, eu estava bastante consciente do problema da distância entre a linguagem da narrativa e da análise, e qualquer outra forma falada que não fosse o modo mais cuidadoso do inglês padrão. Eu não queria que houvesse uma contradição entre ambas em meu romance. Mas, em geral, o processo de composição foi muito mais imprevisível do que em outros tipos de texto, quando percebo que tenho diante de mim, em uma folha de papel, o esquema do que vou escrever. Imprevistos podem acontecer, mas em geral sabemos para onde estamos indo.

Você revisou versões sucessivas de Border Country *ou reescreveu grandes partes dele em cada momento?*

Nunca foi como reescrevê-lo, embora na última versão não publicada eu tenha deixado muita coisa de lado, porque naquele momento eu já tinha memorizado quase todo o livro. Tratou-se com mais frequência de uma revisão de versões, uma atividade bastante complexa nos últimos estágios, quando me lembro de adotar o procedimento indigno de caminhar entre as pilhas de papel no chão, organizando-as e reorganizando-as para obter a forma correta. Uma vez feito isso, eu as reescrevi para ter o sentido preciso do curso do romance.

O personagem central em Border Country é o ferroviário Harry Price. O seu retrato é bastante poderoso. O seu efeito é parcialmente atingido pelo contraste com seu amigo Morgan Rosser, que se torna um fabricante de pequeno porte, e com seu filho Will, que se torna um professor universitário. Morgan e Will possuem, cada um a seu modo, personalidades muito mais inquietas e incertas. Harry é apresentado como alguém com uma plenitude de caráter que impõe um respeito absoluto: a sua vida parece ser o centro dominante de valor no livro. Embora a sua caracterização seja plausível e comovente, a significância temática a ele vinculada parece mais problemática. Harry é visto como um personagem quase não contraditório. Mesmo as suas descrições físicas enfatizam uma unidade do ser que parece ter uma força normativa no romance. Na cena central em que Morgan tenta persuadir Will a unir-se a ele na direção da fábrica, a opinião de Harry é consultada. Ele diz: "Você inicia um trabalho, e você o termina. Se a gente concorda que o trabalho tava errado, você podia ter feito melhor. Mas tenha o costume, quando o trabalho for difícil, de parar e ir para outro lugar, então, não é que o trabalho seja inútil, isso pode não importar, o que importa é você, você mesmo. Ninguém escolhe pra si o que não quer. O que você escolhe para você, você quis, ou achava que queria. E agora não é a oportunidade que você está perdendo, eu não me importo com isso. Mas se você uma única vez vira as costas para o que você escolheu, se você uma única vez deixa um pouco que for da sua força para trás, então aconteça o que acontecer, se você tiver sucesso ou o que for, falem o que falarem, ainda assim não importa o que você conseguiu, você arruinou a sua vida".[1] O que certamente está errado aqui é que, afinal, as pessoas têm desejos, impulsos e aspirações bastante conflitantes. Elas colocam objetivos que mais tarde podem não mais querer, estão sempre sujeitas a crises e a mudanças. A possibilidade mesma de áreas de tensão aguda, que parecem ser condições normais, é removida do credo de Harry. Esse integralismo moral, o personagem concebido como um

---

1 *Border Country*, p.240.

bloco ou, se não o for, as fissuras vistas como uma falha, não é persuasivo nem no romance, nem na vida real.

Concordo com a sua crítica dessa forma de ver as coisas. Minha intenção foi mostrar que o romance produz tanto uma força inquestionável quanto uma ilusão. Pois a ideia de que ninguém escolhe para si o que não quer não é verdadeira nem em relação a ele, nem em relação à maioria das outras pessoas. Harry Price não escolheu a sua vida, ele foi colocado em uma situação em que ele passa por um processo de adaptação e de integração, durante o qual ele abre certo espaço para a vida, no qual ele pode sentir que há mais dele mesmo. O impulso central do romance é que não é suficiente o tipo de força que aquela perspectiva do valor moral aparentemente integrada fornece. No caso de Harry, ela fracassa no final, quando a morte se aproxima e impõe um termo para qualquer perspectiva. Há um sentido de confusão total nesse homem, em outras situações bastante forte e confiante, quando ele fica doente, quando não pode mais trabalhar, quando está morrendo. O que parecia uma conexão entre uma visão integrada da vida e uma força de caráter titubeia quando as condições que a sustentavam não estão mais lá: sua própria força física, sua saúde, e o lugar em que ele está acostumado a viver. O efeito da cena na qual a sua mente está quase se desintegrando é que os significados que pareciam tão poderosos estão perdendo o seu poder. Seu filho vê não apenas a proximidade física da morte, mas também a confusão e perda do interesse quando ela se aproxima. É essa razão da grande dificuldade do filho. Ele deve respeitar o exemplo de seu pai. Contudo, ele também percebe que o desejo não está completo. É essa a crise em sua resposta.

Você explicou o seu propósito claramente. Mas ele aparece de forma tão clara no romance? A morte, bem como a fadiga e a confusão que a precedem, é um limite biológico que pode cancelar qualquer projeto. O leitor pode construir o significado específico que você acabou de expor?

O comentário final de Will tem a intenção de comunicar a sua experiência. Ele diz: "Foi como se eu estivesse olhando diretamente para o sol. Um sol que me cegava à medida que eu aprendia a ver".[2] A imagem é de uma luz que é literalmente a fonte de vida, algo aceito como

---

2 Ibid., p.351.

extremamente poderoso, mas que pode também cegar. A noção comum do filho obtendo a ideia de sua identidade e da vida de seu pai é aqui intensificada pela visão de um tipo incomum de autossuficiência que, ao final, provou ser insuficiente. Tomei a decisão de tratar o personagem Harry Price dessa forma após muitas reelaborações, e ela não foi baseada em minha experiência pessoal. Harry não é meu próprio pai, pois muito dele foi para Morgan. Teria sido possível combinar seus impulsos contraditórios em um mesmo personagem. Eu tentei fazê-lo, mas por fim decidi separá-los por meio da criação de outro personagem que representasse o lado muito mais inquieto, crítico e autocrítico da natureza de meu pai. Percebi o perigo de que, removendo essas características, eu poderia terminar com um personagem simples demais. Talvez vocês estejam certos em apontar que, como frequentemente acontece, as forças de uma forma particular de ver o mundo sejam tão intensamente comunicadas em um romance que as qualificações e os limites impostos a ela podem não ser plenamente notadas.

Um dos diálogos francos entre as pessoas em Border Country *que parece ir contra a sua intenção é o que acorre entre Morgan e Will após Harry ficar doente. Morgan diz: "Harry é diferente. Ele muda algo porque quer algo novo, e decide fazer algo novo porque quer isso até o fim, não porque está sendo guiado pela rejeição". Will responde: "É a mesma coisa". – ao que Morgan contesta: "Não, Will, o resultado é outro. Dê uma olhada". Então, Will diz: "Contudo, no final, ele está deitado lá, na margem [...] Se ele estava certo, ele ficará bem, é por isso que estou impaciente [...] Tomemos cuidado para não vivermos como ele, tomemos cuidado com a gente".[3] Aqui, a sugestão é a de que Morgan está fazendo uma autocrítica de seu próprios compromissos equivocados, como alguém que mudou pela insatisfação, que rejeitou negativamente as circunstâncias, e cujo desejo por mudanças o tirou do emprego como sinaleiro para ser proprietário de uma fábrica de geleia, uma mudança na posição de classe que é certamente apresentada de uma perspectiva crítica. Por outro lado, quando Will toma distância da posição de seu pai, o sentido de sua resposta é que isso representa um padrão de valor inalcançável que quebrará qualquer um que tente alcançá-lo – mas a força do irônico "Tomemos conta de nós mesmos" é a certeza de que renunciar é uma forma de autoproteção. Em outros termos, a sugestão aqui parece não ser a de que o modo de vida de*

---

3 Ibid., p.288.

Harry seja insuficiente, mas a de que ele é muito exigente. Seria essa uma má interpretação da passagem?

A ideia de decidir fazer algo novo porque queremos algo novo, e não porque não gostamos do antigo, é enfatizada. É uma diferença. Mas quando o filho diz, "Se estava certo, ele ficará bem", o sentido não é apenas de que o pai está morrendo, mas de que se estivesse certo, então esse seria um bom caminho para todos nós seguirmos. Dizer "em geral, não nos colocamos tanto em risco" também é uma forma de perguntar: se nos colocássemos *de fato* em grande risco, isso estaria correto? Seria algo que poderia se sustentar contra todas as forças que são inevitavelmente muito mais amplas do que possivelmente o homem mais forte? É isso que eu tinha em mente.

Uma pequena pergunta biográfica. Você tomou os dois nomes do filho, Will e Matthew, de sua própria experiência?

Sim. Todas as pessoas que me conheceram até eu ter 18 anos me chamavam Jim. Adotei meu nome legal, Raymond, na universidade. Os dois nomes no romance, e na minha própria experiência, apontam para o problema de haver duas pessoas para conhecer, e as negociações entre dois mundos diferentes. Contudo, sempre acho estranha a rapidez com a qual nos ajustamos para sermos chamados de certa forma em certo lugar.

Border Country é, em seu sentido mais amplo, um romance sobre relações de classe na Inglaterra. Um dos episódios centrais ocorre no turbilhão da greve geral. Contudo, a representação da luta de classes coloca um problema particular, uma vez que se altera a posição de classe a partir da qual o romance realista é escrito. No século XIX, um movimento inclusivo da imaginação ficcional pôde ser alcançado por alguns escritores – Eliot, Zola ou Hardy são exemplos – ao olhar, a partir de um mundo burguês familiar ou burguês assimilado no qual eles viviam e trabalhavam, para o mundo dos explorados e dos oprimidos. Impulsos de simpatia social, mais evidentes em Zola, bastante claros em Hardy e não desprezíveis em Eliot, permitiram uma exploração abrangente da hierarquia social em seus romances. O mundo do trabalho manual, que você menciona, está enfaticamente presente tanto em Zola quanto em Hardy, como também a revolta política. Ao mesmo tempo, esses escritores não tiveram dificuldade para representar as classes abastadas. Seria possível a reprodução em reverso dessa capacidade no século XX? Não é improvável que escritores da classe trabalhadora, ao tentarem conectar a experiência de sua própria classe social com a totalidade das estruturas que a determinam, sejam capazes de estender a sua imaginação a algo que se aproxime ao mesmo grau de simpatia, por razões muito boas, do mundo do opressor? Nesse sentido, poderíamos conjecturar que o escopo da vida concreta recriada, para usar uma terminologia da Scrutiny, *será provavelmente muito mais desigual no romance realista do século XX, escrito de uma perspectiva proletária, do que em certos romances do século XIX, embora obviamente lá ele também seja bastante desigual na maioria dos casos. Em* Border Country, *o mundo burguês está bastante distante, raramente afetando o vilarejo dos trabalhadores e dos fazendeiros. Mas esse é um caso bastante especial, uma vez que a comunidade que o romance descreve não possui um estrato explorador local significativo pelas razões biográficas que já discutimos. Mas se lá houvesse uma classe dominante local poderosamente entrincheirada, não teria o movimento para capturá-la no romance colocado sérios problemas para você?*

Sim. As relações de classe em *Border Country* aparecem literalmente no final da linha, na forma como a companhia ferroviária tenta lidar com os trabalhadores após a greve geral, por meio de mensagens e telegramas remotos. O mundo capitalista não é uma presença, pois ele nunca é introduzido diretamente no romance. Se tivesse sido, seria para mim um dilema. Quando lemos os romances empáticos do século XIX, que vão da casa do dono do moinho para os trabalhadores dos moinhos, e então de volta para a casa, o que percebemos é certa capacidade em se estabelecer nessa casa e tratar as pessoas lá de forma familiar e justa, embora isso possa ocorrer de forma conflituosa, como em George Eliot. Isso seria hoje extremamente difícil, pois a casa do proprietário do moinho e o moinho eram mais característicos da forma de opressão de classe próxima e imediata do século XIX. Onde o poder capitalista é exercido hoje? Nos escritórios, por meio de estruturas cuja descrição necessitaria algo mais do que uma observação física. Acompanhar os processos de decisão de um contador para fechar uma fábrica específica envolve um problema bastante diverso da captura pela imaginação de uma modalidade mais local de capitalismo. Em *Border Country*, escrevi sobre uma situação social que pôde ser descrita em uma escala menor por ser mais visível. Estou ciente de que os tipos diferentes de relacionamento ainda não haviam se separado completamente como, de modo mais característico, em uma comunidade industrial moderna. Percebi, enquanto escrevia *The Fight for Manod*, que eu teria de avançar até Whitehall, onde as reuniões do Ministério produziam decisões à longa distância. É um mundo que hoje conheço melhor, mas que talvez ainda não tenha sido adequadamente compreendido.

Second Generation parece ser uma exceção entre os seus romances, uma vez que aparentemente foi escrito de uma tacada entre 1960 e 1962. Isso significa que você encontrou em Border Country *o ímpeto para o seu sucessor?*

Ele foi escrito logo em sequência, embora tenha se iniciado como um romance bastante diferente. Minha ideia original era a de tomar um grupo de estudantes em Oxford e seguir seus caminhos diversos por mais ou menos cinco anos. O filho do operário de uma fábrica de automóveis, que acabou por se tornar o personagem central em *Second Generation*, era apenas um do grupo. Então, me deparei com o problema típico de que se eu fosse perseguir esse projeto com um número suficiente de personagens, o resultado seria um romance insustentavelmente longo. Assim, fiquei cada vez mais interessado nesse personagem em particular, como uma forma de contrastar profissões em uma única cidade. Uma vez tomada a decisão, escrevi o livro em relativamente pouco tempo.

A concepção de Second Generation *foi desenvolvida durante a finalização de* Border Country *ou foi subsequente a ela?*

Eu tinha alguma ideia do tema enquanto escrevia o livro anterior. Eu queria ambientar o romance seguinte fora do País de Gales e trazer para o texto a experiência da universidade. Mas *Second Generation* só atingiu a sua forma final após o término de *Border Country*.

Você sentiu os mesmos tipos de dificuldade com a forma?

Alguns. Contudo, os problemas básicos eram diferentes, porque a ideia de um personagem intermediário movendo-se entre dois tipos de vida era agora mais complexa. Em *Border Country*, o movimento era físico, nas viagens de Matthew Price de Londres ao País de Gales e, nesse sentido, mais simples. Em *Second Generation*, percebi que eu queria mais espaço. O romance acabou ficando muito longo. Como seria difícil para mim encurtá-lo, foi sugerido que um dos editores o fizesse. O editor escolhido foi C. Day Lewis, que o fez com prazer. Ele de fato produziu uma condensação magistral, que teve sucesso em reverter o sentido total do romance. Eu não suportei lê-lo após as primeiras dez páginas, mas a minha esposa o leu. Sempre que havia uma discussão entre o filho do operário da fábrica de automóveis, Peter Owen, e seu supervisor acadêmico, Robert Lane, na qual Lane assinalava a necessidade de uma visão balanceada da sociedade inglesa, e Owen criticava essa visão radicalmente, as falas cautelosas de Lane foram mantidas, e as respostas de Owen removidas. O resultado foi que tive de recuperar o manuscrito e encurtá-lo eu mesmo. O episódio vale o comentário porque o editor era Day Lewis: a ironia da continuidade dos anos 1930 ainda me perseguia.

Second Generation é um livro muito mais diretamente político, pode-se mesmo dizer intransigentemente militante, do que Border Country. *Não é surpreendente que ele tenha sido tão atacado quanto o romance anterior foi elogiado, dado o seu retrato da luta de classes na indústria automobilística e do compromisso e corrupção na academia. Há, contudo, um padrão que parece comum aos dois livros, que poderia ser questionado de uma perspectiva da esquerda. Trata-se da oposição que eles parecem sugerir entre a integridade pessoal e a social, de um lado, e a intelectualidade, de outro. Em* Border Country, *Morgan Rosser exige inicialmente uma mudança política mais urgente e avassaladora do que Harry Price, mas quando as suas esperanças são frustradas com a derrota da greve geral, suas energias inquietas e sociáveis se movem para a busca de um avanço comercial algo dúbio. Em* Second Generation, *dois casais da classe trabalhadora, Kate e Harold e Gwyn e Myra, representam o mesmo contraste. A ênfase está novamente no custo pessoal de um engajamento mais amplo às ideias políticas, que toma as formas variadas de um tipo de fadiga entorpecente, no caso de Harold, o porta-voz do sindicato, e da inconstância e negligência incipiente dos outros, no caso de Kate. Gwyn e Myra, o outro casal da mesma geração, exemplificam um âmbito mais limitado de esperança e de interesse. No caso de Myra, com alguns elementos de preconceito, uma imobilidade relativa e a recusa a se engajar em questões maiores, exceto em tempos de crise comum. Mas são eles, Gwyn e Myra, que são inseparáveis e preservam os valores do sentimento imediato em seu lar. Você acha que essa é uma tensão típica e necessária dentro da experiência da classe trabalhadora?*

Eu pensava que sim na época, e não mudei de opinião. *Second Generation* foi escrito quando percebi haver uma crise profunda dentro da classe. Havia uma condição generalizada para o desenvolvimento de uma área restrita da experiência privada, certamente não em relação a atitudes antissindicalistas, mas em relação a uma vida totalmente alheia ao mundo do trabalho. Os tipos de engajamento que podem operar em diversos planos, seja no trabalho pesado de um porta-voz sindical, seja em um horizonte mais intelectual, começavam a se romper. Uma divisão interna na classe trabalhadora estava ocorrendo, separando seus setores política e industrialmente ativos do restante da classe que, embora não houvesse retirado a sua simpatia geral e ligeiramente ocasional, não mais vivia dessa forma e então estava disponível para perspectivas sociais bastante diversas. Talvez eu tenha exagerado ao generalizar essa situação, embora essa divisão tenha aumentado desde então. Mas foi um processo do qual eu estava bastante consciente ao observar pessoas que eu conhecia. Havia também a dimensão específica no romance do tipo diverso de política na universidade. Talvez eu tenha sido influenciado em demasia pela experiência de ver pessoas esgotadas após um envolvimento político ativo naquela época. Contudo, a ênfase no custo do engajamento não tinha a intenção de indicar que outra escolha seria preferível. Pois não basta nos retirarmos do mundo para construirmos uma área fechada mais segura, onde possamos nos concentrar plenamente em nossa vida pessoal. O contraste em *Second Generation* não implica que – mais do que eu pretendia em *Border Country* – se você prosseguir sem as devidas precauções, poderá manter a situação sob controle, poderá viver uma vida mais integrada. A forma de *Second Generation* deveria tornar isso mais claro do que em *Border Country*, porque não há um personagem central ou dominante, mas personagens e situações divergentes. Os significados e valores do romance estão mais distribuídos.

Em contraste com as famílias diferentes da classe trabalhadora, há dois personagens do meio universitário no romance: Robert Lane, sociólogo, o supervisor da tese de Peter Owen, e Arthur Dean, um professor de política que tem um romance com Kate Owen. Cada um representa, com tonalidades contrastantes, uma combinação de conformismo político e corrupção moral. Lane aconselha seus alunos a exercitarem uma moderação acadêmica judiciosa, e explora a sua esposa, sofredora de longa data. Dean inicia um relacionamento manipulativo com Kate Owen, enquanto nega cinicamente qualquer capacidade da classe trabalhadora para lutar ou mudar a sociedade. Um prega um quietismo resignado, o outro, um niilismo ativo. O emparelhamento das qualidades nesses dois personagens leva a alguma apreensão. A equação direta da reação política com o vazio ou corrupção pessoal parece empiricamente duvidosa. Há certamente defensores da ordem burguesa no domínio econômico, político ou cultural cuja vida privada é de uma retidão razoável – digamos, os Keith Josephs do nosso mundo. Identificar a presença do conservadorismo social na ausência da integridade sexual parece ser uma simplificação estética perigosa.

Como uma generalização, sim, mas observei um socialista específico altamente instruído, que era liberal nesses aspectos deliberadamente identificados. Houve um tipo bastante característico de figura da esquerda (vocês sabem que tipo de esquerda ela se tornou) que era intelectualmente ativo no Partido Trabalhista, mas que representava certa filiação política que não tinha nada a ver com o militante da classe trabalhadora, e que de fato estava objetivamente usando-o e traindo--o. Não senti isso com relação a Lane, embora muitos tenham me dito que o acharam um personagem bem pouco simpático. Eu quis que ele fosse um apaziguador de conflitos. Esse é o sentido pleno de sua relação com Peter. Não o imaginei como corrupto, apenas como aquela figura bastante conhecida do homem que deseja tanto que tudo fosse melhor do que é. Eu emprestei muitas de suas reações de elementos que pude experimentar comigo próprio. Evidentemente há um contraste entre ele e Peter, por meio do qual eu quis trabalhar a emergência do sentido de um tipo de engajamento diferente e, espero, não idealizado, de alguém que vivencia vários tipos de confusão terrível, mas ao final faz outra escolha, não uma opção sustentável até o seu final, mas ao menos uma que seja simbolicamente correta. Mas ele também representa uma geração radicalmente diferente.

Na questão mais geral das conexões entre a corrupção pessoal e a social, creio que senti, no final dos anos 1950 e começo dos anos 1960, que o que havia acontecido com a esquerda e com a classe trabalhadora envolveu um tipo mais profundo de distúrbio do que era geralmente admitido. A retórica da época era a do avanço e da liberação, o que me parecia simplificado demais. Apenas observando um número razoável de pessoas, tive a sensação de um perigo considerável, o preço de tentativas diferentes de vida sob a pressão de uma ordem que sistematicamente as frustrava. Mais do que em qualquer outro dos meus romances, *Second Generation* baseou-se em uma observação direta. Trata-se de uma narrativa impressionista, que não penso estar errada quando retorno a ela. Mas eu esperava que, ao tomar algo tão básico quanto a divisão entre a vida intelectual e a vida manual coexistindo em uma cidade, eu pudesse ao menos mostrar o teatro real no qual essas confusões ocorriam.

A integração composicional dos conflitos dentro dos mundos intelectual e industrial é bastante eficiente. Mas há uma ausência significativa que talvez conduza a uma série de desvios dessa ênfase. É nítido que a luta dos funcionários na fábrica de automóveis nunca encontra o inimigo capitalista. Os centros reais do poder industrial se mantêm completamente abstratos no romance: o personagem mais elevado na hierarquia da companhia é o gerente de pessoal local, que Harold vê em uma cena memorável, embora fugaz, quando ele reflete sobre a possibilidade de que o homem à sua frente deve ter também vindo da classe trabalhadora. Em geral, a fábrica é apresentada exclusivamente pela experiência dos trabalhadores na linha de montagem, o leitor nunca vê os fiscais da ordem contra a qual eles estão lutando. Por outro lado, o que é poderosamente materializado no romance é a universidade. Os dois professores, Lane e Dean, tendem a funcionar indevidamente como substitutos estruturais para uma descrição dos empregadores. O resultado é uma simplificação demasiada deles como epítomes da Grã-Bretanha burguesa. Em uma cena próxima ao final do romance, Peter denuncia Dean publicamente com a seguinte frase reverberante: "Você governa a Inglaterra".[4] Mas, na realidade, embora as universidades de fato sirvam aos interesses da ordem social, elas certamente não são o local da política real ou da dominação econômica, apesar de possuírem, parcialmente pela mesma razão, uma autonomia intelectual como centros de ensino e de pesquisa. O deslocamento do alvo industrial para o alvo cultural não envolveria um elemento de falsa consciência?

Concordo com isso. O problema está relacionado a uma limitação mais geral de minha própria formação social e da experiência da classe trabalhadora como um todo. Está no plano do confronto direto a escala externa mais distante do poder social com o qual a classe trabalhadora normalmente entra em contato. Um movimento claro que a ficção engajada a uma perspectiva política deve fazer é olhar para planos mais elevados de tomada de decisão na economia e na sociedade. O quão longe então podemos ir? Imaginem que eu tivesse avançado até – onde? – a diretoria da companhia automobilística, e toda a rede de bancos, e a máquina estatal com as quais ela está envolvida. Isso teria sido melhor, mas é precisamente o que não é fácil de ser feito de modo ficcional. Ainda hoje, o que eu sei sobre a classe dominante real adquiri quase somente lendo a respeito. Mas é incrivelmente difícil criar personagens

---

4 *Second Generation*, p.318.

que não sentimos nas entranhas. Em certo plano, se não sabemos quem eles são, talvez não tenhamos energia suficiente para projetá-los. É aqui que a universidade oferece funções como uma percepção deslocada da ordem social dominante. Parece-me que, ao menos naquela época, e talvez isso ainda persista hoje, a classe trabalhadora organizada tendia a ver as personagens acadêmicas como exemplos preeminentes da classe dominante, precisamente porque estão de certa forma mais próximos, sobretudo pela caracterização de atributos externos – sotaque, aparência e hábitos menores –, e não pelo exercício do poder social e econômico. De certa forma, algumas das falhas de perspectiva da classe trabalhadora em *Second Generation* não são, contudo, apenas minhas, mas parte da forma como o sistema opera. O mais longe que a percepção do poder pode atingir é algum funcionário no meio da escala hierárquica. Sempre me admira a limitação do horizonte na experiência da classe trabalhadora, como se esse mundo das grandes corporações e dos bancos fosse muito remoto para ser de fato registrado. Eu partilho dessa experiência. Não que eu não conheça a realidade do poder intelectualmente, mas quando se trata de escrever sobre ela criativamente, isso se torna um problema.

Deve ser dito que há bem poucos romances que tentam abranger uma escala social e política completa do poder. Uma obra que pode certamente ser admirada é O primeiro círculo, que explora um regime dramaticamente hierárquico do topo à sua base. Mas evidentemente a União Soviética é de uma natureza bastante diferente da sociedade capitalista, com sua ordem social mais uniforme e sua estrutura de poder mais transparente. Nesse sentido, talvez ela possa ser mais acessível à imaginação. Talvez também seja de alguma significância que Solzhenitsyn pareça ter sido um stalinista convicto em sua juventude, de modo que os problemas da projeção não estariam tão presentes.

O que me parece extraordinário em O *primeiro círculo* é a percepção de um sistema correndo através das relações do romance. Quando finalmente chegamos ao topo do sistema de Stálin, ele próprio ainda é visto como parte dele. Esse é um êxito impressionante. Pode-se desejar uma integração similar em termos britânicos, mas o mundo do poder elegantemente dissimulado, que é característico das relações da classe dominante nesse país, é muito mais difícil de ser acessado.

Diaries [Diários], de Cecil King, nos oferece uma impressão bastante marcante de como são as altas esferas desse mundo. As duas características mais notáveis que emergem na narrativa de King são as relações pessoais diretas e não mediadas entre os magnatas dos jornais, os servidores civis dos altos escalões, os grandes homens de negócio e os chefes de serviço, e a troca de hipocrisias polidas para discussões brutalmente explícitas das realidades do dia a dia da luta de classes. Claro que King foi algo como um elefante excluído de seu grupo nesse mundo que é normalmente dissimulado.

Esses são os equivalentes do tipo de documento que Disraeli leu para aprender mais sobre a classe trabalhadora do século XIX. Romancistas como ele não conheciam a vida dos trabalhadores pela convivência com eles nas refeições. Os *Diaries* de King não são as únicas revelações desse tipo. Thomson relatou o seu retorno de um banquete com Wilson, em uma limusine, durante a crise do antigo jornal cooperativo *Citizen* [O cidadão], quando Wilson tentou persuadi-lo a comprar o jornal. Seu comentário foi: "Harold, não posso conseguir isso pela Comissão dos Monopólios" – a que Wilson respondeu: "Darei a você uma garantia por escrito". Tais trocas são, provavelmente, típicas. Quando essas pessoas movem-se fora de seus círculos, elas são mais cuidadosas, as janelas são fechadas. Creio que tenhamos, em certa medida, de desfrutar mesmo do convívio com pessoas perversas para podermos escrever ficcionalmente sobre elas, para torná-las mais do que figuras sem profundidade às quais nos opomos. Seria necessário ver como os prazeres da comida, da bebida e da companhia dão o tom de suas decisões arrogantes sobre como organizar tudo, de uma fábrica até um exército. Se não conseguirmos transmitir a forma como esses deleites geram o sentimento prazeroso com o qual eles, em ocasiões específicas, vão conduzir seus negócios, não criaremos personagens críveis. Isso deve ser compatível com a observação detalhada do que eles fazem, algo bastante difícil na prática.

The Fight for Manod *levou mais de uma década para ser terminado, mais tempo do que* Border Country, *embora em meados dos anos 1960 você já fosse um romancista experiente. Por que a sua composição foi tão prolongada?*

Bem, o início foi bastante rápido. O que são hoje os capítulos dois a sete pareceram simplesmente fluir. Eu já havia escrito não apenas sobre o vilarejo e o vale, mas tinha também as linhas preparadas para Birmingham e Coventry, bem como para o ministério em Londres, de forma que tudo estava se moldando dessa forma. Então, fiz um cálculo. Eu havia escrito seis de um total de trinta capítulos, e a narrativa movia-se na única velocidade que eu julgava apropriada. O romance teria pouco mais de 200 mil palavras. Mas não se tratava apenas do problema do tamanho para a publicação. Tratava-se, sobretudo, da reação a *Second Generation*. Tentei encurtá-lo, mas deu certo. Deixei-o de lado por algum tempo, e então muita coisa começou a acontecer: a ruptura política decisiva em 1966, e o começo de um trabalho muito envolvente sobre o *Manifesto*. Além disso, um produtor de televisão que havia lido *Second Generation* pediu que eu escrevesse uma peça. Achei a forma interessante, embora ironicamente a primeira peça, *Letter From The Country* [Carta do campo], tenha sido encenada em trinta minutos, ao invés dos setenta e cinco minutos originais. A segunda, *Public Inquiry* [Investigação pública], foi produzida no tempo previsto. Eu acolhi a forma porque nela uma ação podia ser isolada, mas eu ainda sentia, e sinto, que a composição de conexões no tipo de romance que eu havia planejado dava mais abertura para eu dizer o que eu queria. Então, sempre que eu tinha um mês mais livre, eu voltava aos capítulos e retomava a sua composição, e o romance continuou aumentando. Eu tinha então alguns capítulos adicionais que se passavam em Bruxelas, para onde um dos personagens principais vai localizar as fontes de uma iniciativa corporativa para a criação de um projeto de urbanização em um vale de Gales. Essas eram dificuldades de escrita comuns, bastante comuns hoje, embora historicamente as restrições ao tamanho sejam extraordinárias, mas ao final dos anos 1960 me conscientizei cada vez mais de outro conjunto de problemas que me conduziram a uma mudança de perspectiva, embora não parecesse haver descontinuidade naquele momento. Visualizei toda a relação entre o campo e a cidade, meu tema geral desde o início, como a relação decisiva na análise social contemporânea. Iniciei *O campo e a cidade*, projetado em sua origem como um livro literário mais curto e mais específico. Então, ele pareceu abranger tudo. Ampliei o seu esquema inicial e comecei um projeto totalmente novo de leitura. Por algum tempo, esse foi o meu único projeto mais amplo, mas então o deixei de lado, sentindo-me bloqueado. Envolvi-me em algumas atividades menores e então, subitamente, retornei a *O campo e a cidade* e o terminei, em uma nova forma, muito rapidamente. Isso foi bom, mas eu ainda retornava aos capítulos do romance. Não queria abandoná-los, embora muito de seu projeto mais amplo houvesse sido direcionado a *O campo e a cidade*. Continuei a pensar sobre isso até achar que havia visualizado uma forma alternativa. Deixei passar alguns anos. Porém, como o romance continuava a fazer sentido, acabei por retomar o projeto e o completei sem dificuldades. Exceto pelo fato de que ele não é, obviamente, para o bem ou para mal, o romance que comecei a escrever.

Você concebeu o romance desde o início como fechando uma trilogia? Quais foram os seus objetivos ao voltar aos dois primeiros romances, tecnicamente independentes, para criar um trio interconectado?

Sim, eu tive em mente uma trilogia desde o início. Os dois primeiros romances não estavam localmente conectados, mas as ligações entre Glynmawr e Trawsfynydd, poucos quilômetros distantes um do outro, já estavam prontas para serem exploradas. Quanto ao tema, a forma da trilogia estava clara. Havia versões interligadas de um tipo específico de mudança além das fronteiras. *Border Country* era o presente, incluindo e tentando focar no passado imediato. *Second Generation* era o presente verdadeiro. *The fight for Manod* era o presente tentando incluir e focar no futuro. Havia mesmo uma conexão através dos meios sucessivos de mobilidade: a ferrovia em *Border Country*, o tráfego automobilístico e as fábricas em *Second Generation*, a tecnologia eletrônica potencial em *Manod*. Em cada um, por meio dessas situações diversas, havia o problema decisivo da relação entre conhecimento e trabalho, que tomava aspectos políticos e de classe diferentes. Tudo isso, evidentemente, como a infraestrutura da trilogia. As especificidades humanas tinham de dominar em cada estágio. Incidentalmente, essa foi outra razão para as dificuldades específicas em *Manod*. Muito do romance é sobre a projeção e a imaginação de um futuro, mas deliberadamente não como futurismo. Ao contrário, como um futuro que deveria, de algum modo, emergir de um presente enraizado. Isso tornou mais difícil o equilíbrio entre as experiências vividas e o movimento histórico projetado, na realidade, frustrado. O romance termina com o sentido de uma direção possível, e creio que seja a melhor direção, mas apenas mantido ao lado das duras incertezas do presente e do passado. Claro que esse sentimento preciso foi a forma que finalmente visualizei para o romance, algo distinto das interconexões mais amplas do projeto original.

Muito de The Fight for Manod é construído em torno do contraste entre um personagem de Border Country, Matthew Price, e um personagem mais jovem de Second Generation, Peter Owen, cujas reações diferentes à descoberta da corrupção e especulação no uso da terra em um novo projeto de desenvolvimento urbano no País de Gales determinam amplamente a resolução da ação. Mas há uma assimetria persistente no tratamento de ambos. Matthew é inquestionavelmente a figura central no romance. O seu retrato possui uma profundidade e uma qualidade interna que não são atribuídas a Peter, que – apesar de sua importância estrutural – não recebe em lugar nenhum a consciência pessoal mesmo de alguns dos personagens secundários entre as pessoas rurais locais, que são construídos de modo bastante refinado. Ele é visto quase sempre de fora, pela perspectiva de sua esposa e de outros personagens. Você acha que essa é uma crítica interna do romance?

Pode ser que sim. Embora Peter seja apresentado em *Second Generation* praticamente do mesmo modo. Eu queria um personagem cuja vida interior não fosse acessível a ele, embora ele evidentemente pensasse, raciocinasse e agisse. Eu queria alguém cuja vida interior fosse, de certo modo, apenas percebida pelos outros, e que continuamente os deixasse embaraçados. Creio que eu o conheci, mas não sei se o criei. Lamento que tive de tirar os capítulos em Bruxelas. A combinação de experiência e conhecimento acadêmico estava lá. Mas, quando vi a forma final, esses capítulos estavam em uma dimensão muito diferente. Talvez eu ainda venha a incluí-los. De modo mais geral, há o problema constante da assimetria nesse tipo de acesso interno: um problema bastante difícil no que tange às convenções porque, em certo sentido, como Gogol observou, há sempre assimetria nas personagens de uma ficção. Isso é sempre, de certo ponto de vista, indefensável. Por outro lado, se buscarmos a simetria plena, serão rompidas as ligações das ficções possíveis. O contraste entre Matthew e Peter é importante, e não há a intenção de mostrar Peter como estando errado, mesmo comparativamente. Sobre as pessoas em Manod, era fundamental que elas fossem plenas. Gwen Vaughan em particular, mas também Modlen Jenkins, Trevor e Gethin, e mesmo Dance. A sua autonomia é vital.

O título do livro possui um elemento paradoxal. As dificuldades da comunidade no vale de Manod são marcadas com muita nitidez, e seu destino provável, caso as corporações anglo-belgas entrassem na região, também é evocado de modo bastante vivido. Mas surpreendentemente há muito pouca demonstração de lutas na narrativa. A exposição do plano governamental pela imprensa e seu entrelaçamento com os interesses corporativos, bem como a ajuda potencial do grupo radical galês – essas batalhas ocorrem, por assim dizer, de modo presumido e fora do palco. Nenhuma força é de fato apresentada dentro da ação que pareça capaz de resistir ou alterar o curso geral dos eventos. Se comparado a Border Country *ou* Second Generation, *a ausência de cenas coletivas é notável. Não há um equivalente à solidariedade na linha ferroviária ou na fábrica de automóveis. Uma festa de casamento é a única ocasião onde um grupo significativo de personagens se reúne. Foi essa diluição deliberada? Ela parece oferecer uma corrente submersa de tristeza ao livro que não ocorre dessa forma em seus predecessores.*

Bem, eu já respondi a essa pergunta parcialmente. A forma final foi, de fato, de certa tristeza. Não a tristeza retrospectiva de tanta ficção rural, mas uma tristeza específica contemporânea: as relações entre todo um futuro possível e as contradições e bloqueios do presente. Não há um termo para isso, como o termo "nostalgia", no caso do olhar retrospectivo. É o seu oposto, e distintamente diverso do tipo de confiança no futuro que muitos de nós tínhamos, e que sempre tentei recuperar em meus textos, por ser crucial. Contudo, ter isso de volta implica em passar pelas sombras das experiências devastadoras de guerra, e o que aconteceu às melhores sociedades revolucionárias e, então, pela desintegração terrível do que um dia foi aqui um movimento trabalhista com perspectivas aparentemente não problemáticas. Toda a tristeza que aparece quando começamos a perceber a reprodução e a incorporação não apenas como conceitos, mas como o enfraquecimento e o deslocamento da carne e do osso. Eu quis capturar esse momento, o momento em que as ações comuns estão latentes, muito precisamente latentes, mas em que elas não se realizam devido a todo um conjunto de contradições. O formato original do romance apresentava o centro da cidade e as ações galesas de protesto que, em termos mais amplos, são relevantes ou mesmo decisivas, embora, como sabemos, quanto mais abrangentes são as ações, menos elas se conectam. Dois outros elementos decidiram o formato final. Em primeiro lugar, a tristeza bastante específica do País de Gales rural de hoje. Os escritores galeses que mais respeito, sobretudo Emyr Humphreys, possuem isso de forma muito mais forte. Em segundo lugar, a experiência do envelhecimento. Não me refiro tanto a mim, embora tenha sentido isso em alguns momentos, mas a algumas pessoas que conheço muito bem, e pelas quais tenho profundo respeito, pessoas que lutaram muito, e que claramente esperavam, no curso de sua vida, talvez mesmo de sua vida ativa, ainda ver rupturas decisivas. Presenciei uma ou duas dessas pessoas chorar devido a uma profundidade combinada de tristeza social e pessoal, pessoas que sabiam o porquê e conheciam os argumentos a serem movimentados contra tal sentimento, mas ainda assim, em um sentido físico, absolutamente sujeitas a essas emoções. Presenciei isso, na realidade, em dois dentre os mais refinados intelectuais militantes da Europa. Por razões óbvias não os identificarei, mas eles mostraram isso para mim, alguém de sua própria geração, algo frequentemente controlado em público. Escrever sobre Matthew Price, que em *Border Country* é claramente muito próximo a mim, foi uma tentativa de entender isso em alguém que, em *The Fight for Manod*, se tornou bastante diferente de mim. De fato, eu percebo um bastardo grosseiro e difícil ao meu lado, mas mais capaz, espero, de trabalhar e desbravar caminhos.

The Fight for Manod é a sua obra galesa mais forte e direta até hoje. Seus sentimentos com relação ao País de Gales, incluindo o seu próprio sentido de identidade, obviamente passaram por mudanças importantes desde que você deixou Pandy. Você poderia falar sobre a história de sua relação com o País de Gales?

Sim, uma grande mudança teve início a partir do final dos anos 1960. Até então, havia a continuidade de um sentimento bastante avassalador sobre Gales. Como sentimento e como escrita, isso se manteve. Mas então, comecei a ter muito mais contato com escritores e intelectuais galeses, todos altamente políticos na melhor tradição dessa cultura, e senti um efeito curioso. De um golpe, a Inglaterra, a Inglaterra burguesa, não mais era o meu ponto de referência. Eu era um galês europeu, mas então ambos os planos pareciam diferentes. Ainda terei muito trabalho para entender isso, mas quase não posso descrever a diferença imensa ao falar e me relacionar em Gales com escritores e companheiros políticos que são completamente contra isso. O que é visto de fora é uma vitalidade marcante, e de fato ela o é, objetivamente, mas há então um sentimento difícil, feroz, internamente conflituoso e, contudo, amargamente comunal, que é também onde estou e, agora, no sentido mais verdadeiro, a minha origem. Através das complicações da política, e ela é de fato bastante complicada, quero que o povo galês, ainda um povo radical e com raízes culturais, vença, supere ou ultrapasse a Inglaterra burguesa. As alternativas se seguem às complicações. Isso se conecta, para mim, à noção em minha obra de que sou agora necessariamente europeu. De que as pessoas da esquerda e à esquerda dos partidos comunistas da França e da Itália, que os companheiros alemães e escandinavos, que os dissidentes comunistas do leste, como Bahro, estão comigo. A minha forma de apreender essas conexões são as pessoas de onde eu vim, o lugar ao qual pertenço e a consciência de minha identidade galesa. Sinto-me em uma cultura em que nacionalistas galeses me dizem, como se eu tivesse de ser assegurado disso, o quão completamente galeses são *Border Country* e meu pensamento social. Em que, algo que eu antes não percebia, os intelectuais galeses altamente cosmopolitas reconhecem todo o meu trabalho, o que não ocorreu com literalmente nenhum de meus colegas oficiais ingleses. Essa é a cultura onde eu posso respirar, ou ao menos onde posso tomar ar para voltar e brigar com a Europa capitalista, com a Inglaterra capitalista e, que se exploda, com o País de Gales capitalista.

Como você veio a escrever The Volunteers, *um romance bastante diferente da trilogia galesa?*

Eu queria escrever um romance político ambientado na década de 1980. Minha ideia original era a de centrá-lo nas conexões obscuras entre um ministro ou ex-ministro do Partido Trabalhista e uma organização marginal de repressão armada a uma greve. Surgiu então uma complicação cômica. O político trabalhista da versão inicial do romance desaparece um dia, deixando suas roupas na praia, e é depois localizado por um jornalista em um esconderijo na Suíça. Logo após eu escrever esse episódio, John Stonehouse praticamente encenou-o ao simular o seu suicídio. Percebi então que, embora meus amigos pudessem acreditar em mim, ninguém mais acreditaria. Todos iriam achar que eu estivesse apenas me aproveitando do caso de Stonehouse após o evento. Tive então de modificar o livro. Eu tinha em mente um romance em três partes, no qual haveria posições narrativas diversas que seriam interpostas sucessivamente. Uma delas seria a do repórter. Mas para minha surpresa verifiquei que, enquanto eu prosseguia na composição do livro, apenas dessa perspectiva pareceu possível escrever toda ação de uma forma viável e econômica. A decisão implicou em eu deixar muito material de lado, o que mais me preocupou. Mas, ao mesmo tempo, fiquei absorvido pelas possibilidades formais dessa solução e acabei por escrever o romance rapidamente.

Em que medida você deliberadamente tomou a forma popular do suspense e usou-a para fins políticos, como o fez Costa-Gavras em seus filmes Z *ou*

Estado de sítio? *Essa estratégia transforma o gênero durante o processo, obviamente. Você tinha como alvo um público leitor mais amplo com* The Volunteers?

Não. Foi sempre muito mais uma opção pela convenção que me permitisse escrever minhas obras do que a decisão de usar uma convenção para atrair um tipo diferente de leitor. Quando recebi a capa do livro e vi a sua descrição como um suspense político, fiquei surpreso. Mas quando disse isso ao editor, ele replicou: "Há muitos anos você me disse que seria perfeitamente possível tomar um formato popular como o suspense e fazer dele bom uso". Então, quem sabe? O que estou dizendo é que durante o processo efetivo da escrita, eu estava procurando uma solução formal. Claro que o que parecem ser decisões locais podem frequentemente ter um efeito estrutural. Mas, ao mesmo tempo, lamentei cada trecho desse romance bastante diferente que havia abandonado para mergulhar nessa convenção de reportagem. Por exemplo, na primeira versão, o homem que é morto no ataque militar recebeu uma história anterior à sua aparição, do tipo que falamos anteriormente. Na versão final, ele apenas aparece como uma vítima representativa do confronto de classe, não como o homem que eu queria descrever, que considerava o seu trabalho como uma fonte de renda para a sua família e para suas atividades esportivas, e subitamente se encontra em um conflito industrial, representando um papel que ele nunca havia previsto.

O romance em sua forma final contém material heterogêneo que desafia a noção geralmente elogiada da unidade ficcional. Há mesmo uma mudança tipográfica para marcar a inserção do relato do Grupo Gwent dos Escritores sobre o assalto à garagem. Você tem sido criticado por essa mistura de tonalidades em The Volunteers. *Até que ponto ela foi intencional?*

Eu quis que fosse assim. Na verdade, se eu estivesse mais consciente de que estava escrevendo um suspense político, haveria ainda mais heterogeneidade de vozes. Eu queria que o romance fosse acidentado. Já a primeira página é um sinal disso. O repórter realiza uma rápida decolagem em busca de sua história, após receber as notícias de uma tentativa de assassinato. Então, ele imediatamente segue a transcrição da mensagem eletrônica breve nas frases redondas da escrita jornalística. Isso tinha a intenção de colocar a questão da linguagem com uma sacudida imediata. Algumas pessoas reclamaram da inserção do panfleto do

Grupo Gwent de Escritores, embora eu o tenha encurtado bastante por conta do tamanho da obra. Mas o terreno acidentado, quando nos movemos de uma convenção para outra, foi uma forma deliberada de enfatizar a disjunção da consciência entre uma ideia antiga do conflito industrial e a experiência dos trabalhadores envolvidos. O personagem do jornalista, Lewis Redfern, foi projetado para ser um centro plausível de tipos diversos de percepção e de consciência. Ele é uma pessoa que, devido ao seu passado esquerdista, podia ter reflexões críticas sobre o Museu do Folclore, por exemplo, embora elas sejam completamente incompatíveis com a forma como ele conversa com seus colegas profissionais, parcialmente também por ele ter uma reputação tortuosa.

A narrativa do ataque pelo Grupo de Escritores e a longa digressão sobre museus folclóricos parecem, cada uma ao seu modo, mudanças bem sucedidas de ritmo dentro do romance. A primeira é um dos alongamentos mais poderosos do romance. Contudo, há outros elementos heterogêneos em The Volunteers *que parecem menos controlados e mais passíveis a uma objeção quanto à sua incoerência. A primeira frase em praticamente todos os capítulos é um enunciado lacônico constituído por seis ou sete palavras. Um padrão invariável é definido pela manutenção da convenção da reportagem. Mas, em momentos centrais, todo o ritmo sintático do discurso de Redfern se altera sem aviso, tornando-se muito mais complexo, meditativo e delicado. Um exemplo é a longa passagem que reconstrói a cena do disparo contra o ministro do governo como represália ao ataque ao depósito. Uma nova ruptura, de volta à dicção cortada do investigador em uma fórmula de suspense, parece involuntariamente estridente. Podemos desculpar discrepâncias desse tipo como relativamente não importantes, tendo em vista que o narrador é um recurso formal para que uma variedade de experiências e ações sejam apresentadas, às quais ele próprio é externo. Mas ao final do romance, ele se torna o pivô narrativo de toda a ação. Assim, de certo modo, a coerência do romance depende de sua credibilidade como personagem. Nas cenas finais, o jornalista que tem perseguido o grupo marginal responsável pela retaliação armada é convertido a uma solidariedade provisória com esse mesmo grupo, e ele mesmo parte para um destino político incerto. A possibilidade dessa mudança depende da instauração anterior de sua capacidade para responder aos eventos com uma profundidade e nuance subjetiva que é radicalmente eliminada pelo estilo jornalístico. O problema é que, ao final do livro, o leitor pode achar que a conversão de Redfern não seja plenamente motivada, porque ela repousa no movimento do narrador em direção a um tipo diferente de sentimento ou de percepção, ao qual o grosso do discurso narrativo não fornece uma razão adequada para darmos crédito.*

Eu estava ciente dessa dificuldade, e não me cabe julgar até que ponto a sua mudança pode ser percebida como motivada. Há um diálogo próximo ao final do romance cuja intenção é oferecer uma indicação de que o narrador reflete sobre seu próprio discurso instável, quando ele se volta a outro personagem e diz: "Conheço alguém que fala desse modo", sugerindo que o estilo seco e objetivo sempre envolve ao menos um controle público de outras possibilidades de expressão. A convenção narrativa é mais uma forma de relatar algo a alguém do que uma reflexão interna. Mas também é relevante, e pensei muito sobre isso, que a conclusão não seja realmente uma conversão. A frase deve ter algum peso no final, quando é dito não haver qualquer identidade fora do processo. Relações objetivas são nitidamente *administradas por ele* no final do romance. Claro que ele poderia ter percorrido o outro caminho a qualquer momento nos últimos episódios, porque ele possui uma história que pode torná-lo bem-sucedido em seu próprio mundo, e ele poderia trair todas as pessoas envolvidas nisso. Ele obviamente tem potencial para tanto. Por isso, foi necessário indicar, em vários momentos anteriores, que ele é também capaz de outros tipos de sentimento. Mas eu ainda não o considero como tendo, em um sentido comum, escolhido o seu caminho no final. Daí o jogo com a ideia de voluntários. Ele não se voluntaria a abandonar o seu emprego e servir a outras pessoas além dele mesmo. Ele é administrado pela situação, onde ele percebe, e isso é tão frequente, que o engajamento não é sempre tão voluntário como em geral se pensa. Em uma pessoa mais íntegra, a mudança poderia ter sido interna e voluntária. Com ele, há algum potencial para isso, mas também alguns bloqueios. Essa é a razão da cena que escrevi e reescrevi na qual o grupo marginal exerce pressão sobre ele. Ele está sob algum perigo, e incorreria riscos se não fizesse uma escolha, que pode também ser simplesmente vista como uma reversão da sua lealdade política. Não quis torná-lo um herói, mas sim observar a sua ação dessa outra perspectiva, que não é a forma usual em que eu, em geral, apresento esse tipo de situação. Enquanto as ações dos outros personagens são socialmente fornecidas e, em um sentido relevante, nunca separadas de sua individualidade, ele é, em larga medida, um produto dessas ações, e não o agente voluntário que decide deixar um lado e se juntar a outro. Seu movimento final marca o término de toda uma série de ajustes que têm sua origem nas divisões, nas lealdades antigas não resolvidas e nos oportunismos.

Talvez o que pareçam ser contradições na instância narrativa do livro tenha sido parcialmente provocado pelos seus elementos de compressão. Pode-se perguntar se certos temas ou desenvolvimentos tiveram de ser retirados por questões de espaço. Por exemplo, a figura bastante importante de Mark Evans, um ex-membro do Parlamento, se mantém um pouco obscura, porque nunca fica claro se a sua carreira foi uma construção deliberada de uma mentira, ou se em algum estágio a sua visão política se alterou dramaticamente, senão silenciosamente. O fato de seu meio-irmão ser um sindicalista ativo na luta pelo poder no depósito é apresentado, mas muito pouco desenvolvido. Foram impostos cortes no romance? Pois evidentemente a modulação de um amplo leque de discursos é mais fácil se há mais espaço, enquanto em um espaço confinado mudanças serão mais abruptas e visíveis.

A versão final tinha 100 mil palavras. Ainda assim, fui solicitado a cortar 20 mil palavras. Talvez eu devesse ter insistido em manter um espaço extra para manobras, não sei. É interessante que vocês tenham mencionado os casos de Mark Evans e de seu meio-irmão. Uma cena que tive de omitir foi a de um encontro entre os dois que explicava a sua relação. Outra foi a visita do narrador à casa da mãe de Evans, e um longo diálogo com a sua primeira esposa. Também encurtei muito as últimas conversas entre Evans e o narrador, onde Evans fala de si próprio. Mas se eu tivesse incluído essas cenas, eu teria me movido para formas mais convencionais e tradicionais, com uma maior amplitude.

Pode um acréscimo de 20 mil palavras ser uma consideração decisiva para o editor? Isso não adicionaria mais do que 50 centavos de libra ao preço do livro, certo?

Os editores estão hoje em um mundo diferente, eles têm formatos padronizados para romances. O preço de 4,95 libras é hoje um teto para muitas ficções.

No futuro político retratado em The Volunteers, *o Partido Trabalhista desapareceu. O governo nacional preside uma Grã-Bretanha onde não há uma resistência trabalhadora organizada ao capitalismo em uma escala significativa. Greves locais e ocupações persistem, mas a premissa de toda a ação do romance é a de que não há mais uma massa política na esquerda. As escolhas operativas são então diminuídas, nos argumentos entre Redfern e David Evans, o líder do principal grupo marginal, a diferentes modalidades de ação clandestina ou subversiva dentro ou fora da máquina do Estado. O quão realista você imaginou ser essa projeção? Mesmo se aceitarmos uma resignação política da classe trabalhadora, não poderia a gama das opções apresentada no romance ser taxada como um estreitamento exagerado e mesmo aventureiro?*

O futuro imaginado no romance não é desejado, mas é perfeitamente possível. Projetado em 1987-88, nele a classe trabalhadora continua capaz de ações militantes, mas sua militância é de escopo regional e limitada em seus objetivos. Onde funciona como um movimento político, ela é traída pelas formas usuais. Em uma situação como essa, teríamos inevitavelmente essas outras aventuras. O romance tenta entender esse tipo de iniciativa, mas também sugere a sua crítica interna como uma charada. Houve uma discussão muito mais longa entre Redfern e o grupo sobre isso, que tive de omitir: sobraram poucas frases do que foi em sua origem uma longa passagem na qual ele os acusa de aventureirismo e diversionismo. *The Volunteers* encena um conjunto de consequências caso a classe trabalhadora britânica fique contida em uma militância local, administrada, restrita e completamente vencida por um governo repressivo de direita. Então, creio que provavelmente teremos ações clandestinas violentas. Eu não gostaria que fosse assim. Mas tenho incontáveis conversas com amigos italianos que estão em uma situação na qual essa opção está sendo tomada por grupos de jovens cada vez mais significativos, mesmo que em pequeno número. Não quis corroborar com esse modelo – chame de terrorista, se quiser – mas também não quis simplesmente opô-lo às antigas crenças, porque não creio que possamos confiar nelas. As projeções, obviamente, podem mudar.

Você está planejando novos romances?

Sim, quero escrever mais dois. Um será chamado *The Brothers* [Os irmãos], em algum lugar entre *Border Country* e *Second Generation*. O outro deve ser mais ambicioso, uma tentativa de escrever um romance histórico de outro tipo. A maioria dos romances desse tipo, ou mesmo todos eles, são sobre um período, e não sobre a história, ela mesma em um sentido mais ativo. De um ponto de vista filosófico socialista, escrever um romance sobre a história deveria ser uma forma possível. Mas ainda não sei se esse projeto pode ser realizado na prática. O grande problema é, obviamente, encontrar a unidade necessária. Pensei em tentar alcançá-la por meio da continuidade de lugar ao invés da continuidade de pessoas. Tomar o mesmo lugar habitado por tipos diferentes de pessoas em épocas diversas, eu seria bastante seletivo com relação a esse tópico, manifestando relações sociais diferentes, e exercitando formas diversas de usar a terra. O distrito que eu conheço melhor no País de Gales seria adequado para esse tipo de continuidade, por conta de sua longa tradição agrícola e industrial, que se estende no passado até as comunidades dos pastores neolíticos. Eu poderia começar lá e terminar no século XX, ou um pouco à frente. Um dos problemas interessantes de um romance desse tipo é que os personagens não estariam, em geral, conscientes das conexões. Em um dos episódios que planejei, por exemplo, um avião de guerra americano cai e os moradores removem os tripulantes, um dos quais possui um sobrenome galês. Para eles, trata-se apenas de um aviador morto, mas o leitor saberá, a partir da leitura de partes anteriores do romance, que ele era um descendente de uma família que emigrou para os Estados Unidos no século XIX. As pessoas podem ser bastante ignorantes a respeito de sua própria história. As ruínas, os marcos e os nomes que representam a sua continuidade são frequentemente incompreensíveis a elas. O objetivo do romance seria representar essas conexões rompidas, mas com a esperança de que alguém possa mostrar que, nesse processo de desconexão, algumas coisas podem ser reconectadas.

O CAMPO E A CIDADE

O campo e a cidade *levanta várias questões complexas sobre literatura, política e história. A primeira talvez envolva a sua concepção da posição e do papel de um texto literário na sociedade, que parece ter passado por uma lenta mudança desde a guerra.* Em Reading and Criticism, *a literatura é definida como um "registro de uma experiência humana".*[1] Em Cultura e sociedade, *você se refere a ela tanto como "um registro" quanto como "uma resposta",*[2] *embora a sua discussão dos romances industriais do século XIX indique um processo ativo no texto que a ideia de registro não abrange.* Em The English Novel *você descreve a literatura como uma "dramatização de valores" que é "uma ação".*[3] *Essas definições sucessivas parecem marcar as tensões entre duas concepções essencialmente diferentes. A primeira, que se relaciona à tradição à qual Leavis pertence, vê a literatura como registro, resposta e expressão. A segunda, emergindo da primeira e às vezes fazendo uso de seu vocabulário, é a ideia bastante diferente da literatura como produção. Pode-se dizer que O campo e a cidade leva a tensão entre essas duas concepções ao ponto da crise, porque no livro, pela primeira vez, a literatura é distanciada e contrastada com uma história que é analisada sistemática e separadamente. A literatura é apresentada como um modo distinto de produção de significados. Ela não mais é descrita, de modo vantajoso e fecundo, como um registro. Algumas correntes*

---

1 *Reading and Criticism*, p.107.
2 *Culture and Society*, p.99-100.
3 *The English Novel from Dickens to Lawrence.*

contemporâneas podem chegar à conclusão de que o próximo passo em sua agenda seria uma teoria geral dos meios de produção – em outros termos, de produção de formas. Mas você sempre rejeitou vigorosamente o formalismo. Qual é a sua reação a essa leitura de sua obra?

O campo e a cidade teve um ponto de partida bastante preciso: o problema muito discutido de como ler os poemas sobre as casas de campo inglesas. O seu objetivo foi a transvaloração das questões críticas literárias colocadas sobre eles. A ironia foi que aqueles apontamentos carregavam frequentemente premissas sociopolíticas explícitas. É por esse motivo que a poesia sobre as casas de campo me atraiu tanto como uma porta de entrada. Esse foi um livro bastante antagônico, concebido da mesma forma como *Tragédia moderna*, uma resposta precisa a uma ortodoxia literária específica. Pois os poemas eram apresentados, em geral, como registros das casas de campo e, dessa forma, da sociedade rural orgânica que a Inglaterra havia um dia sido, um padrão civilizatório real destruído pelo capitalismo. Mas quando nos movíamos para uma crítica a essa visão, as mesmas pessoas estavam sempre prontas para mudar a sua ênfase e dizer: "Afinal, foi apenas uma convenção". Decidi que isso deveria ser questionado por dois caminhos. Em primeiro lugar, era necessário mostrar concretamente que casas de campo como Saxham e Penshurst não eram em nada como os poemas de Jonson ou Carew as retratavam. Em segundo lugar, era também necessário entender que o seu modo particular de enxergá-las, ou de não enxergá-las, estava profundamente baseado nas próprias formas e convenções da poesia. Ao atingirmos esse plano, é possível simplesmente dizer que, uma vez que a literatura é um modo de produção que emprega certas convenções, o próximo passo a ser realizado é a sistematização de nossas percepções desse fato em uma teoria literária geral. Mas essa não foi a minha conclusão. Tomar o modo de análise formal que desenvolvo como apenas outra forma de entrada num repertório geral dos meios de produção seria uma resposta totalmente inadequada aos poemas. Tal formalismo tornaria vulgar e irrelevante qualquer esforço para uma descrição precisa de Saxham ou Penshurst, sobre as quais temos não apenas poemas, mas também documentos. Meu projeto, bastante difícil, e não estou certo se fui bem-sucedido, foi bem diferente: uma tentativa de mostrar simultaneamente as convenções literárias e as relações históricas às quais os poemas eram uma resposta. Ver tanto os meios de produção quanto as condições para os meios de produção, pois as condições para os meios de produção são bastante decisivas para qualquer entendimento substancial dos próprios meios de produção. Algumas críticas recentes da esquerda tendem à exclusão dessas condições, descartando qualquer preocupação com elas como historicismo ou sociologismo. Contra isso, minha intenção foi a de dramatizar as tensões entre as casas e os poemas para tornar visível o contraste entre ambos. A ênfase do livro não está, certamente, na ideia dos textos literários como registros, mas sim como representações da história, incluindo o que eu ainda sou realista demais para chamar de falsas representações. Não há apenas convenções neutras. Algumas delas são mentiras interesseiras, outras são formas de ver relacionadas não à falsidade, mas ao privilégio. Algumas são limitações de visão muito mais profundas e menos conscientes de uma posição herdada ou de classe, outras são avanços parciais ou percepções relativamente acabadas. Se não há uma conscientização constante tanto desse leque tão importante quanto do repertório técnico, corremos o risco de um formalismo de segunda mão assumir o controle sobre algo que começa como um reconhecimento teórico necessário de que a literatura é um processo de produção. Qualquer marxismo que não se lembre desses meios de produção, que envolvem não apenas técnicas, mas também relações sociais plenas, estará fadado a se perder quando confrontar um poema de Jonson ou um romance de Jefferies. Preferi correr o risco, do qual eu estava bastante ciente ao escrever o livro, de simplesmente dizer que a literatura rural não é o mesmo que a história rural – o realismo ingênuo pelo qual muitas pessoas me atacaram – do que percorrer o caminho oposto de meramente escrever algumas versões sobre o pastoral. Mas não tenho dúvidas de que meu procedimento foi bastante particular e tenso. É por isso que, após escrever quatro capítulos, deixei o livro de lado por anos. Fiquei amedrontado com o projeto quando tive de estendê-lo. Nunca escrevi um livro em que eu estivesse mais surpreso com as direções por ele conduzidas durante a sua elaboração.

Essa é uma resposta bastante lúcida. Há, contudo, um problema significativo que se mantém não solucionado em O campo e a cidade. *Você afirma no início do livro: "As testemunhas que invocamos levantam questões sobre o fato e a perspectiva históricos. O que elas dizem não está sempre no mesmo modo. Os modos se estendem, como fatos, de uma fala numa peça de teatro, e de uma passagem num romance, até um argumento num ensaio, ou uma nota num jornal. Quando os fatos são poemas, eles também são, e talvez decisivamente, poemas de tipos diversos. Só podemos analisar essas estruturas de sentimento importantes se fizermos essas discriminações críticas desde o início".[4] No caso dos poemas das casas de campo, você os convoca para o tribunal da evidência histórica e os condena como testemunhas falsas. Então, o mesmo procedimento do confronto entre a forma literária e a experiência histórica é empregado para um grande número de escritores. Em geral, parece haver uma progressão em direção a uma verdade social mais ampla. Talvez particularmente com relação à ficção em prosa do século XIX, as condições históricas reais transpirem um pouco mais claramente através dos textos sucessivos, embora nunca num estado puro. Elas estão sempre sujeitas a alguma correção ou modificação significativa. Mas o que não está muito claro é a forma como a sua demonstração da brecha entre a realidade social e a figuração literária afeta um julgamento estritamente estético dos textos. Você parece caminhar paralelamente a essa questão no livro, nunca a enfrentando diretamente. Mas ela é colocada de forma bastante aguda por, digamos, sua demonstração espetacular do destino da propriedade glorificada por Marvell em Upon Appleton House [Sobre a casa Appleton]. Nossa pergunta é: qual o limite da discrepância entre a visão de certa realidade rural ou urbana num poema ou romance e os fatos históricos reais para que o artefato literário ainda possua um valor estético real? Se a distância for muito grande, como no caso do poema de Marvell, onde residiria seu valor?*

Creio que haja dois planos no argumento, e ambos me parecem infalíveis. O primeiro é que o processo de reconexão da literatura produzida às suas condições de produção revela que as convenções possuem raízes sociais, que não são apenas técnicas formais de escrita. O segundo é que a identificação histórica de uma convenção não é um mero registro neutro, incompatível com o seu julgamento. Na realidade, no que tange à avaliação literária, eu gostaria de dizer que, embora haja um modo não inútil de distinção entre exemplos bons e ruins dentro de uma convenção, a função crucial da avaliação é o julgamento das próprias convenções, a partir de uma posição interessada, deliberada e declarada. A resposta mais solidária ao livro que recebi de dentro dos estudos ingleses foi a de que era muito imprudente que nós, críticos, tomássemos essas formas como se elas fossem observações históricas verdadeiras. Eu mostrei que

---

4 *The Country and the City*, p.12.

elas não o são, que são apenas convenções. O resultado é um tipo de elogio perverso que eu afasto, como se não pudéssemos dizer nada além de que essas convenções existiram, tinham base histórica, e que conhecer a história da literatura como parte de uma história mais ampla implica em conhecê-las. Pois há também uma avaliação necessária a ser feita das convenções. Temos de ser capazes de ir além da ideia de que os poemas não são registros da experiência das casas de campo, e avançarmos a uma percepção de que essas convenções produziram, além de poemas, ações e relações sociais, e podem ser julgadas por esse viés. Não é difícil distinguir os poemas de Jonson dos de Carew. Os de Jonson são, de um ponto de vista simples e perfeitamente válido, mais bem escritos do que os de Carew. Mas o que é muito mais importante do que essa distinção é a distinção da convenção: a capacidade de ver de que forma foi produzida e o que ela estava produzindo. Algumas convenções produzem menos que outras. Se ainda há um lugar para o julgamento na literatura, é isso que deve ser avaliado. Isso não é o mesmo que dizer, embora devamos também dizê-lo, que os poemas não equivalem à história, pois uma convenção pode não se assemelhar de modo nenhum à história real, e ainda assim ser produtiva em sua representação de situações possíveis. As convenções mais sólidas não são sempre realistas, embora esse seja o caso mais frequente. Cada convenção deve ser avaliada pelo solo onde está enraizada e pelo que ela produz: uma avaliação relacionada a um julgamento histórico muito mais geral, que é também uma filiação. Não a história como tudo o que aconteceu, mas a história como o local onde nos encontramos.

Mas, pelo critério de produtividade, você teria de admitir que a convenção mais ampla e poderosa discutida na primeira parte de O campo e a cidade, a da poesia pastoral, é uma forma bastante produtiva. Seus êxitos são consideráveis, mesmo se nos restringirmos apenas aos poemas que você discute, de Virgílio a Crabbe. Não podemos dizer que essa foi uma convenção improdutiva.

Bem, talvez eu tenha usado a palavra errada quando disse produtivo. Penso que temos de distinguir dois tipos de julgamento que, contudo, nunca podem ser totalmente separados. Há um plano no qual podemos dizer que uma forma específica foi historicamente produtiva e, desse modo, historicamente valiosa. Nesse sentido, ela foi uma contribuição significativa para a cultura humana. Mas também devemos ser capazes de dizer, de um modo distinto, mas ainda assim conectado, se foi uma contribuição desastrosamente poderosa. Da mesma forma, podemos reconhecer a capacidade produtiva da sociedade burguesa, ou de suas instituições políticas, e ainda assim nos distanciarmos delas como criações, devido ao próprio modo de sua constituição, bloqueios à liberdade humana ou mesmo ao progresso. O poder de um êxito não é um valor em si mesmo. Se não pudermos realizar o primeiro julgamento, então toda a história se torna uma moralidade presente, e deixa de existir. Se não pudermos realizar a segundo apreciação, não sei o que significaria um engajamento com a classe trabalhadora. Jonson teve de encontrar um patrono e, para encontrá-lo, teve de executar aquele tipo de elogio naquele tipo de casa: essa era a natureza da convenção. Mas se eu não ficar seriamente ofendido pelo fato de ele ter removido o trabalhador do poema, que engajamento posso ter com os trabalhadores? Claro que, se fizermos a segunda crítica sem a primeira, o resultado é uma ingenuidade: não entenderemos o suficiente sobre a história para sermos capazes de nos localizar nela, ou para ficarmos moralmente ofendidos com qualquer parte dela. Por outro lado, se não nos sentirmos ofendidos por essa mistificação profundamente convencional em seu sentido mais estrito, então qual é o significado de solidariedade?

Qualquer socialista deveria partilhar dessa posição. Mas nos perguntamos se, ao colocar isso, você manteve o equilíbrio em O campo e a cidade. *Vamos tomar um exemplo diretamente relevante, sua narrativa memorável da gênese e caráter do feudalismo na Inglaterra, desde a Idade das Trevas até o período medieval. Você escreve: "De dentro e de fora havia esse movimento sem remorsos das gangues armadas, com seus títulos de importância, sua realeza e seus barões, para se alimentar da colheita de outras pessoas. As gangues armadas se tornaram ordens sociais e naturais, abençoadas por seus deuses e suas igrejas, a base da pirâmide por vários séculos [formada pelo] trabalhador da terra, – em algumas ocasiões encontrando um espaço para viver, uma área de trabalho estabelecida, mas com a mesma frequência privado dela – consumindo a sua vida para sustentar essa classe social em ascensão, que vemos culminar na 'ordem' medieval dos normandos e então dos reis ingleses: uma exploração mais completa por ser mais organizada e mais estendida [...]. Há apenas uma questão real. De que lado estamos, com quem nos identificamos quando lemos as queixas dos distúrbios, quando essa ordem, por sua vez, se quebrou? Estamos com os servos e os camponeses forçados a trabalhar para outros ou com a ordem abstrata para a qual, por gerações sucessivas, centenas de milhares de pessoas nunca foram mais do que instrumentos?".[5] Essa passagem, como tantas outras no livro, é bastante comovente. Contudo, apesar de invocar um consentimento imediato, ela nos deixa inquietos, pois você diz que há apenas uma questão, mas certamente a resposta que você acabou de nos oferecer é um lembrete de que há sempre mais questões. Nesse caso em particular, é óbvio que há mais de uma. O que o seu argumento omite é o aumento populacional, a melhoria da produtividade rural, o crescimento das cidades e todo o desenvolvimento cultural da civilização feudal europeia. Você fala das igrejas medievais apenas como fardos para os pobres que as construíram. Contudo, elas também representam monumentos arquitetônicos que podemos admirar hoje. Passagens como essa, em que a história é vista como um conflito entre lados, cuja questão central é onde estamos, parecem não apenas equilibrar, mas também obscurecer a história vista como um desenvolvimento cumulativo de forças de produção e de divisão de trabalho que nas muitas formas de estratificação e exploração social foram responsáveis por um crescimento de ganhos humanos reais. O mesmo problema parece surgir com as casas de campo.*

Esse é um problema de longa data. Na realidade, a frase "a única questão real é de que lado estamos" refere-se a um contexto definido: "quando lemos queixas sobre a ruptura da ordem feudal". Pois a maioria dos relatos literários da história inglesa induz a uma miopia curiosa, na qual há uma invocação vaga da Idade Média, para então a história se iniciar com o que é apresentado como uma desintegração deplorável de uma ordem cultural venerável. A força de minha polêmica tem como alvo essa imagem complacente, que certamente levanta a questão de onde nos posicionamos. De modo mais geral, concordo com a descrição marxista perfeitamente correta da contribuição histórica do feudalismo à civilização, ou das realizações do capitalismo. Mas a perspectiva clássica de que essas ordens oferecem a sua contribuição à civilização, uma contribuição que devemos respeitar e honrar, e de que então elas simplesmente se esgotam e são trocadas por ordens mais elevadas, sempre me deixou extremamente incomodado, justamente porque me parece que a presença de algumas dessas contribuições ainda é muito forte. Fico extremamente comovido com as igrejas antigas e

---

5 Ibid., p.38.

com as grandes catedrais. Ainda assim, se eu não perceber o enorme peso delas sobre os homens, não posso saber como ser um socialista na área em que trabalho. Se eu fosse um trabalhador braçal, talvez esse fosse um problema menor, mas para mim ele é um problema: sinto esse peso, como sinto o peso das casas de campo. Quem nunca admirou a arquitetura ou a mobília notável encontrada nelas? Mas se as reconhecermos como contribuições, devemos também reconhecê-las como obstáculos. A natureza de seu poder não termina necessariamente em sua época da forma ordenada como um tipo simples de marxismo sugere. As catedrais não são apenas monumentos da fé, e as casas de campo não são apenas arquiteturas elegantes. Elas são constantemente apresentadas a nós como nossa herança, induzindo a uma forma específica de ver o mundo, e de estabelecer relações que devem ser registradas criticamente junto com nosso reconhecimento de seu valor. Sempre as vejo como profundamente ambivalentes. Mas, obviamente, se não reconhecermos a sua contribuição, regrediremos ao absurdo de uma identificação com o cultivador simples antes do advento de qualquer civilização.

Temos simpatia total pela sua declaração. Contudo, o problema é se você a mantém por todo o livro. Você defendeu persuasivamente a passagem sobre o feudalismo como uma resposta ao sentimentalismo sobre a sociedade prevalente nos estudos literários e associado a Eliot ou Leavis. Mas na página anterior, você parece realizar um ataque direto ao materialismo histórico. Você diz: "Tem sido lugar comum, desde Marx, falar em alguns contextos do caráter progressista do capitalismo, e dentro dele, de urbanismo e de modernização social. As grandes denúncias contra o capitalismo e seu longo registro de miséria em fábricas e cidades coexistiram, dentro de certo esquema histórico, com o uso repetido do adjetivo 'progressista'. Ouvimos constantemente essa resposta rápida, impaciente e, como é dito, realista à eficiência produtiva, às forças recentemente liberadas, aos avanços do capitalismo. Uma condenação e idealização simultânea do capitalismo, em sua forma específica de desenvolvimento urbano e industrial, e uma celebração não refletida de sua supremacia – poder, lucro, produção, o domínio do homem sobre a natureza –, como se a exploração dos recursos naturais pudesse ser separada da exploração do homem que a acompanha. O que eles dizem é: amaldiçoe isso, elogie aquilo, e a fórmula intelectual para essa confusão emocional é, assim

O CAMPO E A CIDADE

esperam, a dialética".[6] Por que isso é uma confusão? Qual fórmula você defenderia? O uso retórico de epítetos como "rápida" e "impaciente" certamente faz uma caricatura do que é, na realidade, a única atitude responsável para com o passado. Marx e Engels nunca escreveram elogios aos senhores de ferro da Revolução Industrial. O que eles se recusaram a fazer foi sua condenação puramente político-moral, porque tal atitude torna impossível entendermos o movimento total da história. A tradição marxista insiste que o capitalismo, o feudalismo ou a escravidão no mundo antigo representam estruturas massivas de opressão e de exploração de classe. Contudo, cada um está empiricamente relacionado às formas de uma grande emancipação humana. Você realmente rejeita isso?

Não. Deixe-me oferecer um exemplo em que tomei precisamente essa posição e fui atacado pela esquerda. Enfatizei que as conquistas da burguesia na criação da imprensa moderna foram um avanço histórico significativo. Em nenhum momento hesito em declarar isso. O advento dos jornais burgueses foi um progresso histórico absoluto, que devemos reconhecer mesmo como oponentes resolutos à imprensa burguesa contemporânea. Não encontro nenhuma dificuldade em fazer esse tipo de julgamento. Não vejo como razoável criticar a imprensa inglesa do final do século XVIII e começo do XIX por ela ser burguesa.

Bem, tomando o critério que você empregou com Jonson, ela não retratou exatamente a vida da classe trabalhadora.

Eu não limitaria o julgamento a essa situação. O surgimento dessa imprensa foi progressivo. Cito isso precisamente para mostrar que sou completamente simpático a usos razoáveis do "amaldiçoe isso/elogie aquilo". Pois, em meados do século XIX, a imprensa burguesa estava conscientemente tentando esmagar, comprar, ultrapassar as vendas e subcapitalizar a imprensa radical popular. Por esse período, mesmo expandindo certas áreas de liberdade burguesa, ela foi uma forma negativa. Em outros termos, creio que haja um modo científico de atenção no qual "amaldiçoe isso/elogie aquilo" esteja correto, mas há um modo de desatenção convencional em que isso está profundamente errado. Essa desatenção está geralmente relacionada à confiança, bastante típica nas organizações comunistas quando eu era jovem, de que poderíamos

---

6 Ibid., p.37.

amaldiçoar e elogiar à vontade porque sabíamos que a próxima época da história humana iria ocorrer. Um exemplo contemporâneo é a forma como algumas pessoas na esquerda ainda acolhem o desenvolvimento das companhias multinacionais com o argumento de que um maior crescimento do monopólio meramente facilitaria a sua tomada pelo socialismo.

Essa é uma qualificação bastante importante. É bem verdade que no presente não sabemos exatamente qual direção a história tomará, de modo que não podemos rotular prontamente certos fenômenos como desenvolvimentos progressistas que devem ser aceitos, ou o contrário, sem sermos presunçosos. Mas temos parâmetros no passado. Não precisamos ser agnósticos sobre, digamos, os processos históricos entre o século XIV e o século XVII. Podemos tentar traçar os complexos de seus efeitos para a evolução da sociedade europeia. Há, evidentemente, uma visão bastante coerente e totalmente alternativa à posição marxista clássica, primeiramente expressa de forma experimental por Benjamin e, então, sistematicamente codificada por Adorno e Horkheimer na dialética do esclarecimento. Ela insiste que a realidade primária que cancela todas as outras é sempre o sofrimento real humano de cada época. Toda a história pode ser reduzida à réplica constante de novas formas de exploração. Todo progresso é uma regressão. Você tem alguma afinidade com essa posição da Escola de Frankfurt?

Não. Eu aceito plenamente a prática da distinção entre os efeitos positivos e os negativos, entre os êxitos e os fracassos de qualquer ordem social, e de traçar historicamente os processos nos quais aspectos positivos se tornam negativos, quando uma ordem é ameaçada ou sucedida por outra, prática esta mais bem representada pelo marxismo do que por qualquer outro sistema de análise histórica. Mas a prática pode degenerar no que eu chamei de fórmula. Nesse momento, ela se torna um obstáculo. Tomemos o exemplo do famoso tema do domínio sobre a natureza. Evidentemente, qualquer pessoa que observe a história por uma perspectiva materialista deve ver os processos de entendimento e de trabalho dentro da natureza como o elemento fundante central de qualquer civilização. Mas descrever esse processo como *domínio* equivale a tratar a natureza como se ela fosse apenas material a ser dominado, uma transposição da ideologia burguesa para o marxismo, com a qual ele não pode ser reconciliado. O uso ingênuo que Marx faz dessa frase, ou dos termos "produto" e "produtivo", é compreensível em sua época. Mas a sua repetição não refletida nos dias de hoje, quando temos razões para estarmos cientes das consequências dessa fórmula, é realmente imperdoável. A repulsa que ela provoca em mim aparece no livro, tanto por razões autobiográficas, quanto por razões culturais contemporâneas, pois os valores da ordem capitalista rural que primeiro impuseram a ideia do domínio são agora apresentados como o topo da civilização. É verdade que as casas de campo burguesas e sua mobília não deixaram de ser valiosas, no sentido de que algumas delas foram feitas de forma bela. Mas no lócus ideológico em que isso hoje se conecta a uma filiação reacionária, achei necessário dizer, da forma mais crua, que aquelas casas foram, em primeiro lugar, locais de exploração, roubo e fraude. O fato de algumas serem bem construídas e prazerosas aos olhos torna isso ainda pior. Mas no que tange à concepção da Escola de Frankfurt, de uma história humana como a recorrência de uma exploração sem fim, todo o argumento em *O campo e a cidade* é de que formas sucessivas da sociedade de classes são intrinsecamente diversas. A sujeição física brutal da ordem medieval na passagem que vocês citaram é de um tipo totalmente distinto da exploração do inquilino comercial ou do trabalhador rural sob o capitalismo. Não sou de forma nenhuma atraído pela ideia da história social como miséria ou sofrimento permanente, que é na realidade uma versão transposta da concepção religiosa do homem decaído. Minha posição também difere do uso que Sartre faz da categoria da escassez, ao menos em uma de suas versões, pois ironicamente foi durante um período de avanço significativo na produtividade rural que certos tipos de pobreza cresceram notavelmente na Inglaterra do século XVIII. Sempre achei que essa fosse a lição central do marxismo. Um sistema social pode produzir uma liberação de forças produtivas que, ao mesmo tempo, envolve novas formas duráveis de exploração.

Esses são esclarecimentos significativos de seu argumento em O campo e a cidade. *Pois uma crítica que pode ser feita ao livro é que, por ser escrito num tipo bastante geral de marxismo, você acaba por criar um amálgama entre Marx e Engels e os socialistas posteriores, que são os que realmente foram precipitados e impacientes – na verdade, frequentemente imaturos e cínicos – em sua atitude com relação ao passado. Há passagens nos textos de Marx ou Engels que estão sujeitas a nossas objeções, mas sua obra como um todo não pode ser reduzida, de forma responsável, a elas.*

Claro. Concordo prontamente que as ideias que eu estava atacando devem ser separadas do marxismo clássico, exceto por algumas frases incidentais que lhes dão certa legitimidade. Elas também devem ser hoje separadas de um marxismo eficaz, porque não encontro esse modo de pensar em textos marxistas contemporâneos de alguma importância. Mas penso que eu estava me dissociando de algo que tem sido uma tradição bastante real e prejudicial no movimento socialista, que deu razões para as pessoas odiarem um capitalismo que, na realidade, as puxava para dentro dele. Pois foi possível, a partir dessa versão do capitalismo como um progresso identificado com a indústria e as cidades, ver o futuro socialista como uma vitória das cidades e da indústria sobre povoados menores e a terra. O resultado foi uma diluição completa da complexidade do pensamento marxista sobre as relações entre o campo e a cidade. Foi esquecida a tese fundamental de Engels de que, se um dia houvesse um socialismo, a oposição entre campo e cidade era uma forma de divisão de trabalho que teria de ser superada. A sociedade soviética foi apresentada como socialista meramente porque estava se tornando urbanizada e industrializada nos anos 1930. A ironia da situação após 1945 foi a emergência de um movimento bastante alternativo na China e na Indochina, com o qual senti uma empatia total.

Aqui estamos nos movendo para o outro lado de seu argumento em O campo e a cidade. O livro é uma polêmica permanente contra tentativas falsas de idealização e de recuperação dos valores da classe dominante agrária do passado, seja ela feudal ou capitalista. Mas, ao mesmo tempo, ele também é um apelo significativo para a continuidade e relevância dos valores reais da vida e do trabalho rural criados pelos próprios produtores para o socialismo num mundo crescentemente industrializado. É possível argumentar com força que Marx e Engels tiveram uma concepção linear demais do desenvolvimento histórico para serem capazes de imaginar facilmente essa possibilidade. Eles estavam cientes de que muitas conquistas do passado poderiam ser interditadas por um tempo, mas então ressurgir como experiências e valores poderosos em um futuro emancipado. A democracia grega, em vários aspectos, precedeu a democracia burguesa, e o direito romano, o direito medieval. A sua concepção de história nunca defendeu que, num momento histórico dado, todo o passado salvo estaria encapsulado no presente. Mas é verdade que falta à sua obra como um todo a ideia de uma tradição continuada de valores do passado que informam as lutas do presente. Os valores das classes pré-capitalistas, uma aristocracia, uma corporação de artesãos ou um campesinato, eram conhecidos e respeitados no passado, mas não são em geral vistos como capazes de um efeito constante no presente. Seria correto ler o seu argumento como, em parte, uma crítica à premissa de que a classe trabalhadora poderia encontrar inteiramente, dentro das relações de exploração capitalistas, a força necessária para derrubar o capitalismo, como se a separação de seu próprio passado rural não tivesse sido um golpe prejudicial ao seu poder de resistência, à sua capacidade de imaginar uma ordem social alternativa?

Sim. Mas minha preocupação não está na briga com o marxismo clássico. Trata-se de um conflito com uma tendência no socialismo que encontrou a sua principal materialização no Partido Trabalhista e o seu objetivo ideológico num capitalismo industrial bem-sucedido sem capitalistas. O alvo não será, evidentemente, jamais alcançado. Mas as pressões em direção a ele envolvem a perpetuação da exploração e do privilégio, tanto internacional quanto nacionalmente. No País de Gales, tenho amigos e vizinhos que estão sendo despejados por uma aliança de forças, que se estende desde o capital em larga escala até a esquerda do Partido Trabalhista, porque eles são "antigos" – ou seja, produtores de alimentos. Até mesmo um economista keynesiano me disse, ironicamente num *pub* no campo, já que é parte da ideologia que o campo é para onde vamos aos domingos, que "a ovelha é um animal não econômico" e que, quanto mais cedo os criadores de ovelhas de Gales abandonarem essa atividade ou forem absorvidos, melhor. Deixando as colinas, presumivelmente, como uma área vazia de recreação para a descoberta da natureza. Quando ouço esse tipo de universalismo econômico cabal, não sinto raiva apenas porque tenho vizinhos que criam ovelhas e que estão contribuindo socialmente muito mais do que a maior parte dos economistas, mas porque dentro do sistema burocrático estes "consultores" podem ter mais voz sobre o futuro das colinas nas fazendas de criação de ovelha do que o próprio fazendeiro. Creio que muitos socialistas não se juntariam a mim na declaração de que essa é uma situação apavorante. Há uma aquiescência extraordinária e uma tendência em direção ao tipo de progresso rápido que defende a racionalização da produção arcaica quando, na realidade, não há nada de arcaico nela. Em *O campo e a cidade*, tive de atacar a versão do domínio da natureza, representada pelo urbanismo e industrialismo contrapostos à vida rural, como um puro erro histórico, não apenas desatualizado pelo padrão das revoluções socialistas, mas incompatível com qualquer avaliação materialista da economia mundial contemporânea. Após ouvir de todo mundo que os valores rurais pertencem ao passado porque aquela fase da civilização está agora superada, subitamente vi que o que realmente aconteceu foi que a produção de alimentos foi deslocada dentro do sistema imperialista, que ainda havia uma crise aguda na agricultura, embora melhorada pela ciência urbana ou metropolitana, e que essa ainda era uma crise da terra e do trabalho. Mas o contraponto no livro é, evidentemente, o caráter emancipatório e revelador da cidade moderna, onde as primeiras instituições e direções do socialismo foram encontradas. Algumas das ênfases mais fortes do livro vão para os valores e as contribuições positivos da cidade.

Nesse momento, parece apropriado reunir alguns dos fios da discussão até agora e iniciar uma resposta mais geral ao seu livro. A primeira coisa a ser dita, que ainda não comentamos, porque iniciamos pela exploração de problemas literários específicos, é que O campo e a cidade é um livro profundamente original e politicamente importante, que em um sentido real representa um avanço além da problemática característica do marxismo clássico. Ele desbrava o que são substancialmente novas áreas inteiras de debate. A obra se dirige, na realidade, a problemas que nunca haviam sido pensados de forma profunda dentro do marxismo, embora haja frases e alusões a isso nos clássicos. Qualquer um que acredite que a última palavra em qualquer tópico relevante deva ser procurada na tradição clássica ou pós-clássica do marxismo deveria receber uma cópia de O campo e a cidade para se convencer de que isso simplesmente não é verdade. Há muitas coisas importantes que ainda precisam ser ditas contra e além da herança do materialismo histórico até hoje.

Contudo, ao mesmo tempo, você não realizou um desserviço a você mesmo ao subestimar, de forma curiosa, o grau no qual esse livro é um corretivo bastante poderoso e polêmico a uma tradição central do socialismo revolucionário? Pois o marxismo como tal só aparece duas vezes no livro: numa passagem inicial que citamos, onde você fala dos socialistas metropolitanos sendo infectados por uma longa tradição de desprezo do explorador pelo produtor rural, e bem no final, quando você fala brevemente da experiência soviética, das revoluções agrárias no mundo subdesenvolvido e da perspectiva de Engels sobre a abolição da divisão entre o campo e a cidade. Não teria sido bem melhor ter dado a Marx e Engels, ou Trotsky, a quem você também se refere uma vez, o tratamento textual direto e detalhado que você concede mesmo a poetas ingleses bem pouco importantes? A sua correção do marxismo clássico é certamente central o suficiente para um engajamento mais amplo do livro com ele. Não teria isso também evitado o perigo de juntar questões e pensadores separados em alguns poucos parágrafos?

O modo categórico no qual menciono Marx e Engels é bastante elucidativo quanto à minha trajetória biográfica específica. Já deve estar claro que eu tive uma entrada bastante curiosa na cultura marxista, num momento bastante específico, com dificuldades e limitações precisas, e em circunstâncias muito complexas que impossibilitaram a minha continuação. Por conta disso, apenas recentemente tenho pensado, quando me sento para resolver um problema, que devo relacionar mais consistentemente o que estou escrevendo ao que Marx e Engels, ou outros pensadores marxistas clássicos, disseram sobre o problema. Se olharmos para as relações sugeridas em praticamente todos os livros que escrevi, tenho argumentado com o que considero ser a cultura inglesa oficial. Tenho feito isso de forma diversa em fases diferentes, mas as pessoas que tenho em mente são sempre dessa outra tradição, seja para concordar ou discordar delas. Eu não preciso me desculpar por conta disso, pois esse tipo de atenção ainda me parece de uma necessidade absoluta para os marxistas contemporâneos que trabalham numa cultura específica nacional. Mas isso significou, e percebo claramente olhando para trás, que quando me referi a uma ou outra posição marxista, algumas vezes justa e outras injustamente, algumas vezes adequada e outras inadequadamente, eu estava falando de pessoas e de ideias que eu entendia como marxistas quando eu era um estudante. Aquele tipo específico de ambiente marxista, que entre outras coisas descartava a vida rural, não mais existe hoje. Foi uma deficiência de minha própria geração o fato de o volume de textos marxistas clássicos que conhecíamos ser relativamente pequeno. Para dificultar ainda mais, a seleção foi feita com o que em geral considero hoje como as partes menos importantes da tradição. Não se trata de uma desculpa, mas de uma explicação. As modificações no meio intelectual inglês nos últimos dez anos têm sido de importância decisiva para mim. Pois agora eu não gostaria de escrever sobre qualquer problema sem traçar a sua história no pensamento marxista e, então, verificar como me posicionei em relação a ela. Tem ocorrido uma mudança de direção bastante fundamental com as pessoas em quem penso quando escrevo. Críticos veem isso como uma mudança de opinião. Claro que houve mudança de opinião, mas vejo isso muito mais como uma mudança de direcionamento. Não podemos subestimar o grau de alteração que houve aqui. Na introdução a *Marxismo e literatura*, tentei passar a minha noção recente do que era o conjunto do pensamento marxista quando pude lê-lo mais extensivamente. Descobri, obviamente, que havia argumentos desenvolvidos em áreas que eu não havia encontrado antes, o que significou que descobri posições que eu deveria ter tratado diretamente, mas que não o fiz.

Dito isso, é divertido notar o alívio de meus estudantes quando dizem: "Finalmente ele está falando sobre marxismo diretamente, ele superou suas preocupações e se tornou uma pessoa real". Eles sabiam que eu havia vivido antes, e agora havia um sinal de que eu ainda estava vivo. Mas, obviamente, há um perigo aqui. Percebo a necessidade do empenho, ao qual a *New Left Review* está centralmente engajada, para se modernizar, expandir e reavaliar a tradição marxista. O que tem sido feito a esse respeito é uma conquista inalterável. Isso significa que mesmo alguém da minha geração possui agora todo um mundo intelectual adicional ao qual se dirigir, uma condição para a emergência de um trabalho muito mais importante. Contudo, o lado negativo desse desenvolvimento, que percebo claramente nos círculos literários de hoje, é que pessoas da esquerda não mais tendem a intervir com o público ou em determinada linha de pensamento, como eu o fiz, seja a favor ou contra. Em certo sentido, o poder da tradição marxista expandida pode fornecer uma razão para renunciar ao que ainda me parece ser um engajamento necessário à cultura inglesa estabelecida. Por que eu discuto um poeta menor do século XVIII mais detalhadamente do que Marx? Porque é aqui que uma consciência social realmente reacionária tem sido continuamente reproduzida, e arar nosso próprio jardim alheio a isso não é o suficiente. Na realidade, vejo isso como uma armadilha. Há muitas pessoas nos círculos culturais ingleses que ficariam satisfeitas se eu passasse o resto de minha vida investigando algumas questões da teoria literária marxista. Não tenho a intenção de deixá-las satisfeitas.

Correto. Há certo vínculo a uma cultura marxista em círculos universitários de hoje que produz uma grande concentração de atenção a ela mesma, de forma que quase tudo da cultura burguesa nem mesmo é lido, mas descartado ou ignorado. Uma vez que o marxismo representa o caminho superior e científico adiante, outras formas de pensamento são consideradas, por definição, irrisórias ou insignificantes. A sua obra foi sempre produzida contra esse triunfalismo fácil. Em um sentido, você não poderia ter escrito os livros que

O CAMPO E A CIDADE

escreveu se fosse um marxista plenamente convicto, se houvesse se mantido dentro da tradição.

Contudo, se eu estivesse começando agora, a tradição pareceria diferente.

Sim, mas a sua crítica a Marx e Engels, a uma celebração não justificada do domínio da natureza, por exemplo, é muito mais eficaz e materialista do que qualquer discussão comparável no marxismo pós-clássico, onde o mesmo tema pode ser encontrado na tradição de Frankfurt numa forma mais espiritualizada. O seu desenvolvimento permite a demonstração política de que os problemas da agricultura e do campo, numa escala mundial, ainda são tão importantes hoje quanto sempre foram no passado, e provavelmente continuarão a ser importantes em qualquer futuro previsível, enquanto a crítica da Escola de Frankfurt foi tipicamente capturada pela especulação filosófica. Há, contudo, uma ressalva importante que gostaríamos de fazer com relação à sua discussão, não tanto da relação de Marx e Engels com a natureza, mas com a sociedade rural. Você cita a observação famosa no Manifesto sobre "o embrutecimento da vida rural", que você descreve de modo brando como "uma expressão de longa data".[7] Sentimos que você poderia ter usado uma linguagem muito mais forte aqui, dado o tipo de evidência que você mobiliza em O campo e a cidade. É um choque salutar ler essa expressão, cujo uso é recorrente em Marx, no contexto de seu livro. Mas após alguma reflexão, há uma questão textual que o seu tratamento rápido do materialismo histórico evita. A que a expressão de fato se refere? O que Marx e Engels tinham em mente? Parece possível que eles estivessem pensando nas comunidades camponesas tradicionais da Europa, atrasadas social e economicamente, dominadas de modo particular por formas arcaicas de religião, um campesinato ainda nas garras das formas feudais de exploração. Nas comunidades aldeãs há frequentemente uma opressão bastante irrestrita de mulheres e de crianças, como muitos estudos antropológicos atestam. Em uma sociedade mais ampla, o campesinato continuamente explorado atuou de uma forma ironicamente conservadora sob a bandeira da reação clerical e nacional. O padrão da mobilização contrarrevolucionária das populações camponesas sempre esteve bastante presente para Marx e Engels. A Vendeia de 1794 na França, a supressão da República Partenopeia pela cruzada sanfedista do campesinato napolitano em 1799, a revolta tirolesa contra o governo napoleônico de 1804

---

7 Ibid., p.36.

são episódios recentes na memória europeia. Nas revoluções de 1848 – a experiência política formativa de Marx e Engels – o campesinato galego foi manipulado pelo absolutismo de Habsburgo na luta pela supressão da revolta polonesa, enquanto o Segundo Império era construído pelos votos do campesinato francês. Nada disso desculpa o termo "embrutecimento rural". Mas indica que quando Marx e Engels escreviam sobre o campo, o que eles tinham em mente era uma paisagem rural que, em certos aspectos importantes, era bastante diferente do cenário inglês que é o objeto de sua pesquisa. Pois, por conta da implantação extraordinariamente precoce do modo de produção capitalista na agricultura inglesa, com o seu sistema tríade de dono de terras-fazendeiro-trabalhador, não houve um campesinato na Grã-Bretanha do tipo continental no final do século XVIII. Na realidade, um dos efeitos mais salutares de O campo e a cidade é afastar o mito do campesinato inglês e mostrar as complicações e mudanças bastante específicas da ordem social rural a partir do século XVI ou mesmo antes. O tipo de realidade social que Marx tinha em mente não era familiar na história inglesa. O seu estudo, por outro lado, apesar do título abrangente, diz respeito à Inglaterra, cujo campo, em muitos aspectos, não era típico na experiência europeia. Não poderia esse contraste ser tomado como uma mitigação da fraseologia de Marx?

Devo dizer que, quando li a expressão "embrutecimento rural", ela ficou engasgada em minha garganta. Contudo, percebi imediatamente a que eles se referiam mesmo dentro dessa experiência rural britânica bastante diversa. Ainda me lembro de uma ocasião quando eu próprio quase usei a mesma expressão. A persistência de certas mistificações, superstições, deferências ou abdicações políticas estabelecidas, a falta de exposição a comunidades mais emancipadas em outros tipos de povoamento, eu soube intensamente o que tudo isso significava quando deixei o campo. Mas ainda me parece que Marx e Engels não deveriam ter usado essa expressão, porque o que eles estavam indicando era um processo de privação, de ignorância e de analfabetismo. Eles também estavam cientes do processo bastante importante pelo qual explorados, mulheres, homens e crianças passam quando sujeitos à exploração, a forma como um homem brutalizado pelas condições difíceis do trabalho, que o exaurem fisicamente, pode reproduzir essa brutalidade em sua família. Mas eles deveriam ter descrito o que o resultado desse processo de fato é produto da privação e exploração social, ao passo que eles tomaram o termo "embrutecimento" como uma forma convencional de julgamento do campo.

É claro que também considerei as questões políticas. Eu teria ficado satisfeito se tivesse deixado mais claro que, não apenas nos casos clássicos do passado, mas mesmo hoje, em nossa própria política, as áreas rurais são reservas de certos tipos de reação. Eu cresci em uma, e estou bastante ciente disso. Contudo, o fenômeno não tem nada a ver com embrutecimento. Ele está parcialmente relacionado à política complexa do socialismo urbano, contra o qual as áreas rurais frequentemente sabem ter razões materiais muito substanciais para se posicionar, algo bastante independente da persistência da influência da alta sociedade. Mas, obviamente, muito antes do advento do socialismo, podemos atravessar a história e comparar os casos em que o campesinato foi uma força progressista em revoltas contra um sistema opressivo com os casos em que ele foi mobilizado ou mesmo interveio ao lado da reação. Isso impediria qualquer mera inversão da expressão de longa data. E também teríamos de incluir, numa perspectiva histórica, o processo que penso que Marx e Engels já estavam em condições de observar, e Engels de fato observou de modo notável, pelo qual tipos específicos de um fenômeno que eles generalizaram como "embrutecimento" foram criados num tipo específico de sofrimento alternativo, o que a privação e a exploração fizeram com as pessoas na cidade. Se invocarmos os casos clássicos da superstição e da mistificação no campesinato rural, temos também de nos lembrar das variantes características do embrutecimento urbano e suburbano, que são bem notáveis. Não é de forma alguma o caso de que o irracionalismo do século XX floresceu no campo e tem sido limpado pela luz pura da razão dos subúrbios e das cidades. Na verdade, pode-se mesmo dizer que o gerador mais prolífico do irracionalismo moderno é agora certo tipo de aglomerado urbano. Nenhum marxista hoje encontrará qualquer justificativa na experiência histórica para ver o povoado do campo ou o trabalho rural como vinculado a qualquer tipo de embrutecimento, ou mesmo algum termo muito mais leve. Essa não é a forma de olhar o problema. A forma correta é olhá-lo por meio das categorias marxistas da privação e da exploração.

Totalmente correto. Contudo, ainda há uma questão de divergência potencial entre nós. Você diz que as cidades do século XX têm testemunhado formas manipuladas de irracionalidade e ignorância, talvez mesmo numa escala maior do que no campo. Isso é verdadeiro, mas se mantém uma afirmação não social e geral demais. Pois se houve muitas revoltas agrárias no século

XIX, e também muitas mobilizações contrarrevolucionárias das populações camponesas, nunca houve historicamente qualquer mobilização contrarrevolucionária significativa por parte de uma população da classe trabalhadora urbana, seja no século XIX, seja no século XX. A diferença fundamental pode ser obscurecida se falarmos apenas das formas urbanas e suburbanas de demência política, pois houve irrupções clássicas da pequena burguesia, da burguesia e dos permanentemente desempregados. Nenhuma classe trabalhadora organizada jamais tomou parte nesses movimentos. Na Alemanha de Weimar, o voto nazista veio predominantemente das regiões camponesas, enquanto o NSDAP foi recrutado predominantemente da pequena burguesia e financiado pela grande burguesia. A classe trabalhadora alemã votou no comunismo e na social-democracia de forma sólida no final. Na Itália, o movimento fascista originado nas áreas rurais de Emilia e Romagna nunca conseguiu qualquer apoio do proletariado urbano. Não se trata de idealizar a história moderna da classe trabalhadora. Depois da contrarrevolução nazista, ela em geral se uniu ao esforço de guerra alemão. Muitos trabalhadores americanos apoiaram a guerra imperialista no Vietnã. Mas o proletariado urbano tem estado relativamente mais isento do que qualquer outra classe social do irracionalismo político de massa no século XX. Esse fator negativo está vinculado ao seu potencial histórico positivo. Você demonstrou, de forma valiosa e permanente, que há uma subestimação no marxismo do papel futuro e da importância da vida humana no campo. Contudo, mantém-se verdadeiro que o único agente social necessário para conduzir-nos ao socialismo democrático deve ser a classe trabalhadora industrial, e não qualquer população rural. Essa é outra questão, que de forma alguma implica em que o socialismo será um tipo de ordem pan-industrial. Ela apenas diz que o agente da mudança revolucionária deve estar localizado primeiramente nas cidades. Nesse sentido, há um elemento de ambiguidade ou falta de clareza em seu último capítulo, quando você fala das revoluções socialistas realizadas – a Rússia é uma exceção bastante significativa – nas sociedades camponesas, nas quais veio das populações rurais a força popular para a derrocada do antigo regime. Pois essas sociedades não produziram uma ordem socialista democrata, e sua falta de democracia é demonstravelmente relacionada ao fato de que lhes faltam as condições materiais da indústria moderna. A saber: todas as habilidades culturais e sociais canalizadas para tornar um trabalhador capaz do domínio técnico dos meios de produção avançados e, dessa forma, preparado para uma autoadministração livre da sociedade, na qual o aparato de um estado centralizado se dissolve. Esse tipo de autogoverno não pode jamais ser atingido de um *salto a partir da economia agrária. Qualquer revolução baseada inicialmente no campesinato deve passar pelo estágio proletário para criar as condições para um socialismo democrático futuro.*

É bom colocar isso tão enfaticamente. Creio que eu diga algo como isso no livro, quando discuto o crescimento do movimento socialista em Londres: "Formando-se do caos e da miséria da nova metrópole, e se espalhando para rejuvenescer o sentimento nacional, a força civilizatória de uma nova visão de sociedade foi criada na luta, reuniu o sofrimento e as esperanças de gerações de oprimidos e explorados e, nessa forma imprevista e desafiadora, foi a resposta humana da cidade para a longa desumanidade tanto do campo quanto da cidade".[8] Certamente não se pode olhar de modo realístico para nenhum outro lugar, além da classe trabalhadora industrial, para uma transformação socialista de nossa sociedade hoje. Mas, ao mesmo tempo, tem-se assumido sem reflexão, contra uma evidência acumulada, que as relações da classe trabalhadora com os produtores rurais não são problemáticas. Em minha opinião, a classe trabalhadora industrial terá de repensar radical e dolorosamente as suas relações com os produtores de matéria-prima e de alimentos, para então alargar a visão usualmente reduzida que passa por um futuro socialista. Ela corre o risco de se tornar, em alguns momentos, objetivamente hostil a esses produtores, devido à sua posição como consumidora. Podemos ouvir reclamações ridículas hoje, vindas inclusive da classe trabalhadora, de que as batatas custam mais caro em ano seco do que em um ano úmido. O hábito de desconsiderar os produtores de matéria-prima, como se eles simplesmente não existissem, conduz a uma noção de que o único trabalho real e a única atividade humana real é o trabalho de segunda ordem com esses materiais para a sua transformação. As disputas recentes sobre a água galesa e o abastecimento de Birmingham são características da impaciência extrema com a qual mesmo um militante convicto da classe trabalhadora recebe os protestos rurais contra a implantação de reservas que privam pessoas de suas terras, enquanto o bombeamento de água é realizado de uma forma que os que vivem literalmente abaixo da represa não recebem o insumo que está escoando pelo país até Birmingham. Conflitos como esses revelam uma perda das relações reais, perigosamente similar à da pequena burguesia ou da burguesia, que pensam ser a única

---

8 Ibid., p.231.

força produtiva importante e responsável na sociedade, simplesmente se esquecendo de onde os meios para a sua existência vêm. Uma vez desenvolvida essa oposição de interesses, ela pode ser explorada de ambos os lados pelos políticos de direita. Muito da mobilização da opinião rural por políticas reacionárias tem sua fonte no ressentimento do que eu chamaria, já que a expressão ganhou terreno, de imbecilidade urbana: a ideia de que alimentos crescem em lojas. O mesmo problema é ainda mais agudo na política internacional, quando não se pode, de forma alguma, descartar a classe trabalhadora de um país do capitalismo tardio que se torna objetivamente reacionária em sua posição em relação ao país produtor de matéria-prima que não é o seu próprio, e apoia todos os tipos de pressão imperialista para baixar os custos dos produtos primários. Penso que isso se tornará uma questão central no restante de nosso século, pois, em certa medida, não poderíamos ter previsto nos anos 1950, quando a ordem imperialista ainda se mantinha com mais força, que alimentos e matéria-prima estariam agora no centro da crise econômica mundial. Naturalmente, eu não gostaria que a preocupação que desenvolvi no livro fosse reduzida a um abandono do socialismo por conta de um ecologismo ou ruralismo não político. Essa não foi, de forma alguma, a minha intenção. A perspectiva que julgo necessária é a da renegociação das relações entre a classe trabalhadora que trabalha com matéria-prima fornecida e se mantém com comida fornecida, e a classe trabalhadora ainda em um nível muito inferior de desenvolvimento político e organizacional que produz a matéria-prima e o alimento, tanto nacional quanto internacionalmente. O programa recente do Partido Comunista Italiano é um dos poucos no Ocidente que toma isso como uma questão, criticando a concentração do investimento industrial no mercado de exportação ao preço do desenvolvimento agrícola na Itália. Por todo o Mezzogiorno podemos ver fábricas abandonadas, onde especuladores coletaram a propina de construções financiadas pelo Estado e então as abandonaram. Nunca ocorreu aos planejadores que o investimento poderia ser mais bem empregado no trabalho produtivo rural. Nesse ínterim, a Itália se tornou uma importadora de alimentos. A oposição dos comunistas italianos a toda essa direção do desenvolvimento é um sinal bem-vindo de uma reconsideração, entre marxistas, das relações entre o campo e a cidade, uma vez que os tipos de transporte e de tecnologia de comunicação que produziram esses dois tipos contrastantes de povoado estão agora se modificando.

Bem, quando tudo está dito e feito, não deveríamos nos esquecer de que Engels era um grande admirador dos camponeses noruegueses. E Marx, afinal, tinha tanta consideração pelas comunas rurais russas que sugeriu que elas seriam capazes de um crescimento direto ao socialismo. Pesquisas modernas sobre os anos imediatamente pós-revolucionários na Rússia tendem a sustentar essa visão. Apesar das falhas que discutimos, há muitas avaliações positivas do campo nos clássicos do materialismo histórico.

O primeiro artigo político de Marx foi sobre apanhar madeira nas florestas de Rhenish. Não se pode encontrar uma atividade mais básica do que essa.

MARXISMO E LITERATURA

Marxismo e literatura foi publicado na forma de um texto introdutório. Contudo, muito do que está lá é bastante difícil em termos teóricos e parece representar uma nova direção em sua obra. Como você concebeu o caráter do livro?

As condições de publicação em uma série impuseram um limite bastante rígido ao tamanho do livro, em torno de 60 mil palavras. Eu não teria escolhido escrevê-lo em uma forma que não seja a existente, mas obviamente alguns capítulos estão muito comprimidos. Meu objetivo não foi o de escrever uma introdução geral. Foi, na verdade, o de trazer à luz algumas das mudanças em minha forma de pensar em torno dos últimos quinze anos. Eu não havia escrito nada teórico, salvo dois artigos, desde a primeira parte de *The Long Revolution*. Essa era uma oportunidade para colocar minhas posições atuais. Em alguns momentos, eu estava conscientemente argumentando contra minhas próprias ideias prévias. Muito da nova ênfase foi afiada pela pesquisa sobre linguagem nos anos imediatamente anteriores à escrita do livro, que surgiu em discussões com pessoas próximas a mim sobre as teorias estruturalistas da linguagem, naquela ocasião, correntes marxistas dominantes nos estudos literários, e creio que em certa medida ainda o sejam. O livro foi originalmente baseado em palestras que se iniciaram em Cambridge em torno de 1970. Mas é bastante significativo que, naquelas palestras, não houvesse nada sobre a teoria da linguagem, ao passo que essa é hoje a seção mais longa do livro, e eu diria mesmo a mais central. Não creio que nada do que se segue possa ser sustentado a não ser que essa posição seja vista como a sua base. Foi nessa seção que mais senti as limitações do tamanho, pois naquele momento eu poderia ter escrito todo um livro sobre apenas aquele assunto.

Há uma mudança bastante notável de postura geral no livro. Nós o acusamos de tender, em Cultura e sociedade, *a fazer concessões a figuras conservadoras em um tipo de deslocamento político para a direita. Por outro lado,* Marxismo e literatura *parece, em alguns momentos, se inclinar a um radicalismo de ultraesquerda, pois um dos temas da obra é um ataque frontal à própria ideia de literatura como tal. Você a denuncia como uma elevação elitista de certas formas de escrita a uma posição especial, o "literário", que você diz possuir um encanto reacionário hoje, como o "divino" possuía na sociedade feudal. A linha do argumento provoca uma série de resistências. Uma delas é, certamente, que embora você busque se afastar do conceito de literatura, você quer preservar a ideia de cultura. Contudo, o conceito de cultura, como apontamos antes, é genuinamente vulnerável a ambiguidades de modo muito mais óbvio. Pois o que ele conota que "sociedade" ou "arte" não conotariam? Apesar disso, há boas razões para retê-lo em um vocabulário materialista. A fortiori, parece também haver muitas razões para mantermos alguma noção de literatura. Seu argumento fundamental parece ser que existe uma continuidade total das práticas criativas da comunicação. Assim, uma vez que todas as formas de escrita são, por definição, criativas, é reacionário e exclusivista privilegiar algumas como literárias, tácita ou explicitamente desvalorizando outras. Mas por que seria necessário atacar essas acepções de privilégio e de repressão do conceito de literatura como uma categoria especializada de escrita? A sua posição não acaba levando, se estritamente mantida, a um relativismo total no qual se torna quase impossível descriminar diferentes formas de escrita ou tipos de obra?*

Bem, esse é um tópico difícil. O que eu gostaria que acontecesse é que, depois de o terreno ter sido limpo da ideia herdada de cultura, fosse possível encontrar novos conceitos que permitissem novas ênfases. Caso contrário, há obviamente o perigo de um relativismo ou de uma miscelânea, do qual estou bastante consciente. Essa limpeza terá de ser feita, é um estágio necessário. Mesmo com a categoria de estética, defendo que é totalmente necessário rejeitar a noção de estética como uma província especial de certo tipo de resposta, mas não podemos descartar a possibilidade de descobrir certas configurações permanentes de um tipo teórico que respondam a ela, como certamente não descartamos configurações conjunturais de um tipo histórico em que a própria categoria de história teve sua fonte. No caso da literatura, tratou-se de um movimento de percepção e de surpresa diante da mudança histórica do significado do termo. Não haveria absolutamente necessidade de rejeitar o conceito de literatura, ao menos da forma como o faço, se ele ainda significasse o que significava no século XVIII: um conjunto de obras escritas com certo nível de seriedade capaz de sustentar a atenção de uma forma que outros textos não conseguiam. Mas a partir do século XIX a definição de literatura apoiou-se em uma separação mais consolidada entre a imaginação e a realidade, a ficção e o fato, a escrita para criar uma totalidade artística e a escrita para todas as outras funções. Essa especialização crescente teve dois efeitos. Primeiramente, as formas de escrita descritas como criativas, artísticas ou imaginativas foram isoladas de todo o tipo de correlação com a realidade social que, a princípio, estava sempre lá. Elas foram constituídas como uma área reservada. Em segundo lugar, todos os tipos de escrita que não possuíam esse rótulo se ofereceram como descrevendo o real em formas que impediam qualquer exame de seu processo de produção e composição, que era, na realidade, bastante próximo aos processos de composição dentro da área reservada denominada literária. É provavelmente tão importante estabelecer a existência de uma convenção – pode-se mesmo ainda chamá-la de convenção literária – em um artigo científico quanto o é traçar a convenção em uma obra destacada como literária. Nossa época não é boa para a literatura em seu sentido tradicional. Há uma confiança extrema em outros tipos de escrita e uma desconfiança nas formas que costumamos chamar de literárias. Estou bem ciente de que, ao atacar o conceito de literatura, há o perigo de desmoralizar ainda mais a situação dessas formas. A razão para meu ataque ser, apesar disso, tão radical foi que decidi, de dentro da tradição da crítica literária, que as categorias de literatura e de crítica estavam tão profundamente comprometidas que deveriam ser desafiadas *in toto*. Era necessário mostrar que todos os tipos de escrita produzem significados e valores, para usar essa expressão novamente, por meio de modos de composição e de convenções profundas de postura ou de foco. As premissas falsas que se mantêm ocultas nas concepções antigas devem ser varridas para podermos começar a buscar um conjunto mais sustentável de ênfases dentro de um leque de práticas de escrita. Concordo que não podemos prosseguir com um leque não diferenciado. Por outro lado, parece-me que, de agora em diante, temos de aceitá-lo como um conjunto verdadeiro de obras sem qualquer divisão categórica entre o que é feito de um lado da linha e o que é feito do outro.

Aceitando que uma limpeza polêmica do terreno seja necessária, o seu argumento ainda nos parece ceder um espaço desnecessário ao perigo do relativismo. Tomando o seu exemplo de um artigo científico, o que acontece com a posição dos discursos sobre a sociedade e a natureza que são habitualmente conhecidos como científicos dentro de seu leque continuado de escrita? Seria possível, em sua concepção radicalmente historicizada de produção cultural, que presumivelmente inclui as ciências naturais, não mais falar sobre a verdade, que é certamente a base mínima para qualquer concepção de cientificidade?

Há questões amplas aqui. A primeira coisa a ser dita é que é fundamental nos lembrarmos, uma vez que os modos da ciência natural foram estendidos à ciência social e à análise cultural, que os textos científicos envolvem convenções literárias. A convenção básica é a da posição do observador totalmente impessoal. Seria válido demonstrarmos a forma como esse caráter é criado pelo modo de composição que é, por assim dizermos, uma autenticação da impessoalidade do observador. Sou extremamente favorável, provavelmente mais do que muitos na esquerda, a uma série de obras realizadas nas ciências naturais, que tento acompanhar. Conversando com cientistas sobre isso, percebo que eles entendem a transição da observação experimental, para a qual eles sabem que foram treinados, para o relato escrito, quando entram em um campo incerto, como bastante problemática. Eles são mais céticos com as atividades de composição do que pessoas que não estão profissionalmente envolvidas na transformação de observações experimentais, que poderíamos dizer serem verdadeiras, em relatos que levantam outras questões – eles estão menos propensos a cometer o erro de simplesmente retornar, por meio do artigo, os relatos às descobertas de laboratório. A distinção se torna absolutamente crucial quando o modo de observação impessoal se estende para as ciências sociais ou para a vida cultural. Mas certamente não tenho qualquer indulgência para com a tendência, na semiótica, à reivindicação de que, uma vez que tudo foi escrito, tudo o que podemos dizer é que tudo foi escrito. O resultado desse tipo de estruturalismo acabado é um idealismo no qual tudo se dissolve. Há uma relação observável e controlável entre o artigo científico e a observação

MARXISMO E LITERATURA

experimental. De fato, muitos textos científicos são o resultado de uma revisão bastante escrupulosa do texto escrito de volta para a observação experimental como uma condição do próprio método científico. Nesse sentido, um texto científico é extraordinariamente aberto como um texto escrito: os dados não são esgotados na composição do texto, e a replicação experimental é possível. Nunca se está em uma situação em que não haja apelo além da composição literária. Um bom exemplo nas ciências sociais é o reexame, realizado por Bourdieu e seus colegas, dos dados estatísticos sobre os quais foram construídas certas teorias educacionais sobre a igualdade de oportunidades na França. Eles realizaram o caminho inverso, dos resultados aos dados, e ao identificarem os modos de interpretação em cada caso, ao invés das formas de composição mais gerais, puderam mostrar as transições ideológicas dos dados à escrita, e então à teoria, transições que poderiam ser corrigidas para produzir uma narrativa diferente a partir dos mesmos dados. O processo de criação de significação, de criação de significados e valores, é inerente ao próprio ato de composição e de comunicação.

Se é essencial rompermos com o dualismo entre modos de escrita literários e não literários, entre o imaginativo e o factual, há claramente uma diferença entre os modos de composição que relatam atividades preparadas em algum outro lugar e recuperáveis nas formas correntes, e modos de composição do outro lado do espectro, onde essas condições não se mantêm. Por exemplo, em poemas. Mas podemos, da mesma forma, e essa é a ênfase que quero colocar agora, retornar um poema de modo eficaz às suas condições de produção. Esse procedimento, embora um processo bastante diverso das investigações no outro lado do espectro da escrita, é uma atividade que, em minha opinião, tomará o lugar da crítica. Naturalmente, ele incorporará alguns de seus procedimentos – por exemplo, a manutenção da prática da análise verbal cuidadosa ou o estudo dos métodos e tipos de imagem narrativos. Mas eu me afastaria da análise crítica à qual estamos acostumados para o que é propriamente uma análise histórica literária dos mecanismos técnicos, das figuras retóricas ou das influências doutrinárias, campo em que há uma imensa quantidade de material nos estudos ingleses eruditos, para uma exploração do que é, necessariamente, uma realidade social mais ampla. Isso não seria tanto uma sociologia da cultura em seu sentido familiar, embora não haja razão nenhuma para excluirmos questões como as condições de trabalho dos escritores, ou as relações econômicas que afetam a produção literária. Mas esse não seria o primeiro caminho a tomar. Deveríamos focar as convenções como formas históricas mais profundas. Isso feito, sempre encontraremos obras que não são plenamente explicáveis nos termos de suas condições de produção recuperáveis. Em alguns casos, quando a análise é conduzida às formas mais profundas, pode-se avançar, como muitos de meus colegas mais jovens fazem agora, para a sua explicação como ideologia, e o trabalho está então encerrado. Há obras em que isso é verdadeiro, mas esse não é, de forma nenhuma, o caso em tudo o que chamamos "literatura". Quando esse não é o caso, devemos voltar nossa atenção para algo que é de uma composição mais indissolúvel, algo que recusa uma análise exaustiva e certamente redutiva. Estou perfeitamente preparado para dizer que temos de colocar uma ênfase maior em certas obras desse tipo. Não se trata de uma ênfase de valor, mas certamente de uma ênfase de distinção. O resultado seria a demonstração de que as práticas de escrita formam um leque real: elas não podem ser abarcadas pela dualidade tradicional ou qualquer uma de suas variantes. Eu gostaria que houvesse uma categorização muito mais precisa dos tipos diversos de obras que surgirão no futuro. A relação central é sempre entre o texto específico e suas condições de produção. Em um extremo do espectro, teríamos a obra científica como plenamente explicável nos termos de suas condições de produção. No outro extremo, haveria os poemas mais significativos, nos quais as condições de produção não seriam suficientes para explicar a composição.

As suas observações a respeito da ciência se apoiam sobre uma distinção que as suas posições teóricas não acomodam facilmente: a distinção entre a observação científica e o discurso escrito do artigo científico. A ideia da observação científica anterior ao discurso do cientista não é um retorno à oposição entre a consciência e o mundo que você rejeita enfaticamente?

Penso que há um problema bastante complexo aqui, mas temos de enfrentar o fato de que os modos de observação, e mesmo da comunicação e do registro, não são limitados à linguagem. Em larga medida, os dados científicos não serão, em um primeiro momento, linguísticos, algo que aqueles dentre nós que tiveram uma educação primeiramente linguística acham difícil de compreender. As dificuldades de sua conversão em linguagem vêm daí, sobretudo em linguagem cotidiana. Nem todos os tipos de composição são linguísticos. Mas a comunicação não verbal, que é evidentemente de grande importância, pode ser acomodada em qualquer discussão materialista da ciência. Dentro do trabalho científico, a linguagem não é em geral o meio de comunicação primário, embora ela seja o modo central de comunicação científica fora do processo investigativo. Nenhuma dualidade do tipo que vocês mencionaram está sendo colocada aqui – logo, não vejo grandes dificuldades.

Em Marxismo e literatura você descreve a linguística estrutural como uma forma de objetivismo abstrato. Ao discutir Saussure, você argumenta que a sua distinção entre langue e parole é um exemplo da oposição burguesa ubíqua entre o indivíduo e a sociedade. Mais tarde, você ataca a ideia da arbitrariedade do signo, que você diz só poder surgir quando o sistema linguístico é visto totalmente de fora, com a abstração de suas relações sociais reais. No que tange à oposição entre o indivíduo e a sociedade, essas duas categorias coexistem em um mesmo plano. Da forma mais típica, a sociedade fornece as restrições dentro das quais o indivíduo opera. Não poderia ser defendido que a relação entre langue e parole é bem diferente, uma vez que a langue nunca se concretiza, apenas a parole está presente; a langue é o reservatório ausente que é o meio de produção da parole; em outros termos, que por haver langue e parole há comunicação? Se isso estiver correto, a distinção de Saussure poderia ser vista não como um exemplo especializado de categorias da ideologia burguesa. Quanto à noção da arbitrariedade, mais frequentemente "não motivação" do signo, isso não se referiria ao fato de que não há um vínculo natural entre o significante e o significado, ou entre o signo e o referente, e não de que haja uma ausência de relações sociais na linguagem?

A ideia foi introduzida em oposição à outra ideia de que o signo seria um ícone, e está certamente correto que não há, em geral, uma relação necessária do tipo abstrato entre a palavra e o objeto na linguagem. Mas a descrição do signo como arbitrário ou não motivado é um prejulgamento de toda a questão teórica. Defendo que ele não é arbitrário, mas sim convencional, e que a convenção é o resultado de processos sociais. Se ele tem uma história, não é arbitrário, é o produto específico de um povo que desenvolveu a linguagem em questão. Lembrem-se de que a oposição indivíduo-sociedade pode ser avaliada de várias formas. A ordem social pode ser tomada como anterior aos indivíduos, que são seus meros exemplos ou espécimes. Ou a sociedade pode ser apresentada como a criação de indivíduos livres para certos propósitos e com certas liberdades. A força da distinção a-histórica entre *langue* e *parole* é que a fala humana torna-se possível apenas nos termos das restrições e oportunidades de um sistema preexistente. Isso é perfeitamente correto em um sentido: não é possível falar ou ser entendido a não ser que façamos uso de recursos sistemáticos da linguagem. Mas essa organização sistemática se mantém uma criação de pessoas reais em relações reais. Esse é um ponto bastante difícil, pois é sempre assumido que as linguagens simplesmente evoluíram no tempo. O movimento para fora do estudo das origens e desenvolvimento da linguagem, um campo ainda fundamental, é um deslocamento ideológico. Mas o caráter sistemático da linguagem é o resultado, um resultado sempre em transformação, das atividades de pessoas reais em relações sociais, incluindo indivíduos não apenas como produtores da sociedade, mas, em uma relação dialética precisa, tanto produzindo, como sendo produzidos por ela. O fracasso em ver isso conduziu à ideia da linguagem como certo volume socialmente disponível de significados que nunca é plenamente realizado, do qual todos os atos de fala são exemplos. Isso ocorreu, sobretudo, nas teorizações tardias e mais rigorosas do estruturalismo dos anos 1960, muito distantes da linguística de Saussure. A atividade linguística era apenas uma atuação de um sistema preexistente, o que é simultaneamente verdadeiro e muito distante de toda a verdade. A distância é crucial em termos ideológicos, porque nega a possibilidade de uma atividade significativa presente alterar o sistema, o que notavelmente altera o sistema de linguagem social. Entre outras coisas, a história do que chamamos de literatura é uma demonstração extraordinária da descoberta de novas possibilidades de uso linguístico. Os seres humanos criaram a linguagem e recriam-na não apenas por vontade, embora o façam algumas vezes, mas como um processo normal e continuado no curso de sua experiência social plena.

A sua atitude para com a psicanálise freudiana sempre foi extremamente reservada. Em geral, quando você se refere a Freud, você trata de sua obra tardia e metapsicológica, sobre a qual você diz, em The Long Revolution, *ter sua fundação teórica básica na oposição entre o indivíduo e a sociedade. Você acredita que a obra de Freud não tenha pertinência alguma para uma teoria materialista da literatura?*

Deixe-me tomar a questão nos termos da prática da escrita. O que conhecemos de Freud é uma série de produções especificamente escritas. É de extrema importância nos lembrarmos disso, porque há em geral uma fusão entre a experiência prática de Freud como analista, que é de um tipo predominantemente médico, e sua produção escrita, que é tomada, de forma característica, como apenas a comunicação de sua experiência, sem a intervenção da composição. Fiquei bastante impressionado com [o livro] *Psicopatologia da vida cotidiana* da primeira vez que o li. Mas quando voltei a ele, por eu ter sido treinado em análise da composição, não pude deixar de registrar a distância entre a evidência coletada por Freud, que deve ser retornada ao seu período sócio-histórico, à sua situação de classe etc., e a forma como ela é apresentada. Alguns dos lapsos que ele observou podem ser nitidamente interpretados de modo não freudiano. Em outros termos, é sempre necessário separar a validade dos processos aos quais ele dedicou a sua atenção das formas de sua composição, simultaneamente literárias (a sua obra é escrita de modo bastante poderoso) e teóricas (o modo como ele forja conceitos para uma compreensão desses processos). É isso que o uso não crítico da tradição psicanalítica em estudos literários não faz. Simplesmente tomam as construções interpretativas ou teóricas, juntamente com os resultados, como ciência. Nesse momento, pode ser extremamente importante o reexame da obra de Freud como uma série de textos que alguns de nossos analistas literários estão começando a fazer, desde que isso não seja feito de forma expositória e reverencial, mas como um estudo de seus processos de composição. Os semióticos gostam de dizer que Freud foi um tipo de antirromancista, uma vez que ele mostrou as condições a partir das quais o comportamento surgia, ao invés de mostrar apenas o comportamento. Eu não chamaria isso de procedimento antirromancista ao olhar para a tradição do romance, mas os semióticos defendem essa ideia porque querem condenar o romance naturalista. Eu diria, ao contrário, que Freud parece fazer o que a tradição realista em sua melhor forma fez. A sua apresentação é centrada em casos característicos de indivíduos cuja história é interpretada e generalizada de forma bastante poderosa. Penso que essa seja a ênfase correta: as obras de Freud deveriam ser lidas não tanto como conjunto de textos científicos, mas como o que é chamado, em outra categoria, de romance, e como tais, elas são extraordinariamente interessantes, embora ocupem uma posição de fato diferente. Alguns os leem como leriam os textos intimamente relacionados de Strindberg ou de Proust, não considerando o fato de eles terem sido baseados na experiência clínica simplesmente porque, entre a experiência clínica e o texto, há o processo de composição. Afinal, qual é a validade de Strindberg ou de Proust? Sua obra articula outro tipo de experiência, que precede e continua por todo o processo de composição. Da mesma forma, a obra de Lacan não deveria ser hoje tomada como uma autoridade comprovada, uma moldura dentro da qual outras composições são lidas, mas ela mesma como uma composição que todos acreditamos ser importante. Quando lemos Freud dessa perspectiva, a experiência pode ser bastante envolvente e precária. Eu disse que, quando eu trabalhava com o drama europeu após a guerra, em uma condição bastante perturbada, eu realmente senti como se, no processo da leitura, a minha vida estivesse sendo colocada em questão. Creio que muitas pessoas sentem o mesmo ao ler Freud, especialmente quando ele se aproxima da experiência clínica das desordens e das tragédias. Devemos sobretudo a ele o conhecimento de que frequentemente dizemos algo para evitar dizer outras coisas, ou que a nossa dificuldade para falar de certos assuntos está relacionada a bloqueios e repressões das quais não estamos conscientes. Mas, quanto mais estamos cientes disso, menos podemos conceder a qualquer um o direito prévio de julgar essas dificuldades. Podemos trocar, em um mesmo plano, as nossas experiências com a dos outros. Podemos aceitar de alguém a proposição de que estamos dizendo ou evitando dizer algo porque isso se move em áreas de dor, vergonha ou confusão. Mas o que nunca deveríamos aceitar é a aplicação terrorista dessas percepções por possuidores de um método especial, os que *sabem*, que são capazes desse tipo de interpretação. O discurso intelectual se torna estritamente impossível quando cada resposta é interpretada como evidência de uma resistência recalcada à interpretação. Freud não foi responsável por essa mistificação imensa, que floresceu com a institucionalização posterior do freudismo. Onde essa mistificação ocorreu, ela produziu um desastre cultural na área.

Será que eu estava errado ao me referir a Freud principalmente nos termos de sua obra tardia? Certamente é lá que as suas proposições mais gerais sobre a história humana, sobre o caráter da civilização, ou sobre a natureza da arte podem ser encontradas. A descrição que Freud faz da arte em particular me surpreendeu de modo extraordinário. Ele apresenta o artista como alguém incapaz de satisfazer seus impulsos reais, que são, na sua versão, um catálogo absoluto das condições filisteias da sociedade burguesa masculina. É um resultado bastante desafortunado para as mulheres. O que faz a mulher artista? Esses impulsos são então gratificados pela rota da sublimação nas obras de arte. Toda a teoria é profundamente redutiva. Tomando como referência a minha posição, ela especializa demais a arte. Isso se relaciona com o argumento muito mais amplo, que eu creio nunca ter colocado de forma completa o bastante, de que a emergência da narrativa de histórias na consciência, a articulação deliberadamente trabalhada de uma experiência, esses são desenvolvimentos dos componentes observáveis do discurso do dia a dia. Há um aspecto no qual podemos falar com legitimidade de uma consciência coletiva dessas atividades, o estabelecimento de ocasiões onde elas ocorrem, como convenções que sinalizam a arte. Mas essas situações estéticas – vamos agora escutar uma história, vamos ouvir um poema – sinalizam atividades não tão diferentes daquelas que ocorrem no discurso diário, mas sem serem sinalizadas. A ideia de que essas atividades associativas humanas fundamentais, que no curso da história se desenvolveram em tantas formas notáveis e poderosas, representam o resultado de alguma frustração crua não é uma forma de pensar muito séria. Toda a concepção da ordem social como um sistema meramente negativo de restrições e inibições pertence à mais clássica teoria burguesa, à qual sou naturalmente bastante hostil. Certamente as oportunidades para a individualização são drasticamente limitadas no mundo de Freud, mas esse é precisamente o modo no qual o indivíduo, este conjunto de pulsões, é contraposto a um fato bloqueador chamado sociedade. Quando as causas atribuídas à agressão do indivíduo, são projetadas em movimentos organizados de agressão social na história, como nas explicações de Freud à guerra ou à pilhagem, elas culminam na mitologia das motivações eternas que podemos ler em Nietzsche – apenas como visões, algumas vezes bastante poderosas.

A sua rejeição ao conceito de literatura é acompanhada por uma repulsa igualmente drástica da ideia de crítica. Você defende, com mais vigor em Palavras-chave, "uma rejeição significativa do hábito (ou direito, ou dever) do julgamento". Você prossegue: "A questão central não seria, então, encontrar outro termo para substituir [a crítica] e continuar realizando o mesmo tipo de atividade, mas eliminar esse hábito, que depende fundamentalmente da abstração da resposta de sua situação e circunstâncias reais: a elevação ao julgamento, e ao processo aparentemente geral, quando o que precisa ser sempre compreendido é a especificidade da resposta, que não é um julgamento, mas uma prática, em relações ativas e complexas, com as situações e condições da prática, e necessariamente com as de todas as outras práticas".[1] A lógica de seu argumento parece conduzir a uma dissolução completa do processo de discriminação e de avaliação, que é tradicionalmente visto como a função central da crítica. Pois onde está a barreira ao relativismo histórico, se qualquer julgamento estético de uma obra deve ser desconstruído até as suas respostas especificamente condicionadas? Como você se salva do niilismo em voga que se abstém, voluntária e ostentosamente, de qualquer esforço para estabelecer uma base avaliativa para julgar as obras literárias, e simplesmente pretende decodificar as estruturas discursivas dentro delas? A sua remodelação parece ser, na melhor das hipóteses, mais uma decodificação sociológica do decodificador. A pergunta franca deve, contudo, ser colocada: o que está errado com o julgamento das obras de arte? Não é isso que devemos fazer em todas as outras esferas da vida: julgar regimes políticos, sistemas econômicos ou estruturas sociais? Por que a atividade da escrita deveria estar isenta de julgamento? Não há dúvidas de que há contextos em que o termo adquire uma conotação de censura e punição, mas ela não é, certamente, prescritiva em seu sentido comum. O julgamento é, inegável e inevitavelmente, parte da leitura. Como você pode evitá-lo?

Eu ficaria bastante desapontado se entendessem que eu disse que o julgamento não deveria ocorrer. Esse parece ser um processo inevitável, eu não me abstenho dele e não proponho tentarmos isso. Meu argumento teórico deveria ser visto, novamente, como uma tentativa de esclarecimento. Parece-me inquestionável que o que veio a ser entendido como crítica é um processo de destaques. As frases mesmas que vocês citaram da minha obra inicial sublinham isso – atenção detalhada, resposta adequada etc. Por toda essa tradição, os processos de julgamento são algo que ocorre em relação a qualquer instância ou situação específica. Tive essa formação de forma rigorosa, e era pedido que nos esquecêssemos de nós mesmos, que nos esquecêssemos de nossa situação para entrarmos em uma relação despida – mas com o seu preparo, evidentemente – com o texto. Ao passo que o texto era, de modo similar, retirado de todas as suas condições e circunstâncias. Meu encontro com a crítica literária girou em torno desse esforço pseudopessoal para julgarmos obras sem qualquer noção da presença de um indivíduo realizando o julgamento. O esforço para nos despojarmos de todas as circunstâncias, para nos

---

1 *Keywords*, p.76.

elevarmos acima da história, para falarmos de literatura, ao invés do indivíduo ou grupo realizando o julgamento crítico. Minha oposição aqui se dirigiu muito mais aos desenvolvimentos posteriores da Nova Crítica do que a Leavis. Pois com Leavis nunca corremos o perigo de nos esquecermos de que um indivíduo bastante notável está lá, por todo o tempo, realizando os julgamentos. Na realidade, os elementos que a Nova Crítica achou ingênuos e moralistas em Leavis me pareciam ser a sua melhor defesa. Ele não explicitava com frequência as suas premissas, ou sempre aderia a elas. Mas o que foi visto como um defeito moral pela Nova Crítica tardia, que foi precursora do estruturalismo, parece hoje, em comparação, admirável. Contudo, ao mesmo tempo, Leavis paradoxalmente manteve a conversa sobre o homem instruído, o crítico com a formação literária, e ficou então abismado ao ver pessoas com tanta capacidade quanto ele exercitarem julgamentos radicalmente diferentes das mesmas obras. Ele só pôde desacreditá-los.

Mas se, como defendo, retrocedermos o julgamento de uma obra específica até as condições nas quais o julgamento é feito, o resultado não é relativismo, porque estamos julgando aquelas condições. Mas quando fazemos isso, estamos necessariamente envolvidos em algo além do que tem sido entendido como crítica. Deixem-me citar um caso que foi bastante importante na clarificação de minha atitude para com Leavis. Eu disse a algumas pessoas aqui em Cambridge: nos anos 1930, vocês faziam julgamentos severos sobre Milton e julgamentos relativamente favoráveis em relação aos poetas metafísicos, que redesenharam o mapa da literatura do século XVII na Inglaterra. Estavam, evidentemente, realizando julgamentos literários. Suas análises e citações de apoio provam isso. Mas vocês também estavam levantando questões sobre maneiras de se viver em uma crise política e cultural de dimensões nacionais. De um lado, vocês têm um homem que se engajou totalmente a um lado específico da causa, e que suspendeu temporariamente naquele conflito o que vocês chamavam de literatura, mas não o que chamavam de escrita. De outro, vocês têm um tipo de escrita, altamente inteligente e elaborada, que é um modo de manter juntas na mente atitudes divergentes em relação à luta e à experiência. Essas são duas possibilidades para qualquer pessoa bastante consciente em um período de crise: um tipo de engajamento que envolve certas dificuldades, certas ingenuidades, certos estilos; e outro tipo de consciência cujas complexidades são uma forma de viver com a crise sem ser abertamente parte dela.

Eu disse: "quando vocês fizeram seu julgamento sobre esses poetas, vocês estavam não apenas argumentado sobre a prática literária, mas estavam argumentado sobre sua própria época". A reação foi uma negação escandalizada de que algo tão baixo poderia ter entrado no processo crítico. Mas é possível provar isso se olharmos para todos os termos da discussão que possuíam essas raízes contemporâneas. O fato é que a abstração da crítica, a sua presumida inocência como uma atividade somente preocupada com o julgamento de nossos poetas, é uma hipocrisia. Vocês me perguntam: "como podemos reter a noção do que ainda chamamos de julgamento se dissermos que nenhum julgamento é suficiente, a não ser que saibamos das condições nas quais ele foi realizado, da posição a partir da qual ele foi feito? Isso não acaba com qualquer forma de julgamento, porque então o julgamento se dissolve nas condições?". Concordo que esse é um perigo, mas se também julgarmos as condições nas quais o julgamento foi realizado, teremos uma proteção contra o relativismo. A nossa resposta à escrita se torna então uma prática muito mais estendida do que essa área extraordinariamente privilegiada na qual o leitor é colocado em posição de juiz, posição que não creio possível ser assumida sem prejuízos. A crítica conduz a uma hipostatização do crítico *acima* do processo. Realizar julgamentos *dentro* do processo, da forma como as pessoas realizam no argumento contemporâneo cotidiano, é algo bastante diferente.

A sua interpretação da crítica literária como uma disciplina parece desconcertante para uma geração mais jovem. Afinal, mesmo nos anos 1950, a obra introdutória dada aos estudantes para um mapa geral da disciplina era Teoria da literatura, *de Wellek e Warren, um estudo comparativo de posições, teorias e escolas na Europa e na América, muito do qual é devotado precisamente aos problemas que você levantou. Por exemplo, a congruência entre as preocupações históricas particulares dos críticos em uma época específica e as obras produzidas em outras épocas, bem como as mudanças sucessivas na sua sincronização, estão entre as questões centrais exploradas no livro. Muito distante de assumir qualquer relação não problemática entre a crítica atemporal e os textos, um procedimento que concede avaliações que se mantêm registradas sempre se enfatizou a dificuldade das muitas revoluções críticas. A sua rejeição à crítica literária parece ser fundamentada em uma identificação bastante estreita com uma escola americana do século XX. Ela ignora toda a história da estética alemã, francesa ou italiana, por exemplo. Você parece argumentar que, se a Nova Crítica é tão censurável, devemos então rejeitar a crítica tout court. É como se alguém dissesse: "ouço hoje muitos argumentos econômicos sobre o monetarismo, e a influência de Milton Friedman está claramente em ascensão. Logo, vamos acabar com a economia". Seria essa uma resposta racional?*

Lembrem-se de que o termo "crítica literária" é uma criação predominantemente da tradição anglo-americana. Não foi essa a forma usual pela qual essas atividades de discussão literária foram descritas em outras línguas europeias. Creio que elas estavam, a esse respeito, em um campo mais seguro. Nas tradições não falantes de inglês, sempre houve uma dimensão histórica e teórica de um tipo diferente. Foi apenas quando a preponderância recente da cultura americana deu à noção de crítica certo prestígio intelectual que ela foi amplamente adotada em toda a Europa. Mesmo se acompanharmos a evolução do termo pela história inglesa, a posição e natureza da crítica na obra de pessoas como Johnson ou Coleridge são bastante diferentes do isolamento ideológico posterior da crítica como uma atividade primária. O livro recente de Fekete, *The Critical Twilight* [O crepúsculo crítico], traça o momento em que essa prática, simultaneamente apresentada como científica – essa era uma parte central de sua reivindicação – e destacada da história, surgiu como crítica no mundo falante de língua inglesa. Evidentemente, ela passou por várias fases de crescente abstração e de falso rigor. Fekete acompanha-na desde sua fase norte-americana, quando ela ainda estava conectada a uma posição social específica, a política agrária reacionária do Sul encontrada na obra inicial de Ransom, até a sua dominação como uma técnica presumivelmente objetiva que excluía qualquer outro tipo de análise ou de interesse em textos não críticos. O estruturalismo completa esse desenvolvimento teórico. A sua evolução na França tem sido profundamente determinada pela Nova Crítica americana, o que não é um elogio aos seus praticantes franceses ou àqueles que a reimportaram da França para a Inglaterra, onde cresceu e mudou. A Nova Crítica que emigrou da Inglaterra da década de 1920 voltou nessa forma alterada e mais profundamente alienada.

Parece absurdo fazermos qualquer julgamento se tomarmos o encontro do leitor treinado com o texto da perspectiva desse tipo de abstração e isolamento. O que podemos fazer além de ler e desconstruir poemas? O fim irônico desse procedimento, que tomou para si o nome de crítica, foi que não havia mais qualquer julgamento. De fato, qual poderia ser a base do julgamento? O que ele podia encontrar eram incoerências, desde que não fosse muito rígido em suas noções do que seria coerência, embora frequentemente ele fosse. Mas há formas genuínas de incoerência que podem ser identificadas por esse tipo de análise. Por outro lado, as questões levantadas pela incoerência da convenção ou pela incoerência radical da linguagem, que encontramos com frequência, levam-nos imediatamente para fora do texto. Mas o isolamento do ato puro de julgamento entre o leitor crítico e o texto tende mesmo, com frequência, a impedir o julgamento, de forma que se quisermos defender o julgamento como uma prática social normal, temos de atacar a crítica. Posso ver que eu deveria ter deixado isso muito mais claro.

Nesse caso, você não deveria ter conduzido uma batalha em duas frentes? Pois embora você denuncie o hábito do julgamento em Marxismo e literatura, você não diz nada sobre o que é, de certa forma, um modo muito mais ascendente hoje, a abstenção deliberada de julgamento. Na realidade, os julgamentos são inevitavelmente contrabandeados para dentro desse processo, mas por um decreto do foco. Esse tipo de crítica toma uma ou duas obras para uma decodificação repetitiva que opera como uma seleção de valores. O controle da comparação, onde o julgamento realmente começa a ser validado e verificável, é em geral evitado completamente.

Tenho observado esse processo, que de fato ataco em um parágrafo de *Marxismo e literatura*. Ele está evoluindo rapidamente. Não creio que ele possa se abster de todo julgamento por mais do que um breve período de exaltação com seus novos meios técnicos, alguns dos quais são, na realidade, muito importantes. Hoje ele já está em julgamento, pois – essa é a correção de ênfase que vocês queriam que eu fizesse e que estou disposto a fazer – o julgamento é, ao cabo, inevitável.

Não há uma contradição entre o que você disse antes e a correção que você faz agora? Você argumenta de modo bastante agudo que a hipostatização do leitor como um juiz é bastante prejudicial. Por outro lado, você enfatiza que ninguém pode passar cinco minutos sem realizar um julgamento. Presumivelmente esses julgamentos são partidários, e não julgamentos que descem da poltrona do magistrado. Contudo, em Palavras-chave e Marxismo e literatura, o aspecto partidário do que você está dizendo é bastante obscurecido ao leitor. Por exemplo, nem Leavis, nem a Nova Crítica são sequer mencionados em seu capítulo sobre a literatura, sem falar que não são distinguidos da forma como você o faz agora. A posição do livro é, em geral, impessoal e objetiva, ao invés de explicitamente polêmica. Você observou que sempre tentou manter a corrente convencional da cultura burguesa sob seus olhos, uma combatividade que admiramos bastante. Em Marxismo e literatura *você sabe a quem você se dirige, mas você diz isso aos seus leitores?*

Parte disso é certamente correto. Eu deveria ter sido mais preciso. Fui tolhido pela falta de espaço. Creio ter pensado que, se eu entrasse em uma discussão sobre escolas críticas, de certa forma somente por eu ser obrigado a saber tanto sobre elas, só esse tema se tornaria um livro. Eu também não queria que o livro fosse uma reprise de uma polêmica inacabada entre o marxismo e *Scrutiny* nos anos 1930. Em certo sentido, meu ímpeto dirigiu-se muito mais contra os limites de um novo modo de estruturalismo crítico, porque era isso que estava sendo tomado como uma teoria literária marxista por toda a Europa Ocidental e pela América do Norte. Temos de aceitar certos ganhos e certas perdas em qualquer direção que tomemos. Essa foi, e isso é dito de modo bastante específico na introdução, uma contribuição dentro de uma área muito mais ampla do discurso do que a área a que meus livros anteriores estavam relacionados. Houve um ganho aqui, pois italianos trabalhando com estudos literários sabem imediatamente sobre o que são os meus argumentos. Estamos discutindo os mesmos problemas e os mesmos conceitos, uma vez que é muito difícil que um tipo especificamente inglês de crítica prática seja considerado seriamente fora da situação cultural inglesa que o produziu e o tornou demasiado forte para que possa haver uma discussão com alguém de outra cultura. Outros marxistas chegam mesmo a descartá-lo precipitadamente como insignificante. Não penso, obviamente, que o argumento detalhado com Richards, Eliot ou Leavis sobre a ideia de literatura não seja importante. Mas, em certo sentido, eu já o fiz em outro lugar. Esse livro foi projetado desde o seu início como um trabalho de outro tipo. Mas suponho que tenha havido uma rapidez não explicada na transição, o que pode parecer um abandono abrupto do confronto com aquelas pessoas, porque senti que havia um perigo mais urgente, do outro lado, da erupção de um modo de estudo literário idealista reivindicando a autoridade do marxismo e o prestígio da associação com movimentos intelectuais poderosos em muitas outras áreas. Então, concentrei-me muito mais nisso, o que significou que tive de argumentar desde o início dentro dos termos dessa corrente, deixando muitas das dificuldades inerentes ao argumento inglês para trás.

A sua teoria geral da escrita em Marxismo e literatura *está alicerçada sobre premissas radicalmente históricas. Nossa história social, contudo, que é muito desigual, sempre foi articulada com a história natural – que deu vida à nossa espécie e que, presumivelmente, a altera de acordo com ritmos que, para a análise sócio-histórica, são bastante imperceptíveis – e que pode algum dia varrê-la novamente. Essa segunda história levantou a possibilidade de uma concepção materialista legítima do humano, que não é ideológica no sentido em que, para tomarmos um exemplo local, a concepção leavista da vida é ideológica. Timpanaro é um marxista que colocou esse problema com grande força e clareza recentemente, enfatizando as implicações do mundo sócio-histórico em um mundo natural, certamente sem descartá-lo como o darwinismo social o teria descartado, mas que, de qualquer forma, o abrange, e do qual o domínio da mudança social relativamente curta não pode escapar. Você aceita essa perspectiva? Em caso positivo, qual a sua importância para os temas de seu livro?*

Quando leio Timpanaro, tenho a sensação de estar diante da recuperação extraordinária de um centro sadio da tradição marxista que me parecia ter sido largamente esquecido ou ter persistido apenas entre um número decrescente de cientistas naturais que ainda eram marxistas. Eu estava bem ciente da importância e relevância potencial desse problema, sobretudo para o que tem sido tradicionalmente chamado de estética. É por isso que tive mais dificuldade para a conclusão do capítulo intitulado "A estética e outras situações" do que tive em qualquer outra parte do livro. Eu tentei direcionar-me para essa área falando dos efeitos físicos da escrita, que foram certamente negligenciados em uma tradição sociologicamente orientada. Pois há um laço material muito profundo entre a linguagem e o corpo, que as teorias da comunicação que se concentram na transmissão de mensagens e de informação tipicamente não veem. Muitos poemas, muitos tipos de escrita e muitas das falas cotidianas comunicam o que é, de fato, um ritmo de vida, e a interação desses ritmos de vida é provavelmente uma parte muito importante do processo material de escrita e de leitura. De uma perspectiva materialista, creio que essa seja a direção que deveríamos tomar em nossa procura pela fundação de categorias que podemos, se quisermos, chamar de estéticas. Muito conscientemente, reservei a possibilidade de que possa haver configurações permanentes que forneceriam respostas a problemas que, por exemplo, o conceito de "belo" levanta. Seria um erro eliminar esse tópico.

Mas apenas investigações científicas poderiam chegar a tais descobertas: elas não podem ser esboçadas de antemão, especulativamente. Se iniciamos com a ideia de um universal biológico, então terminamos onde Chomsky chegou, o que é muito triste, considerando que a ênfase de Chomsky nos processos gerativos foi inicialmente um corretivo importantíssimo às noções prévias de um enunciado sistematicamente pré-determinado. Se eu tivesse uma única ambição com relação aos estudos literários, ela seria a de reatá-los à ciência experimental, porque as pesquisas que estão sendo agora realizadas tornariam possível essa união. É curioso que esse projeto seja idêntico ao de Richards na década de 1920, e que foi então retirado do sistema de Cambridge. Podemos ver, por um olhar retrospectivo, que ele foi bastante limitado por cientistas específicos que se uniram ao seu fracasso. Anos atrás, tentei iniciar alguns experimentos sobre o que acontecia aos ritmos físicos em certos contextos de leitura, mas a atmosfera de especialização era tão forte que o trabalho nunca foi realizado. Acredito, contudo, que devamos avançar em direção a uma colaboração ativa com os muitos cientistas que estão particularmente interessados nas relações entre o uso da linguagem e a organização física humana. Tenho grande respeito por Lacan, mas a forma totalmente acrítica pela qual alguns de seus conceitos sobre as fases no desenvolvimento da linguagem foram elevados a um frontão da semiótica literária é absurda em um mundo no qual há pesquisas científicas atuais de um tipo não filológico, com as quais todos esses conceitos devem interagir. Há tanta suspeita justificada na esquerda com relação à dominância do behaviorismo nas ciências sociais experimentais de que tem havido uma acomodação exagerada às reivindicações da psicanálise e das várias escolas dela derivadas, que parecem muito mais próximas e radicais precisamente por suas qualidades literárias. O que precisamos não é de uma fusão de conceitos literários com conceitos lacanianos, mas da introdução da prática literária a uma prática bastante diversa de observação experimental. Essa seria uma recuperação materialista.

Você argumentou que, ao invés das práticas tradicionais da crítica, os estudos literários de hoje deveriam tomar a forma de um movimento dual, de um lado, retornando qualquer texto escrito às condições materiais e históricas de sua produção, de outro, retornando às condições sociais e históricas de nossa própria resposta a ele. Você está presumivelmente sugerindo que, se efetuarmos esse processo duplo, atingiremos novas avaliações dos escritores e das obras. Você poderia nos dar um exemplo concreto? Você falou do caso de Milton, a seu modo uma cause célèbre, *mas o exemplo carece de força, pois é algo como um mito que Milton tenha sido completamente descartado antes da guerra. O próprio Eliot recuou rapidamente, ao passo que, após a guerra, a reavaliação de Milton veio de muitos horizontes ideológicos diversos, de Christopher Hill a Christopher Ricks. Um caso muito mais poderoso é a sua análise dos poemas das casas de campo em* O campo e a cidade. *Lá você mergulha nas conexões precisas entre o poeta e o patrão, na história real das casas que foram o objeto dos poemas e nas convenções que governaram a sua composição, em geral, a relação global das construções poéticas com as condições reais de sua própria produção. Ao mesmo tempo, não nas mesmas páginas, mas no mesmo livro, você coloca ao leitor de forma bastante clara a sua própria posição pessoal e social como um intérprete ou leitor desses textos, como neto de um trabalhador agrícola, e como um socialista convicto. O único elemento final que está ausente em seu livro é qualquer avaliação real dos próprios textos, da qual você parece, em certo sentido, se abster. Contudo, o ato total de uma pós-crítica, se podemos colocar dessa forma, não envolveria algum tipo de avaliação no final desse processo dual?*

Creio que sim, embora eu não esteja certo se avaliação seria o melhor termo aqui. Poderíamos dizer que, enquanto o primeiro processo é intrinsecamente comum, sujeito a uma verificação intelectual de sua correção por outros, o segundo é necessariamente pessoal, uma declaração de interesse e, dessa forma, totalmente variável, uma vez que cada um de nós está inicialmente em uma situação diferente, embora não devamos nos esquecer dos modos comuns verdadeiros da afiliação de classe, que vão além dela. Isso é uma dificuldade, mas o movimento em direção à declaração da situação é fundamental, dadas as mistificações sucessivas do leitor treinado, do crítico informado ou da pessoa culta. Isso não leva necessariamente ao relativismo, uma vez que as avaliações ativas que emergem do processo total não estariam conectadas aos elementos de nossa própria situação, que são apenas idiossincrasias biográficas emitindo preferências pessoais. A minha reação ao poema de Herrick, pelo qual tenho grande antipatia pelas razões mencionadas em O campo e a cidade, é um exemplo. Essas avaliações deveriam estar relacionadas aos elementos associados uns aos outros em certos atos mais gerais de avaliação. Em outros termos, deveríamos ser capazes de distinguir tipos de avaliação que são importantes para a comunicação das preferências de estilo que expressamos a todo o momento, mas que não são de real importância para os outros, mesmo que significativas para nós. Essas preferências não induzem a um interesse no centro de uma área significativa do discurso, embora um tipo de crítica tenha tentado promovê-las como relevantes, algo que a melhor crítica sempre tentou superar, mas algumas vezes, por meio de omissões, de forma que pareça então ser um julgamento impessoal. Os atos sérios de avaliação, por outro lado, são aqueles que possuem uma continuidade mais ampla de efeito como um processo ativo. Eles são modos de se posicionar diante de uma forma particular, mostrando-a por outras perspectivas e afetando não apenas nossa reação, mas também a maneira como vivemos. É por haver tantas formas culturais do passado exercendo uma pressão ativa sobre o modo como pessoas julgam ou atuam quando desenvolvem formulações a partir de obras bastante poderosas avaliadas como grande arte que esse processo de avaliação comum e comunicável se torna fundamental.

Seu leitor fica com a impressão definitiva de que, dentre os três poemas que você discute longamente em O campo e a cidade, escritos respectivamente por Jonson, Carew e Marvell, você tem uma preferência acentuada pelo de Marvell, embora em alguns aspectos ele represente uma mistificação social mais surpreendente do que qualquer um dos outros dois, como você mostra a partir da carreira da família à qual o poema foi endereçado, o casamento subsequente da filha de Fairfax com Buckingham. É esse o tipo de avaliação da qual você gostaria de tirar a importância?

Esse é o tipo de caso. O julgamento nunca pode ir além dos termos do poder ou âmbito relativo dentro da forma. Frequentemente uma obra é nitidamente poderosa nesse sentido, mas precisamente nesse caso a sua avaliação deve envolver uma consideração geral mais severa. O que estou rejeitando é a noção de avaliação sem o desenvolvimento de qualquer um dos dois processos, o que veio a ser encapsulado como crítica. Hoje a avaliação está divorciada até mesmo dos modelos históricos aos quais costumava estar vinculada. Um epitáfio renascentista será condenado por um estudante simplesmente por conta de sua linguagem estranha, afetada. Uma crítica desse tipo é uma licença para a ignorância e complacência triviais. Fazendo justiça à crítica prática, esse é o tipo de reação que ela teria odiado quando ainda era uma força viva. Mas se erigirmos "minha resposta pessoal" ao critério de julgamento, será muito difícil excluir tais respostas por razões de princípio. Tudo o que pode ser dito é: "Você possui uma resposta pessoal bastante estranha...". Essa é agora a ênfase típica de uma sociedade de consumo: a ideia de que todo o propósito da produção humana, em todo o seu escopo histórico, é trazer objetos sucessivos para alguém que possui o direito soberano de consumidor para apanhá-los e verificar se gosta ou não deles. Essa atitude é hoje mascarada como uma atividade intelectual. Claro que essa não é toda a história da crítica, mas dentro da tendência no mundo falante de inglês que isolei anteriormente, havia certa inevitabilidade no caminho descendente em direção à trivialidade da preferência, ou em direção a um tecnicismo que termina em julgamentos de qualquer tipo, uma simples recomposição técnica do texto.

Em suas teses sobre o formalismo, Jakobson e Tynyanov argumentaram que a categoria do contemporâneo inclui qualquer obra que seja ativa em um período dado, de modo que se podemos dizer, por exemplo, que Naomi Mitchison não é uma romancista contemporânea, há certo sentido em dizer que as obras de Shakespeare são contemporâneas, uma vez que elas continuam a exercer um papel vital, de um tipo complexo, na cultura britânica do final do século XX. Se for assim, temos então um problema para qualquer abordagem da literatura que se concentre nas condições de produção. Pois obras podem sobreviver ao momento de sua produção. Elas não apenas nascem na história, mas também adquirem a sua própria história com o tempo, embora não necessariamente uma história contínua. A esse respeito, poderia ser dito que John Donne quase não existiu no século XIX, mas teve uma existência bastante poderosa na cultura literária do início do século XX. O surgimento dos estudos literários fortemente organizados nesse século agravou o problema, aumentando o volume do arcaico como distinto do residual dentro da cultura contemporânea, e frequentemente ajudando, de modo complexo, o residual e outras formas a sobreviver. Como você acomodaria esse fenômeno em sua teoria das produções escritas?

Certamente o processo do retorno de uma obra às suas condições de produção pode ser entendido em um sentido bastante estreito. É bastante importante esclarecer isso. Não lemos Shakespeare hoje, lemos edições de Shakespeare, e isso não apenas no sentido técnico de que as páginas foram impressas, mas no sentido muito mais substancial da reprodução do texto em uma cultura bastante diferente. Eu certamente consideraria as condições de produção de um autor clássico, que é continuamente reintroduzido e amplamente lido em todas as épocas, como incluindo o processo de reintrodução. O caso de Shakespeare é particularmente forte para mim, devido às formas altamente variadas pelas quais ele tem sido lido e suas peças têm sido encenadas. Há uma história da produção de Shakespeare que é distinta da história do escritor original e inovador. Outro exemplo seria a famosa ode de Horácio, *Beatus Ille*, que foi reproduzida de formas diferentes em várias fases sucessivas do renascimento da cultura clássica, frequentemente omitindo, de modo característico, o último verso e, dessa forma, omitindo também a situação social na qual ele foi escrito e, por sua vez, alterando todo o sentido da ode. Obviamente, traduções também colocam esse problema de forma bastante aguda, como descobri ao trabalhar com edições diversas de Ibsen. As condições de produção sempre incluem as condições que tornam o texto contemporâneo. Esquecer disso seria cair em um mero sociologismo das condições de origem. Todas as forças que mantêm o texto atual estão entre as condições de produção.

Parece ainda haver um dilema importante colocado pela possibilidade de contradições entre o que você chama de uma avaliação socialmente comunicável da arte do passado e outros tipos potenciais de avaliação. Poderíamos talvez deixar isso mais claro tomando como exemplo não a literatura, mas a arquitetura. Pois a arquitetura é peculiar entre as artes, na medida em que, diferentemente da pintura ou da escrita, a sua produção envolve tipicamente uma grande quantidade de riqueza e de exploração em larga escala do trabalho. Isso é verdadeiro em grande parte das edificações consideradas obras de arte, o que obviamente não exaure outras formas de construção. Estilos dominantes sucessivos de arquitetura têm sido conectados de forma muito mais próxima e direta aos privilégios materiais da ordem dominante do que a literatura ou a pintura. É então significativo que um dos parágrafos mais poderosos em O campo e a cidade tenha sido devotado não aos poemas das casas de campo, mas às próprias casas. Você escreve: "Está na moda admirar essas numerosas casas extraordinárias: a casa senhorial estendida, essas mansões neoclássicas tão próximas da Grã-Bretanha rural. Pessoas ainda vão de vilarejo a vilarejo, o guia nas mãos, para ver o próximo exemplo, e então ainda o próximo, para observar as pedras e a mobília. Mas pare em qualquer local e olhe para a terra. Pense nela como trabalho humano e veja quão longa e sistemática deve ter sido a exploração e a tomada das terras para que fossem levantadas tantas casas nessa escala. Veja, em contraste, no que se tornaram fazendas isoladas antigas, em inúmeras gerações de trabalho, pelo esforço prolongado de uma única família. Então, veja o que essas outras "famílias", os proprietários sistemáticos, acumularam e arrogantemente declararam. Não é apenas que sabemos, olhando para a terra e então para a casa, quanto roubo e fraude deve ter havido, por tanto tempo, para produzir esse grau de disparidade, essa desproporção bárbara de escala. As fazendas e os casebres dos trabalhadores são tão pequenos ao seu lado: o que os homens de fato erguem por seus próprios esforços ou pela porção de seus esforços que lhes é deixada, em uma escala comum da conquista humana. O que essas "grandes" casas fazem é quebrar a escala, por um ato de vontade que corresponde à exploração real e sistemática dos outros".[2] Essa é uma passagem extraordinariamente comovente. Aqui, é trazido com uma força tremenda o apelo para que o leitor se volte para as condições reais de produção em um sentido muito mais cru e tangível do que qualquer coisa que discutimos até agora. Essas condições de produção incluem, como você mostra corretamente, não apenas a expropriação da terra e a exploração do trabalho, mas também a vontade cultural para instaurar a dominação, o controle e a distância na escala e forma das próprias construções.

Porém, há um contraste notável a essa passagem em outro parágrafo do livro, que oferece uma contrapartida. Você cita versos do poema O prelúdio, de Wordsworth, no qual ele olha da ponte de Westminster e admira "os navios, as torres, as cúpulas, os teatros e os templos", "todos brilhantes e cintilantes no ar sem fumaça". Você então diz: "Senti [o mesmo ritmo de reconhecimento] muitas vezes: as grandes construções da civilização; os locais de encontro; as bibliotecas e os teatros; as torres e as cúpulas; e, frequentemente, mais comoventes ainda, as casas, as ruas [...] Percebo que não digo: 'Lá está a sua cidade, seu grande monumento burguês, a estrutura imponente dessa civilização ainda precária.' Ou não digo apenas isso, também digo: 'Isso é o que o homem construiu, tão frequentemente de forma magnífica. Não seria, então, tudo possível?".[3] Aqui temos uma resposta completamente oposta. Mas, na realidade, os arquitetos e os patrões das torres e das cúpulas na cidade eram frequentemente as mesmas pessoas que projetavam e construíam as mansões

---

2 *The Country and the City*, p.105-6.

3 Ibid., p.5-6.

no campo. Wren, Gibbs, Hawksmoor e Kent construíram casas de campo e igrejas, palacetes de magnatas e livrarias, tribunais e universidades. A riqueza que financiou todos esses edifícios foi igualmente extraída dos produtores diretos. As torres e as cúpulas, que também foram erguidas em uma escala maior que a humana, também foram projetadas para impressionar e intimidar. Você compara o tamanho das imensas casas de campo com o que qualquer outra família poderia ela própria realizar, o que é absolutamente persuasivo e verdadeiro. Mas os grandes edifícios da grande cidade são também comoventes, porque pessoas trabalharam para erguê-los, com violência e exploração, algumas vezes por gerações. Não pensaríamos em chamar de bárbaras as faculdades St. Paul ou King. Embora seja difícil reconciliar ambos os exemplos, a intenção direta de ordenação exacerbada e de controle parece estar inseparavelmente unida à capacidade de criar proporções e ordens de beleza. O conflito em suas respostas ilustra perfeitamente a contradição. Não deveria uma estética materialista ser capaz de endereçar a si mesma esses problemas?

Creio que seja melhor admitir a contradição. Eu estava escrevendo a partir de respostas vividas intensamente em ambos os casos, e o resultado não levanta um problema teórico. Posso avançar um pouco para resolvê-lo com uma distinção entre construções públicas e construções privadas. Mas sei que há complicações aqui, uma vez que há construções privadas que foram convertidas para propósitos públicos, e certas construções públicas que foram revertidas para um uso privado. Mas a questão mais séria é: o quão longe nos levaria o critério perfeitamente legítimo do poder e acesso públicos, de um lado, e do poder privado pelo comando, de outro? Poderíamos resolver isso pelas diferenças reais na mensagem de um tipo bastante físico? Penso que poderíamos avançar um pouco nesse caminho. Eu gostaria de poder dizer que poderíamos avançar. Tenho sentimentos complexos em relação às catedrais, por exemplo, que de fato me induzem à veneração e à reverência, reações imediatamente perturbadas por alguma batalha pela honra, por alguma bandeira, ou pelos termos de alguma tábua, que me deixam bastante consciente do tipo de reverência intimidadora que o ambiente tem a intenção de induzir. Se tenho essa reação ambígua em catedrais, sempre tive, de modo geral, um sentimento único com relação a castelos. Mas, mesmo aqui, vi-me um dia admirando um castelo pré-normando e refletindo sobre o fato de ele ser tão forte quanto as pedras com as quais foi feito, e então subitamente percebi – "Meu Deus, o que estou dizendo?".

Quando olho para os castelos ingleses implantados, como Harlech ou Caernarfon, odeio cada pedra trabalhada. O fato é que é bastante diferente pensar em um edifício como um lugar onde podemos ir, ou como um lugar para onde nossos inimigos vão e de onde nos controlam. Suponho que um normando tivesse um julgamento inverso com relação a esses castelos. Mas isso ainda estaria em conformidade com minha posição geral: buscar a revelação máxima das circunstâncias do julgamento que permitiriam a outra pessoa dissociar-se delas, mas abertamente, não por uma categoria presumida.

No que tange às casas de campo, teríamos de estar muito certos de poder, na forma como Richards mostrou ser bastante difícil com os sons na poesia, isolar as características puramente físicas de um edifício – qualidades de proporção, propriedades da pedra, posição geográfica – não apenas de sua intenção e função originais, mas também do que nossos olhos estão cientes quando olhamos para elas: os impulsos sociais que as pessoas trazem ao dizer que este é um edifício bonito. Eu me sinto seguro em responder que muitas delas não são belas *casas* – vê-se beleza nelas como uma forma de lhes ser reverente, como se fossem mansões. Mas, então, tenho uma dificuldade com relação a outros edifícios eminentes, como o Parthenon, que claramente instigam o mesmo impulso sensorial. Acho ainda mais difícil quando tomo o problema pela perspectiva dos sentimentos estéticos demasiado fortes que tenho com respeito à terra, de fato mais fortes em relação à terra do que em relação às construções. Não os entendo completamente, parcialmente porque nunca tive uma formação nesse tipo de discriminação visual. No caso das obras literárias, onde estou apto a avançar em uma análise precisa, creio que eu possa mostrar que, ao cabo, a forma total – por exemplo, a poesia heroica panegírica, um modo particularmente poderoso que provoca respostas fortemente conflitantes em mim – possui suas qualidades estéticas devido a essas respostas.

Não poderia a lógica do que você está dizendo ser resumida em uma proposição que você talvez quisesse inicialmente negar: a de que a categoria da estética deve ser retida como algo separado do que seria, do contrário, uma resposta moral, social e política a uma obra, e que deve haver uma tensão entre elas, onde a fricção real ocorre?

A tensão está certamente onde ocorre a dificuldade. Não quero, de forma alguma, negar as experiências que vocês chamam de estéticas. É um

MARXISMO E LITERATURA

ganho humano significativo poder observar com precisão, frequentemente sem qualquer outra consideração, a forma como alguém moldou
uma pedra ou produziu uma nota musical. Negar isso seria cancelar uma
parte tão grande da cultura humana, que seria cômico. Mas creio que precisemos de uma análise muito mais específica das situações, das ocasiões
e dos sinais que liberam uma resposta, um tipo de atenção. Não estou
absolutamente disposto a conceder uma prioridade não refletida a qualquer classe predeterminada de objeto, ou a tomar todos os sinais como
igualmente válidos. Precisamos de uma tipologia bastante complexa de
ocasiões e pistas que, penso, seja bem praticável, embora ela vá inevitavelmente ser parcial. Temos então de observar as situações e as ocasiões
nas quais esses sinais e pistas conflitam com outros sistemas dos quais
é importante nos distanciarmos. É fundamental que resistamos, tanto
à sua predeterminação categórica como uma área reservada, quanto
ao preparo extremo que nos impede de retomarmos essas experiências
para confrontá-las com outros sistemas de valor. Não há dúvida de que,
em vários julgamentos, alguém poderá ser pego falando: "Eu realmente
reconheço isso em mim, embora eu odeie esse fato". Mas, ao explorar a
contradição, talvez eu descubra algo sobre mim mesmo e sobre os outros.
Isso é tudo o que posso dizer.

*O seu compromisso com uma retomada do projeto realista coloca a questão
da relação de sua obra com a de Lukács, com quem você foi recentemente
comparado por Terry Eagleton. Há similaridades óbvias entre as suas posições
literárias e o realismo crítico defendido por Lukács, aqui incluindo as críticas
que você fez ao naturalismo ou mesmo ao modernismo metafísico. Ao mesmo
tempo, seus julgamentos a escritores desse século têm notavelmente diferido
dos dele, mais evidentemente no teatro, onde você elogia Brecht ou Beckett de
uma forma bastante estranha a Lukács. Qual é a sua opinião em relação a
essas afinidades e divergências?*

Sinto-me bastante próximo a Lukács na abordagem do romance realista,
embora nossas análises não sejam as mesmas quando observadas com
mais profundidade. A caracterização que Lukács faz do movimento
essencial do romance realista no século XIX, como a descoberta, pelo
herói dramático, dos limites de uma sociedade injusta, embora seja uma
versão bastante importante, é baseada predominantemente na ficção
francesa e em alguma ficção russa, e não no romance realista europeu
como um todo. Creio que se eu tivesse dito isso a ele, ele não teria

dito: "Você está pensando em termos teóricos bastante diferentes", mas sim: "Bem, e quais são os outros modelos?" Teríamos argumentado nos mesmos termos, mas creio que chegaríamos a conclusões diferentes. Quando, contudo, o foco é o século XX, há uma divergência radical. Pois Lukács, embora seja difícil falar dele sobre forma, por suas posições terem variado tanto com o passar das décadas, tinha a ideia de uma realidade social preexistente à qual o modelo literário pode ser comparado, ideia esta muito mais forte do que jamais tive, pois essa foi a razão principal para o meu afastamento da crítica literária marxista por tanto tempo. Embora de uma forma bastante sofisticada, essa continua sendo uma premissa constante em seu pensamento, que foi uma barreira decisiva quando ele tratou dos modernistas. Pois um romance de Joyce ou de Kafka não possui uma interpretação autoevidente nos termos de um romance de Stendhal ou de Maupassant. Creio ter sido aqui que certa corrente central do marxismo ficou presa por uma geração. Tudo o que ela podia assumir como a realidade social à qual aquele tipo de ficção correspondia era certo estado de alienação então descrito como decadente. Mesmo hoje, essas obras são recuperadas nos países socialistas com base na premissa de que uma condição de fragmentação e não diferenciação de classe na sociedade real exigiu novas formas. Não se pode percorrer esse caminho proveitosamente. Ele é muito negativo e, principalmente, pressupõe uma idealização da sociedade capitalista do século XIX.

Assim, as minhas análises e as de Lukács podem ser bastante similares para o tipo de literatura na qual parece não problemática a questão: como essa ficção pode ser comparada a uma realidade social de outro modo observável? O romance realista do século XIX não torna *essencial* a clarificação das diferenças entre o observável e o preexistente. Eles podem parecer quase idênticos. Mas quando nos movemos para a ficção do século XX, a divergência teórica substancial entre eles se torna crítica. Nunca me preocupei em defender o realismo no sentido historicamente reacionário que Lukács deu a ele, ou a que se limitam os que hoje atacam o realismo. O meu argumento a favor do realismo sempre foi o de que há lá certa percepção da realidade e certa consciência das inter-relações pessoais, e não que ele carregue um determinado modo de composição consigo ou que possua uma relação de segunda ordem com uma realidade preexistente. Há, pois, uma diferença teórica significativa que parece não ser tão relevante no caso do realismo do século XIX, mas que ganha grande importância no romance do século XX.

Você define a sua posição teórica atual em Marxismo e literatura *como "materialismo cultural". Você argumenta que o marxismo sofre tradicionalmente não de um excesso, mas de uma falta de materialismo, pois na prática a sua distinção entre base e superestrutura tende a tornar etéreas as atividades da superestrutura, privando-as de sua materialidade efetiva em comparação com as atividades da base. Por toda a sua obra, você sempre trouxe as condições técnicas, físicas e materiais de todas as práticas comunicativas que você discutiu. Contudo,* Marxismo e literatura *contém a primeira exposição acabada dessa ênfase, que é então eloquentemente colocada em evidência. Você escreve, por exemplo: "O que é mais frequentemente omitido [pela ideia marxista convencional de produção econômica] é a produção material direta da 'política'. Contudo, qualquer classe dominante dedica uma parte significativa de sua produção material ao estabelecimento de uma ordem política. A ordem social e política que mantém o mercado capitalista é necessariamente uma produção material, como também são as lutas sociais e políticas que a criaram. De castelos, palácios e igrejas a prisões, reformatórios e escolas; de armamentos de guerra a uma imprensa controlada: qualquer classe dominante, de várias formas, embora todas materiais, produz uma ordem social e política. Essas não são nunca atividades superestruturais [...] A complexidade desse processo é especialmente notável nas sociedades capitalistas avançadas, onde é totalmente fora de contexto isolar a 'produção' e a 'indústria' da produção comparavelmente material da 'defesa', da 'lei e ordem', do 'estado de bem-estar social', do 'entretenimento' e da 'opinião pública'. Ao fracassar em apreender o caráter material da produção de uma ordem social e política, esse materialismo especializado (e burguês) também fracassou, ainda mais conspicuamente, em entender o caráter material da produção de uma ordem cultural. O conceito de superestrutura não foi então uma redução, mas uma evasão".*[4] *Rejeitando totalmente a distinção entre base e superestrutura, você fala por todo o livro de "um processo real, único e indissolúvel" integrando simultaneamente as atividades econômicas, sociais, políticas e culturais.*

Você está certo ao enfatizar os perigos de uma interpretação idealista da cultura como uma esfera de ideias e valores intangíveis, e mostrar que qualquer

---

4 *Marxism and Literature*, p.93.

cultura é composta por processos de comunicação e de reprodução reais e físicos. Mas poderíamos então dizer que seria, então, totalmente fora de contexto isolar a produção e a indústria do estado de bem-estar social do entretenimento e da opinião pública? Nós já criticamos a sua tendência a negligenciar a importância das hierarquias causais na análise histórica, na qual, muito longe de ser fora do contexto, é absolutamente essencial sermos capazes de isolar as forças que possuem uma capacidade superior para induzir a uma mudança social em larga escala. E argumentamos que, em seus textos anteriores, você tendeu a ignorar o fato de que a produção econômica torna possível a produção cultural de uma forma que não é simetricamente verdadeira nas relações entre ambas. A sua ênfase mais recente parece produzir uma nova circularidade, na qual todos os elementos da ordem social são iguais porque são todos materiais. Mas, na realidade, esse não é o caso. Algumas formas de matéria são materialmente mais efetivas do que outras. Em seu exemplo, você diz que uma ordem política é necessariamente uma produção cultural – de palácios, de igrejas, de prisões e de escolas. Mas, obviamente, os edifícios não constituem, eles mesmos, um sistema político. A sua função é definida pelos agentes uniformizados ou civis da ordem dominante que os operam. Tribunais ou prisões são locais dispensáveis para um sistema legal capitalista – nas emergências, tribunais são realizados a céu aberto e prisioneiros encarcerados em navios ou hotéis. É evidente que o mesmo não é verdadeiro para as grandes fábricas e complexos de máquinas em uma economia industrial. Após a revolução, as prisões foram convertidas, sem dificuldades, em escolas, como aconteceu em Cuba, mas podem moinhos se tornar tribunais? Colocando de outra forma, você fala de armamentos de guerra e de uma imprensa controlada, mas se esquece de que eles dependem de um processo industrial primário, do qual são produtos posteriores. Não teria sido difícil a você registrar esse aspecto, que parece ter ficado perdido em sua polêmica perspicaz contra a separação analítica exagerada de um conjunto de processos dentro de qualquer totalidade social, ao ponto de haver a sua abstração e reificação deletéria. Mas, afinal, deve haver poucas pessoas que acreditem que o mundo real seja dividido de tal forma que todos os objetos que pertençam à economia ocupem um espaço, e os envolvidos na política ocupem outro espaço, e os envolvidos na cultura ainda outro espaço.

Em contraste com a sua ênfase em Marxismo e literatura, há duas passagens significativas em seus trabalhos anteriores cujo sentido parece muito mais correto. Uma delas está, curiosamente, em Cultura e sociedade, uma obra no geral muito menos materialista do que Marxismo e literatura. Você critica a

MARXISMO E LITERATURA

ideia que Richards tem da literatura como um campo de preparo para a vida, que você diz ser servil. Então, você escreve: "A grande literatura é, de fato, enriquecedora, emancipatória e refinada, mas as pessoas são sempre e em todos os lugares mais do que leitores, e já possuem muita coisa antes mesmo de se tornarem leitores adequados".[5] Há uma ideia de primazia aqui que você normalmente rejeita. Em outro lugar, em uma passagem memorável de sua discussão sobre The Return of the Native *[O retorno do nativo], você comenta em* The English Novel: *"Também é o processo no qual a cultura e a riqueza são reconhecidas como objetivos alternativos, sejam quais forem seus custos, e o reconhecimento sardônico de que a riqueza sempre será a primeira escolha, em qualquer história real".[6] Aqui, novamente, você reconhece uma ordem material prioritária que parece, em outras ocasiões, relutante em aceitar. Você estaria disposto a aceitar essas passagens como correções ao seu argumento em* Marxismo e literatura?

Isso é interessante. Há certamente uma necessidade de clarificação, pois não me vejo discordando de sua crítica, o que significa que minhas formulações devem estar erradas, ou que devo ter sido mal compreendido. Eu tentava dizer algo bem contra a corrente das duas tradições, uma que espiritualizou completamente a produção cultural, e a outra que a relegou a uma posição secundária. Meu objetivo foi enfatizar que as práticas culturais são formas de produção material e que, enquanto isso não é compreendido, é impossível pensar sobre elas em suas relações sociais reais. Pode-se ver apenas correlação de segunda ordem. Mas, obviamente, é verdade que há formas de produção material que sempre e em todos os lugares precedem todas as outras formas. Estou bastante satisfeito em clarificar isso, que não me parece uma concessão. O que temos de dizer é que essas formas de produção são realmente bastante básicas. Elas são a produção de alimento, de moradia e dos meios para produzir alimento e moradia, um escopo estendido que está relacionado às condições absolutamente necessárias para sustentar a vida. A mudança teórica imensa produzida pelo marxismo clássico, ao dizer que *essas* são as atividades produtivas primárias, foi da mais fundamental importância. Contudo, há hoje com frequência um deslocamento desse padrão de atividades para a estrutura da economia do capitalismo tardio, como se tudo que ocorreu na indústria e agricultura contemporâneas

---

5 *Culture and Society*, p.245.
6 *The English Novel from Dickens to Lawrence*, p.104.

fossem formas de produção relacionadas às necessidades primárias, e opostas, por exemplo, à composição de romances ou pinturas. Creio que, em momentos polêmicos, tentei apenas reverter a ênfase, o que estava errado. Mas eu estava reagindo ao uso característico de frases como "o setor fundamental da economia britânica é a indústria automobilística". Não há nenhum sentido na afirmação de que a indústria automobilística seja uma produção primária para a manutenção da vida humana, da mesma forma como o são a produção de alimentos, de moradia ou de materiais de construção. Essa nem mesmo é a primeira resposta para a necessidade de mobilidade, uma vez que há outras formas de transporte que são menos diferenciadas socialmente. Ao mesmo tempo, estritamente em relação à produção industrial, muito do que hoje é produzido tem relação com posições sociais relativas, ou mesmo com entretenimento ou lazer. É aqui que teria sido muito melhor eu ter argumentado meu caso historicamente. A economia descrita por Marx estava muito mais diretamente relacionada à satisfação, ou melhor, ao fracasso na satisfação das necessidades básicas humanas, do que a economia do capitalismo tardio. Quando chegamos ao ponto em que uma fábrica da EMI produzindo discos é uma produção industrial, enquanto alguém compondo música ou produzindo um instrumento está, na maioria dos casos, nas margens da produção, toda a questão da classificação das atividades se torna muito difícil. Mesmo que tomemos uma classificação herdada, a distribuição de emprego entre o setor primário, secundário e terciário não tem precedentes. Devido aos grandes avanços na produtividade do trabalho, as necessidades essenciais para a manutenção da vida humana, naturalmente em formas variadas – diversos tipos de alimento, diversos tipos de moradia etc – são hoje uma parte muito menor da produção industrial do que antes. Quando nos movemos para fora dela, estamos em uma área que é, para mim, indisputavelmente política e cultural no sentido mais amplo, uma vez que o padrão de investimento e de produção é tão claramente determinado pela natureza da ordem social como um todo. A proporção da produção primária no sentido tradicional é hoje tão pequena que podemos nos enganar seriamente a respeito da economia contemporânea, e mesmo a respeito de suas relações causais, onde penso que vocês fizeram a sua crítica mais forte, se simplesmente retivermos a definição clássica. Isso envolve uma correção tanto da forma como eu coloco o problema, quanto da forma como vocês o colocam, porque vocês estão dizendo que

MARXISMO E LITERATURA   361

eu deveria ter observado o problema historicamente, e estão certos, mas eu estou dizendo que se olharmos para ele historicamente, vocês não poderão manter a formulação do modo como a fizeram.

Isso certamente responde à objeção geral. Mas talvez você ainda tenha a tendência a observar a economia capitalista de um modo muito quantitativo, embora mesmo aqui, se é inegável que em um país como a Inglaterra o número de pessoas trabalhando na produção primária é muito mais limitado do que no passado, você não deveria se esquecer dos produtores invisíveis estrangeiros assegurando a importação das necessidades da sociedade. Muito mais importante, contudo, é o peso e função qualitativos das respectivas formas de produção dentro de qualquer economia. É evidentemente bastante difícil demonstrar a eficácia causal relativa dos setores diversos de atividade, uma vez que nenhuma sociedade nos oferece as condições experimentais de um laboratório. Mas um indicador aproximado de hierarquia causal é estipulado se compararmos os efeitos da suspensão de cada atividade. Mesmo um burguês liberal admitirá, após refletir, que se todos os romancistas parassem de escrever por um ano na Inglaterra, os resultados dificilmente seriam da mesma ordem das consequências da parada dos trabalhadores das empresas automobilísticas. Tomando um exemplo mais relevante para o seu argumento, uma interrupção completa das principais indústrias de comunicação, a televisão, o rádio e a imprensa, afetaria seriamente a vida de qualquer sociedade capitalista moderna, mas os seus efeitos não seriam comparáveis a greves significativas nas docas, nas minas ou nas usinas de energia. Os trabalhadores nessas indústrias têm a capacidade de quebrar todo o tecido da vida social, tão decisiva é a sua importância em sua atividade produtiva. São em momentos como a greve dos mineiros de 1974 que podemos ver a realidade das relações causais ocultas que Marx chamou de determinação em última instância pela economia.

Vou concordar parcialmente com isso e então fazer outra consideração. Não vejo qualquer dificuldade em localizar e, se necessário, revisar (por eu pensar historicamente, há sempre a necessidade de revisões) uma hierarquia relativa de diferentes tipos de produção como fornecedores de necessidades sociais e, dessa forma, como causas históricas disponíveis. De fato, uma das principais distorções do capitalismo é precisamente a sua confusão da hierarquia, mesmo em termos históricos humanos em transformação. Ela nunca está certa por muito tempo. Estou bastante disposto a admitir essas questões de causa e efeito hierárquico. Mas não estou disposto a dizer que, no topo da hierarquia, está a indústria produtiva, então temos as instituições políticas ou os meios de comunicação de massa e depois, abaixo deles, as atividades culturais dos filósofos e dos romancistas. Não que não haja sempre certa escala desse tipo, mas é crescente o deslocamento de condições dispensáveis para necessidades indispensáveis de reprodução dessa ordem, ou da habilidade para manter a vida dentro dela na natureza da economia capitalista moderna, pois podemos imaginar certas rupturas diante das quais os seres humanos poderiam fazer adaptações de um tipo bastante difícil vivendo de outra forma. Não são imutáveis as hierarquias que em geral seguem desde as atividades que atendem a necessidades físicas mais básicas, até aquelas que podemos ao menos declarar negativamente que, se não se realizassem, a vida humana não seria imediatamente ameaçada. Afinal, interrupções no fornecimento de energia elétrica ou de petróleo tornariam a vida impossível em um prazo bastante curto. Contudo, é óbvio que, em termos históricos, a nossa sociedade não os possuía até recentemente, e a vida pôde ser mantida por outros métodos. Para tomarmos outro exemplo: há algumas estimativas de que mais de metade da população empregada nos Estados Unidos, o país capitalista mais avançado, está agora envolvida em vários tipos de manuseio e distribuição de informação. Se for assim, uma greve no setor de informação colocaria rapidamente a manutenção da vida *naquela ordem social* em questão. As comunidades industriais modernas correm, nesse sentido, um risco muito maior quanto às suas necessidades primárias do que muitas sociedades menos produtivas do passado. Elas poderiam, teoricamente, e após longo deslocamento, sair dessas crises, mas a quantidade de sofrimento envolvido seria comparável ao sofrimento causado pela escassez ou por um ciclone.

Nesse sentido, a hierarquia das produções é ela mesma determinada dentro de uma ordem cultural que não é, de forma alguma, uma esfera independente na qual as pessoas imaginam quais seriam as preocupações cruciais da vida. É qualitativamente diferente viver em uma economia em que há uma produção industrial significativa de opinião e de entretenimento, do que viver em uma sociedade em que as crenças eram ensinadas por padres e escribas. Todas as vezes em que determinações da necessidade são disputadas, a ordem cultural está crucialmente envolvida. Um exemplo típico de um argumento social-democrata cotidiano da década de 1950, que hoje ouvimos em toda campanha governamental, e que cruza toda a política burguesa, é que devemos primeiro investir na produção essencial e, então, podemos ter todas as outras coisas que queremos, como escolas e hospitais. O que se considera como prioridade não é, de forma alguma, mais essencial do que escolas e hospitais. Inclusive os hospitais, e temos de nos lembrar desse fato, deveriam ser agrupados na categoria de atividades mantendo a vida humana em qualquer sociedade desenvolvida, não muito atrás da alimentação. O que ainda é descrito em termos capitalistas como produção essencial significa, na realidade, meios lucrativos de produção de mercadorias em seu sentido estreito: tudo o mais é então superestrutural, em um tipo de caricatura de um marxismo exageradamente simplificado. O que eu gostaria de ver é o vocabulário do dominante, do emergente e do subordinado aplicados ao caráter historicamente, mas nem sempre absolutamente, em transformação de toda uma gama de processos. Se começarmos concordando que eles são todos sociais e materiais, creio que estamos em condições de fazê-lo. Não estou dizendo que fiz isso; eu certamente não fiz. Mas se eu puder ajudar a instigar estudos desse tipo, essa será uma contribuição.

Ao discutir o problema da determinação, você critica a ideia de que é apenas limitação. Você argumenta que essa é a ideia burguesa da sociedade como um sistema de restrições sobre um indivíduo supostamente pré-social. Você insiste que a determinação não é apenas limitação, "é também pressão", e então você escreve: "Ela sempre é, também, um processo constitutivo, com pressões bastante poderosas que são expressas tanto em formações políticas, econômicas e culturais quanto, para tomarmos o peso pleno de 'constitutivo', são internalizadas e se tornam 'vontades individuais'".[7] Foi dado de fato um peso conceitual pleno ao termo "constitutivo"? Pois a oposição indivíduo/sociedade não é superada com o aumento de pressões e limites, uma vez são impostos sobre alguém. Assim, mesmo na formulação modificada que é lustrada pelo termo "constitutivo", bastante forte e correto, a promessa real do "constitutivo" não é alcançada pela ideia de pressões e limites. Não há ainda aqui um elemento residual da oposição indivíduo/sociedade?

Talvez a colocação seja justa. Penso ser importante distinguir dois planos a esse respeito. Há o plano fundamental no qual as limitações e pressões surgem muito antes de o indivíduo poder estar adequadamente consciente delas. Esse plano forma uma constituição social real desses indivíduos. A

---

7 *Marxism and Literature*, p.87.

internalização não seria um processo consciente, seria algo nunca separável da realização de uma pessoa individual, pois já teria acontecido. Mas temos também de considerar a questão da limitação e da pressão quando elas ocorrem na vida adulta, em um plano que não mais é constitutivo. Há formações que direcionam, ou em sua desintegração bloqueiam certos desenvolvimentos, e elas são tipicamente vividas como limitações ou como pressões. Seria provavelmente um avanço estipularmos que, quantitativamente, a maior parte da determinação está sempre no plano do constitutivo, onde falar de internalização seria enganoso, porque não há qualquer sentido no qual poderíamos separar o social do individual. Trata-se simplesmente do processo total. Mas quando alguém já é um indivíduo consciente, capaz mesmo de julgar de modo consciente os elementos de sua própria constituição, portas podem ser abertas ou fechadas, pressões podem ser exercidas ou resistidas, e limitações podem ser encontradas ou superadas. Eu realmente gostaria de manter esse processo continuado ativo em um plano que não é constitutivo, porque o perigo das teorias em voga que tentam modular a ideia de determinação em direção à reprodução é que elas subestimam a porção de escolha que existe no adulto, que não deveria ser pensada em termos individuais e voluntaristas, mas como alternativas disponíveis e persistentes.

A dificuldade intelectual de qualquer conceito de determinação é que, por um lado, deve haver certa unidade, estabilidade e rigor – não deveria ser permitido que se movesse em direção a um princípio básico que deve sempre ser qualificado da maneira como, digamos, todas as noções do marxismo vulgar devem o ser na prática. Por outro lado, ela deve ser capaz de explicar o fato objetivo de haver alternativas nas vidas individuais, nas histórias naturais e, na realidade, em toda a história do mundo. Em sua resposta, você parece descrever, de forma generalizada, uma experiência individual como uma questão de registro empírico ao invés de buscar uma definição teórica que abrangesse a experiência da escolha, das alternativas e das possibilidades perdidas. Contra a forma como você colocou isso, poderíamos oferecer um esquema que começaria a atacar as duas tendências divergentes do problema intelectual, um esquema no qual a determinação seja formulada em seu sentido mais forte possível, que não implica apenas a reprodução, mas também a produção, porque a natureza do modo de produção é sempre uma produção de contradições.

Sim, de modo geral eu concordo. É esse o ponto que tentei defender sobre a natureza real da base.

V
POLÍTICA

A GRÃ-BRETANHA DE 1956 A 1978

Em 1956, as duas crises da invasão de Suez e da Revolta Húngara abalaram a configuração política da esquerda inglesa. Em um ano, o Partido Comunista perdeu um terço de seus membros, e a Campanha pelo Desarmamento Nuclear (CDN) foi lançada com a primeira marcha a Aldermaston. Na sequência desses eventos, dois novos periódicos socialistas foram lançados: The New Reasoner *e* Universities and Left Review (ULR). *Qual foi a sua relação com esses desenvolvimentos?*

Após o término de *Cultura e sociedade*, mas antes de sua publicação, fui convidado por amigos em comum em Oxford para falar no clube da ULR em Londres. Naquele momento, eu não tinha contatos políticos significantes – ocorrera uma ruptura em minhas relações com o Partido Comunista e com a oposição informal dentro do partido, exceto por algumas visitas incidentais que fazia ao Grupo de Historiadores, que havia se encontrado em Hastings quando eu vivia lá. Assim, o encontro com o clube da ULR foi uma experiência muito importante para mim, porque eu não havia estado em um grupo desse tipo por um longo período. As reuniões eram animadas e bem frequentadas, o que abriu áreas bastante novas de discussão. Havia a diferença de uma geração entre o grupo que começara a editar a ULR, em Oxford, e o grupo que havia criado *The New Reasoner*, que nasceu das reflexões do Partido Comunista sobre a Hungria. Mas a CDN logo forneceu um movimento comum. Encontrei tantas pessoas que eu não havia visto há anos naquelas primeiras marchas a Aldermaston, especialmente com trajetórias comunistas. Pessoas que haviam se separado por uma década estavam se encontrando, das mais diversas formas. A CDN ofereceu o foco. As pessoas se aproximaram muito mais, incluindo a geração mais jovem que estava emergindo. Minha posição paradoxal em relação a essas duas gerações foi que eu pertencia, por idade, ao grupo que acabara de deixar o Partido Comunista, mas eu estava mais próximo dos tipos de preocupação do grupo que havia iniciado o ULR. O *New Reasoner* me parecia um jornal muito mais sólido, trabalhado por dissidentes dentro de um movimento com um escopo internacional de debate. Ele continha discussões sobre a posição contemporânea do marxismo e ensaios históricos e filosóficos sérios. O ULR parecia mais vigoroso, porém mais leve. Contudo, ele me interessava porque tratava de questões que não haviam sido muito proeminentes no debate marxista, incluindo discussões sobre os marxistas dissidentes – problemas referentes à cultura popular, a questões de estilo de vida etc. As pessoas do ULR tendiam a tratar os conflitos da época da Guerra Fria como uma fase passada. Elas eram muito mais voltadas ao que acontecia na Grã-Bretanha contemporânea, uma sociedade em rápida transformação naquela época, ao passo que as pessoas vindas do *The New Reasoner* estavam mais cientes da tradição marxista internacional como um todo, mas estavam mais distantes de algumas das transformações extraordinárias que estavam ocorrendo no cenário inglês. Esse foi o período do surgimento dos estilos culturais dominantes apropriados ao consumo capitalista, com tipos qualitativamente novos de revistas, publicidade, programas televisivos e campanhas políticas. A intervenção cultural da Nova Esquerda, embora incompleta, esboçou um novo tipo de análise necessária para uma nova fase do capitalismo. Em sua melhor forma, não se tratava de culturalismo, era uma ênfase em direção a novas formas de luta, o que era naquele momento amplamente chamado de revolução cultural, como em Rudolf Bahro, por exemplo. *Cultura e sociedade* ocupou uma posição específica no crescimento conjunto desses interesses, por estar em algum lugar entre os dois conjuntos de preocupação. Ao mesmo tempo, sempre notei que eu preferia ver a energia empregada na exploração de mudanças atuais da experiência cultural, do que direcionada à dor da revisão dos argumentos marxistas mais tradicionais. Hoje vejo as coisas dessa forma. Naquela época, provavelmente eu teria dito que aquele era um trabalho original relevante para o que estava acontecendo no momento, que iria participar da política contemporânea, ao passo que o outro estava apenas revivendo o passado. Mas hoje penso que, com a vantagem de um olhar retrospectivo, a dor da revisão do passado foi necessária, e que a forma como ela não avançou o suficiente, e o outro estilo tomou o seu lugar, foi uma fraqueza que custou caro mais tarde. Mas naquele momento fiquei bastante atraído por essa outra direção, que era muito próxima aos tópicos sobre os quais eu estava escrevendo. Isso não significa que achei fácil me relacionar através de gerações, partilhando os mesmos interesses com a geração mais nova, e minha experiência e estilo com a geração mais antiga.

Qual era a sua opinião sobre as perspectivas criadas por essa fusão das duas?
Não me envolvi nas negociações que levaram à fusão entre o *The New Reasoner* e o ULR, formando a *New Left Review*, que foi articulada por editores dos dois periódicos. Mas muito cedo fui trazido ao planejamento desta nova publicação, logo que a fusão foi decidida. Os dois grupos, quando se uniram, procuraram por muitas pessoas da esquerda em um leque bastante amplo, pessoas bastante diversificadas em sua política e experiência. O resultado foi um conselho editorial razoavelmente grande que, desde o início, parecia melhor em público do que poderia ser como um grupo trabalhando em um periódico. Mas havia uma tendência geral para unir toda uma geração que havia sido desintegrada pela experiência de uma década da Guerra Fria. Ainda assim, percebi o grupo mais como uma geração aproximada do que como uma geração que havia de fato se unido. Isso era aparente em tudo. No encontro inaugural do novo periódico, lembro-me de ter pronunciado um breve discurso, dizendo que duas tradições da esquerda, o stalinismo e o fabianismo, haviam se quebrado irrecuperavelmente. Uma tradição diferente era então necessária, e teria uma concepção muito mais ampla da política – uma nova esquerda, embora essa expressão não tenha sido cunhada dentro do grupo, e muitos de nós não nos sentíssemos confortáveis com ela. Edward Thompson, em um discurso anterior no mesmo encontro, falou da perspectiva de um novo movimento popular que transformaria ou substituiria completamente o Partido Trabalhista existente. Eu disse que, por mais que esperássemos por isso, eu estaria bastante satisfeito se, em dez anos, nós tivéssemos vinte ou trinta bons livros socialistas sobre a Grã-Bretanha contemporânea, não sobre o passado, e cem edições do periódico. Pensei sobre isso recentemente, quando a edição número cem da NLR foi publicada. Em outras palavras, o que eu sabia

que poderíamos fazer era ter muita pesquisa nova publicada, e iniciar um novo tipo de discussão socialista, e o que achei que devêssemos fazer era procurar a todo o momento pela oportunidade de um movimento político mais amplo. Penso que acertei de um lado, e errei de outro. O conselho editorial do periódico, quando ele nasceu, era também parcialmente responsável pela coordenação das atividades de muitos clubes que eram vistos, não apenas como fóruns de discussão, mas como sementes de um novo tipo de movimento político. Esse papel duplo levou a uma série de discussões dentro do conselho. Minha posição sempre foi a de que, para mantermos o programa de publicação e discussão ativo, nos seria exigida a maior parte de nossa energia e recursos, e que essa era a nossa prioridade. Argumentei que se perseguíssemos o grande alvo, a rápida materialização de um movimento político, talvez fracassássemos em nossos objetivos mais modestos. Penso que eu estava certo sobre isso. Mas eu estava errado ao assumir que um programa cultural e educacional por si só poderia revitalizar a esquerda ou alterar as áreas da opinião pública o suficiente para mudar as instituições tradicionais do movimento trabalhista. Não me enredei o suficiente nos problemas políticos muito mais árduos implícitos no envolvimento com os clubes. Mas, vejam vocês, eles nunca foram confrontados de modo adequado no que poderíamos abstrair como o outro lado do argumento. Lembro-me particularmente de discussões com Edward Thompson, que estava corretamente muito estimulado pelas possibilidades do novo movimento em 1959-1961. Embora ele tivesse ambições muito maiores em relação aos clubes, nunca houve uma noção clara de que eles seriam as organizações preliminares de um partido. Logo, essas eram apenas variações de um mesmo tema, mesmo tendo em vista que as diferenças de ênfase no momento eram bastante agudas.

Como você avalia a experiência da Nova Esquerda de 1960 a 1962?

O periódico iniciou bem e atraiu muitos escritores. Era uma época em que a direita trabalhista, sob a direção de Gaitskell, parecia render-se completamente ao capitalismo consumista, e a esquerda trabalhista, cuja condução era previsível pela existência de uma pobreza geral e pelo tipo antigo de luta de classe, parecia totalmente incapaz de falar sobre a nova sociedade. A única organização que parecia estar levantando questões socialistas no mundo contemporâneo, visto como distinto do mundo antigo, era a Nova Esquerda, sobretudo a geração mais jovem, que estava particularmente consciente das mudanças de padrão cultural na Grã-Bretanha. O preço pago por essa consciência foi uma negligência de tudo o que não havia mudado no capitalismo contemporâneo. Sentimos, em larga escala, que alguns dos problemas do marxismo clássico pertenciam à fase anterior, e que poderíamos avançar através deles. O resultado foi uma subestimação radical do poder político do Estado capitalista. Devido à nossa proximidade com as formas em que a sociedade estava mudando culturalmente, nós demos pouca importância às possibilidades de ação pela mudança cultural na esquerda. Penso que o grupo que havia deixado o Partido Comunista não estava muito mais próximo de apreender essas questões, mas, uma vez que manteve vivos alguns dos argumentos do marxismo tradicional, ele estava contribuindo mais do que se achava na época. Entretanto, ambas as tendências viram o novo tipo de política popular, as marchas e os clubes, como uma forma para uma mobilização socialista de um tipo não problemático. As questões levantadas pela Nova Esquerda tratavam do desarmamento nuclear e de uma variedade de questões culturais e de serviço social. Havia toda uma área da política no meio disso que não era muito discutida. Nossa atitude com relação ao Partido Trabalhista estava particularmente equivocada. Ela nunca foi tomada de modo sério o suficiente. Havia uma noção geral de que, dada a sua integração no mundo do capitalismo da OTAN, ele era um arranjo insignificante: enquanto as marchas eram tão grandes, e os clubes da esquerda brotavam por todo o país, essa instituição obsoleta poderia ser deixada para morrer. Por um ou dois anos, a CDN parecia estar na frente. As pessoas já conjecturavam sobre a data em que o Partido Trabalhista deixaria de existir, como fizeram para o fim da Segunda Guerra Mundial. Logo, o revés na votação sobre o desarmamento nuclear de 1961 veio como um golpe surpreendente. Não tínhamos nenhuma ideia das forças da máquina trabalhista, ou da habilidade política com a qual a direita foi capaz de se organizar para conseguir a vitória. As marchas começaram a diminuir à medida que a perspectiva otimista original se dissolvia, e o periódico criado pela Nova Esquerda passou por tensões inevitáveis.

Enquanto isso, havia outros problemas dentro do periódico. Quando foi lançado, Stuart Hall foi apontado como seu editor, e ele produziu um estilo de periódico muito próximo ao ULR original, em contato com novos estilos culturais, com novos modos de apresentação visual, e em uma linguagem que diferia da linguagem típica das revistas da esquerda. Muitas pessoas na direção foram bem críticas a essas mudanças. Eu me senti bastante alinhado a ele, porque achava que o tipo de periódico que ele estava tentando publicar tinha uma função real, mesmo eu não gostando necessariamente de todos os números. A pressão sobre ele foi imensa, com a circulação constante de memorandos internos sobre a política do periódico. Creio que Stuart nunca teve nem uma avaliação apropriada do que ele acabou em geral fazendo por conta própria, nem diretivas claras do que o conselho editorial entendia como uma responsabilidade coletiva. Trabalhando sob grandes dificuldades, ele frequentemente era responsabilizado por tudo o que fosse publicado, uma situação bastante típica na esquerda. Havia inúmeros argumentos no conselho sobre ele estar dirigindo um movimento político ou um periódico. Havia também os problemas mundanos tão comuns sobre as dívidas temporárias do periódico. Por fim, Stuart aceitou uma posição com Hoggart no novo Centro de Estudos Culturais em Birmingham, de forma que o periódico teve de mudar. Um grupo transitório de quatro editores assumiu a direção, e logo surgiram conflitos entre eles e o conselho antigo. Vi-me então na posição de mediador entre os grupos. Um novo estilo de periódico começou a emergir, abandonando a perspectiva da CDN, já que não havia mais um movimento para sustentá-la, e concentrando-se no trabalho intelectual básico. Eu fui o mais propenso a aceitar essa direção, uma vez que eu havia argumentado a prioridade de um programa educacional desde o início. Mas eu também era um membro do conselho antigo, onde havia muita resistência à nova definição do periódico. Em determinado momento, houve mesmo uma articulação para mover uma ação de direitos autorais, com a finalidade de impedir que o periódico revisado se chamasse *New Left Review*. Eu tentei de todas as formas evitar uma ação desse tipo, ou um pronunciamento do antigo conselho, porque ficou nítido que se ele insistisse nisso não haveria mais periódico, ele simplesmente deixaria de existir, pois os novos editores só poderiam publicar com a manutenção do antigo título, que ainda tinha assinantes e alguns ativos. Escrevi para pessoas que eu conhecia do antigo conselho e disse: "Você pode não gostar do que eles estão fazendo, mas creio que seja uma condição para a manutenção do periódico que devamos deixá-los fazer isso". Naquele momento, não se tratava de uma escolha entre um ou outro estilo. A questão era se o periódico continuaria a existir ou não. Minha experiência com *Politics and Letters* fez-me perceber que eu teria preferido qualquer coisa, mesmo a minha exclusão do periódico,

A GRÃ-BRETANHA DE 1956 A 1978

para que ele tivesse continuado ativo por aqueles anos, ao invés do que ocorreu de fato. Sob uma pressão bastante semelhante à que passava o *New Left Review*, ele simplesmente desapareceu, deixando de existir qualquer organização para aquele tipo de trabalho. Se o *New Left Review* tivesse encerrado as suas atividades em 1962 ou 1963, o que poderia ter facilmente acontecido, não há dúvidas de que alguma outra coisa se iniciaria mais tarde – certamente em 1968, mas teria havido alguns anos de perda e silêncio. Eu estava argumentando por uma estratégia de sobrevivência.

A vitória da direita no Partido Trabalhista em 1961 foi seguida rapidamente pela morte de Gaitskell, e sua sucessão por Wilson, convencionalmente identificado com a esquerda do partido, em 1963. Após um ano, um governo trabalhista foi eleito. Quais foram as suas atitudes diante dessas mudanças rápidas na situação política?

Após o golpe do voto sobre o desarmamento nuclear e a crise dos mísseis, a CDN ficou muito enfraquecida. Quando Wilson se tornou líder do Partido Trabalhista, em 1963, e trouxe com ele um estilo bastante novo de retórica, houve uma transição muito rápida da maior parte das pessoas da CDN que eu conhecia de volta para os CLPs – o "novo modelo" do Partido Trabalhista, como curiosamente o chamavam, mesmo após a demonstração da força da máquina trabalhista com o revés da política nuclear. Em minha opinião, o maior erro cometido não foi o de estimar exageradamente as possibilidades de um movimento alternativo de 1958 a 1961, mas a reaceitação resignada da política convencional que se seguiu de 1962 a 1964, com as ilusões do Partido Trabalhista que a acompanharam. Claro que eu partilhava as esperanças de que o governo trabalhista seguinte implantaria certas medidas no campo social com as quais todos nós concordaríamos. Eu não esperava que ele entendesse as novas questões culturais, mas ao menos eu pensava que um diálogo seria possível. Pessoas como Benn ou Jennie Lee pareciam interessadas nesses problemas, e abertas a discussões. Mas o que ficou em geral esquecido não foi apenas a lição da experiência da CDN, mas também a controvérsia entre a esquerda e a direita no Partido Trabalhista nos anos 1950: de que havia um entrelaçamento necessário entre a aliança militar, a política anglo-americana na OTAN, e o padrão de prioridades socioeconômicas possíveis na Inglaterra. Quando muitos socialistas voltaram ao Partido Trabalhista em 1963, eles começaram a falar de modo bastante persuasivo sobre as reformas que o governo trabalhista iria realizar na esfera social, e mesmo sobre a possibilidade de que ele enfrentasse algumas das novas questões culturais, mas houve uma evasão absolutamente fatal das questões sobre a política internacional em um sentido mais amplo. Uma coisa que me sinto satisfeito de ter registrado naquela época, ao escrever sobre a futura eleição para *The Nation* nos Estados Unidos, foi a minha convicção de que a política internacional do Partido Trabalhista era tão perigosa e obscura. As consequências ficaram bastante claras quando o governo trabalhista assumiu o poder. Os problemas reais da organização política da esquerda nunca foram enfrentados ou resolvidos no período, seja quando se pensou que o Partido Trabalhista poderia ser abandonado, pois as marchas e os clubes o suplantariam, seja quando se pensou que fosse possível retornar a ele como uma força ativa e mantê-lo no caminho correto. Ambos foram erros.

A sua posição implica em um julgamento do balanço das forças dentro do Partido Trabalhista a partir dos anos 1950. Qual foi a sua opinião sobre o bevanismo e sobre a esquerda trabalhista tradicional, de onde o próprio Wilson emergiu?

A esquerda trabalhista representou algumas demandas e posições muito bem recebidas nos anos 1950. Ela manteve uma briga prolongada contra toda a reconstrução da aliança militar ocidental, sobretudo com respeito ao rearmamento alemão, mesmo que com algumas nuances chauvinistas que incomodavam algumas pessoas. Ela também disse certas coisas sobre a União Soviética necessárias e corretas para socialistas dizerem. A esquerda trabalhista sempre exerceu um papel importante nas lutas industriais, muitas envolvendo as ferrovias, das quais eu estava bastante próximo. Ela deu uma grande prioridade para os serviços sociais, e atacou as ideias de uma economia mista. Mas, ao mesmo tempo, pareceu-me que ela não entendeu todas as mudanças na Grã-Bretanha pós-guerra. O capitalismo que ela descrevia era o capitalismo dos anos 1930, que levou inevitavelmente à depressão e à pobreza terrível. A ênfase de seu socialismo estava na política da redistribuição, enquanto o necessário seria um socialismo da produção que poderia resolver os problemas do emprego. A nacionalização das minas ou das ferrovias não havia alterado as relações de trabalho ou a posição dos trabalhadores dentro das indústrias nacionais, ela simplesmente acumulou novas instituições em torno de uma máquina estatal bastante inalterada e profundamente não democrática. Mineiros e ferroviários descobriram rapidamente que as minas e as ferrovias não eram deles tal qual não eram antes. A longa rota do controle político contornou o governo trabalhista, mas, ao contorná-lo, as condições foram muito pouco alteradas. Na realidade, em certos aspectos elas pioraram, pois à medida que minas foram desativadas, ferrovias também o foram. Mas esse não era um argumento que poderia ser encontrado na esquerda trabalhista da época. Mais tarde, eu costumava me aborrecer quando começaram a chamá-la meramente de esquerda antiga, com uma retórica jovem que se vê derrotada após dez ou quinze anos, quando as pessoas ficam mais velhas. Creio que ela era uma esquerda antiga no sentido real de poder ser flanqueada de tantas formas pelas mudanças e inovações do capitalismo contemporâneo. Se ela não tivesse sido assim, os novos movimentos socialistas após 1958 não teriam parecido tão importantes. Eu me identifiquei bastante com o bevanismo em suas campanhas no início dos anos 1950, mas nunca pude estabelecer um trabalho realmente colaborativo com a esquerda trabalhista. Tipicamente, eles não compreendiam nem mesmo as pequenas iniciativas de um tipo mais novo. Lembro-me de ter sido cumprimentado com uma incredulidade absoluta em uma CLP, quando me pronunciei defendendo vigorosamente a administração das propriedades rurais pelos arrendatários. Ou da completa incompreensão quando escrevi ao *Tribune* me oferecendo para redigir uma série de artigos populares sobre vocabulário, o que mais tarde se tornou *Palavras-Chave*.

Como você via Bevan?

Nunca confiei em Aneurin Bevan, pela razão cínica de que é necessário um galês para conhecer outro. Ele veio de uma distância de apenas 30 quilômetros de onde eu vim, e eu havia ouvido tanto sobre aquele estilo de fala galesa desde meus 2 anos, que nunca fiquei tão impressionado com ela quanto outros socialistas ficavam. É uma forma maravilhosa de endereçamento ao público que sempre pressupõe uma fé em comum. Acho que ela tem sua origem nas capelas, onde não era necessário argumentar a necessidade de se acreditar em Deus. Todos acreditavam, de forma que se podia apenas ser bastante espirituoso sobre os caminhos do mundo, ou bastante indignado com suas injustiças. Mas esse não é um estilo para o argumento sério, porque as suas crenças são pressupostas desde o início. Assim, era muito difícil saber em que Bevan realmente acreditava. Se tomarmos o seu livro, ele pode dar uma descrição excelente da atmosfera artificialmente antiga da Câmara dos Comuns, mas a sua filosofia política é muito mais incerta. Podemos entendê-la como um conjunto de convicções emocionais fortemente mantidas que surgem de uma experiência peculiarmente galesa, a das pessoas que foram unidas por tanto tempo pelo desejo de mudança, embora em um isolamento relativo, e que pensam que precisam apenas soar o trompete para que as muralhas caiam. Afinal, se isso pudesse se realizar a partir do discurso, o País de Gales poderia ter sido uma república socialista nos anos 1920. O galês, podemos dizer, estava tão lesado que não havia necessidade de argumentar por meio de questões fundamentais. Isso era bastante característico do estilo de Bevan. Assim, temos o social-democrata sofisticado dos serviços de saúde, mas também o parlamentar metropolitano trabalhista, uma figura asfixiante, e, obviamente, o trapaceiro final sobre a bomba H. Logo, nunca pensei que Bevan estivesse definindo os problemas da sociedade britânica contemporânea, mesmo quando ele liderava campanhas radicais com algum impacto público. Claro que Wilson era outra questão. Ele mostrou as caras quando Bevan foi banido da oposição: Wilson, que supostamente era da esquerda, apenas assumiu a sua posição.

A primeira administração de Wilson foi formada em outubro de 1964. Você disse que esperava por algum grau de resposta solidária do governo trabalhista com relação às questões culturais que haviam sido levantadas pela Nova Esquerda. O seu livro Communications, *que inicia um programa abrangente de reformas para a grande mídia, foi presumivelmente um balão de ensaio de suas reações reais. Como foi a recepção do livro?*

Communications teve sua origem em uma palestra sobre a imprensa contemporânea para uma Conferência do Sindicato Nacional dos Professores (NUT) intitulada, de modo típico para o período, "A cultura popular e a responsabilidade pessoal". A [editora] Penguin me encarregou de escrever um livro geral sobre comunicações para o evento. Aproveitei a oportunidade para combinar os objetivos de escrever um livro didático usando métodos de análise que eu havia desenvolvido para as aulas na educação para adultos, mas também um trabalho programático para mudanças institucionais, projetado para servir ao movimento político mais geral da esquerda. Naquela ocasião não havia, em geral, políticas do partido na área das comunicações.

A GRÃ-BRETANHA DE 1956 A 1978 377

Assim, a chance de lançar propostas concretas me pareceu boa. O resultado foi que desenvolvi esquemas bastante detalhados para mudanças em três estágios – imediato, do período de transição e a longo prazo – com a esperança de que haveria alguma possibilidade de ao menos o primeiro estágio ser iniciado pelo Partido Trabalhista, mas também para desenvolver um novo tipo de política da esquerda, construtiva e crítica, na área das comunicações. A resposta tradicional da esquerda para tudo era a propriedade pública. Mas ninguém havia elaborado o que "propriedade pública" deveria significar em um campo tão sensível quanto esse. A perspectiva de um monopólio burocrático era corretamente temida, dados os exemplos da mídia controlada pelo Estado, como um salto da frigideira para o fogo. O resultado foi induzir a uma aceitação resignada, por parte das pessoas que trabalhavam na mídia, dos arranjos capitalistas existentes. A essência de minhas propostas era que a propriedade pública dos meios básicos de produção deveria ser combinada ao aluguel de seu uso por grupos autogeridos, para garantir uma variedade máxima de estilo e de opinião política, e para assegurá-la contra qualquer controle burocrático. Esse princípio é perfeitamente praticável em qualquer campo, da indústria de notícias impressas às instalações de radiodifusão e ao cinema. Ele representava uma linha política claramente nova. A reação dos críticos foi bastante hostil. *Communications* foi atacado de modo amplo e agressivo como um plano para a nacionalização da cultura, embora disfarçado – ainda mais perigoso, porque convidava a uma maior liberdade e responsabilidade, ao invés de mais controle. O livro teve uma recepção política bastante incisiva por parte da direita.

De várias formas, Communications, que passou por três novas versões desde que você o escreveu pela primeira vez, representa um modelo exemplar para a política socialista, tanto em sua articulação detalhada dos objetivos de curto prazo, médio e longo prazo, algo bastante raro nos textos programáticos da esquerda revolucionária, quanto em sua entrada pioneira no campo específico da organização cultural, onde levanta problemas que talvez tenham sido até hoje enfrentados historicamente apenas uma vez, na Checoslováquia, em 1968. As suas ideias teriam sido diretamente relevantes para a Primavera de Praga. A reação que você descreveu da direita na Inglaterra é bastante compreensível. Mas qual a resposta dentro do Partido Trabalhista?

Ironicamente, uma das razões para o alarme e hostilidade da direita foi a suposição de que, se o governo trabalhista tomasse posse, o que parecia iminente em 1963, ele seria guiado por ideias como essas. Quando o Partido Trabalhista ganhou as eleições, houve um episódio cômico: o *Sunday Times* publicou uma coluna especial intitulada "O novo estabelecimento", com uma relação de rostos ocupando a parte superior da página, incluindo a de Townsend, a de Hoggart, a de Abel-Smith e de outros – incluindo a minha. Essas eram as pessoas que supostamente estariam assessorando intelectualmente os ministros trabalhistas. Na realidade, por todos os seis anos do governo trabalhista nos anos 1960, nunca recebi um convite, formal ou informal, privado ou público, para um comitê ou para uma conferência de ninguém do governo trabalhista ou da máquina trabalhista. Nem uma linha. Por outro lado, seguindo o vazamento de uma informação privada de um homem do serviço social, Hoggart, eu e o sindicato dos músicos tivemos de nos opor a um plano, por Benn, para iniciar uma cadeia de estações de rádio comercial. No caso da Open University [Universidade Livre], que combinava meu interesse pelas comunicações e pela educação para adultos, não houve qualquer consulta. Eu defendia com vigor a ideia de uma universidade livre, mas eu também achava que ela poderia ser combinada à remodelação da educação para adultos que, como eu disse antes, havia caminhado em direção a novas dificuldades. Poderia haver uma conexão entre o tipo de curso que havia sido tão bem desenvolvido pela WEA e a educação pela televisão, pelo rádio e via correspondência. Não seria fácil, e estou certo de que havia razões políticas para desenvolver uma ideia bem elaborada da Open University contra seus principais inimigos da direita. Mas Jennie Lee me disse mais tarde, na única ocasião em que a encontrei, em um jantar do *Guardian*, que como ministra responsável, ela havia decidido se distanciar dos tipos antigos de educação para adultos e iniciar o que se aproximaria ao máximo de uma universidade convencional, incluindo os processos seletivos. Foi o que aconteceu, um tipo de iniciativa assimilada, mesmo quando radical. A Open University ainda não possui uma organização tutorial propriamente alicerçada, e possui bem pouco de nossa democracia educacional antiga.

Você tinha algumas esperanças e muito receio de como seria a política internacional de um governo trabalhista. Logo após a administração de Wilson assumir o poder, em 1965, os Estados Unidos haviam decidido, com a conivência do governo trabalhista, intensificar a sua guerra no Vietnã. Como você percebeu essa conduta?

Quando me mudei para Cambridge, em 1961, eu rapidamente me vi mais envolvido com a política imediata do que em Hastings, uma cidade pequena que não oferecia nada parecido com a gama de atividades políticas de um centro como Oxford ou Cambridge. Nos meus primeiros dois ou três anos em Cambridge, até a eleição do primeiro governo trabalhista, e durante o início de sua administração, houve uma esquerda local bastante ativa por lá. Inicialmente me engajei em discussões sobre o Vietnã com um grupo local. Enviamos uma delegação à Câmara dos Comuns para protestar contra os caminhos da administração trabalhista já em 1965. A atmosfera era bastante reveladora. Shirley Williams, que encontrei quando proferi uma palestra para a Sociedade Fabiana, simplesmente não quis discutir o assunto. Stan Newens começou a discursar sobre Dien Bien Phu e Ngo Dinh Diem em um nível incrivelmente abaixo do público, como se não soubéssemos nada sobre o Vietnã. A noção criada no Parlamento de que as pessoas não vão aos encontros para discutir os caminhos a serem tomados, mas para serem informadas sobre eles, parecia ter contaminado mesmo a parte boa da esquerda parlamentar, que eu respeitava bastante. Levantei-me e fiz uma cena, dizendo que ele não deveria desperdiçar o nosso tempo: nós queríamos discutir o que fazer para interromper o apoio do governo trabalhista aos Estados Unidos na Indochina. Isso ocorreu durante o período do governo minoritário, e os membros do Parlamento à esquerda poderiam, se quisessem, colocar uma pressão tremenda sobre o gabinete envolvido com o Vietnã, pois o governo trabalhista dependia inteiramente de seus votos. Mas para eles parecia impensável arriscar uma queda do governo trabalhista por conta de um assunto como o Vietnã. Eles estavam muito mais preocupados em passar projetos de lei pela Câmara dos Comuns. Eles não perceberam que a aliança com a política americana no Vietnã estava decidindo o caráter político básico do governo trabalhista.

Mais tarde, juntei-me à Campanha de Solidariedade ao Vietnã. Houve por algum tempo conflitos no movimento antiguerra entre o chamado para encerrar a intervenção americana e a solidariedade à Frente Nacional para a Liberação do Vietnã. Mas aquele era um mundo diferente do mundo da época da CND, quando lutávamos contra hipóteses, e não contra uma expedição militar massiva. O apoio à Revolução Vietnamita produziu um movimento muito mais duro e militante na esquerda. Embora eu sempre visse com bons olhos a sociedade americana, por mais de uma década recusei convites para ir aos Estados Unidos por conta da Guerra do Vietnã.

Como evoluiu a sua atitude em relação ao governo trabalhista após a revelação do caráter reacionário de sua política internacional e da nulidade de sua política cultural?

De 1964 a 1966, a maior parte das pessoas da esquerda que eu conhecia em Cambridge reclamava do primeiro governo de Wilson, mas dizia que ele estava sendo impedido de fazer o que queria pela pequena maioria no Parlamento. As eleições em março de 1966 deram ao Partido Trabalhista uma maioria de cem. O que aconteceu? Em três meses, Wilson estava na televisão fazendo tudo o que podia para interromper a greve dos marinheiros, denunciando os seus líderes como um pequeno grupo de homens politicamente motivados. Ninguém do gabinete renunciou. Foi uma revelação bastante nítida do que o Partido Trabalhista havia se tornado. Após um mês, houve a crise da libra esterlina em julho, quando a retórica de Wilson poderia certamente ter identificado pequenos grupos de homens politicamente motivados, se houvesse ao menos a sombra de um governo de esquerda – mas não, houve deflação e cortes nos serviços sociais para defender a cotação internacional da moeda. Diante disso, concluí que esse era o fim do caminho. Decidi deixar o Partido Trabalhista e escrever algum tipo de manifesto declarando com clareza que o partido não era apenas um agente inadequado para o socialismo, mas também era agora um colaborador ativo no processo de reprodução da sociedade capitalista.

Isso foi em julho. Por acaso em agosto foi organizado um encontro em Londres para socialistas que haviam perdido o contato uns com os outros após o encerramento da Nova Esquerda original. Eu fui ao encontro e propus a ideia de um manifesto. Houve muita discussão sobre quem o editaria, e algumas pessoas da geração mais jovem conduziram uma reconciliação bastante consciente entre mim e Edward Thompson, que havíamos tido nossos desacordos no período de mudanças na *New Left Review*. Por fim, Stuart Hall, Edward Thompson e eu fomos indicados como coeditores. Essa foi a origem do *May Day Manifesto* [Manifesto de Primeiro de Maio].

Como o manifesto foi escrito?

Escrevi quase toda a edição de 1967, mas houve discussões constantes muito boas no estágio final daquela versão, em vários encontros bem frequentados que pareciam um reagrupamento do conselho da Nova Esquerda. Então, após o lançamento do *Manifesto* de 1967, que nós próprios imprimimos, a Penguin sugeriu a sua publicação em uma versão de bolso. Dessa vez fui nomeado o editor, mas Edward e Stuart contribuíram mais nesse segundo *Manifesto* do que no primeiro, embora não fossem editores formais. Muitas pessoas novas se juntaram a nós para escrever algumas de suas partes. Um grupo costumava se reunir nos finais de semana para trabalhar no esboço de diversos capítulos. Eu então reescrevi todo o material em um texto único. Os capítulos finais foram realizados por três de nós em minha casa, às pressas e no último minuto, para conseguirmos publicá-lo em maio de 1968.

O Manifesto *foi projetado para ser uma intervenção política em nível nacional. Qual foi a concepção organizacional que resultou dele?*

A nossa esperança era que o *Manifesto* fosse amplamente discutido no movimento trabalhista, estimulando a criação de fóruns ou de clubes de esquerda nos quais as pessoas poderiam começar a formar centros efetivos para um debate político e uma ação comum sem renunciarem à sua afiliação a organizações políticas existentes. Nesse sentido, a perspectiva não era muito diversa da de 1959-1961. Inicialmente, houve a criação de um número razoável desses fóruns. Claro que, naquele momento, em comparação ao final dos anos 1950, quando muitas pessoas procuravam por um espaço na esquerda, havia toda uma gama de grupos socialistas substancialmente organizados na Grã-Bretanha. O princípio do *Manifesto* era que as pessoas deveriam ser capazes de se unir em fóruns sem ter de romper com qualquer outro grupo. Essa foi uma conduta bastante polêmica, porque qualquer formação que se proponha a ser comum a pessoas de outros grupos é imediatamente percebida como tendo a intenção de tomar o seu lugar. Decidimos então realizar uma convenção nacional. Convidamos todas as organizações socialistas que conhecíamos para uma comissão preparatória para a organização do evento, com o objetivo de dar ao movimento uma maior presença nacional e de lançar uma resistência mais ampla e vigorosa à tendência crescente do movimento trabalhista à direita, que havia publicado o seu próprio manifesto, aparentemente uma contraproposta ao nosso.

Conseguimos uma grande aceitação para a comissão preparatória por parte de várias organizações, bem como de delegações individuais. A convenção foi difícil, uma vez que a briga interna entre vários grupos era bastante violenta. As únicas pessoas que observavam todas as regras previamente decididas eram os representantes do Partido Comunista. Mas também foi bastante argumentativa e vigorosa. As disputas ocorreram tipicamente em tópicos de um passado remoto, em geral, meados dos anos 1920. Quanto a questões sociais contemporâneas sobre temas centrais como o Vietnã, havia na Grã-Bretanha discussões em linhas usuais. Apesar dos conflitos, um documento substancial emergiu da convenção, uma série de posições mais politicamente direcionadas do que o próprio *Manifesto*, e um apelo aos membros de todas as organizações representadas para iniciarem grupos de esquerda em suas próprias áreas, grupos estes que seriam coordenados por uma comissão preparatória em Londres que se reuniria com representantes nacionais de todos os grupos. Mas como isso continuou? A maioria das organizações socialistas enviou representantes para a comissão de coordenação, embora sem regularidade, e vários grupos locais foram iniciados. Houve uma união real contra a legislação sindical do governo trabalhista, contra a emergência do powellismo, e contra a Guerra do Vietnã. Mas a eleição de 1970 logo trouxe à luz diferenças profundamente enraizadas e persistentes de perspectiva política e de estratégia. Quando a comissão teve de discutir as diretrizes para a eleição vindoura, houve uma gama de respostas, desde "devemos nos mobilizar em apoio ao Partido Trabalhista, aconteça o que acontecer, porque temos de manter o governo Tory fora", passando por um apoio muito mais condicional ao Partido Trabalhista, até a posição de que deveríamos nos opor ao Partido Trabalhista. Era o que eu defendia. A tendência à qual eu pertencia argumentou que deveríamos tentar lançar candidatos da aliança da esquerda às eleições de 1970. Imediatamente houve muita discussão sobre isso. As pessoas da esquerda trabalhista que haviam previamente cooperado se retiraram rapidamente, os grupos socialistas que haviam denunciado o governo trabalhista, mas que insistiam na necessidade do voto de apoio para o seu retorno, também abandonaram a comissão, e o Partido Comunista também a abandonou, apesar de ter frequentemente contribuído mais do que seria de esperar em suas atividades desgastantes de lançamento de candidatos próprios. Todos os três se retiraram quando perceberam essa nova linha tomando forma, e a comissão se dividiu em quatro partes. Ela nunca se reunificou. Devido à questão da permissividade de realizar intervenções eleitorais à esquerda do Partido Trabalhista, um movimento que havia conseguido sustentar uma unidade considerável na esquerda se desintegrou durante o processo eleitoral. Uma estratégia de atividade comum pôde sobreviver a tudo, exceto às eleições.

A Revolta de Maio ocorreu na França em 1968, no mesmo mês em que o Manifesto *foi lançado na Grã-Bretanha. Como o evento impactou em você?*

Achei os eventos de maio na França bastante estimulantes e me senti totalmente ao seu lado. As pessoas que trabalhavam no *Manifesto* estavam sempre viajando a Paris. Para mim, tratava-se de uma manifestação diferente de um mesmo tipo de movimento. A combinação de trabalhadores e estudantes era similar à perspectiva dentro da qual trabalhávamos. O governo trabalhista estava na ocasião tentando avançar a sua legislação antissindicalista. Parecia haver uma grande probabilidade de ocorrer um ponto de união entre a classe trabalhadora, que agora percebia o governo trabalhista como um inimigo, e um movimento estudantil e intelectual que estava sendo elaborado desde o final dos anos 1950. A explosão francesa ocorreu em uma escala muito superior a qualquer coisa que pudéssemos prever na Inglaterra. Contudo, ela estava em uma mesma dimensão. Claro que, mesmo na Inglaterra, houve grandes passeatas contra a Guerra do Vietnã em outubro daquele ano. Assim, a Revolta de Maio simultaneamente foi e não foi uma surpresa, pois ocorreu algo que havíamos previsto como a única resposta socialista efetiva aos modos da política capitalista: não foi como se ninguém houvesse falado de revolução. As pessoas devem ter sentido o mesmo em 1917. O que mais me impressionou naquele momento foi o quanto o movimento durou. Mas também, quando ele terminou, percebi que o modo como a sociedade capitalista saiu da crise foi bastante significativo, por meio de eleições, revelando a facilidade com que a esquerda foi colocada de lado como representante da desordem, e como o processo eleitoral foi restabelecido não apenas como ordem, mas como democracia. Houve lições de ambos os lados desse evento crítico.

As eleições de 1970 na Inglaterra foram vencidas pelo Partido Conservador, conduzindo a quatro anos turbulentos sob o governo de Heath. Qual foi a sua reação à nova conjuntura política do início dos anos 1970?

Toda a série de batalhas até o seu clímax, com a greve dos mineiros de 1973-1974, foi um retorno à política de classe real. O ressurgimento de uma militância genuinamente política em grande escala, sob um governo conservador, pareceu confirmar a minha avaliação do Partido Trabalhista: uma vez dissolvida a sua manipulação das forças para impedir qualquer luta de classes real, a situação se tornou muito mais dinâmica e explosiva. Mas isso, por outro lado, permitiu ao Partido Trabalhista repetir o cenário dos anos 1960. Escrevi um artigo para *The Nation* em 1971 prevendo que, quando na oposição, o Partido Trabalhista iria readotar uma postura de esquerda com um manifesto suave-radical para a eleição seguinte. Seria reeleito sob o pretexto de reagrupar a esquerda, como em 1964, e iria então novamente implementar políticas de direita, pavimentando o caminho para um futuro governo conservador, de forma que nós passaríamos por uma nova década sem uma diferença significativa em seu desfecho. O fracasso do esforço por um reagrupamento real da esquerda *por* meio do *Manifesto* me afetou muito politicamente. Afinal, eu estava decididamente determinado a não tomar parte em uma repetição dos anos 1960.

Quando a eleição de 1974 se aproximou, após dois anos da luta de classes mais aberta que a sociedade britânica havia presenciado desde a guerra, houve um esforço calculado para repetir o mesmo tipo de operação que havia ocorrido na França. Um membro Tory do Parlamento fez uma observação bastante significativa após o voto dos mineiros: "Eles tiveram o voto deles, agora teremos o nosso". Foi assim que a estratégia foi programada, usando a eleição para derrotar a greve. Naquela situação, teria sido desastroso se o governo Tory voltasse, triunfando sobre a classe trabalhadora organizada. Era necessário fazer qualquer coisa para impedir isso. Mas naquele momento não havia nem mesmo a base mínima para uma intervenção independente, como a que houve em 1970. Então, votei trabalhista, e me pronunciei em alguns de seus encontros. O tema sobre o qual eu me pronunciava, contudo, era: "Eleja-os na quinta, lute contra eles na sexta". Essa era a única posição que eu estava preparado para tomar, e eu falava literalmente na sexta-feira, não se tratava de esperar um ano. Quando o Partido Trabalhista ganhou a eleição, toda a minha análise política de seu papel foi rapidamente confirmada, pois o mais notável foi o retorno total à ordem do movimento trabalhista. A crise considerável trazida à sociedade britânica pelos conflitos do governo conservador foi rapidamente contida e desarmada pelo novo governo trabalhista. Havia se tornado ainda mais claro desde então que o que eu chamei de partido pós social-democrata é absolutamente essencial para o funcionamento do capitalismo moderno na Grã-Bretanha nos períodos em que o movimento geral da economia e da sociedade exige uma maior neutralização da classe trabalhadora. Creio que tenha sido um erro falar do Partido Trabalhista como um partido social-democrata desde por volta de 1966.

O que você entende por um partido pós social-democrata?

O Partido Trabalhista britânico foi social-democrata até 1948-1949, no sentido de que ele não tentava atingir o socialismo, ou seja, não mais visava a transformação das relações capitalistas de produção por meio de uma mudança decisiva nas forças de classe e na dominação de classe. Mas ele estava tentando estabelecer certas prioridades sociais, além da operação do sistema capitalista. Por exemplo, o serviço de saúde, que não era visto como um sistema capaz de prover uma força de trabalho saudável para a indústria, ou como um rateio do produto nacional bruto, mas como uma alegação de uma proposta social acima do mercado capitalista. A posição social-democrata clássica, distinta de uma tradição marxista significativa, é expressa no discurso de Tawney, quando ele diz que nenhuma sociedade é pobre demais para ter uma ordem correta da vida, e nenhuma é rica o suficiente para dispensá-la. Em outras palavras, um apelo à necessidade de justiça social, e não uma preocupação com a distribuição dos produtos marginais. Essa tradição quase desapareceu do Partido Trabalhista hoje. A partir de mais ou menos 1966, seria impossível defender o programa do partido nesses termos sociais-democratas. Significativamente, os líderes trabalhistas até mesmo pararam de falar em reformas nesses termos. O que eles agora propõem são emendas projetadas simplesmente para racionalizar e talvez humanizar a economia capitalista, aceitando as prioridades de seu investimento e consumo pelo ajuste da distribuição dos produtos residuais. O argumento para *ir além* no que tange ao uso e à necessidade social nunca é seriamente colocado hoje. É essa a linha divisória entre o que foi um dia um partido social--democrata e o que é agora um partido pós ou não social-democrata.

Não seria a sua descrição do Partido Trabalhista questionável? Afinal, os elementos da modernização e da racionalização capitalista já estavam bastante evidentes no programa e na atuação do partido em 1945, substancialmente herdados de Beveridge e dos círculos tecnocratas que tiveram tanta influência no aparato do Estado durante a guerra. Igualmente, mesmo no lamentável Partido Trabalhista de 1978, há ainda elementos do que você descreve como um projeto propriamente social-democrata. O partido sempre visualizou as suas reformas sociais financiadas pelo crescimento do capitalismo. Não está Callaghan argumentando, mesmo hoje, que a recuperação econômica através das reservas enorme do petróleo do Mar do Norte fornecerá a base para a renovação de uma curva ascendente no padrão de vida e para uma reexpansão da sociedade de serviços? O que falta em seu argumento sobre a degeneração do Partido Trabalhista nos anos 1960 e 1970 é a mudança bastante drástica no ambiente econômico no qual ele operava. Não seria mais preciso dizer que o Partido Trabalhista, como outros partidos social- -democratas, mantém uma formação contraditória, na qual um projeto residual de reforma social é historicamente inseparável da racionalização capitalista, e que o que determina as mudanças na distribuição dos dois propósitos é, em uma última análise, a condição da economia capitalista nacional e internacional?

Creio que essa é certamente a razão para a degeneração. O Partido Trabalhista descobriu que não se pode ter social-democracia em um único país, particularmente não em um capitalismo enfraquecido de segunda categoria. Quase todas as suas mudanças ideológicas podem ser datadas pelas crises sucessivas, quando ficou demonstrado aos círculos políticos dominantes na Grã-Bretanha que eles operam junto a forças que são muito amplas para controlarem. Dentro do Partido Trabalhista, houve uma reserva cada vez maior de objetivos desejáveis, mas que não podem ser atingidos agora devido a pressões internacionais. A soma das mudanças ideológicas alterou a correlação de forças dentro do Partido Trabalhista. O programa da própria esquerda está agora bastante confinado a uma maior intervenção ou participação pública na economia capitalista.

Contudo, o Partido Trabalhista preserva as características estruturais de uma organização social-democrata na qual o trabalho organizado retém um poder tremendo na base do partido e em um plano nacional. Ele parece manter uma formação política mais flexível, com uma credibilidade maior junto à classe trabalhadora, do que as suas observações sugerem. Se o Partido Trabalhista tivesse se deteriorado tanto quanto você afirma, não seria isso equivalente a dizer que seções bastante amplas da classe trabalhadora estariam a ponto de romper relações?

Mas uma ruptura em que direção? Nos últimos dez ou quinze anos, apenas uma minoria da classe trabalhadora está se movendo para a esquerda, se distanciando do Partido Trabalhista. Por outro lado, parece haver um declínio na consciência política de parcelas significativas da classe operária, ao mesmo tempo em que ocorre um aumento nas ações industriais na última década. Hoje há padrões de luta para os quais a experiência do sindicalismo dos Estados Unidos talvez seja tão relevante quanto o passado do movimento trabalhista britânico. Há um tipo de particularismo militante, em geral formalmente semelhante às lutas de uma classe trabalhadora organizada em um sentido clássico, mas que é parte de um sistema capitalista – o processo de barganha que não possui qualquer dimensão política mais ampla. Um exemplo comparativo seria a recente greve dos médicos nos hospitais, similar em todas as suas características a uma luta salarial tradicional, exceto em sua atribuição de classe, mas fundamentalmente diversa em sua relação com o sistema político e com a ordem social atual. Dentro da própria classe trabalhadora industrial, pode haver hoje uma greve ou paralisação para prevenir que uma determinada fábrica seja fechada, o que pode vir a ser resolvido com um acordo para que um capitalista americano assuma o seu controle. Produtores de ferramentas podem entrar em greve reivindicando equiparações salariais com argumentos muito próximos aos dos médicos. Em casos como esses, os trabalhadores não estão mais atuando ou tentando atuar da forma como os marxistas veem a missão histórica de sua classe, exercendo uma pressão tão profunda nas relações econômicas e nas contradições sociais a ponto de alterá-las. Claro que essas ações ainda podem quebrar uma economia capitalista, por conta das contradições profundas de um sistema que oferece esse tipo de ambição e de incentivo. Afinal, quando as pessoas as realizam, podem acabar lançando o sistema em uma crise. Mas um tipo qualitativamente diverso de consciência está aqui envolvido, um tipo que afeta de modo crucial o que acontece quando essa crise ocorre.

O movimento presente não caminha em uma única direção. A votação recente dos mineiros sobre um acordo referente à produtividade é um exemplo significativo do princípio oposto. Foi uma rejeição da ideia de que, se você está em uma área próspera, você deve votar por seus benefícios, e que se danem os que se encontram em áreas mais pobres. Os mineiros galeses argumentaram, com bastante força, que dar uma prioridade desse tipo ao salário, colocando-o acima de todas as outras considerações, seria uma forma de induzir as pessoas a trabalharem mais para conseguir seus bônus, com um maior risco de acidentes para eles e para os outros, de forma que esta seria uma proposta socialmente irresponsável. Essa é a reação oposta. Penso haver um problema genuíno se juntarmos todos esses tipos diferentes de ação como formas equivalentes de militância política. Afinal, não há ninguém mais militante do que o acionista em busca de um grande lucro. A ação militante não é necessariamente uma ação socialista quando a situação dos empregados se torna mais complexa, e quando um instrumento político tradicional da classe trabalhadora deixa de ser social-democrata. Há uma diferença decisiva entre o particularismo militante e o socialismo militante que envolve necessariamente um movimento político no centro, um amplo objetivo estratégico para transformar a sociedade. Claro que há inúmeros processos intermediários, frequentes na história, quando uma greve se inicia contra condições intoleráveis, ou por um aumento salarial sem uma preocupação maior do que essa, mas que objetivamente se torna uma ação que coloca todo o sistema de classe em questão. Com o particularismo militante não há outras questões. A única questão é a sua porcentagem.

Você diria que esse tipo de particularismo está se tornando dominante no movimento trabalhista britânico?

Não, penso que tudo está ainda em jogo. Afinal, o apoio da classe trabalhadora aos mineiros em 1973-1974 foi um exemplo notável da força dos recursos e criou os meios indispensáveis ao socialismo. Não há porque desconsiderar o potencial desse tipo de ação coletiva. É menos provável que ela ocorra sob um governo trabalhista, quando o propósito coletivo é deslocado. Mas isso pode mudar de acordo com o que ocorre no centro. O crescimento futuro de um particularismo despolitizado dependerá da mudança ou não de toda a estrutura da ordem política britânica. Pois o seu desenvolvimento está vinculado de modo íntimo ao mecanismo particularmente asfixiante do sistema bipartidário. O caminho clássico para a solução de qualquer crise do capitalismo inglês é a alternância dos partidos principais. Enquanto esses partidos mantiverem a sua coesão, e não havendo outras formações eleitorais significativas, esse processo de alternância pode dissolver e desarmar crises sucessivas por anos. Coalizões políticas não são construídas nesse país, elas chegam já prontas pelo sistema de votação, de modo que os dois grandes partidos não precisam nem mesmo negociar a sua política. Eles preparam o programa para as eleições – mas, quando no poder, fazem o que querem. Essa é uma peculiaridade bastante específica da política britânica, que a distingue de outras sociedades capitalistas centrais enfrentando o mesmo problema do controle do conflito social fundamental por meio do processo eleitoral.

Essa também é a razão principal para eu apoiar dois movimentos que parecem pressionar o sistema em seus dois extremos: os movimentos nacionais no País de Gales e na Escócia e o movimento internacional pela integração da Europa. No País de Gales, por exemplo, é bastante importante que haja um partido nacionalista que introduza outra tendência política dentro da equação, à esquerda de qualquer coisa que o Partido Trabalhista tenha sido desde a guerra. Ao mesmo tempo, na medida em que a Grã-Bretanha, como membro da Comunidade Econômica Europeia (CEE), fique mais integrada ao processo eleitoral europeu, alianças alternativas terão de ser feitas. Assim que estivermos além das limitações desse Estado inglês tão peculiar, com sua curiosa camisa de força eleitoral, no mínimo, perspectivas podem ser abertas para algumas negociações hoje completamente bloqueadas nesse país entre os social-democratas, os socialistas e os comunistas. Tenho certeza de que Tom Nairn está correto em sustentar, embora eu não concorde com todos os seus argumentos, que os movimentos nacionalistas são uma ameaça significativa ao Estado capitalista britânico e poderiam provocar uma crise no próprio Partido Trabalhista, se lhe tomasse suas duas fortalezas mais tradicionais, na Escócia e no País de Gales. Acho que ele também está certo quanto aos efeitos positivos do movimento da política britânica para fora, para o palco mais amplo europeu. É evidente que nenhuma das mudanças será em si suficiente, ainda haverá a necessidade de um movimento adequado da esquerda no coração da Inglaterra. Mas, quando nos aproximamos da condenação mais dura ao Partido Trabalhista, uma conclusão bastante desanimadora, é de alguma forma compensador ver o surgimento de outros movimentos, outros tipos de intervenção que talvez coloquem esse sistema particular em risco e, quem sabe, iniciem a sua quebra.

Você poderia resumir as perspectivas gerais para a esquerda na política britânica dos anos 1980?

Toda a discussão de sua estratégia seria significativamente alterada se, sobretudo como efeito acidental das ações de terceiros, houvesse uma mudança no sistema de votação. Pois a representação proporcional tornaria muito mais plausível a criação de um partido ou aliança socialista capaz de intervir seriamente nas eleições. O grau de oposição à reforma do sistema eleitoral no sistema político, indefensável em outros termos, é indicativo do quanto eles temem uma mudança nas regras do jogo se o monopólio dos dois partidos terminar. É muito importante que a esquerda esteja ciente das vantagens claramente socialistas de tal mudança, independentemente de qualquer exigência liberal feita. No passado, a esquerda britânica tomou tradicionalmente a visão oposta, a de que não deveria haver fragmentação do voto da classe trabalhadora, que deveria se manter unificada para conseguir um governo trabalhista. Essa perspectiva é hoje um anacronismo. A representação proporcional não é preferível como um sistema de votação por razões meramente abstratas, mas é estrategicamente desejável como o caminho para uma presença política significativa da esquerda do Partido Trabalhista em um plano nacional, capaz de exercer pressões no próprio Partido Trabalhista. Na Itália, apesar de os partidos correspondentes serem menores, a sua presença é crucial no sistema político por estarem à esquerda do Partido Comunista dentro de um mesmo espectro, e não em outro espectro. O seu curso naquele país é afetado quando há uma força considerável à sua esquerda, não apenas uma oposição extraparlamentar ou intelectual, mas uma oposição dentro de seu próprio terreno eleitoral.

Em termos mais gerais, a estabilidade da sociedade britânica está agora desaparecendo. Na realidade, a marcha da desestabilização parece para mim bastante rápida. De certa perspectiva, isso deveria ser imensamente estimulante, uma vez que apenas uma desestabilização radical pode oferecer a possibilidade para novas forças ganharem terreno. Alguns dos desenvolvimentos que parecem agora afrouxar o beco sem saída britânico são bem-vindos. Aconteça o que acontecer na Escócia, no País de Gales ou na CEE, a mudança será provavelmente positiva. Mas há outros processos de desestabilização que envolverão um sofrimento de um tipo considerável. O fenômeno do racismo continuará a perturbar a vida nas cidades inglesas, espalhando violência e confusão. Na medida em que as atitudes se endureçam, linhas serão mais bem demarcadas e certos compromissos desgastados serão rompidos. Certamente a principal força desestabilizadora permanecerá a continuidade de um amplo desemprego, tão logo seja percebido que esse não é um fenômeno temporário. Causará, inevitavelmente, uma desorientação e um sofrimento crescentes esta impossibilidade de um retorno a algo como o pleno emprego dentro de qualquer perspectiva capitalista praticável, mesmo com uma taxa de crescimento bastante rápida. Na realidade, a descoberta de que mesmo os socialistas terão de parar de pensar pela categoria capitalista de pleno *emprego*, movendo-se ao conceito alternativo bastante difícil de meios de vida adequados e equiparáveis. Creio que o panorama será um teste importante para os nervos dos socialistas. Pois deve haver algo em cada socialista, a partir dos próprios valores envolvidos na escolha pelo socialismo – o desejo por uma revolução que traga o socialismo, e não apenas o desejo por uma revolução – que continua a conduzir-nos em direção a compromissos, a acordos e a ações que não envolvam muito distúrbio e sofrimento, e que é a grande fonte da longevidade em que bebem os partidos capitalistas. Talvez eu sinta isso de forma muito forte. Pois até que percebamos o que de fato aconteceu com as pessoas que sofreram como objetos na história, não poderemos perceber a profundidade desse desejo, que é mais do que o efeito ideológico dos partidos e instituições que buscam atenuar as contradições intoleráveis da ordem capitalista para preservar o sistema. Apenas quando chegarmos ao ponto de ver que o preço das contradições é ainda mais intolerável do que o preço de encerrá-las, vamos adquirir os nervos para ir até o fim em uma política socialista consistente, compreendendo que a desestabilização e o sofrimento não são causados pelos que organizam o fim do sistema que os produz. Estão aumentando na esquerda as condições objetivas para romper com a sua situação marginal na Inglaterra. Penso que é, acima de tudo, esse sentimento que está segurando uma parte considerável do movimento trabalhista, a hesitação de pessoas boas receosas diante das consequências possíveis da mudança. Aos 17 anos, sentimos júbilo pelo sistema social que odiamos tanto estar se quebrando. Mas então há uma diminuição na escala da exaltação, até o ponto crucial e atroz em que, ao se perceber o peso humano de uma mudança revolucionária, a maioria das pessoas de uma geração abandona a luta e se volta à direita, acomodando-se sob o pretexto de uma vida calma e de uma resignação prudente diante das dificuldades de alterar o sistema. Creio que a batalha é para esse tipo de gente, porque a não ser que consigamos tirar uma boa parte deles do Partido Trabalhista, não há futuro para o socialismo na Grã-Bretanha.

ORWELL

Seus textos políticos desde 1956 tomaram várias formas diferentes. Antes de discutir a evolução geral de suas posições quanto às questões centrais da política socialista no capitalismo ocidental, gostaríamos de perguntar a você sobre os textos que tratam dos problemas da Guerra Fria e das revoluções no Leste. Em primeiro lugar, poderíamos selecionar o seu estudo sobre Orwell, escrito no início dos anos 1970? Trata-se de um texto bastante poderoso e atrativo, que talvez una a política e as letras de um modo mais íntimo do que qualquer outro texto que você tenha escrito. Ele também representa uma extensão significativa do âmbito de sua escrita política, na medida em que esse é o primeiro livro onde você reintegra os fatos do império e do imperialismo de um modo absolutamente central à sua visão da sociedade inglesa como um todo. Esses fatos aparecem em outros momentos de sua obra apenas lateralmente, mas no livro sobre Orwell eles se movem para o centro do quadro de um modo bastante convincente. Qual foi o cenário de sua composição?

Na Inglaterra dos anos 1950, a figura de Orwell parecia estar nos esperando em qualquer caminho pelo qual nos movêssemos. Se tentássemos desenvolver um novo tipo de análise cultural, lá estava Orwell. Se quiséssemos reportar o trabalho ou a vida cotidiana, lá estava Orwell. Se nos engajássemos em qualquer tipo de argumento socialista, havia a estátua enormemente inflada de Orwell nos aconselhando a retornar. Até o final dos anos 1960, os editoriais políticos nos jornais advertiam regularmente jovens socialistas a ler Orwell e ver para onde tudo isso havia levado. Isso me parecia falso. A história de Orwell me parecia mais complexa e contraditória. Aqui estava um homem que havia dito que cada palavra que escrevera visava a um socialismo democrático, e que lutou por isso na Catalunha como um revolucionário. Contudo, muitos de seus textos são claramente antissocialistas de um modo geral, não apenas no que tange a questões particulares, e de fato têm tido um imenso efeito antissocialista. Eu queria escrever um livro geral e breve sobre Orwell desde o início dos anos 1960. A oportunidade para essa forma específica surgiu apenas no final da década. A parte do livro que mais me agrada é a tentativa de definir a questão peculiar do estilo plano da prosa de Orwell, que tem sido extremamente influente como uma convenção muito além da literatura. Ele se tornou uma forma de reportagem e um estilo televisivo. Partilho com meus amigos modernistas a suspeita profunda de qualquer coisa que pareça natural. O capítulo que eu não teria deixado de escrever é aquele em que discuto a criação de um personagem chamado Orwell, que é bastante diferente do escritor Orwell, a personificação bem-sucedida de um homem simples que se depara com a experiência em uma forma não mediada e apenas nos conta a verdade sobre ela.

Muitos leitores burgueses devem ter achado o seu estudo escandaloso e mesmo impiamente cético com relação a Orwell. Essa talvez seja a única crítica fundamentada de Orwell partindo da esquerda. Apesar disso, em última instância, você parece absolver Orwell muito facilmente, concedendo a ele uma indulgência que a sua própria evidência não parece autorizar. O argumento geral do livro sugere que, apesar da soma do efeito da obra de Orwell ter sido, em geral, bastante reacionária – tanto devido ao anticomunismo feroz que ajudou a desencadear no período da Guerra Fria, quanto pelo patriotismo social regressivo que ele forneceu à Inglaterra no tempo da guerra e do pós-guerra –, ele se tornou um socialista revolucionário por um período significativo de sua vida e, então, desviou-se desse caminho, de forma trágica e talvez inevitável, mas mesmo assim deixou alguns textos que possuem força e relevância para nós hoje. A questão essencial dessa defesa de Orwell é a mudança abrupta em sua opinião política na deflagração da Segunda Guerra Mundial. De acordo com a sua narrativa, ele voltou da Espanha como um socialista revolucionário e então se tornou um sólido patriota quase de um dia para o outro. Ao citar o seu desgosto por não ter lutado na guerra imperialista de 1914-1918, sentindo-se menos homem por ter perdido essa oportunidade, você observa: "Sobre esta explicação, a mudança abrupta de Orwell é simplesmente um retorno. E, em certo sentido, isso é verdadeiro. Mas sob o reajustamento simples, tradicionalmente disponível, um processo mais profundo de desânimo estava ocorrendo".[1] Qual foi, então, esse processo? A sua resposta é: "Ele se expôs a tantas adversidades e lutou tão duramente. Levou um tiro na Espanha, ficou muito doente ao contrair tuberculose, e deu tanto de sua energia para o que parecia um deserto de ilusões políticas, mentiras e má fé. Entre o mito da 'Inglaterra' e sua desilusão profunda, ele teve de realizar os ajustes que conseguiu encontrar".[2] Esse é o seu único julgamento substantivo da mudança em Orwell. Na realidade, o que você diz é que Orwell ficou muito cansado e que sua energia se esgotou. Mas a sua linguagem – "Ele se expôs a tantas adversidades e lutou tão duramente" – faz soar uma nota de compaixão que parece ter a intenção de desculpá-lo. Evidentemente, é verdade que Orwell lutou com mérito na Espanha, mas houve contemporâneos a ele que lutaram por mais tempo e com mais determinação pelo socialismo, e que não mudaram de lado tão facilmente. Pensemos em alguém como Isaac Deutscher, que trabalhou na marginalidade revolucionária na Polônia, teve uma experiência muito mais direta das devastações provocadas por Stálin na Ucrânia, e se refugiou na Inglaterra naquela ocasião. Ele não se quebrou sob a pressão do stalinismo, não se tornou um patriota social e muito menos um anticomunista violento. Ele conheceu bem Orwell após a guerra e escreveu uma das avaliações mais penetrantes sobre ele até hoje. Dificilmente precisaríamos falar do próprio Trotsky, que ainda estava vivo em condições adversas incomparavelmente maiores às de Orwell, que então celebrava os mitos da unidade social britânica e oferecia sua opinião característica de que ele era "tão responsável pela ditadura russa quanto qualquer outra pessoa viva hoje".[3] Por que o colapso de Orwell deveria ser desculpado meramente com base em seu cansaço? Não seria essa uma forma equivocada de abordar o problema?

Sim, creio que seja equivocada. Quando colocamos Orwell em um contexto internacional, é evidente ter havido pessoas com mais perseverança. Suponho que haja algum sentimentalismo em simplesmente dizer que ele estava cansado e ferido. Mas é interessante que ele teve um modo de estar cansado impensável para Deutscher ou Trotsky: a noção extremamente disseminada na Europa de que a sociedade britânica poderia ser transformada pela sua conduta na guerra. Houve, então, a

---

1 *Orwell*, p.64.
2 Ibid., p.65.
3 Ibid., p.63.

sua mudança de posição decisiva para um patriotismo social, em um sentido que o conecta a um trabalhismo ou chauvinismo posterior. Muitas pessoas de minha geração passaram por essa mudança. A questão é se tentamos entender esse processo como ele ocorreu com solidariedade, evitando aplicar golpes, ou se nos afastamos do processo e simplesmente dizemos como ele foi, de um modo muito mais duro. Tivemos a mesma discussão no que tange ao tratamento que dei a alguns pensadores em *Cultura e sociedade*. Entre o final dos anos 1940 e o início dos anos 1970, eu tendi usualmente a utilizar o procedimento mais solidário. Não o estou defendendo, estou apenas dizendo que foi isso que fiz.

Além da questão da mudança política de Orwell há, evidentemente, o problema da avaliação plena de seu valor como escritor. Desconsiderando a sua reputação póstuma, em uma análise final temos de nos colocar três questões. Ele produziu um novo conhecimento teórico sobre a sociedade e a história? É bastante óbvio que não. Poucos, mesmo entre os seus admiradores, salvo os apologistas da extrema direita, diriam que ele o fez. 1984 será uma curiosidade em 1984. Ele produziu obras de uma imaginação criativa de primeira ordem, romances de um valor literário significativo? Novamente, a resposta é não: seus romances movem-se em uma escala que vai do medíocre ao fraco. A superficialidade de obras como Mantenha o sistema é em geral reconhecida. Ele ofereceu relatos fiéis do que ele testemunhou ou vivenciou, documentação com precisão notável? A defesa hoje mais frequente do êxito de Orwell como escritor é que esse foi o seu forte. Isso pode certamente ser provado em Lutando na Espanha, uma reportagem bem refinada, sejam quais forem os seus limites como visão geral da Guerra Civil Espanhola. Mas o argumento não se estende em qualquer forma simples a A caminho de Wigan, responsável pela sua fama, devido aos elementos de supressão e de manipulação que você mostra em seu livro. O modo como Orwell recorre à intimidação e ao blefe para impor os seus preconceitos ao leitor, como se eles fossem fatos óbvios, embora desagradáveis, uma técnica similar ao jornalismo usual de Fleet Street, torna seus relatos não confiáveis. Agora, se Orwell teve poucas ou nenhuma ideia original, uma imaginação criativa limitada e uma capacidade questionável para recontar fatos, o que sobra de suas conquistas? A resposta parece estar na invenção do personagem Orwell, um processo de criação que você descreve muito bem em seu livro. Mas o que você não faz é um julgamento de seu caráter e de seu elemento de disfarce – não no sentido de que o escritor real fosse outra pessoa, mas no sentido de que, sob o disfarce da franqueza e da clareza, a postura de sua escrita é mais dominadora do que usualmente. Em um argumento a curto prazo, as acusações principais a Orwell são políticas: o declínio à sua própria versão do chauvinismo social e do anticomunismo. Mas, a longo prazo, o estrago feito pela sua falta de escrúpulo literário provavelmente tem persistido por mais tempo.

Lembrei-me, enquanto vocês colocavam a questão, de Cobbett, um caso sobre o qual sempre reflito. Não há dúvida de que, com relação à linguagem, Cobbett está fazendo a mesma coisa com seu leitor. Mas há igualmente uma distinção, pois temos em Cobbett um ritmo da narrativa pessoal constante, percorrendo quase toda a sua vida, que não está presente em Orwell. Cobbett nem sempre revela de modo pleno como chegou à posição de observador, mas revela os seus preconceitos muito mais frequentemente e com muito mais franqueza do que Orwell. Pois o aspecto central da convenção do mero observador, sem motivos por trás, que simplesmente diz a verdade, é que ela cancela a situação social do escritor e cancela sua posição diante da situação social que observa. Nesse sentido, trata-se apenas da expressão jornalística popular de todo um modo de estudo social objetivo. A estratégia de Orwell é sempre tentar escrever como se qualquer pessoa decente, estando em uma mesma posição, tendesse a ver as coisas da mesma forma. Fiquemos então com o caso de *Lutando na Espanha*, onde tenho a impressão de que, pela Espanha não ser nem a Inglaterra nem Burma, ele foi muito mais capaz de descrever o que estava acontecendo como algo do qual ele próprio era uma parte, não "nosso homem no local" fazendo a reportagem, e de sentir uma mudança interior. Há algo disso no passeio à mina em *A caminho de Wigan*, mas que é precedido pela supressão de como ele desceu até lá, e como ficou na casa de socialistas da classe trabalhadora que ele então negou terem mesmo existido. Eu gostaria de ampliar a discussão agora, por ser esse o caminho que meu próprio pensamento tomou, para a forma dominante da qual a sua obra é um exemplo famoso. Em outros termos, não Orwell escrevendo, mas o que escreveu Orwell. Creio que, se colocarmos o problema desse modo, poderemos alcançar não tanto uma apreciação de sua qualidade como romancista, crítico ou jornalista político, mas uma apreciação histórica mais genuína de uma forma coletiva.

A comparação com Cobbett é um pouco deslocada, uma vez que a sua linguagem possui uma exuberância e uma generosidade que vai muito além do estilo sombrio de Orwell. Cobbett possuiu um escopo mais amplo como escritor. Outra observação é que Cobbett teve em sua própria história pessoal uma relação com a sociedade rural e com o movimento popular que ele descreveu em sua época, o que o torna muito diferente de Orwell.

Mas isso começaria a responder à pergunta: o que produziu a escrita de Orwell, e o que produziu a escrita de Cobbett? Isso não significa que uma forma geracional específica surge *en bloc* – há uma forma geral, e há variações de posição dentro dela. Eu tive a intenção de escrever um ensaio que se chamaria "Escrevendo nos anos 1930: Blair, Mitchell, Sprigge", no qual eu discutiria Orwell, Grassic Gibbon e Caudwell. O ensaio seria um esboço em direção a esse argumento. Mas seria também importante estudar toda aquela geração, incluindo especificamente as pessoas que perdemos de vista e que não permitiram a Orwell se mover, que não foram esmagadas pela experiência dos anos 1930. Esse foi um fenômeno bastante significativo que apenas agora está ganhando visibilidade. Mas penso que os britânicos daquela geração que não mudaram de direção também foram, em certa medida, silenciados pelas contradições que vivenciaram. A trilogia de Edward Upward é uma tentativa de trabalhar essa experiência. Embora não seja bem-sucedida, por ser de certa forma uma regressão mais completa do que a de Orwell às suas preocupações estéticas dos anos 1920, ela apresenta um curso político mais honrado. A questão central, contudo, é: "Quais estruturas e pressões profundas da consciência produziram as mudanças durante os anos 1930 e 1940 que, no caso de Orwell, resultaram não em um isolamento individual considerável, mas no que viria a ser um estilo amplamente imitativo?". A geração seguinte recebeu aquela forma como sabedoria, êxito e maturidade, embora ela fosse inteiramente falsa. No que tange a Orwell, quando o estilo direto não está lá, também não está a centralidade. Essa é a questão sobre o que definiu Orwell.

Se essa é a questão a ser colocada, então uma resposta a ela parece bastante clara. Durante a Guerra Fria, a burguesia internacional teve a necessidade objetiva de obras extremamente potentes e, acima de tudo, populares, em uma direção claramente anticomunista. Dentre todos os países europeus, a Inglaterra foi uma candidata particularmente forte para produzi-las, por não ter a experiência de um movimento revolucionário de massa no século XX, pela classe dominante local ter sido menos afetada por levantes internos do que qualquer país continental em situações semelhantes, e pela sua ordem social ser a mais tradicional e estável. É improvável que seja coincidência o fato de ela ter gerado os dois best-sellers da literatura anticomunista com projeção internacional, Orwell e Koestler. O caso de Koestler é particularmente sugestivo, uma vez que ele não era, evidentemente, inglês. É sempre necessário nos lembrarmos da ressonância internacional imensa das obras finais de Orwell. Ainda hoje, por exemplo, dezenas de milhares de cópias de A revolução dos bichos e de 1984 são vendidas anualmente na Alemanha Ocidental como textos obrigatórios no sistema escolar. Isso sem mencionar a radiodifusão de seus lemas em várias cadeias de rádio de emigrantes na Europa Oriental.

Por outro lado, se nos perguntarmos o que permitiu a Orwell responder, por assim dizer, ao chamado da conjuntura, temos de nos referir a uma ordem de determinantes bastante diversa. Aqui, o tipo de análise que Sartre tentou fazer sobre Flaubert poderia ser um modelo relevante. Ele primeiro tenta reconstruir a personalidade de Flaubert em sua experiência familiar e, então, explora as razões pelas quais a sociedade do Segundo Império teria conferido tal sinal de sucesso, mesmo que paradoxal, a Madame Bovary. No caso de Orwell, seus textos parecem sugerir, desde o início, uma predisposição ativa para ver o lado negro de seu material – não especificamente, em um primeiro momento, uma predisposição ao socialismo. Essa tendência possibilitou a ele certo tipo de verdade quando, mais tarde, escreveu sobre a esquerda inglesa ou a Rússia soviética. Mas é notável que Orwell parecesse estar em um estado temperamental quando hostilizava causas que, em outra parte de seu ser, ele esperava que avançassem. A sua relação bastante tensa e ambígua com o socialismo é o exemplo mais óbvio, mas não o único, dessa tensão. Ela preexistiu à exigência política por parábolas sobre a Guerra Fria, à qual o próprio Orwell nunca se acomodou voluntariamente.

Creio que a outra condição das obras tardias de Orwell foi que elas tiveram de ser escritas por um ex-socialista. Também deveria ser alguém que partilhasse do desânimo geral de uma geração: um ex-socialista que se tornara um entusiasta do capitalismo não teria o mesmo efeito. A qualificação que precisa ser feita é que a composição desses textos antecede o início da Guerra Fria. Ele escreveu *A revolução dos bichos* durante o período de máxima popularidade da União Soviética nesse país. Havia um elemento de oposição que o tornou o primeiro na área.

O recrutamento de sentimentos bastante pessoais contra o socialismo se torna intolerável em *1984*. É profundamente ofensivo declarar como uma verdade geral, do modo como Orwell o fez, que as pessoas sempre traem umas às outras. Se seres humanos são assim, qual seria o significado de um socialismo democrático? Mas essa dimensão da obra de Orwell é também parte de uma forma bastante ampla que possui raízes ainda mais profundas do que a do observador neutro. Pois o modo de um desgosto extremo pela humanidade de qualquer tipo, especialmente concentrado em figuras da classe trabalhadora, retorna ao Eliot inicial. Esse foi o jeito de funcionar de provavelmente duas gerações sucessivas, e ainda não se esgotou. Podemos ver isso na escolha das áreas da classe trabalhadora que Orwell conheceu, uma negligência deliberada pelas famílias que lutam, embora ele tenha reconhecido a sua existência em abstrato, em favor da imagem característica da imundice: pessoas mexendo com varetas em esgotos. A sua imaginação sempre é direcionada, de forma submissa, a essa escolha. Há um sentido poderoso, que creio ser teoricamente bem interessante, porém difícil de entender, em que certas convenções literárias realmente ditam os modos de observação, não apenas na escrita, embora seja nela que a dicção efetiva ocorra, e onde o que é tomado como vívido, convincente e verdadeiro é de fato prescrito. Na Lancashire de Orwell sempre chove, não porque sempre chove, mas porque isso tem de ocorrer como uma condição de convencimento.

Essa convenção poderia se mover, em certos casos, na direção oposta. Por exemplo, os mesmos temas de desgosto generalizado podem ser encontrados nos trabalhos iniciais de Graham Greene. Há uma análise comparativa notável entre Greene e Orwell como romancistas em Exiles and Émigrés *[Exilados e emigrados], de Terry Eagleton. Contudo, se a sensibilidade inicial não era diferente, as conclusões ideológicas foram manifestamente divergentes – de modo curioso, precisamente nas questões do patriotismo britânico e do comunismo internacional. A mediação de um tipo de jansenismo tem, obviamente, uma relação com os desenvolvimentos de Greene.*

É que também havia mais para escrever Greene do que para escrever Orwell. Pois, se tomarmos os textos de Greene após 1950, estamos falando de outro tipo de obra. Quem poderia dizer qual tipo de romance Orwell teria escrito se tivesse ido para Saigon ou o Haiti, de onde Greene traz essa convenção para trabalhar uma situação imperialista? Não sabemos, e não há nenhuma razão para especularmos. Um aspecto patético do mundo literário dos anos 1950 e do início dos anos 1960, na realidade, foi a competição imaginária para ser o herdeiro de Orwell na geração seguinte.

O tom de seu livro é bastante comedido e solidário em relação a Orwell, por todas as suas críticas. Alguns dos comentários parecem agora mais incisivos. Você modificou a sua opinião com relação à obra?

Devo dizer que não suporto muito dela hoje. Se eu pudesse dizer quais textos causaram um maior dano, eu diria serem os que desenvolvem o que vocês chamam de patriotismo social. O material apavorante do começo da guerra sobre a Inglaterra como uma família com os membros errados na liderança, a mistura de velhos tios e tias, dos quais nos livraríamos sem grandes dores. Muitos dos argumentos políticos do tipo de trabalhismo associado à tradição de Durbin ou Gaitskell podem ser traçados a partir desses ensaios, e são muito mais sérios do que *A revolução dos bichos*. Apesar de todas as suas fraquezas, ainda há aqui um argumento efetivo sobre como o poder pode ser perdido e como pessoas podem ser enganadas: é derrotista, mas há algumas observações certeiras sobre os procedimentos da decepção. Quanto a *1984*, a sua projeção da feiura e do ódio sobre as dificuldades da revolução ou da mudança política, em geral bastante arbitrária e inconsequente, parece introduzir um período de produção literária burguesa realmente decadente, no qual toda a posição dos seres humanos é reduzida.

Eu não escreveria hoje do mesmo modo sobre Orwell, parcialmente porque tenho tido muitas dúvidas quanto ao personagem que ele inventou. Por exemplo, não havia razão objetiva para os ataques vergonhosos que ele fez aos pacifistas ou aos oponentes revolucionários da guerra nos periódicos americanos, denunciando pessoas que simplesmente estavam na mesma posição em que ele se encontrava três ou quatro anos antes. A impressão de decência e honestidade consistente que Orwell produziu caminhou junto à invenção de um personagem que aparece novo em folha em cada situação, capaz de perder todo o seu passado e olhar novamente como um observador franco e desinteressado que está simplesmente dizendo a verdade. Quando ele faz isso com companheiros socialistas cuja posição ele havia recentemente partilhado, posso ver a base para uma avaliação muito mais dura desse tipo de homem e de seu modo de escrita. Esse livro foi o último estágio de um trabalho caracterizado por um questionamento respeitoso. Sinto-me obrigado a dizer que não consigo ler a obra de Orwell hoje: a cada instante, são essas más escolhas que ele fez que ficam na minha mente.

A REVOLUÇÃO RUSSA

Seu estudo sobre Orwell insinua implicitamente problemas da Revolução Russa. Mas você também escreveu explicitamente sobre o socialismo no Leste, sobretudo em Tragédia moderna. *Lá, você desenvolve um argumento convincente contra qualquer universalização a-histórica de um único conceito de tragédia, defendendo que há diferenças de época em seu caráter, na medida em que novos tipos de tragédia tendem a surgir em períodos de transição histórica. Ao mesmo tempo, um tema político poderoso e importante percorre o livro, que trata essencialmente da Revolução de Outubro. Assim, embora em certo sentido* Tragédia moderna *pareça ser o mais especializado dentre os seus livros críticos, em outro sentido ele é tanto o mais geral quanto o mais político. Ele termina, de fato, com uma peça sobre Stálin. Próximo ao final da peça, um dos personagens declara: "Nós matamos tudo isso dentro de nós, cometemos o suicídio do coração para que ele não nos traia, não nos envolva. Então, o processo acelera e nos tornamos todos Koba".[1] O enunciado parece resumir um dos temas do livro, explorado em várias de suas passagens centrais: o sentido de que há uma necessidade geral de terror dentro do processo de emancipação social. Você estabelece uma associação direta entre o terror de Stálin, os julgamentos e os campos de concentração, que na realidade destruíram o Partido Bolchevique, e tantos dos êxitos da Revolução de Outubro, aqui inclusos os agentes e ideais da própria revolução. O stalinismo não é apresentado como consequência de uma conjuntura histórica na União Soviética dos anos 1920*

---

1 *Modern Tragedy*, p.273.

em um momento em que outras possibilidades para o desenvolvimento soviético existiam e poderiam ter produzido uma ordem política bastante diferente. Ao invés disso, sua explicação força uma identificação do impulso original da Revolução Russa com a conclusão da tirania de Stálin. Você ainda acha que essa assimilação é válida?

Não. Uma das dificuldades quanto à relação da peça com o restante do livro é que ela foi escrita muito antes, em 1958-1959. Acabei por incluí-la em *Tragédia moderna* porque ela tratava dos mesmos temas, mas tinha sido escrita em outro período. Mas isso não nos dispensa da questão central. Eu aceitaria que, devido à escalada da guerra civil e da intervenção internacional em um país extremamente enfraquecido, o Partido Bolchevique se viu muito cedo em uma situação relativamente isolada, na qual a base social original da revolução havia desaparecido entre o sofrimento e a luta, e teve então de manter os ideais da revolução contra a realidade contemporânea. A identificação que fiz é errada, porque o exercício bolchevique do poder nessas circunstâncias, durante a revolução e a guerra civil, incluindo o poder militar e a opressão que o acompanhou, deve ser qualitativamente distinguido do regime e dos campos dos anos 1930, que destruíram o próprio Partido Bolchevique. Esse foi obviamente um processo bastante diverso. Ainda penso que haja uma dimensão trágica liberada por qualquer passagem a um estado revolucionário, mas certamente rejeito a noção de inevitabilidade na passagem que vocês citaram. Aquela é uma das posições expressas na peça, mas o seu final é bastante diferente, algo como uma redescoberta do impulso original da revolução após ela ter suportado o peso do desastre e ter aprendido com ele. Claro que isso está distanciado dos eventos reais na União Soviética, cujo desenlace ainda está por vir.

Há outros tipos de tragédia bem diferentes que podem liquidar um processo revolucionário. O Chile é um exemplo.

Exatamente. Aquela foi uma tragédia completamente diversa, em que um bom homem recuou de um confronto por várias razões, do cálculo tático e da hesitação diante daquele tipo de luta, até a crença de que a luta movia-se contra as tradições da sociedade chilena. A sua escolha foi tragicamente falsificada por uma intervenção contrarrevolucionária, seguida por um regime brutal, que impediu a revolução de crescer, por não ter se preparado para resistir à derrocada atroz do governo trabalhista. Esse é o tipo de caso que a esquerda em geral entende muito melhor. Com todas as suas complicações, foi similar à crise da república espanhola quando invadida pela legião de Franco. A esquerda no entreguerras viu-se diante de toda uma série de situações nas quais o processo democrático foi atacado com força militar e teve de responder com força, ou preparar-se para isso. Esse, evidentemente, é um dos rios a serem cruzados no desenvolvimento de um movimento socialista. Mas é um mais fácil de ser cruzado do que o próximo, quando a dificuldade e a exposição de um movimento revolucionário chegando ao poder tomam as mais duras medidas, que não são iniciadas pela direita, mas pela própria esquerda. O exemplo contemporâneo mais forte é o Camboja, onde, se aceitarmos a versão dos próprios cambojanos, para alimentar a população sem grãos americanos, foi necessário reverter o movimento para as cidades e levar as pessoas de volta para o campo, sem dúvida com grande sofrimento, mas sob o imperativo de produzir para manter a independência, sob o risco de cair novamente em um tipo de subserviência colonial. Muitas pessoas recuam diante do espetáculo do retorno forçado ao campo e da disciplina extremamente brutal empregada para forçar esse movimento, embora seja possível argumentar que essas foram as consequências impostas pela tomada revolucionária do poder em uma situação tão exposta devido à história prévia. A tragédia de uma revolução não é, de forma alguma, a insurreição ou o uso de força contra os inimigos, embora, em outro sentido, possa ser uma experiência trágica ser confrontado com um inimigo cruel ajudado por uma intervenção internacional, como a junta chilena. A tragédia real ocorre nos momentos terríveis em que o ímpeto revolucionário está tão próximo de ser perdido, tão fortemente ameaçado, que o movimento revolucionário tem de impor a mais dura disciplina a si mesmo, e a pessoas relativamente inocentes, para não se quebrar ou ser vencido. Esse tipo de rigidez, embora tenha sofrido alterações na política complexa da União Soviética dos anos 1920, foi exercido, de formas diversas, por todos no Partido Soviético. Os que recuaram diante da ideia de uma linha dura – dura, embora flexível – deixaram de crer na revolução. Essa é a dificuldade principal na mente da maioria dos que pensam sobre a Revolução Russa em outro tipo de sociedade desde então.

Uma das dificuldades do ensaio "Tragedy and revolution" [Tragédia e revolução], no livro, deriva da ambiguidade de seu uso do termo "terror". Por exemplo, você diz: "A ideia da 'redenção total da humanidade' possui o último molde de resolução e de ordem, mas no mundo real a sua perspectiva é inescapavelmente trágica. Ela nasce na piedade e no terror: na percepção de uma desordem radical na qual a humanidade de alguns homens é negada, e no fato de a ideia de humanidade ser ela mesma negada. Ela nasce no sofrimento real de pessoas reais assim expostas".[2] Você prossegue: "Toda a nossa experiência nos diz que essa ação imensamente complicada entre pessoas reais continuará por todo o tempo que possamos prever, e que o sofrimento nessa luta incessante continuará a ser terrível".[3] Quando você fala de piedade e terror, recordando Aristóteles, e não Stálin, são terríveis o sofrimento dos que fazem a revolução e a negação de uma humanidade comum para a classe inimiga em uma guerra civil. Contudo, mais adiante, ocorre uma fusão com os significados associados a Stálin. Pois você conclui: "Temos ainda de acompanhar toda a ação, e ver a emancipação real como parte do mesmo processo do terror que nos apavora. Não estou dizendo que a emancipação cancela o terror. Digo apenas que eles estão conectados, e que essa conexão é trágica".[4] Aqui os termos parecem se referir ao sistema institucionalizado de repressão política criado nos anos 1930: o Grande Terror de Yezhovschina. Isso não teve qualquer conexão com uma emancipação, mas foi a sua negação mais impiedosa. Não deveria um leitor socialista protestar contra essa fusão?

Vejo que há dois planos. Há o plano do sofrimento, parte de qualquer derrubada rápida de uma sociedade antiga e do esforço inicial para criar uma nova. Mas há outro plano do terror trazido pela aplicação da disciplina revolucionária, não apenas contra os inimigos da revolução, mas contra pessoas que estão ou estavam envolvidas nela, ou ainda que representam uma tendência diferente dentro dela. Sob uma exposição extrema, pode ocorrer um terror que seja inseparável do processo de emancipação, algo bastante diferente da repressão de uma gangue armada exercitando um poder ditatorial para preservar uma ordem antiga. Passando por todas essas complicações, eu diria que esse foi basicamente o caso da União Soviética durante o início dos anos 1920. É algo muito difícil de aceitar, mas creio que temos de aceitá-lo e vê-lo como trágico. Se não o virmos como trágico, não estaremos tomando-o com todo o seu peso. Se, ao contrário, o considerarmos uma

---

2 Ibid., p.77.
3 Ibid., p.78.
4 Ibid., p.82.

A REVOLUÇÃO RUSSA

consequência lógica, rejeitamos a revolução. Mas isso não significa que um terror sistemático deva necessariamente existir.

Para usar a sua imagem, há um rio que jamais deveria ser cruzado – não a imposição de uma disciplina revolucionária bastante dura, mas a supressão do debate político e a instalação de mentiras oficiais dentro do processo revolucionário. Você citou o caso recente do retorno forçado ao campo no Camboja. É evidente que a população de Phnom Penh durante a guerra, acima de três milhões de pessoas, não poderia ser alimentada na cidade ao ser interrompido o fornecimento americano. Uma evacuação deve ter sido necessária. Mas não parece ter havido qualquer tentativa para explicar isso à população, que foi retirada da cidade sob a mira de armas em uma negação de qualquer consciência política. Independentemente do quão desesperadoras sejam as condições do cerco internacional ou doméstico, não deveria nunca ser desculpada a eliminação da discussão e da comunicação política livre dentro do campo revolucionário. Ela golpeia diretamente a possibilidade de uma emancipação a longo prazo, além das circunstâncias emergenciais imediatas. Você não tendeu a negligenciar essa distinção em sua explicação da Revolução Russa?

Sim, eu não disputaria isso. Todas essas distinções têm de ser feitas em um processo histórico tão complexo quanto a Revolução Russa. Eu não quis dizer que o endurecimento, ao ponto do cancelamento do impulso emancipatório, seja inevitável em qualquer revolução, pois me parece que ele nunca ocorreu na Revolução Cubana, e não creio que vá acontecer na Revolução Chinesa ou na Revolução Vietnamita, apesar do sofrimento extremo e da política dura lá envolvida. Essas experiências estão todas muito mais dentro de uma perspectiva normal. As suas tragédias são de outra ordem – a passagem por um longo período de estado de sítio, durante o qual o inimigo pode ser reduzido a um plano inferior ao humano para que seja mantido o projeto revolucionário. Mesmo assim, não há dúvidas quanto à prioridade do impulso emancipatório, que entretanto pode fracassar e ser esquecido, não apenas pelos que são aventureiros e nunca de fato o conheceram, mas pelos que o possuíram e então, sob pressões extremas, esqueceram-no e reduziram radicalmente a si próprios. Contudo, mesmo eles podem sustentar um movimento amplamente emancipatório que seria, de outra forma, vencido pelas circunstâncias, pela confusão ou pela intervenção ou recuperação do inimigo. Se a evacuação dos cambojanos ocorreu como vocês sugerem, e a população da cidade foi guiada para fazer algo que as forças revolucionárias sabiam ser necessário, embora sem a ratificação elementar da disciplina, o que teria sido uma explicação para as razões de sua necessidade, então esse seria um caso desse tipo: quando a tensão sobre os revolucionários os leva a um ponto em que o seu impulso emancipatório se torna simplesmente um desejo revolucionário abstrato, destacado de qualquer reconhecimento dos objetivos desse desejo. Quando a pressão é tão grande que os revolucionários inibem tendências diversas dentro de seu próprio movimento, ou mesmo dentro deles mesmos, como o inimigo interior, eles se tornam um agente vazio operando sob o nome da revolução, mas arbitrariamente conduzindo pessoas em uma direção predeterminada. Esse é o movimento sobre o qual Büchner escreveu em *A morte de Danton*, quando nos tornamos a máscara da revolução, e por trás da máscara a própria revolução desaparece. Esse é um caso extremo. Mas há toda uma gama de casos igualmente importantes e mais comuns, onde ainda há uma relação bastante problemática entre um movimento de emancipação humana e a necessidade de atacar a repressão, de defender a revolução de uma contrarrevolução, ou de uma intervenção externa, ou de sustentar a ordem quando diferenças aparecem dentro do movimento revolucionário, procurando manter um equilíbrio entre a disciplina e a democracia na revolução. Todas essas situações acontecem.

Há ainda uma dimensão essencial completamente ausente em sua narrativa. Quando o stalinismo cresceu, já nos anos 1920 e enfaticamente nos anos 1930, ele não era apenas um tipo de ultrafortificação da Revolução Russa contra inimigos externos e internos, um sistema de disciplina inumana e de suspeita institucionalizada. Claro que tudo isso existiu e pode ser interpretado nos termos que você empregou até agora, que são predominantemente categorias morais. Esses termos são indispensáveis, mas corremos um perigo se os dissociarmos de uma análise sociológica mais prosaica das forças históricas em funcionamento na União Soviética. A esse respeito, você parece ter estado curiosamente insensível ao poder real da crítica que Trotsky fez do Estado soviético consolidado nos anos 1930. O que Trotsky procurou mostrar foram dois processos simultâneos: uma lógica impiedosa – as pressões do cerco e do bloqueio imperialista, o isolamento econômico e a fraqueza social do país – que forçou a revolução à direção de um sistema autoritário ultracentralizado dentro da Rússia; e, ao mesmo tempo, uma cristalização interna, por meio de um conjunto bastante complicado de lutas sociais, de um estrato materialmente privilegiado que parcialmente cresceu dentro do Partido Bolchevique, mas que também parcialmente o substituiu. No final da década de 1930 e no início da década de 1940, o PC da União Soviética tinha muito pouca conexão com o movimento da época de Lênin. Tratou-se de uma formação de um tipo historicamente novo. Trotsky sempre definiu a sua função social como dual e contraditória. Tratava-se de um estrato governante que defendia ganhos fundamentais da revolução contra o inimigo imperialista internacional. Não era, em nenhum sentido, uma classe capitalista. Mas, por outro lado, ele também defendia cautelosamente seus próprios privilégios contra a classe trabalhadora e a massa da população. A segunda função é o que está ausente em sua análise: a construção de uma ordem política stalinista como uma constelação de privilégios. Os funcionários que exerciam o terror não eram apenas insensíveis aos impulsos comuns da humanidade, eles estavam também vivendo em palacetes, desfrutando de amenidades extraordinárias e protegidos contra todas as dificuldades econômicas da época. O próprio estilo de vida de Stálin fala por si só. Hoje, mesmo em uma escala inferior à da exploração nas sociedades capitalistas, ainda subsistem, não apenas na União Soviética, mas também na China, que é uma sociedade mais igualitária, desigualdades sociais significativas, bem além das que seriam inevitáveis em qualquer sociedade não desenvolvida, defendidas pelos regimes com um manto de sigilo e, se necessário, violência. Uma compreensão desse processo social por meio do qual uma nova ordem política ganha existência foi o discernimento profundo e o grande legado do pensamento de Trotsky. Não apenas porque ele, quando vencido, possuía uma política alternativa para a industrialização e, certamente, um programa mais democrático para o desenvolvimento soviético na década de 1920. Após a derrota, ele esforçou-se para clarificar e entender quais processos sociais estavam em funcionamento na URSS.

Eu aceitaria isso. Uma discussão da Revolução Russa moldada pela ideia de tragédia não alcança esse tipo de explicação. Mas o desenvolvimento de um grupo social que identifica a revolução com seus próprios interesses retorna, evidentemente, à natureza dos próprios termos morais, uma vez que o impulso revolucionário está claramente suspenso. É por isso que, em nossas sociedades bastante diversas, a generalização máxima da autogestão popular seria crucial em qualquer processo revolucionário. Pois é sempre provável que, em uma situação emergencial, haja a tendência para a alegação de que o exercício do comando exige condições especiais. As racionalizações são infinitas e, no estágio inicial, podem ser aceitas de boa vontade. As pessoas poderiam preparar uma sala para Lênin, embora ele nunca tenha pedido por isso. É fácil dizer: o companheiro tem tanta coisa a fazer, ele supervisiona tantas coisas, que devemos lhe oferecer condições diferentes das de um sentinela no portão. Mas pode crescer imperceptivelmente uma hierarquia de poder e privilégio dessas necessidades práticas imediatas de manutenção da direção e do controle. Se os socialistas ocidentais de hoje tomam a experiência bolchevique como um modelo, é porque não aprenderam a lição trágica. Pois ninguém jamais supõe que se tornará a pessoa no final da linha que se esqueceu dos objetivos da revolução, ou que a identificou com sua própria posição, com seu próprio sentido de poder. Mesmo as visões mais sombrias dos anos 1920 não poderiam ter concebido o final do processo nos anos 1930. Dessa forma, a lição a ser aprendida não é apenas a de uma reserva moral. Ela é uma conclusão prática que pode receber uma definição precisamente social: a condição para evitar a tragédia final, quando os líderes da revolução perdem o impulso revolucionário – algo bastante distinto dos estágios iniciais, em que o impulso se mantém entre o sofrimento e a desordem – é que novas formas de poder popular e de autogestão revolucionária sejam constantemente projetadas e colocadas em prática. É bem possível que outros tipos de processo trágico não possam ser evitados, mas eles são de outra ordem.

Concordamos plenamente. Ainda retornaremos a essa questão fundamental das novas formas de poder popular. Nesse meio tempo, podemos colocar uma questão específica sobre a sua imagem de Trotsky? No final de O campo e a cidade, você compõe uma acusação poderosa contra o pensamento marxista ortodoxo sobre o campo e a cidade. Um de seus argumentos centrais nas páginas finais é uma interpretação do curso posterior da Revolução Russa, que coloca Trotsky e Stálin em um mesmo plano, sem qualquer constrangimento. Você diz: "Trotsky disse que a história do capitalismo foi a história da vitória da cidade sobre o campo. Ele então continuou, nos primeiros anos críticos da Revolução Russa, a esboçar um programa exatamente para essa vitória, em uma escala massiva, como uma forma de vencer o capitalismo e preservar o socialismo. Stálin manteve esse programa em uma escala, e com uma brutalidade, que fez dessa "vitória" sobre os camponeses uma das fases mais terríveis de toda a história da sociedade rural".[5] Esse parágrafo parece encapsular o seu sentimento geral sobre a figura de Trotsky. Temos vários comentários a fazer quanto a isso. O primeiro é que a sua observação é empiricamente imprecisa. Claro que Trotsky disse que a história do capitalismo é a da vitória da cidade sobre o campo, mas ele também deixou claro em muitos de seus textos que o comunismo sinalizou a abolição do antagonismo e da divisão entre o campo e a cidade. É simplesmente falso que ele tenha defendido um ataque massivo, em um estilo capitalista, ao campo ou ao camponês na Rússia. O que Trotsky defendeu nos anos 1920 foi uma aceleração do passo da industrialização, para tornar viável às cidades suprir o campo com os equipamentos mecanizados que tornariam possível um aumento da produtividade rural, que, por sua vez, garantiria um melhor abastecimento ao campo e à cidade. Nenhum programa de coletivização forçada ou de uma guerra contra os kulaks pode ser encontrado nos documentos da oposição de esquerda. Essa foi uma política de Stálin. O que você está involuntariamente repetindo aqui é uma versão dos últimos dias de apologia a Stálin, que busca relativizar seus crimes pela distribuição de uma corresponsabilidade entre os que incansavelmente lutavam contra ele. Na realidade, os programas agrícolas de Trotsky e de Stálin eram antitéticos, e Trotsky nunca deixou de denunciar a brutalidade e a loucura da guerra de Stálin contra os camponeses, que aleijou a agricultura russa até os dias de hoje.

Essa questão é importante, e não apenas uma briga marginal sobre um personagem histórico, porque um bloqueio de geração pode ser percebido em muitos socialistas da sua idade com relação a Trotsky: não tanto uma atitude de hostilidade, mas um tipo de repressão, um deixar de lado. O que isso parece indicar é uma má vontade para se engajar com o legado de Trotsky como uma tradição viva. Ao passo que, para a geração mais jovem de hoje, algo que você certamente notou desde os anos 1960, o que Trotsky representa em um plano fundamental é uma resistência à tendência de arquivar a Revolução Russa. Ou seja, a obra de Trotsky nos oferece uma conexão com outubro que não o relega ao passado, porque Trotsky evidentemente viveu até a Segunda Guerra e continuou produzindo muitas grandes ideias relevantes sobre as sociedades ocidentais e orientais até a sua morte. Uma apreciação séria de sua obra é uma forma de manter toda a questão da Revolução Russa aberta, o seu futuro, bem como o que está acontecendo na URSS hoje, e de não separá-la dos problemas da revolução no ocidente. Isso parece ser algo com que muitos da

---

5 The Country and the City, p.302-3.

sua geração, particularmente os que foram membros do Partido Comunista, sentem ter definitivamente acertado as contas. Eles não querem voltar a isso. Seria essa uma leitura correta de sua resposta?

Eu concordaria que se trata de um bloqueio, porque percebo em mim exatamente a experiência que vocês estão postulando. Tenho de fazer um esforço positivo para confrontar esse problema. Não se trata de uma reação grosseira, como se tivéssemos conhecido Trotsky como um inimigo da revolução e, dessa forma, encontramos dificuldades em reajustar nossa visão. Trata-se de certa relutância em voltar às complicações que não estavam presentes na geração seguinte. Por exemplo, não possuo o conhecimento para argumentar adequadamente sobre as diferenças entre as duas campanhas propostas para o campo russo pela oposição de esquerda e por Stálin. Parece haver certas similaridades de linguagem. Essas são dificuldades constantes em toda a tradição revolucionária que, por razões históricas, tem sido dominada nos tempos modernos por intelectuais urbanos de classe média que frequentemente possuem atitudes bastante ambíguas em relação ao campesinato. Embora o próprio Trotsky venha de um ambiente rural, como ele evoca em sua autobiografia, a sua relação com os camponeses foi de tal tipo que tenderia a produzir comportamentos similares. Certas de suas frases parecem reminiscentes disso. Admito que devamos superar essa questão e ver qual foi o seu programa específico. Em geral, contudo, eu diria que, por várias questões pessoais, sempre notei uma depreciação radical dos produtores rurais pelos intelectuais urbanos, que tipicamente amontoam sob o termo de "campesinato" o que são, na realidade, classes sociais diferentes. Isso é particularmente relevante para a nossa própria história, dada a ampla experiência do êxodo dos trabalhadores rurais do campo na Inglaterra. Mas o erro em igualar indústria a progresso, envolvendo uma relação objetivamente exploradora para com os produtores de alimentos, tem exercido uma influência extraordinária em todo o movimento socialista internacional.

Ainda assim, o seu afastamento absoluto da memória de Trotsky não deve ter se dado apenas devido a dúvidas em relação à sua visão sobre a questão agrária. Um indicador curioso disso é o fato de seu capítulo sobre marxismo e arte em Cultura e sociedade *omitir qualquer referência a um dos textos mais famosos sobre o assunto,* Literatura e revolução. *Nos anos 1930,* Scrutiny *tratava dele de modo bastante sério. Mas quando você estava escrevendo, nos anos 1950, você pôde simplesmente omiti-lo. Isso não pode ser um acidente.*

Não, aceito a sua descrição de um bloqueio de geração.

Você acha que a divisão entre Stálin e Trotsky, que não deveria ser considerada como apenas envolvendo a política das lutas na União Soviética nos anos 1920, é irrelevante para o debate sobre a estratégia socialista na Europa Ocidental de hoje?

A experiência da União Soviética sob Stálin é um obstáculo significativo para o desenvolvimento de um movimento socialista revolucionário no Ocidente. É impossível que nós obtenhamos direções claras sobre o nosso futuro até que o passado histórico seja compreendido e aprendamos com ele. Vocês têm sustentado que o destino da Revolução Russa, ao invés de ter sido esta experiência complicada, embora relativamente unificada, que a minha geração viu, envolveu diferenças radicais de teoria e princípio que podem ainda ser discutidas e atualizadas, relacionadas à organização e ao programa de partidos socialistas revolucionários no Ocidente, e à interpretação do que aconteceu no Oriente. A geração que sucedeu à minha tem estabelecido melhor essas conexões.

Há, contudo, outro aspecto do conflito entre Stálin e Trotsky, simbolizado para mim por dois homens fisicamente lutando pelo microfone na Convenção Nacional da Esquerda para denunciarem um ao outro e defenderem suas posições nos anos 1920. Há certo contraste entre a banalidade e a frustração da política britânica contemporânea e o ímpeto enorme da Revolução Russa e de seus sucessores, que pode conduzir a um tipo de mímica perpétua dessas situações históricas do passado. Isso é algo bastante diverso da continuação real de uma divisão significativa dentro de uma tradição socialista revolucionária que revive aquele debate essencial. Eu sei a diferença entre um e outro quando os vejo, embora possa ser difícil separá-los categoricamente. Um tipo particular de alienação política pode ocorrer quando pessoas optam por processos revolucionários que ocorreram em outro lugar, uma alienação que ganha vida quando essas pessoas se relacionam mais com esses processos do que quando se comprometem com a insipidez de sua própria situação. Sem uma dimensão internacional, e sem um sentido de história, nada pode ser resolvido. Mas, por outro lado, problemas não podem ser resolvidos pelo uso de slogans e pelo tipo de abuso que faz da experiência russa um desvio das questões políticas urgentes ao nosso alcance. Na convenção, algumas pessoas ao microfone reagiram com vigor contra essas disputas, ao ponto de dizerem que toda a esquerda havia se tornado cliente de vários movimentos internacionais. Isso não é verdade, e é uma deturpação de discussões sérias que a nossa geração não teve sobre aquelas duas tradições alternativas. Mas eu distinguiria a discussão do passado do que parece ser hoje a sua mímica. Os valores cruciais da experiência histórica são a teoria operativa e a prática concretamente especificada que vêm dela. O que não é importante é a identificação leal a um lado ou ao outro, que na própria forma de sua realização extingue a herança realmente significativa.

Falando agora da outra grande transformação socialista do século XX, durante o final dos anos 1960 você demonstrou uma simpatia considerável pelos processos da Revolução Cultural na China.[6] O que particularmente o atraiu nela?

Há muitas formas pelas quais é necessário observar a Revolução Cultural. Em um plano, é preciso estudar as complicações reais por trás da retórica oficial. Parece-me que foi vital o princípio por trás da retórica e de algumas de suas práticas, que sem dúvida se emaranhou com muitas outras coisas: o de que, mesmo nos estágios iniciais da sociedade pós-revolucionária, é uma condição indispensável da democracia social que a divisão de trabalho seja desafiada pela participação de todos no trabalho comum. O fato de que os chineses não colocaram isso plenamente em prática, ou que certas pessoas foram excluídas dessa participação, não altera o princípio fundamental. Esse princípio nunca foi tão clara e poderosamente enunciado quanto na Revolução Cultural. Não creio que ninguém deva gerenciar ou administrar qualquer forma de trabalho sem a certeza de que irá executá-lo ou, preferencialmente, já o tendo executado. Quando ouvi histórias patéticas sobre professores sendo retirados de suas bibliotecas e laboratórios e enviados para realizar a colheita, fiquei totalmente do lado dos revolucionários. Se as pessoas estão genuinamente doentes, a situação é outra, mas não vejo porque homens ou mulheres saudáveis não deveriam participar do trabalho manual. Um movimento socialista não terá nada a oferecer à classe

---

6 Cf. Eagleton, T.; Wicker, B. (eds.) *From Culture to Revolution*. London: Sheed & Ward, 1968, p.208.

trabalhadora a não ser que mantenha essa posição. Pois é justamente esse princípio que pode tornar claro aos trabalhadores que o socialismo é algo diverso de uma nova maneira de administrá-los, dada a sua suspeita profunda de soluções como a nacionalização. Essa é a única forma de vencer a batalha decisiva dentro da consciência da classe trabalhadora contra as convicções de que o homem com a pá sempre será o homem com a pá, de que outro estará comandando um programa incrivelmente responsável e emancipatório, mas não levará sua pá ao trabalho.

O espírito do que você disse está absolutamente correto. Mas a carta da Revolução Cultural foi um pouco diferente, pois o que ela tipicamente envolveu foi uma tentativa extremamente voluntarista de acabar com a divisão de trabalho em um nível de produtividade bastante baixo. Ao mesmo tempo, foi também uma tentativa de superá-la sem as formas reais institucionais da soberania popular. Pois o meio mais importante para limitar e reduzir a divisão de trabalho é precisamente uma soberania popular genuína, não apenas uma rotação técnica de atividades, sejam elas livremente aceitas ou realizadas sob coação. Assim, é muito mais importante na China de hoje que todos tenham o mesmo acesso à informação política do que professores trabalharem na colheita, mesmo considerando que, a longo prazo, a divisão entre o trabalho manual e o mental é a divisão social mais fundamental. Mas a soberania popular plena já representa uma mitigação decisiva dessa divisão, uma vez que, desse modo, cada cidadão ganha acesso ao trabalho geral envolvido na direção da sociedade.

Claro que concordo que, apesar do problema da diferença entre o princípio e a prática, há também o problema das formas disponíveis de transição. Também concordo plenamente com a importância da igualdade de informação. Na realidade, durante a Revolução Cultural, levantei exatamente esse aspecto aos seus entusiastas. Pressionei-os sem dó com as questões: "Quais livros estavam em quais lojas? Onde alguém poderia ler sobre as opiniões da oposição, então denunciada como contrarrevolucionária?". Essas são as primeiras coisas em que pensa um intelectual, e eles ficaram bastante irritados por eu insistir nelas.

Na realidade, essas questões estão mais próximas do pensamento de um militante. Há muitos intelectuais que não pensam nelas.

De qualquer forma, não quero confinar essa ênfase à China. Isso também é visível em Cuba. Em vez de pensarem "como faremos os trabalhadores trabalharem mais duro?" ou "como podemos introduzir esquemas de produtividade e uma competitividade stakhnovista?", os revolucionários cubanos agiram pelo princípio de que, quando temos uma necessidade coletiva, vamos atendê-la com o trabalho coletivo. Mesmo que essa política não se aproxime em nada da abolição das raízes da divisão de trabalho, ainda assim fornece uma indicação decisiva da direção pela qual a revolução deveria avançar.

DOIS CAMINHOS PARA A MUDANÇA

Algumas vezes Cultura e sociedade *é acusado de ser, independentemente de seus méritos intelectuais, um livro politicamente trabalhista, não no sentido de uma fidelidade à corrente do Partido Trabalhista ou à sua direção, mas no de sua lealdade a certas ideias herdadas do movimento britânico. Há algumas observações no livro que parecem se prestar a tal interpretação. Por exemplo, em sua discussão bastante interessante das reações de Matthew Arnold às manifestações no Hyde Park em relação ao Segundo Projeto de Reforma em 1866, você diz: "Certamente ele temia um colapso geral na violência e na anarquia, mas os fatos mais notáveis sobre o movimento da classe trabalhadora britânica, desde a sua origem na Revolução Industrial, são a sua abstenção consciente e generalizada da violência geral, e a sua fé constante em outros métodos para um avanço. Essas características da classe trabalhadora britânica não foram sempre bem-vindas por seus defensores mais românticos, mas elas são uma força humana real e uma herança preciosa. Pois essa tem sido sempre uma atitude positiva, o produto não de uma covardia, ou de uma apatia, mas de uma convicção moral. Creio que ela tem mais a oferecer à busca pela perfeição do que Matthew Arnold pôde perceber, vendo apenas a imagem aumentada do que via como rude".[1] Não seria a frase "os fatos mais notáveis sobre o movimento da classe trabalhadora britânica [...] a sua abstenção consciente e generalizada da violência geral [...] a sua fé constante em outros métodos para um avanço" bastante similar ao tipo de*

---

1 *Culture and Society*, p.133-4.

alegoria tradicionalmente pronunciada pelas plataformas do Partido Trabalhista? Sem falar de outras dificuldades, a sua formulação não envolveria uma simplificação enorme, uma vez que a abstenção da violência civil em casa, que você descreve como uma atitude fortemente positiva, é tipicamente acompanhada pela indiferença negativa ou pela aceitação da violência imperialista no exterior?

O comentário sobre Arnold ainda me parece bem formulado em seu contexto. As desordens menores no Hyde Park em 1866 foram inteiramente provocadas pela ação do Estado. A atribuição da violência, por Arnold, à população, é uma transferência clássica que deve ser refutada. Contudo, penso que, no geral, fui exageradamente influenciado pelo período do movimento trabalhista inglês que eu melhor conhecia, a época da década de 1840 à década de 1940, e pouco influenciado pelo período de 1790 a 1830, que eu então conhecia muito menos, e que encontrei bastante dificuldade em trazer ao foco. Temos de discriminar historicamente ambos os períodos. Mas admito que a extensão de meu comentário ao argumento do século XX pode ser tomada como sugerindo uma submissão às convenções do eleitoralismo e da máquina específica do governo trabalhista. Não creio que eu teria ido tão longe, mas posso ver como essa perspectiva pode ser construída no texto. O problema é que em nosso tipo de mundo político, a desordem e a violência têm sido tipicamente projetadas no movimento da classe trabalhadora pela estratégia de Arnold. Mas, ao resistirmos a essa transferência ideológica, podemos cair no perigo oposto de enfatizar um tipo de constitucionalismo que também não é o seu verdadeiro caráter.

Mas você escreve: "Poderia ser dito com franqueza que os trabalhadores pediram por qualquer coisa além de uma revolução pelo curso da lei, nos termos de sua própria experiência?".[2] Mesmo mantendo a década de 1840, que você acabou de evocar, houve a força física do cartismo, que era definida pela recusa a aceitar que o curso da lei poderia ser a palavra final sobre a extensão do sufrágio, se a classe dominante persistisse em negá-la. Não seria "sim" a resposta correta para sua pergunta?

Historicamente, a corrente da força física foi herdeira da tradição de 1790 a 1830, ao passo que a corrente da força moral pertencia ao novo

---

2 Ibid., p.133.

período. A tendência da força moral era, obviamente, bastante mista, mas incluía pessoas que possuíam um compromisso forte com um tipo positivo de ação coletiva controlada não confinada a um constitucionalismo que, de qualquer forma, o excluía. Esse compromisso e os sentimentos nele envolvidos foram absorvidos por um conformismo puro que pôde, por fim, conduzi-los a uma cooperação com o Estado, que estava na realidade empregando a força por todo o tempo. A ideologia do trabalhismo moderno converte novamente aquela história complexa em alguma outra coisa. A ação popular autônoma de um tipo controlado e não violento, que tem sido uma tática tradicional não apenas da classe trabalhadora britânica, mas de muitos movimentos populares, é transformada no constitucionalismo convencional do "deixe isso para os seus representantes no Parlamento", ao passo que a corrente da força moral estava bastante distante de querer delegar essas questões.

A expressão "força moral" ainda deixa uma ambiguidade perigosa. Um parágrafo mais à frente em Cultura e sociedade *é uma ilustração disso. Você cita uma declaração de Sidney Webb, que foi o autor da constituição do Partido Trabalhista, na qual ele diz, de modo característico, que "a corrente principal que tem sustentado a sociedade europeia em direção ao socialismo nos últimos cem anos é o progresso irresistível da democracia". Você então comenta a objeção de William Morris a isso, que foi: "Os fabianos depreciam muito a força da organização imensa sob a qual eles vivem. Nada além de uma força tremenda pode lidar com ela". Mas você ainda assim pode se referir à "premissa calma e admirável de um progresso constante" de Webb.[3] O que é notável aqui é a complacência evolucionista. Por que deveríamos admirá-la?*

Tenho certeza de que minha mente não estava clara naquela ocasião, embora creia que a questão se mantenha difícil para a política contemporânea. Em certo sentido, teria sido muito mais fácil acreditar, e havia alguma evidência não insignificante para isso, como Marx percebeu, que havia uma conexão orgânica entre a extensão da democracia e o movimento em direção ao socialismo. Mas creio que a intervenção de Morris contra essa ideia foi decisiva. Ele estava nitidamente com a razão.

---

3 Ibid., p.184.

O que você disse na ocasião foi significativamente diferente. Você escreveu: "O argumento entre Morris e Webb, entre o comunismo e a social-democracia, ainda é turbulento. Nenhum deles ainda provou ser finalmente correto".

Sim, essa foi a minha posição na época. Eu não estava certo sobre qual tipo de Estado emergiria do desenvolvimento da democracia eleitoral. Eu estava dizendo que eu não sabia. A social-democracia clássica acreditava que o Estado capitalista poderia ser progressivamente desmontado e a economia capitalista poderia ser convertida gradativamente em uma ordem socialista. O comunismo clássico mantinha a posição oposta de que o socialismo sempre será resistido pelo Estado capitalista, que terá de ser derrubado por qualquer força necessária para isso. Em *Cultura e sociedade* eu estava realmente dizendo que eu via as forças de ambas as posições, e que eu não sabia, naquele momento, qual era a verdadeira.

Quanto tempo durou a sua incerteza sobre os dois caminhos para a mudança? A partir de seus textos, ela parece ter persistido até em torno de 1966, quando você disse ter ocorrido a sua ruptura final com o Partido Trabalhista. Pois no prefácio da segunda edição de Communications, *publicada em 1966, você argumenta com bastante vigor contra a concepção da mudança social "contra os outros", que você chama de "pré-democrática". Você sugere que a sua própria perspectiva é a de uma "mudança com os outros", e o termo no qual você encapsula esse tipo de mudança é "crescimento".[4] Esse parece um engajamento mais enfático com um evolucionismo consensualista do que qualquer coisa que você tenha escrito antes, como se você concordasse plenamente com Tawney. Contudo, no mesmo ano você também publicou o seu ensaio "Tragedy and Revolution" [Tragédia e revolução], que toma uma perspectiva diametralmente oposta. Lá você diz: "Nossa interpretação da revolução como um crescimento lento e pacífico do consenso é, na melhor das hipóteses, uma experiência local e uma esperança e, na pior delas, a manutenção de uma falsa consciência",[5] e você conclui inequivocamente dizendo que a perspectiva da revolução é "inescapavelmente trágica" e é assim porque é feita "contra outros homens". Suprimir esse fato é um "utopismo ou um romantismo revolucionário".[6] É impossível reconciliar essas duas posições.*

---

4 *Communications*, p.13.
5 *Modern Tragedy*, p.79.
6 Ibid., p.77.

DOIS CAMINHOS PARA A MUDANÇA

Tragédia moderna *foi escrita antes da segunda edição de* Communications? *O que pode explicar essa oscilação?*

O prefácio de *Communications* deve ser visto em um contexto específico. Quando o escrevi, irrompiam os mais diversos movimentos dentro das grandes instituições de comunicação, procurando explorar a representação dos trabalhadores, estabelecer o controle dos produtores e transformar a estrutura dessas indústrias. A mudança parecia ser aqui uma proposição muito mais próxima do que em outras áreas. Ao mesmo tempo, havia notado o comentário frequente da esquerda sobre a primeira edição de *Communications*, que dizia que "a única coisa a fazer com relação às comunicações é esmagar o capitalismo: então construiremos uma cultura socialista". Na realidade, lembro-me de que, quando escrevi a frase sobre a mudança com os outros, eu tinha um exemplo do argumento na minha frente, ao qual eu estava, por assim dizer, respondendo. Devo dizer que, no geral, as energias que produzem a militância de uma esquerda autenticamente revolucionária tendem a tornar muito mais difícil o trabalho com os outros, em seu próprio detrimento, do que no caso de reformistas que adotam como perspectiva a obtenção do máximo possível dentro do sistema, desenvolvendo habilidades de cooperação e de compromisso que qualquer socialista necessita. O que eu procurei dizer no prefácio era que acreditava que havia muitas pessoas com as quais poderíamos trabalhar no campo das comunicações, porque a crise na grande mídia havia sido amplamente vivenciada, e que seria, assim, diversionismo postergar a ação da mudança para o momento em que o capitalismo seria esmagado. Havia, então, uma razão especial para eu reter, em *Communications*, a concepção de Tawney por mais tempo do que em qualquer outro lugar. Mas, evidentemente, ela estava errada. Não se pode, no fim das contas, trabalhar de forma pacífica com pessoas em estruturas organizacionais como o IPC ou mesmo a BBC. O prefácio foi retirado da terceira edição de *Communications* e não desapareceu silenciosamente: escrevi um posfácio explicando o que havia acontecido com as ilusões dos anos 1960.

Quanto à mudança de uma perspectiva reformista para uma revolucionária, penso que, ainda hoje, se eu encontrasse uma área em que este primeiro caminho parecesse possível, eu o seguiria até estar finalmente convencido de ele não ser apenas difícil, interminável ou intratável, mas estar de fato adiando o prospecto de uma solução. Esse é o caso real para a política revolucionária. Se o argumento for apenas o de que devemos ter uma ação revolucionária porque ela é mais rápida, ou porque ela resolverá os problemas enquanto estivermos vivos, eu não ficarei muito impressionado. Apenas quando eu acreditar que quaisquer outras perspectivas erijam mais barreiras para uma mudança substantiva do que a revolucionária, direi que elas são falsas – não inferiores, porque mais lentas, mas de fato impossíveis. Creio que essa posição seja muito difícil de ser assumida e não me surpreende que eu continue a me agarrar a qualquer outra perspectiva que me impeça de ver isso. Pois, em certo sentido, no início de minha obra eu me posicionei do lado reformista, aceitando-o de modo não problemático. Na realidade, ainda é fácil chegar a essa posição sem considerá-la em todo o seu percurso. Creio que, se o fizermos, trata-se de um grande peso. Isso significa, contudo, que o engajamento é muito mais sério: quando ocorrem eventos localmente contraditórios, ou mesmo humanamente aterradores, como inevitavelmente acontecem em processos revolucionários, é menos provável que o revolucionário romântico recue diante da realidade da mudança histórica. Essa foi a posição geral a que eu estava chegando quando escrevi *Tragédia moderna*. Uma vez que decidamos pelo socialismo revolucionário, não por ser mais rápido ou mais estimulante, mas por não haver outro caminho possível, então poderemos mesmo vivenciar a derrota, ou a derrota temporária, como um socialista de minha geração vivenciou, sem qualquer perda de engajamento.

A noção de revolução já está, obviamente, presente em suas obras iniciais. Ela está no próprio título de The Long Revolution. *Mas, quando o escreveu, você claramente não havia chegado à posição que você acabou de definir. Poderíamos perguntar como você caracterizaria hoje a concepção estratégica da obra. O que você pensa terem sido as suas falhas e os seus ganhos? Em particular, qual a sua opinião sobre a crítica que apresenta um culturalismo subterrâneo, ainda concebendo a mudança social mais em termos de processos comuns de um crescimento criativo, no vocabulário do livro, do que de oposições conflitantes de luta de classes?*

O livro foi uma tentativa de investigar a ideia de revolução em uma sociedade com planos substanciais de desenvolvimento cultural e de prática democrática. Em outras palavras, uma democracia capitalista distinta de um Estado absoluto, ou de sociedades marcadas por formas absolutas de privação material e de pobreza. As imagens herdadas da revolução relacionavam-se a ordens sociais nas quais a maioria dos oprimidos havia sido preponderantemente afastada das esferas cultural e política. A ênfase no processo de desenvolvimento cultural, com todas as suas contradições – a imprensa popular, o sistema educacional, os novos meios de comunicação –, e as complicações políticas que se seguem a ela, parecia uma pré-condição para repensar a ideia de revolução em uma sociedade como a Grã-Bretanha. Vejo agora nitidamente que ao fazer isso me movi em direção a uma especialização talvez inevitável, escrevendo mais sobre o novo do que sobre o antigo, embora verdadeiro. Contudo, ainda senti naquela ocasião que era válido o que eu havia tomado como explicações marxistas comuns da natureza da ordem política e econômica, e de como elas deveriam ser mudadas. Foi parcialmente por ter dado muito crédito a elas que me concentrei tanto na educação cultural.

Quanto à questão da luta de classes, há uma distinção à qual me referi antes, que eu gostaria de ter realizado no livro. O conflito de classes é inerente a uma sociedade capitalista. Ou seja, um conflito absoluto e inseparável de interesses, sobretudo de um tipo econômico, mas que permeia toda a ordem social. Esse conflito deve ser distinguido da luta de classes, que envolve esforços conscientes e continuados para alterar as relações sociais que são a sua base. Há teorias reformistas perfeitamente satisfatórias que incluem o conflito de classes, mas param diante da perspectiva de uma luta de classes. Por outro lado, as teorias revolucionárias frequentemente assimilam ambas de modo inadequado, pois há períodos históricos nos quais o conflito de classes é mediado por tipos de mudança social, cultural ou educacional que não resultam, tipicamente, em uma luta de classes. Eu agora definiria muito mais claramente como processos de incorporação esses períodos nos quais as aspirações dos oprimidos recebem simultaneamente algum reconhecimento, mas são, ao mesmo tempo, limitadas e frustradas. A melhor tendência presente no livro é o esforço para apreender o que a luta de classes significava em áreas de desenvolvimento cultural e educacional normalmente excluídas da política socialista naquele momento. Penso que essa tendência tornou-se mais clara nas obras subsequentes. Mas as conexões entre as novas formas de prática cultural e as práticas políticas e econômicas, em qualquer processo geral de mudança revolucionária em uma democracia capitalista, não foram trabalhadas no livro.

Mudanças políticas não são de fato negligenciadas em The Long Revolution, *mas é notável a modéstia de sua dimensão em sua conclusão programática. A parte central de sua seção política é devotada ao Parlamento. Lá você escreve: "É muito difícil para qualquer um de nós sentir mesmo uma ínfima porção de controle no governo de nossas atividades".[7] Isso parece ser uma crítica bastante drástica e definitiva ao sistema político existente na Grã--Bretanha, mesmo se envolta em termos algo subjetivos. Mas, para remediar a situação, você propõe nada mais além de eleições parlamentares parciais a cada dois anos, datas fixas para eleições gerais, e um sistema eleitoral mais legítimo. Contudo, há várias democracias capitalistas que estabeleceram eleições centrais e representações proporcionais, que você nem mesmo especifica como um objetivo, como se essa fosse uma exigência muito iconoclasta na Grã-Bretanha. Seriam elas, em qualquer sentido, qualitativamente diferentes do status quo na Inglaterra? Você então faz, finalmente, um apelo por uma melhora no que você chama de "a atmosfera presente na democracia britânica, que parece cada vez mais formal e impessoal",[8] um tema recuperado no* Manifesto de Primeiro de Maio *alguns anos mais tarde: "A crítica ao Parlamento está no interesse da democracia como algo diverso de um ritual [...] ao mesmo tempo, tanto na Câmara dos Lordes quanto na Câmara dos Comuns, o processo se segue em uma atmosfera carregada de rituais que são mais do que sobreviventes pitorescos [...] esse é o show teatral pelo qual um poder específico é mediado; o crepúsculo suave no qual o poder real é ofuscado".[9] Não há dúvidas de que seja necessário criticar o papel mistificador dos rituais parlamentares, mas a implicação aqui parece ser a de que uma atmosfera mais robusta e real produziria, de algum modo, uma forma satisfatória de democracia. Após as críticas fundamentais que você faz à ordem social capitalista em sua totalidade, que se estendem por todo o âmbito de suas relações de trabalho, de suas relações de propriedade, de suas relações de aprendizado e de suas relações culturais, nos vemos de supetão diante de propostas para um Parlamento alterado, com uma atmosfera melhorada. O* Manifesto *chega mesmo a evocar a perspectiva de que "se a Câmara dos Comuns fosse o foco último da prática democrática nas questões nacionais centrais, ela iria rapidamente recuperar a sua importância. Mas ela continuará a esvaziar a sua realidade democrática enquanto preferir se*

---

7 *The Long Revolution*, p.336-7.

8 Ibid., p.338.

9 *May Day Manifesto*, p.147.

DOIS CAMINHOS PARA A MUDANÇA 425

manter dentro de um sistema diverso e aceitar as suas regras e estilos bastante diferentes".[10] *Em outra parte do* Manifesto, *você diz: "Podemos conceber, e gostaríamos de presenciar, a Câmara dos Comuns lutando contra o poder privado organizado ou os interesses estabelecidos, lutando por uma causa popular contra a autoridade arbitrária e a decisão realizada secretamente*".[11] *O parlamentarismo convencional dessa perspectiva, com a sua evocação florescente de um passado heroico no século XIX, ou mesmo no século XVII, é bastante surpreendente no final dos anos 1960. Em nenhum momento se levanta a questão da probabilidade histórica de uma instituição da democracia burguesa ser tão simples ou rapidamente convertida em um instrumento da democracia socialista. Por todas as discussões sobre a democracia em* The Long Revolution *e no* Manifesto de Primeiro de Maio, *há uma ausência de qualquer referente real de classe. A democracia é tratada como algo que pode ser estendido ou contraído de uma forma quantitativa: a ideia de que o seu conteúdo passa por mudanças qualitativas de uma ordem social para a outra, e com isso nunca ocorrem revoluções institucionais fundamentais – de assembleias antigas a Estados medievais, de parlamentos burgueses a sovietes proletários. Por que isso?*

A sua observação sobre a modéstia extrema das propostas políticas em *The Long Revolution* é justa. Elas parecem hoje ainda mais improváveis como corretivos do que pareciam naquela época. Creio que haja dois fatores responsáveis por elas. Um deles foi certa euforia no início dos anos 1960 que induziu à ideia de que mudanças políticas poderiam ocorrer muito rapidamente na Inglaterra, muitas das quais eram ou exigências residuais cartistas, ou simplesmente processos de ajuste das idiossincrasias britânicas a outras sociedades capitalistas avançadas. O outro foi o fato de que, como tantas pessoas trabalhando dentro da perspectiva britânica, eu estava tão focado na oposição às peculiaridades do sistema político britânico que levei um longo tempo até perceber as características comuns que ele partilhava com outras democracias capitalistas, que realmente exigiam muito mais atenção. Vi isso muito mais claramente em um movimento mais geral em direção a uma reflexão sobre a política europeia no final dos anos 1960. A ideia de que o Parlamento poderia de algum modo ser realinhado ao processo democrático pela modernização ainda estava no *Manifesto*, mas ela emergiu do grupo,

---

10 Ibid., p.149.
11 Ibid., p.148.

não de mim mesmo. Na realidade, a frase que vocês citaram, se me lembro bem, foi escrita por Edward. Abandonei essa perspectiva quase completamente após 1966. Vocês devem se lembrar de que cresci com a confiança, na prática assumida pela maioria da esquerda britânica, de que o governo trabalhista com uma forte maioria seria capaz de ultrapassar as limitações do parlamentarismo social-democrata que haviam ganhado tanta evidência. A administração de 1945 poderia ser desculpada devido à situação anormal da reconstrução logo após a guerra. Mas em 1966 o governo trabalhista chegou ao poder com uma grande maioria e em condições normais de paz, e para mim o que aconteceu então foi uma experiência derradeira: a extinção da noção do Parlamento como a agência principal e central para a mudança social. Aquele governo não teve nada a ver com a forma como o Partido Trabalhista conduzia seus negócios, ou com a periodicidade das eleições, ou com qualquer outra coisa desse tipo. Ele teve a ver com o caráter de uma máquina partidária e com a natureza do Estado capitalista. Em dois dias encerrou-se o longo período de tentar viver com duas latências ou tradições, ou ao menos de suspender o julgamento até que emergisse o que seria mais relevante e ativo. Pode-se dizer que fui muito apressado, mas esse foi o clímax que havia sempre coroado a teoria, e foi então um teste real para ela. Quando se está refletindo sobre uma decisão por quinze anos, pode-se finalmente tomá-la em dois dias.

Em *The Long Revolution*, comecei de fato a desenvolver uma distinção entre a democracia representativa e o que chamei de democracia participativa, uma expressão que teve, algumas vezes, uma história subsequente desafortunada por conta de algumas pessoas que se apossaram dela, embora a sua significância para a política socialista ainda seja decisiva. Dei exemplos não apenas da democracia no local de trabalho, mas também nos conjuntos habitacionais, como formas autogestionadas que estão em uma tradição política oposta à da noção de representação. Contudo, eu certamente ainda não havia desenvolvido naquele momento uma crítica plena da noção de representação, que me parece agora, em sua forma ideológica corrente, fundamentalmente hostil à democracia. Penso que a distinção entre a representação popular e o poder popular deve ser colocada agora de forma bastante precisa. Tentei realizar isso recentemente em *Palavras-chave*. Mas ainda acho que quando critico a democracia representativa, mesmo o público mais radical reage com surpresa.

DOIS CAMINHOS PARA A MUDANÇA   427

Até agora temos discutido apenas as limitações da estrutura representativa do Estado capitalista. Há, contudo, uma ausência complementar, embora mais drástica, em The Long Revolution *– a inexistência de qualquer noção da máquina coerciva do Estado burguês.* No Manifesto, *há algumas páginas sobre a burocracia, mas elas estão bastante confinadas a criticar um sistema administrativo rígido e procedimentos autoritários distantes das pessoas comuns. Em outros termos, os temas tradicionais de um tipo que pode ser encontrado por todo o espectro político. Há também uma ou duas passagens que falam das afinidades sociais entre os servidores civis e outros grupos burgueses, e de seu papel na frustração e no amortecimento de projetos de mudança social – "as conexões íntimas na família, nas associações escolares, nas associações universitárias ou em clubes entre pessoas no comando dos governos, do serviço público, do judiciário, das finanças ou dos negócios".[12] O* Manifesto *levanta a questão: "se os juízes, os chefes de polícia, os servidores do alto escalão civil, os embaixadores, os líderes das academias e de outras instituições públicas podem estar, de uma forma ou de outra, intimamente associados aos interesses do capital privado".[13] Há uma ausência flagrante nessa lista: a do corpo de oficiais. Hoje existe, na esquerda radical, a tradição doentia de uma concentração exagerada e febril no aparato militar do Estado capitalista, o apocalipsismo insípido do "há apenas um inimigo real na sociedade, que é o exército". Por outro lado, não pode ser um acidente que o que é, indubitavelmente, o corpo repressivo principal da sociedade, muito mais importante do que a polícia civil, mobilizado com frequência no passado para acabar com greves e desempenhando um papel cada vez mais proeminente na vida política britânica nos anos 1970 na Irlanda do Norte, nunca seja mencionado em qualquer um desses textos. O que explica esse silêncio no que tange a uma máquina coerciva central do capital?*

Vocês estão bastante certos ao dizerem que essa foi uma omissão significativa. Penso que, do final da guerra até o final dos anos 1960, esse foi um fenômeno geral: houve simplesmente uma cegueira porque, embora o exército tenha sido mais focado nos anos 1970 em Ulster, ele estava perfeitamente visível nas docas nos anos 1940. Não há dúvidas quanto a ele estar sempre presente na sociedade inglesa. Na realidade, não apenas houve uma cegueira extraordinária com relação aos poderes coercivos do Estado, mas houve mesmo um tipo de cumplicidade com ele, uma vez

---

12 Ibid., p.118.
13 Ibid.

que a esquerda nunca realizou distinções claras entre a ideia do poder público e a organização do Estado capitalista, ou de qualquer outro Estado possível. Dessa forma, a transferência principal de tipos de poder para um Estado cada vez mais centralizado após a guerra foi parcialmente em função das necessidades do próprio sistema capitalista, mas foi também uma realização do programa da esquerda britânica. Essa é uma verdade atroz. Claro que o *National Coal Board* [Conselho Nacional do Carvão] não é o exército, e a companhia ferroviária British Rail não é um esquadrão especial. Mas se uma geração, literalmente cega nesse aspecto, acreditou que seria possível transferir a responsabilidade de um poder popular ao Estado por meio dessas instituições, é justo concluir em qualquer período subsequente que isso deve ter sido uma loucura. Esse tópico é bastante diverso da outra questão, se o Estado deve ser esmagado em parte ou em sua totalidade, ou como isso deve ser feito. Claro que houve pessoas que viram o Estado como ele realmente era, mas as correntes dominantes na esquerda da época são culpadas por um fracasso geral de percepção. Hoje isso mudou. A polícia britânica, por exemplo, sempre teve uma resposta inicial diferente de suas contrapartes em outros lugares, mas é bem evidente o quanto a sua imagem se alterou durante a década das passeatas, e quantas pessoas então perceberam o caráter último da força como distinto do caráter comunitário. A questão que mais me preocupa hoje é para onde ir quando percebemos o poder coercivo do Estado capitalista.

No final de Cultura e sociedade, *você escreveu que a alternativa da classe trabalhadora à ideia burguesa de serviço é essencialmente a ideia de solidariedade; porém, ao mesmo tempo, você fez objeções às conotações conflituosas ou combativas de solidariedade pelo fato de elas implicarem em uma divisão social agressiva que não é plenamente compatível com a ideia de comunidade. Uma marca da instância mais militante de* The Long Revolution *é que lá, pela primeira vez, você declara que uma revolução é necessária, porque os privilegiados vão resistir a qualquer alteração nos arranjos sociais presentes. Contudo, naquele período, ainda parece faltar a você uma concepção clara dos pontos focais de condensação e de organização dessa resistência. Pois não há apenas uma teimosia difusa diante de uma mudança social nas sociedades capitalistas; certas instituições são, em seus mecanismos internos, governadas precisamente pela função da defesa da ordem existente e da resistência a qualquer transformação qualitativa nela. Marxistas têm tradicionalmente visto o Estado como sendo a instituição central da resistência à revolução e o terreno central do poder burguês. Você aceitaria essa proposição hoje, ou a acha muito simples?*

Aceito a proposição, embora a sua aceitação levante tantas questões quanto minha posição prévia, pois a grande dificuldade é pensar, em termos práticos, nas formas pelas quais o Estado capitalista possa ser destruído. Evidentemente, também penso que, ao lado das instituições clássicas de coerção direcionada, há uma reprodução da repressão bastante disseminada dentro mesmo das instituições aparentemente mais brandas fora do Estado, frequentemente mediadas de formas surpreendentes. Tenho dúvidas se nós algum dia mobilizaremos recursos suficientes para atacar as instituições centrais, salvo se as pessoas tiverem uma longa experiência em lidar com instituições muito próximas a elas. Mas certamente aceito a perspectiva teórica que vocês esboçaram, cada vez mais nítida nos últimos dez anos, como minhas próprias posições mudaram e como foram desenvolvidos uma presença muito mais explícita desse tipo de coerção e um posicionamento respeitável da direita ao recorrer a ele.

Isso levanta a questão da passagem importante no Manifesto de Primeiro de Maio que condena qualquer escolha entre a revolução e a evolução como um dilema falso, uma repetição irrefletida de categorias herdadas. O manifesto diz: "Essas não são, e não têm sido por algum tempo, estratégias socialistas disponíveis em sociedades desse tipo. Os partidos comunistas ocidentais, ao definirem o caminho para o socialismo como eles o veem, não mais pensam na captura violenta do poder do Estado [...] Os partidos ocidentais social-democratas não mais pensam em uma mudança gradual e inevitável em direção ao socialismo. Ao contrário, eles se oferecem como partidos governando dentro do sistema social existente, que se propõem a melhorar e a modificar, mas não a substituir de nenhum modo sério".[14] O texto então prossegue: "Sob o disfarce de um contraste tradicional e repetitivo entre meios 'violentos' e 'parlamentares', o argumento necessário sobre uma estratégia socialista tem sido fortemente deslocado [...] Devemos olhar para a situação e a condição do Partido Trabalhista na Inglaterra não pela perspectiva obsoleta de uma escolha entre 'revolução' e 'evolução', mas pela perspectiva real da escolha entre um movimento político

---

14 Ibid., p.152.

e uma máquina eleitoral".[15] *A oposição entre revolução e evolução é explorada aqui de um modo puramente pragmático e imediatista, que não é nem mesmo um argumento. A revolução é caricaturada como simplesmente a "captura violenta do poder do Estado", uma definição que seria adequada a qualquer golpe militar, e então é rejeitada pelo fato de os partidos comunistas ocidentais não falarem mais dela. A indagação sobre esses partidos comunistas estarem certos em fazer isso não é nem mesmo colocada. Após descartar a escolha entre revolução e evolução como "obsoleta", o tipo de linguagem que a direita trabalhista reservou para a Quarta Cláusula, a alternativa real é apresentada como o Partido Trabalhista ou um novo movimento socialista. Mas se naquela ocasião a escolha imediata para vocês na Grã-Bretanha era entre um partido democrático socialista e uma máquina trabalhista, ela de forma alguma tornou questões mais decisivas sobre a estratégia política obsoleta. Dentro de uma moldura como essa, seria completamente impossível prever ou mesmo discutir o que aconteceu no Chile alguns anos mais tarde. Não houve lá nem uma "mudança inevitável e gradual em direção a formas socialistas", nem qualquer tentativa de uma "captura violenta do poder estatal" quando a luta de classes espontânea se expandiu, contra a vontade da coalizão da esquerda no poder, até o ponto em que a natureza real do Estado capitalista chileno foi abrupta e brutalmente desencadeada. No Chile, a escolha estratégica clássica provou não ser de forma alguma obsoleta. A reação da direita foi uma demonstração de sua necessidade. Você concordaria com isso hoje?*

Creio que esteja correto. Houve uma discussão intensa no grupo durante a escrita do *Manifesto* justamente sobre isso. Quando, no final da análise teórica, localizamos todas as estratégias políticas que acompanham o Partido Trabalhista não na sua condição degenerada, mas na sua condição regenerada. Contudo, podemos olhar para o contraste revolução-evolução de outra forma, como um argumento direcionado à direita, e não à esquerda. Pois, na Inglaterra, essa distinção foi realizada mais frequentemente pela direita do que pela esquerda do Partido Trabalhista, e é importante registrar que a perspectiva evolucionista tradicional desapareceu hoje. O socialismo evolucionário, no sentido da inevitabilidade do gradualismo, é ainda uma ocasião evocada retoricamente para rebater a ideia de revolução, mas ele deixou de ter qualquer existência positiva na política britânica. Em minha mente, sempre

---

15 Ibid., p.152, 155.

critiquei a forma como a direita fez uso dessa distinção. Penso que isso provavelmente significou que não lidei de uma forma adequada com a distinção necessária que deve ser feita na esquerda.

Há certamente duas ideias que devem ser distinguidas analiticamente. Uma é a ideia da inevitabilidade do socialismo, que tomou emprestada a sua força sugestiva da teoria da evolução como um processo natural: na Grã-Bretanha, todo o complexo de ideias e de retórica associados a esse socialismo evolucionário desapareceu quase completamente do Partido Trabalhista. A outra ideia é a do gradualismo como um princípio político. Essa ideia certamente não desapareceu na Inglaterra. Muito longe disso. Na realidade, ela parece representar um nó fundamental em seus próprios textos políticos: ela já aparece no título de The Long Revolution. A sua expressão "a longa revolução" mantém-se profundamente ambígua no livro. Pois, de um lado, ela denota a transformação de todas as práticas de uma sociedade específica na mais ampla escala imaginável, estendendo-se desde os seus mecanismos de tomada de decisão até os processos de trabalho, desde a produção cultural até seus padrões de relação familiar e pessoal. É bastante evidente que o projeto socialista de realização dessa transformação deve ser visto como multissecular. Ele não será completado no tempo de vida de qualquer um de nós, como uma mudança histórica comparável à transição do feudalismo ao capitalismo. Nesse sentido, como uma advertência contra as ilusões simplistas de que a classe trabalhadora precisa apenas tomar o poder, nacionalizar os meios de produção e, então, alcançar o socialismo, a sua ênfase na duração da revolução possui um peso poderoso e salutar. Por outro lado, ela também contém um grande perigo, que pode ser indicado pelo termo "gradualismo". Pois a transição ao socialismo talvez seja um processo a longo prazo, mas de forma alguma pode ser descrito como um processo gradual. Por quê? Porque a longa duração dessa transformação completa pode ser periodizada em tipos bastante diversos de programa, com ritmos mais rápidos ou mais lentos. Um desses ritmos é relativamente curto, mas decisivo: o que marxistas têm tradicionalmente descrito como a conquista revolucionária do poder do Estado. Isso não precisa, obviamente, ser realizado em alguns dias. A Revolução de Outubro foi um processo bastante curto; revoluções posteriores foram mais demoradas. A questão central está em outro lugar. A transição para o socialismo só pode ser realizada por um processo absolutamente não gradual, pois a sua precondição é uma desintegração do Estado capitalista como uma unidade estrutural e a emergência de instituições rivais de soberania popular que, após um período de conflito intenso e poder dividido, cristaliza-se em um tipo novo e mais democrático de Estado que afasta completamente o modo antigo. Pela sua própria natureza, essa substituição de uma unidade política por outra é um processo abrupto e compacto. O socialismo revolucionário é definido pela insistência em que apenas uma crise violenta, que convulsione toda a sociedade de um modo que não seria verdadeiro antes dela, e também não seria verdadeiro após ela, pode permitir uma passagem genuína ao socialismo. Essa é uma perspectiva totalmente oposta ao gradualismo em qualquer molde ou forma. Qual a sua atitude com relação a isso hoje?

Você colocou a distinção entre os dois processos de modo bastante claro, do modo como um europeu do leste colocou para mim após ler *The Long Revolution*: "Nós tivemos nossas revoluções curtas, agora começamos nossa longa revolução". Quando escrevi o livro, eu estava bastante consciente da duração imensa de uma transformação social plena, que tem sido usualmente negligenciada, mas que deveria ser intrínseca a qualquer pensamento socialista estratégico. Não tenho dúvidas agora de que uma revolução curta, para usar essa expressão, também deve ocorrer. Eu não discordaria das ideias tradicionais de uma captura violenta do poder do Estado, mas eu definiria essa revolução de um modo mais específico: ela é realizada quando os órgãos políticos centrais da sociedade capitalista perdem o seu poder de reprodução social *predominante*, o que não significa necessariamente que alguma reprodução não continuará a ocorrer após a revolução. Assim, para tornar minha posição teórica clara, acredito hoje, embora não tenha sempre acreditado, que as condições para o sucesso de uma longa revolução, sejam quais forem os termos, é decididamente uma revolução curta que eu definiria não tanto nos termos de sua duração, mas da perda, pelo Estado, de sua capacidade para a reprodução predominante das relações sociais existentes. Isso, afinal, coloca a ênfase correta no que acontece por toda a sociedade, e não apenas em seu centro. É possível que ordens possam ainda chegar e serem recusadas, tanto como se podem impedir ordens de ganhar terreno, criando um processo bastante complexo e difundido.

O único sentido no qual a ideia de uma longa revolução apoia e sustenta a ideia de uma revolução curta é o de mobilizar os recursos e encontrar os caminhos em direção ao momento em que, na tradição clássica, a classe dominante se divide contra ela mesma ou enfrenta problemas que ela não mais pode resolver em qualquer forma aceitável ou familiar, algo que requer um processo considerável de preparação, que não deve se limitar às ações imediatas necessárias para garantir a transferência do poder em uma situação revolucionária. Falar da preparação para essa situação não é uma forma de gradualismo. É uma lembrança de que é preciso mais do que alguns procedimentos rapidamente improvisados quando o Estado desintegra-se em alguns dos modos mais óbvios. Eu não renunciaria de forma alguma à minha ênfase na importância extraordinária do aprendizado dos métodos e procedimentos do poder popular, que podem ter sido negligenciados naquele momento como reformistas ou gradualistas. A complexidade extrema de uma sociedade capitalista avançada, com sua dependência cada vez maior de uma divisão integrada de trabalho e de uma tecnologia sofisticada, faz com que muito mais tenha de ser aprendido do que é geralmente suposto pela tradição revolucionária. Foi bastante surpreendente, na Greve Geral, em uma época em que a essência da situação era a de que as hierarquias tradicionais haviam desaparecido, como em poucos dias as pessoas criaram novos sistemas de controle popular em uma operação de engenharia técnica muito complicada, decidindo qual seria o tráfego emergencial, qual fornecimento deveria ser escoado, qual fornecimento deveria parar, e quais procedimentos de autoridade deveriam ser desenvolvidos entre eles. Tipos similares de habilidade organizacional são necessários para ocupar ou realizar piquetes em uma fábrica hoje. Mas essa disciplina nem sempre surge de modo natural. Recentemente, por exemplo, foi notável que, em Grunwick, havia frequentemente mais manifestantes nas ruas do que policiais. A diferença mais significativa entre ambas as greves foi que uma aprendeu com profundidade os procedimentos da organização coletiva e da ação. As outras, frequentemente porque se iniciaram como piquetes pacíficos, e não esperavam batalhas armadas, agiram em geral como uma multidão de pessoas ou de pequenos grupos. Claro que, em outras sociedades, certos grupos da esquerda responderam à repressão violenta da polícia aprendendo técnicas de luta de rua. Em geral, aceito a verdade provada por toda a revolução registrada da liberação rápida de energias, recursos e habilidades populares. Mas também percebo, e essa é a parte menos agradável da leitura, o grau em que o fracasso para encontrar soluções ou para praticar certos procedimentos antecipadamente enfraqueceu pessoas que já tinham o suficiente em suas mãos. Um padrão decisivo desde que a teoria clássica foi formulada, afinal, é que a forma da crise do Estado capitalista moderno comum não conduz ao surgimento de um novo poder popular, mas ao endurecimento do Estado em uma forma ainda mais repressiva, o fascismo. Por isso, sempre me sinto desconfortável com conversas sobre a revolução curta quando os problemas da preparação para ela não foram devidamente avaliados. Percebi que a maior parte das imagens da tradição herdada não se debruçou muito sobre esse processo complicado de preparação e aprendizado. Ao menos metade das características de uma situação revolucionária ainda nos pegaria de surpresa mesmo com essa preparação. Isso estaria na natureza dessa crise. Mas acho que o amplo aprendizado das habilidades de organização e controle popular tornaria a perspectiva da prevenção da reprodução efetiva das relações sociais existentes uma possibilidade muito mais realista em sociedades capitalistas ocidentais.

Ao mesmo tempo, em uma crise revolucionária, a mera ideia do assalto à cidadela do Estado contra a força conjunta do exército moderno é um tipo errado de pensamento militar. Qualquer estratégia que negligenciar o poder blindado do exército contemporâneo após ele ter realizado manobras em alguns confrontos menores, é totalmente inconvincente para mim. Eu sei o que um exército moderno pode fazer a partir de minha própria experiência. Mesmo nos atos mais brutais de repressão civil que presenciamos na Inglaterra, o exército lutou com um dedo, e não com as duas mãos. Mesmo no Vietnã, algumas armas que decidiriam a batalha não foram usadas. Por outro lado, também sei, com a vantagem de ter lutado em tanques avançando em direção a uma cidade, que se um exército se dispersar contra um inimigo que não está concentrado em um único alvo, o resultado não é tão formidável. De fato, quando um aparato militar assume uma variedade de funções civis, ele pode se ver bastante enfraquecido, ao passo que ele é extremamente forte quando defende um local de sua escolha, ou substitui recursos civis em uma área selecionada, mas não em todas as áreas. Em qualquer luta contra o exército, partilho a opinião de que não devemos colocar muito peso, embora devamos colocar algum, na meta de atrair alguns soldados para o lado revolucionário. Sempre haverá tropas que não podem ser vencidas. Quem já vivenciou a disciplina do exército, e o modo extraordinário pelo qual ele desperta o sentido de que o resto do mundo fora da sua unidade deixa de existir, não terá dúvidas quanto a isso. Indo além, as forças armadas seriam reforçadas, em qualquer situação revolucionária, por um grande número de voluntários em uma operação de classe combinada, não uma operação abstrata do Estado. A história da greve geral não é apenas a de uma mobilização popular incrível, mas também a de um recrutamento significativo de reservistas para combatê-la. É preciso que pensemos seriamente nas áreas e nas classes de onde eles vêm. Mas é também verdade que uma crise revolucionária é caracterizada por toda uma série de momentos decisivos nos quais saber se a violência foi liberada pelo Estado ou não pode ser importante, devido à consciência dos soldados, ao seu treinamento, e ao julgamento político da classe governante existente. As forças populares devem então pensar e agir de modo bastante preciso, para colocar a opção pela força em desvantagem. A doutrinação dada às tropas enviadas para apagar um incêndio quando há uma greve dos bombeiros é simples o suficiente. Quando os soldados vão às docas para descarregar a carga, o problema já é mais complexo, porque eles estão agora agindo, de forma muito mais óbvia, não para salvar vidas, mas para assumir o trabalho de outras pessoas. A tensão disciplinar é maior se o exército for enviado contra a ocupação de uma fábrica, por exemplo, ou contra qualquer resistência popular. A visibilidade da natureza de qualquer operação civil, e a possibilidade da percepção independente pelos soldados do caráter das forças assinaladas como inimigas são decisivas para a habilidade de um comando militar em impor suas ordens. Há situações em que o recurso à brutalidade e à opressão pode ser desafiado com uma chance real de ganho.

Tais ações são parte da estratégia de tornar impossível a reprodução das relações sociais existentes. Claro que sistemas de comunicação são sempre críticos para o sucesso ou o fracasso. Durante a greve geral, o TUC [Congresso dos Sindicatos] tomou algumas medidas limitadas em relação à imprensa, o que foi um recurso crucial na luta. Elas foram rapidamente contornadas pelo governo, que emitiu um comunicado oficial de emergência, enquanto os boletins locais das greves estavam sendo produzidos pelo outro lado. Mas é surpreendente que o movimento sindical não tenha falado sobre o rádio, que foi, em termos estratégicos, um fator mais decisivo no destino político da greve. Hoje penso que a complexidade crescente da sociedade capitalista trabalha para uma vantagem socialista: aumentou o número de técnicas envolvidas na disseminação de qualquer tipo de ordem e de informação, enquanto toda a operação do sistema econômico depende agora de certos grupos estratégicos de trabalhadores. A direita percebe isso muito mais rapidamente do que a esquerda. Em outras palavras, enquanto são absolutamente corretos os termos herdados pelos quais um confronto poderoso com o poder do Estado é concebido, os detalhes hoje são tão diferentes que me sinto incomodado quando ouço a mera repetição das formulações tradicionais e percebo que as preparações para esse tipo de confronto não foram pensadas seriamente. Se alguém admite, como admito hoje, que o caminho revolucionário é o único viável – em meu caso, após um percurso de quinze anos de hesitação entre as duas possibilidades – então é realmente necessário pensar de uma forma bastante nova sobre como prepará-lo. Penso também que muito da preparação pode e deve ser combinada a formas de aprendizado que são necessárias em situações aparentemente rápidas, e que podem ser partilhadas por pessoas que talvez ainda não tenham, nesse processo de partilha, previsto que a luta pelo socialismo terá de passar por isso.

Como você visualiza o padrão do poder popular após a revolução? O socialismo, por definição, envolve um planejamento coletivo nacional e internacionalmente centralizado da vida econômica e social. Contudo, os sovietes e as assembleias dos trabalhadores representam a descentralização do poder político, cujo objetivo final é o da dissolução plena do Estado centralizado. Como você vê a articulação entre esses dois princípios?

Penso que o sucesso da revolução em uma sociedade capitalista avançada virá de uma propagação do poder popular a partir de vários locais estratégicos onde ele surja primeiro, até se tornar um processo nacionalmente coordenado. Durante a greve geral, os recursos e a inventividade dos comitês locais e das organizações populares foram extraordinários, se compararmos à fraqueza da direção central que o TUC deveria oferecer. Esses comitês e assembleias podem ser uma forma bastante efetiva de poder em uma situação emergencial em que a classe dominante esteja titubeando. O grande problema está na coordenação ou na cooperação entre esses centros, que é, afinal, necessária se quisermos que uma nova sociedade seja mantida em um plano mais avançado. É nesse momento que as pessoas ainda tendem a projetar uma liderança política no estilo antigo. Este é um erro, pois a maior parte do trabalho deve estar voltada precisamente para uma interrelação eficaz entre essa liderança hipotética e os centros populares autogestionados. Os sovietes, os comitês dos grevistas, as assembleias administradas pelos próprios cidadãos e as cooperativas apresentam, todos eles, muitas dificuldades de organização em um plano local. Mas, uma vez estabelecidos, o problema real está no movimento para uma dimensão organizacional mais ampla, decisiva para o sucesso dos esforços locais. É bem possível que, saturadas pelos processos da democracia capitalista, as pessoas possam reproduzir conferências de representantes ou de delegados, e então brevemente um tipo bastante diferente de poder seja criado. Essa é uma área bastante difícil, onde não há uma solução simples, dada a necessidade absoluta da coordenação. A resposta teórica é familiar: os procedimentos de mandato e revogação, conjuntamente com o fluxo de informação possível dentro desse tipo de sociedade, onde não é necessário percorrer 500 quilômetros para reportar o que ocorreu em uma reunião, pois a tecnologia existe e permite a muitas outras pessoas ouvir as reuniões e participar delas. Mas os problemas políticos do entrelaçamento das novas instituições de poder popular, tanto centrais quanto locais, ainda precisam ser resolvidos.

Quando escreveu The Long Revolution, *você parece ter concebido a democracia como um processo continuado sem quaisquer qualificações específicas de classe. A democracia parlamentar seria estendida, ao invés de transformada, quando o capitalismo cedesse lugar ao socialismo. Desde Palavras-chave, você tem feito uma distinção precisa entre os princípios da representação e os do poder popular.[16] A sua referência agora à democracia burguesa reconhece que certos tipos de organização democrática, como as estruturas representativas, pertencem ao modo de produção capitalista. Em outros termos, não é o caso, como algumas vezes se mantém hoje, de a democracia sob o capitalismo ser uma conquista do movimento da classe trabalhadora. A democracia parlamentar também é o modo pelo qual a burguesia organiza a si mesma e à sociedade. O advento do socialismo transformaria as estruturas do processo democrático, produzindo uma forma de soberania diferente das instituições representativas do capitalismo. Até onde podemos prever a natureza dessa transformação, como você a descreveria hoje?*

A diferença radical entre a democracia socialista e a democracia capitalista torna-se bastante nítida na história de cada um desses termos. A democracia burguesa surgiu para definir os processos internos de um Estado capitalista, desenvolvendo-se através de períodos históricos e sistemas eleitorais diversos, e a liberdade de expressão e de associação civil, que é o meio crucial para qualquer forma de democracia. Os escritores da direita contrapõem hoje esses processos, considerados a essência da democracia, às ocupações das fábricas, que são entendidas como não

---

16 *Keywords*, p.83-86.

democráticas. Mas a democracia social deve ser o exercício direto do poder popular. Ela não pode ter qualquer outro significado. Visto que este é também o significado histórico mais antigo de democracia, é razoável usá-lo em períodos bastante precoces de luta socialista, ou mesmo pré-socialista, bem como para a perspectiva de um sistema socialista emergente no futuro. A ênfase principal deve recair no exercício direto do poder popular, e não na autogestão interna de um Estado específico governado por determinada classe, ou nos meios generalizados que não são democracia, mas simplesmente procedimentos que a acompanham. A oposição convencional entre democracia e socialismo, ou entre democracia e marxismo, é agora extremamente prejudicial para a esquerda. Todo o futuro da esquerda repousa precisamente na demonstração, contra essa oposição, de que a democracia socialista não é apenas qualitativamente diferente da democracia capitalista, mas é claramente mais democrática. Essa é a única batalha que deve ser ganha, uma batalha que tem sido prejudicada por duas experiências que curiosamente reforçam uma à outra: a experiência da burocracia de estilo fabiano perto de casa, e a experiência do stalinismo em um movimento mais geral, que sustentou, em milhões de mentes, a oposição em outras situações bastante falsas entre democracia e socialismo. Penso que devamos mostrar, com grande exatidão, porque uma sociedade socialista seria mais democrática, e isso envolverá a necessidade de sermos implacavelmente claros quanto ao fracasso de outros tipos de processo democrático dentro das revoluções socialistas ou dos movimentos trabalhistas.

É interessante que, apesar da sua aptidão para discutir mudanças políticas e sociais com um tipo de detalhe institucional do qual muitas pessoas tendem a se afastar, e dessa sua disposição incomum para abordar quais seriam as formas concretas de uma ordem social alternativa, você nunca realmente discutiu a questão da democracia socialista como oposta a formas existentes da democracia capitalista. Há três aspectos essenciais, dos quais você abordou principalmente um, em que as formas da democracia socialista seriam estruturalmente distintas das formas da democracia burguesa. Todos estes aspectos envolvem a abolição de uma barreira existente sob o capitalismo. A primeira é aquela entre os representantes e os representados, o foco de sua crítica em The Long Revolution *e no* Manifesto, *ao que você chama de eleição de uma corte por votos únicos e ocasionais a cada cinco anos.[17] Marxistas têm classicamente insistido, desde a Comuna, que apenas através de um sistema de mandato, e não de representação, com a sua revogação sempre disponível aos eleitores, poderia ser garantida uma unificação genuína da vontade das massas com as instituições legislativas centrais da sociedade. Dado o perigo perpétuo de uma divisão entre elas, o recurso ao mandato revogável é central à tradição da democracia socialista. A segunda barreira é entre a economia e a política. A divisão, em seus termos, entre o sistema de manutenção e o sistema de decisão. Pela expropriação dos expropriadores, e pelo estabelecimento de uma soberania coletiva real sobre os meios de produção, o socialismo inaugura a democracia no local de trabalho. Essa expansão enorme da democracia, transformando o dia a dia dos produtores, é também um dos objetivos que você colocou no final de The Long Revolution. Assembleias nas fábricas têm sido a forma corrente desse controle coletivo de produtores associados sobre os processos de produção. Mas há uma terceira barreira que você tendeu a negligenciar, a divisão entre as funções legislativas e executivas dentro do Estado capitalista. O dualismo entre um parlamento eleito que decreta a lei e uma burocracia profissional que a administra é um dos principais marcos do governo burguês existente. Ele cria em toda a parte, de modo característico, um corpo separado de administradores trabalhando em tempo integral, funcionários especializados do Estado divorciados da população civil. Uma democracia socialista, ao contrário, tenderia constantemente a uma unificação das funções legislativas e executivas separadas no capitalismo, de forma que cada vez mais administrem os que tomam as decisões políticas. O objetivo final desse processo é a supressão do Estado como uma instituição separada de criação e aplicação das leis, o que ocorreria na medida em que a divisão entre o Estado e a sociedade diminuísse progressivamente. Esse terceiro critério estrutural da democracia socialista não está presente em nenhum lugar de uma forma clara em sua obra, o que parece estar relacionado à forma como as estruturas executivas e repressivas do Estado capitalista tendem a escapar de seu campo de visão.*

Quanto à experiência russa dos sovietes, embora tão breve e imperfeita, dificultada pelas demarcações defensivas de classe de seu sistema eleitoral (os burgueses eram excluídos e os camponeses tinham muito menos votos do que os trabalhadores), pela inexistência do voto secreto e por outras limitações, ainda assim representa o único experimento histórico no qual podemos ver

---

17 *The Long Revolution*, p.336.

esses três princípios, em uma forma bastante primitiva, começando a funcionar. O tratamento da Revolução Russa em sua obra tende, em geral, a sugerir que, embora devêssemos entendê-la e respeitá-la, em uma última análise ela se mantém bastante distante de nós, aqui no Ocidente avançado. Mas essa sugestão é apenas uma meia verdade. É inegável que ela esteja bem distante de nós, no sentido de que podemos ter a esperança de realizar uma revolução socialista na Europa Ocidental sem todas as consequências paralisantes que se seguiram à revolução na Rússia. Mas, por outro lado, em nossas sociedades muito mais avançadas não temos nenhum modelo de democracia socialista que seja mais avançado; há uma ausência de qualquer experimento desse tipo, ao passo que, naquela sociedade mais atrasada, sessenta anos atrás, certos tipos de instituição foram esboçados que mesmo hoje ainda se mantém, imaginativa e praticamente, além do âmbito corrente da discussão política no ocidente.

Parece-me que uma de suas perguntas é se eu respeito suficientemente o tipo de salto imaginativo que 1917 representou. A única resposta a isso é que tenho passado por todas as experiências de atração e de repulsa à Revolução de Outubro e que, na medida em que elas se acalmam e projeto meu olhar para além delas e das celebrações ortodoxas, ainda penso que foi um dos dois ou três maiores episódios da história humana. Simples assim. Dessa forma, eu não divirjo dos princípios gerais que vocês colocaram. Penso que, difíceis como são as novas definições, a ideia de superar a democracia representativa e substituí-la por uma democracia direta, e de estender a democracia ao trabalho pela abolição do capital privado, é mais fácil do que a terceira ideia que vocês colocaram. Que, concordo, é um tema que não aparece o suficiente em minha obra. A unificação da legislação e da administração é um modelo imaginativo extraordinário. Ele será claramente decisivo para que qualquer sociedade socialista evite a formação de uma classe administrativa separada. Na realidade, uma versão dela, a ideia da administração pela reunião pública, foi com frequência testada em pequena escala no movimento estudantil dos anos 1960, que frequentemente abolia a estrutura dos funcionários e dos comitês executivos e fazia tudo em reuniões abertas. Isso logo levantou muitos problemas práticos. A separação das funções administrativas e gerenciais pode ser abolida, mas não as próprias funções administrativas e gerenciais. Provavelmente a solução está na rotatividade dos funcionários, com a regra de que não se possa administrar qualquer processo sem ter estado diretamente envolvido no trabalho, e tendo de voltar a ele em um plano bastante diferente. Em sua melhor forma, os chineses enfatizaram de modo válido alguns desses princípios. Mesmo assim, os problemas de ordem e de alocação serão muito difíceis em uma sociedade socialista democrática. Por exemplo, a regulamentação de recursos terá de incluir decisões para não realizar certas coisas, porque será necessário realizar outras. É então bastante provável que as pessoas que estejam envolvidas nessas atividades e sintam sua própria vida vinculada a elas reajam com as respostas características da democracia social local, colocando um grande problema para a democracia socialista em uma esfera mais ampla. De um modo ou de outro, todo o problema da administração necessária de uma sociedade complexa enfrentará tensões a todo o momento. Tudo o que posso dizer agora é que, embora o problema central seja político, teremos de nos beneficiar de uma tecnologia de comunicação qualitativamente nova, que torna possível um processo quase continuado de decisão e administração aberto e responsável.

Os problemas da estratégia política são uma prioridade no debate entre socialistas hoje. Mas se mantém largamente inexplorada a questão de como uma sociedade socialista seria alcançada. Sua própria obra tem sempre sido algo como uma exceção a esse respeito. Em Communications, por exemplo, você coloca com alguns detalhes uma política socialista para a organização da produção cultural, sobretudo para a radiodifusão. Em Marxismo e literatura, você se refere às "sociedades complexas" de sua própria época e então às "sociedades ainda mais complexas que o socialismo real contempla".[18] A construção dessa formulação sugere uma ênfase bastante deliberada e crítica. O que você tinha em mente quando enfatizou a "complexidade" do "socialismo real", e quais são as suas implicações para a teoria e a política socialista nos anos 1980?

Sim, quero que essa seja uma mudança distinta de ênfase em nosso pensamento sobre o socialismo. Creio que estamos agora seriamente limitados – e em alguns momentos politicamente incapacitados – pela herança dos modelos do socialismo que simplificam ou meramente racionalizam a ordem social. Claro que muitos socialistas viram a *transição* para o socialismo como um processo complexo: lutas difíceis e instáveis contra seus inimigos; problemas intricados da construção socialista sob a pressão de forças imperialistas e capitalistas sobreviventes; ou

---

18 *Marxism and Literature*, p.211.

a luta tão longa – em que Mao insistiu – para uma consciência socialista nova e geral contra muitos tipos de contradição e de resíduo. Concordo com esses problemas da transição. Se ainda não acreditássemos neles teoricamente, o século XX nos ensinou na prática.

Mas o que me preocupa agora é a *natureza* da ordem social em direção à qual essas transições caminham, e não creio que essa seja uma questão meramente abstrata. Um pensamento significativo sobre isso me parece absolutamente necessário, talvez especialmente nos países capitalistas avançados e nos países onde há o que Bahro chama de "socialismo realmente existente". Creio que possamos entender a razão para que os modelos que herdamos sejam relativamente simples e grosseiros. Pois qualquer materialista histórico está fadado a ser cauteloso sobre algum tipo de especificação futurista. Mas a razão mais importante é mais profunda. A miséria e a pobreza da desordem do mundo capitalista, dentro do qual a ideia do socialismo foi inicialmente gerada, tornaram a prescrição de uma alternativa quase simples demais. Temos visto o mesmo processo novamente na luta contra o colonialismo. Mas agora, no último quarto do século XX, estamos na maioria dos casos em uma nova situação. Nos países capitalistas avançados, temos claramente de gerar (eu diria regenerar, mas isso seria apenas estruturalmente preciso) ideias positivas de uma ordem socialista em direção à qual as lutas contra o capitalismo possam ser direcionadas com alguma profundidade e consistência. Há uma necessidade similar, embora em circunstâncias diversas, nos países do Leste europeu, onde existe o grave perigo de as lutas contra um sistema repressivo moverem-se para fora, ou mesmo contra o socialismo, enquanto a *ideia* do socialismo é confiscada pelas hierarquias governantes – Bahro enfatizou isso. A necessidade, mais uma vez, encontra circunstâncias diversas em estágios avançados das lutas pela emancipação nacional.

Claro que poderíamos reconhecer rapidamente essa necessidade, e então não ir além, embora mesmo isso pareça, em alguns momentos, esperançoso demais. O poder dos modelos recebidos, incluindo os *nomes* tão bem aprendidos, parece em algumas mentes deter o pensamento. Assim, pode-se convencer militantes de que o "socialismo" resolverá este, aquele e todos os outros problemas e, ao mesmo tempo, maiorias bastante substanciais de pessoas que se esperaria estar com eles, ou ao menos escutá-los, voltam-se contra o que elas identificam, algumas vezes com bastante precisão, como nada mais do que slogans. O resultado literal disso é uma perda bastante terrível do futuro: a perda de um futuro socialista que as pessoas podem começar a imaginar fisicamente e, com isso, a perda de outros futuros. É surpreendente que mesmo as pessoas céticas aos slogans socialistas, não a classe dominante existente e os que a apoiam, mas todos os que pertencem, potencialmente, a uma direção socialista, também não tenham confiança no futuro da ordem capitalista industrial. É então uma questão de grande urgência política, e não apenas de especulação, começarmos a definir uma nova ordem socialista. Vejo minha própria obra como, por alguns anos, uma tentativa de realizar isso, e espero que muitos outros se juntem a mim.

Você poderia nos dar alguma ideia do tipo de considerações que essa tentativa envolverá? Quais são os principais defeitos dos "modelos herdados" a que você se referiu e como você acha que eles deveriam ser revisados?

Deixem-me iniciar com o que parecem ser meramente aspectos negativos. Os positivos se seguem a eles. Primeiro, creio não haver dúvidas de que os elementos de racionalização e de controle da ideia herdada de socialismo tornaram-se residuais. Eles foram basicamente formados em um período de acumulação e competição caótica capitalista. Eles pré-datam tanto o capitalismo monopolista quanto o capitalismo internacional monopolista, mantidos, como são hoje, pela intervenção de Estados capitalistas e pelas alianças imperialistas entre eles. Regulamentação, administração, suporte e intervenção estatais são hoje características de uma ordem capitalista racionalizada que está, na realidade, caminhando para novos tipos e novos instrumentos de controle. É suficiente para fazer-nos chorar ouvir muitos desses desenvolvimentos sendo descritos como avanços socialistas, ou como elementos socialistas em uma economia mista. As pressões para a regulamentação, organização e estandardização do capitalismo monopolista internacional existente, com suas burocracias públicas e privadas imensas, são mesmo identificadas por muitas pessoas como os horrores do socialismo. De certo modo, quem pode acusá-los quando metade dos socialistas que eles ouvem está falando sobre mais e mais da mesma coisa, e os Estados socialistas realmente existentes exibem justamente essas características de uma forma extrema e mesmo patológica?

Ao mesmo tempo, há o outro modelo socialista herdado: a simplificação. É surpreendente como muitas das utopias socialistas retratam sociedades pequenas, simples e essencialmente desorganizadas: um tipo de felicidade relaxada na fartura, governada por impulsos morais gerais. E quem não tem esse sonho? Ele é frequentemente visto de modo explícito como um tipo de descanso após a luta: uma noite feliz e amigável após o barulho e a tensão dos dias capitalistas. Ou ainda, mudando a metáfora (essa tendência é bastante frutífera), temos o ar delicioso do começo das manhãs, a alvorada do socialismo: fresco e revigorante antes de um dia de trabalho que nem precisa ser realizado. Tudo bem, sem algumas ideias como essas, a tensão poderia ser muito pesada para ser suportada. De qualquer forma, estou seguro de que não serão os trabalhadores de uma sociedade socialista que precisam caçar pela manhã, pescar à tarde e fazer análise crítica à noite. Ao menos nas manhãs e nas tardes haverá atividades melhores para se tentar fazer.

Agora, a importância hoje da ideia simplificadora é que ela se aproxima, em alguns aspectos, de avaliações realistas de nossa economia material. Não apenas as loucuras do crescimento capitalista-industrial, mas os crimes muito mais sérios da pilhagem imperialista que as sustentam – o saque literal de terra e recursos que ocorre hoje – levaram muitas pessoas a exigir uma simplificação. Claro que há algum jogo nisso, mas há também muito pensamento sério. Contudo, muito desse pensamento se apoia em uma conjunção muito simples de ideias de comunidade e ideias de autossuficiência. A conexão entre elas é hoje apenas ocasionalmente socialista em um sentido real, mas ela tende a se manter pela memória do utopismo socialista e anarquista. Ao mesmo tempo, a simplificação também toma ideias de autogoverno, autogestão, proteção e equilíbrio em nosso uso do ambiente material, do trabalho criativo, da comunidade viva etc., que são genuinamente elementos necessários para qualquer nova ordem socialista que se pretenda realista e atrativa. A tarefa dos socialistas hoje é refletir sobre as complexidades do que é, sob outros aspectos, uma ideia simples demais em nosso nível atual. Refletir sobre elas essencialmente como materialistas históricos.

A primeira coisa a dizer é que qualquer ideia de uma ordem socialista futura deve ser posicionada com precisão. As ideias gerais usuais não darão conta disso. A parte materialista da ênfase socialista está em que, em qualquer país ou região específica, temos de partir do que está fisicamente lá, ou do que está disponível. Isso é assim positivamente, no sentido de que temos de aprender a olhar para os recursos de uma forma socialmente útil, não de uma forma capitalista. Mas também o é negativamente, pois em poucos casos será possível, após olhar, retermos qualquer das ideias usuais de autossuficiência. A divisão internacional de trabalho possui as suas formas imperialistas e capitalistas, mas algumas versões dela estão inscritas na terra: onde o carvão está ou onde os peixes estão; onde se pode contar com o sol ou onde a terra é arável; onde o minério de ferro está ou onde estão a bauxita e o urânio. As ideias mais simplificadoras cancelam o maior número possível desses fatores. Porém, parte desse impulso está correto. Por exemplo, é provavelmente melhor – como Phil Williams, do partido independente Plaid Cymru, argumentou no País de Gales – investir em energia de Severn Bore e das ondas de Cardigan Bay, que significariam autossuficiência em energia, do que depender permanentemente de sistemas de energia nuclear avançando até as reservas distantes de urânio, e das formas de controle internacional e centralizado que inevitavelmente os acompanham. Onde quer que esse tipo de escolha material seja possível, e com um grau de provisão aceitável, ele deve obviamente ser feito, devido às suas vantagens físicas e políticas. Mas é no âmbito significativo dos problemas materiais que as complexidades surgem. Temos de enfrentar, como socialistas, a grande quantidade de desigualdade física e material. O capitalismo produziu as suas próprias formas de desenvolvimento desigual com grandes danos, e as instituições e modos para negociá-las em direção a relações equitativas serão muito complexos. Tanto o modo imperialista quanto o modo socialista centralizado, ao se apropriarem, controlarem e disporem desses recursos físicos distribuídos de modo desigual, embora interdependente, ao menos enfrentaram esses problemas. Uma forma socialista mais elevada não apenas terá de lidar com dificuldades complexas como essas. Ela terá de ser mais complexa, uma vez que não permitirá, por definição, que ocorram apropriações cruas e mecanismos de dominação dos quais esses outros modos dependem hoje.

O argumento pode percorrer outro caminho, se pensarmos na tendência tão importante no pensamento socialista contemporâneo em direção a uma autogestão crescente de nossas empresas. O desenvolvimento dessa tendência é claramente um elemento central da democracia socialista. Há uma reserva tremenda de energia social, hoje lamentavelmente bloqueada por organizações burocráticas e hierárquicas, que pode ser empregada nesse esforço. Mas já é visível, a partir da prática e de estudos, que as formas de autogestão são necessariamente complexas e diversas. Não há um atalho realista pelo caminho das reuniões abertas permanentes, como alguns pensaram nos anos 1960. Os procedimentos internos de preparação, registro, contabilidade e continuidade não são, de forma alguma, simples. Mas, então, a autogestão nunca pode ser, de qualquer forma, apenas um procedimento interno e local. Pois há as inter-relações econômicas necessárias com outros grupos, sujeitas a todos os problemas de desnivelamento que já mencionei, e a grandes variações em eficiência que os processos reais indicam. Há também um leque necessário de relações políticas em muitos planos diversos. Creio que todos nós notamos a imprecisão geral do local social do socialismo: em um estágio era o mundo, ou talvez o continente. Pode ser hoje meio continente, uma das antigas nações, uma nova federação entre elas, ou ainda alguma nação ou região se emancipando. Qualquer socialismo democrático e realista deve começar pelo reconhecimento não apenas da grande diversidade de soluções para esse problema de localização, extensão e área que as pessoas decidirão tomar. Ele também terá de reconhecer os problemas da interação dessas soluções diversas, o desnivelamento e a tensão, e certamente com frequência a disputa e o conflito, que o princípio mesmo da autonomia não apenas não dispensa, mas talvez mesmo acentue. A complexidade das instituições e modos adequados para resolver o problema da inter-relação entre grupos autônomos mal precisa de ênfase. Se formos um hotel coletivo em uma costa charmosa em negociação direta ou indireta com uma mina coletiva em uma região lúgubre, e haverá milhares de casos como esse, todos diferentes, ou uma região autônoma atrativa diante de problemas de mobilidade, alguns desesperadores, outros abusivos, saberemos rapidamente que precisamos de procedimentos complexos de negociação e de resolução em quaisquer desses planos externos, bem como de negociação das complexidades necessárias dos procedimentos internos.

Deveríamos aceitar e, de fato, acolher esse tipo de complexidade, pois podemos mostrar que essa é a nossa melhor garantia do tipo de ordem socialista, democrática e não exploradora que propomos construir. Não defendo isso apenas como um reconforto aos que duvidam, embora isso seja importante. Defendo também como uma forma, hoje e no futuro, de emancipação de nossas energias reais que os modos de simplificação e de regulamentação central não possuem. A complexidade é um desafio energizante, e os meios para a sua realização estão se tornando cada vez mais disponíveis, se pudermos encontrar as formas políticas para usá-los. Dessa forma, é nítido que se podemos conduzir muitos de nossos negócios internos em uma base participativa imediata, usando o tempo que economizamos em novas técnicas produtivas para realizá-la, em muitos outros propósitos ainda precisaremos do que podemos, por enquanto, continuar a chamar de representantes. A ideia política que talvez mais precisemos apreender é o princípio não apenas de que qualquer representante socialista é um delegado sujeito a um mandato, a uma prestação de contas e à revogação, mas que um representante ou delegado em uma sociedade propriamente socialista não está lá, digamos, para resolver tudo. Essa pessoa não será, como muitos hoje, nosso representante ou delegado para todo um conjunto de propósitos compactados. Ao invés disso, ele, ela, nós ou eles, não as mesmas pessoas, mas necessariamente pessoas diferentes, estarão realizando esse contato específico, essa investigação particular, esse esboço de uma negociação ou acordo. Alguns de nós nos sairemos melhor em algumas dessas situações do que outros, mas o princípio da proximidade do problema em questão deve prevalecer: falando por nós mesmos, em um sentido real, e não pelo "meu povo" ou mesmo pelos "meus companheiros". Um sistema socialista representativo ou de delegação seria muito mais diverso e, dessa forma, muito mais complexo do que quaisquer modelos parlamentares ou de assembleias existentes, condenados como estão a um papel singular para todos os fins. Tenho muita esperança na possibilidade de os novos sistemas de comunicação tornarem essa nova diversidade praticável. Em primeiro lugar, quase todos os debates, votos ou negociações diretas poderiam ser vistos e ouvidos enquanto estão acontecendo. Consequentemente, poderia haver não apenas intervenções enquanto eles acontecem (sujeitas obviamente a problemas de escala, mas em princípio aplicáveis em qualquer lugar), mas também uma referência rápida e eficiente antes de decisões serem tomadas, ou para que elas sejam de fato tomadas. As novas tecnologias de comunicação eletrônica possuem uma capacidade extraordinária para esse tipo de autogoverno e autogestão e, principalmente, para uma disponibilidade plena da informação, do registro e da recuperação de informações. Assim, os tipos de democracia previamente imaginados apenas para comunidades pequenas, e dessa forma conduzindo a uma ideia simplificada, podem se tornar disponíveis para comunidades mais amplas. Ainda mais importante, eles podem ser implementados por comunidades que, devido ao desnivelamento material e das inter-relações políticas necessariamente diversas, *serão de tamanhos e composição diversos em momentos diferentes, de acordo com a natureza da questão sendo discutida e decidida.* Alguns socialistas se acostumaram tanto à ideia das máquinas e da mídia como manipulativas, e refletiram tão pouco sobre as comunicações modernas como novos tipos de organização social, que eles terão de retornar a modelos da vanguarda esclarecida ou da comunidade local simplificada. Com a mesma frequência, eles estão presos à ideia de Estados ou regiões fixas, às quais nós, em um sentido primitivo, temos de pertencer em relações sociais delimitadas. Eles deveriam observar as novas possibilidades técnicas, que não podemos permitir que sejam confiscadas, e perceber o quão incrivelmente ativa, complexa e móvel uma democracia socialista poderia agora de fato ser.

Você se concentrou, sobretudo, na "base" de uma sociedade socialista, por assim dizer – seus recursos primários e sua distribuição preexistente – e no seu "topo", os sistemas de tomada de decisão. Mas e todo o leque de atividades sociais intermediárias, tais como a organização do trabalho e do consumo? Presumivelmente elas estarão igualmente sujeitas à regra geral da complexidade. Como você a vê?

Levantei apenas alguns dos problemas. Haverá muitas novas complexidades no trabalho e na vida profissional com muito mais possibilidade de variedade, e relações bastante diversas entre períodos de educação e formação e períodos de produção. Parcialmente por conta disso, haverá uma maior variedade em nossas relações uns com os outros e em nossa assistência mútua, e haverá poucas soluções simples ou uniformes, se houver alguma. Ao invés disso, haverá a necessidade de recursos complexos para atender a tantas situações e problemas diversos. Esses recursos deverão incluir sistemas de lei que estão frequentemente ausentes das utopias socialistas, bem como sistemas democráticos para a decisão de problemas de direito e de responsabilidade, pois se eles não forem garantidos e vistos como justos, qualquer comunidade pode se quebrar. Eu poderia dar como exemplo a complicação existente, mas totalmente alienada, na regulamentação do Estado de bem-estar social e da redistribuição de renda, que são na realidade insuficientemente complexos e sensíveis para lidar equitativamente com a diversidade real dos casos e das circunstâncias. Um modo socialista teria de incluir princípios gerais de direito e de responsabilidade, mas a complexidade começaria no outro extremo, dentro das relações sociais reais. Se esse modo deverá ser, por definição, generoso, ele também deverá ser sistemático. Não há motivo para tentar evadir o caráter *social* do socialismo em favor da esperança de alguma dissolução liberal das obrigações. O nosso caso é, afinal, o do caráter social da liberdade geral.

A autogestão fornece outro exemplo. Ela não é apenas uma variação processual da administração dentro de formas de propriedade existentes e pouco modificadas. Quando ela se reduz a isso, está bem longe do socialismo, uma vez que toda a questão que constitui a propriedade deve ser transformada. Trabalhadores individuais, ou em sua maioria grupos e coletividades de trabalhadores, não herdarão, adquirirão ou assumirão a sua parte nos recursos e meios de produção com os quais trabalham mediante alguma alquimia ou resíduo mais prático do capitalismo ou de outras formas mais antigas. Procedimentos de propostas e de verificação, bem como de responsabilidade e de reconsideração contínua de propostas e de rateio, são os meios indispensáveis para uma autogestão socialista. Pois em um sistema desse tipo não haveria o deslocamento da propriedade, mas uma avaliação, negociação e distribuição firme, responsável e aberta de recursos e meios de produção.

Esse é um desafio, mas um desafio deliberadamente lançado em um plano comprometido com as complexidades de nossas experiências diversas de produção real e de organizações reais e possíveis. Pois, embora ainda tenhamos de lutar contra o capitalismo e o imperialismo de tantas formas imediatas, frequentemente em um campo escolhido por eles, podemos, ainda assim, encontrar em algumas de nossas experiências profissionais e sociais atuais definições para problemas e modos de solução que podem indicar formas de futuros possíveis específicos. Dos seus detalhes, a energia de um futuro socialista pode novamente começar a fluir. Milhares de pessoas estarão envolvidas no delineamento do que é necessário. Muitos milhões estarão envolvidos no emprego de soluções diversas no início de uma nova prática, enquanto todo um conjunto de detalhes estará inevitável e compreensivelmente além de nossas projeções mais vívidas. Mas agora é o momento de voltarmos nossas energias nessa direção. Abandonada a si mesma, a crise atual do capitalismo, e especificamente do capitalismo industrial, pode apenas nos destruir. Queremos mais, muito mais em seu lugar do que uma quebra caótica, uma ordem imposta ou o mero nome de uma alternativa. O desafio está em uma complexidade necessária. Tenho oscilado por toda a minha vida, por razões que discutimos, entre a simplicidade e a complexidade, e ainda sinto-me atraído para ambos os lados. Mas cada argumento da experiência e da história torna agora a minha decisão, e espero que venha a ser uma decisão geral, clara. É apenas em modos bastante complexos que podemos realmente entender onde estamos. É também apenas em modos bastante complexos, e movendo-nos confiantemente em direção a sociedades mais complexas, que poderemos vencer o imperialismo e o capitalismo, e começar a construção de muitos socialismos que liberarão e utilizarão nossas energias reais, agora ameaçadas.

RAYMOND WILLIAMS: OBRAS SELECIONADAS

Cultura, Comunicação, Política

Preface to Film. Londres: Film Drama, 1954 (escrito com Michael Orrom).

Culture and Society: 1780-1950. Londres: Chatto & Windus, 1958.

[Ed. bras.: *Cultura e sociedade*: 1780-1950. Trad. Leônidas H. B. Hegenberg. São Paulo: Editora Nacional, 1969.]

The Long Revolution. Londres: Penguin, 1961.

Communications. Harmondwsworth: Penguin, 1962 (3.ed. com apresentação, 1976).

New Left May Day Manifesto. Harmondwsworth: Penguin, 1968 (organizado com Stuart Hall e E. P. Thompson).

Television, Technology and Cultural Form. Londres: Collins, 1974.

Keywords: A Vocabulary of Culture and Society. Londres: Fontana, 1976 (2. ed. ampliada em 1984).

[Ed. bras.: *Palavras-chave*: um vocabulário de cultura e sociedade. Trad. Sandra Guardini Vasconcelos. São Paulo: Boitempo, 2007.]

Problems in Materialism and Culture: Selected Essays. Londres: Verso, 1980. Nova York: Schocken, 1981 (Reimpresso como *Culture and Materialism*. Nova York: Verso Radical Thinkers Series, 2005).

[Ed. bras.: *Cultura e materialismo*. Trad. André Glaser. São Paulo: Editora Unesp, 2011.]

Culture. Londres: Chatto & Windus, 1983.

[Ed. bras.: *Cultura*. Trad. Lólio L. Oliveira. Rio de Janeiro: Paz e Terra, 1992.]

Toward 2000. Londres: Chatto & Windus, 1983.

Raymond Williams on Television. Londres: Routledge, 1989.

Politics of Modernism: Against the New Conformists. Londres: Verso, 1989.

[Ed. bras.: *Política do modernismo*: contra os novos conformistas. Trad. André Glaser. São Paulo: Editora Unesp, 2011.]

Crítica literária e teoria

Reading and Criticism. Londres: Frederick Muller, 1950.

Drama from Ibsen to Eliot. Londres: Chatto and Windus, 1952 (edição revisada em 1968).

Drama in Performance. Chester Springs: Dufour, 1954.

Modern tragedy. Londres: Chatto & Windus, 1966 (Ed. revisada com novo prefácio em 1976).

[Ed. bras.: *Tragédia moderna*. Trad. Betina Bischof. São Paulo: Cosac Naify, 2002.]

The Pelican Book of English Prose: From 1780 to the Present Day. Harmondsworth and Baltimore, Penguin, 1969 (organização).

The English Novel from Dickens to Lawrence. Londres: Chatto and Windus, 1970.

Orwell. Londres: Fontana, 1971 (2. ed. com apresentação em 1984).

The Country and the City. Londres: Chatto & Windus, 1973.

[Ed. bras.: *O campo e a cidade*: na história e na literatura. Trad. Paulo Henriques Britto. São Paulo: Companhia das Letras, 2011.]

Drama from Ibsen to Brecht. Londres: Chatto & Windus, 1973.

Marxism and Literature. Londres e Nova York: Oxford, 1984.

[Ed. bras.: *Marxismo e literatura*. Trad. Waltensir Dutra. Rio de Janeiro: Zahar, 1979.]

Writing in Society. Londres: Verso, 1984.

Resources of Hope. Nova York: Routledge, 1989.

Ficção

Border Country. Londres: Chatto & Windus, 1960.

Second Generation. Londres: Chatto & Windus, 1964.

The Volunteers. Londres: Eyre-Methuen, 1978.

The Fight for Manod. Londres: Chatto & Windus, 1979.

Loyalties. Londres: Chatto & Windus, 1985.

People of the Black Mountains. Londres: 1989.

Entrevistas

Politics and Letters: Interviews with *New Left Review*. Londres: 1979.

[Ed. bras.: *A política e as letras*: entrevistas da *New Left Review*. Trad. André Glaser. São Paulo: Editora Unesp, 2013.]

ÍNDICE REMISSIVO

Adam Bede (Eliot), 243
Adorno, Theodor, 314
Althusser, Louis, 164-5
Animal Farm (Orwell), 58, 399, 401
Anti-Dühring (Engels), 25
Arco-Íris, O (Lawrence), 119
Arena, 31, 103-4, 128, 172, 223
Aristóteles, 214, 406
Arnold, Matthew, 87, 89, 99, 100, 105, 116, 122, 417-8
Assassinato na catedral (Eliot), 198
Attlee, Clement, 58, 91
Auden, W. H., 61, 193
Austen, Jane, 35, 92, 243-4, 246-9, 255, 266

Baal (Brecht), 213
Bahro, Rudolf, 298, 368, 442
Balzac, Honoré de, 219-20, 226, 256-7, 270, 276-7
Barnett, Anthony, XII
Bateson, F. W., 73-5
Beckett, Samuel, 355
Bell, Clive, 87, 89
Benjamin, Walter, 314
Benn, Anthony Wedgwood, 373, 378

Bergman, Ingmar, 228-9
Berliner Ensemble, 214, 229
Between the lines (Thompson), 81
Bevan, Aneurin, 375-6
Blake, William, 91, 106-7, 255
Bloomsbury, 29, 54, 60
Boa alma de Setsuan, A (Brecht), 213
Booth, Charles, 167
Bourdieu, Pierre, 333
Brecht, Bertold, 156, 162, 186, 192-3, 195-6, 198, 203, 206-7, 211-19, 226, 229, 230, 269, 355
Brontë, Emily, 243, 253-4
Büchner, Georg, 207, 408
Bukharin, Nikolai, 33
Burke, Edmund, 91-2, 94-5, 98-9, 109, 112-3, 115-6, 122
Byron, George Gordon, Lord, 91, 103, 161

Caleb Williams (Godwin), 116
Camboja, 405, 407
Cambridge, 23, 32, 34
Campanha pelo Desarmamento Nuclear, 128, 367, 372
Camus, Albert, 259

Cantando na chuva (Donen e Kelly), 231

Capital (Marx), 25

Carew, Thomas, 306, 309, 349

Carlyle, Thomas, 89, 94-6, 98-9, 106, 108-10, 112, 251

Cartismo, 418

Casa de boneca (Ibsen), 193-5

Caudwell, Christopher, 28, 65, 119-20, 138, 180, 398

Chapman, Frank, 245

Checoslováquia, 75-6

Cheviot, the stag and the black, black oil, The (McGrath), 222-3

Chile, 404, 430

China, 76, 407, 414-5

Chomsky, Noam, 347

Churchill, Winston, 46

Círculo de giz caucasiano, O (Brecht), 213

Claudel, Paul, 204

Clube Socialista (Cambridge), 23-6, 32, 230

Cobbett, William, 94, 106, 268, 397-8

Cocktail Party, The (Eliot), 186, 198

Cole, G. D. H., 68

Coleridge, Samuel Taylor, 91, 102, 106-7, 112-3, 122, 343

Collins, Clifford, 51

Collins, Henry, 58

Comte, Auguste, 105, 122

Condição da classe operária na Inglaterra, A (Engels), 108

Connolly, James, 60-1

Conrad, Joseph, 236, 256

Conselho das Artes, 222

Constituição da Igreja e do Estado (Coleridge), 89

Coração das trevas, O (Conrad), 236

Costa-Gavras, 298

Coward, Noel, 61

Crise de Berlim, 75

Criticism and ideology (Eagleton), X

Crossman, Richard, 128

Cuba, 358, 407, 415

Cultura e anarquia (Arnold), 100, 122

Daily Worker, 33, 82

Dança do Sargento Musgrave, A (Arden), 206

Daniel Deronda (Eliot), 243

Darwinismo, 346

Days of hope (Loach e Garnett), 215

Defesa da poesia (Shelley), 94

Deutscher, Isaac, 79, 395

Dez dias que abalaram o mundo (Reed), 33

Dezoito brumário de Louis Bonaparte (Marx), 25

Diabo branco, O (Webster), 157

Dialética do esclarecimento (Adorno e Horkheimer), 314

Dickens, Charles, 35, 167, 220, 241-3, 246, 249-57, 261, 263-5, 267-9, 276, 305, 359

Disraeli, Benjamin, 110, 267, 292

Do socialismo utópico ao socialismo científico (Engels), 25

Dombey and Son (Dickens), 167, 252

Donaldson, Lord Chief Justice, 32

Donne, John, 350

Dostoievski, Fiodor, 270

Drama and society in the age of Jonson (Knights), 81

Dream of John Bull, The (Morris), 121

Driberg, Tom, 54

Durbin, Evan, 401

Eagleton, Terry, X, XII, 101, 242, 355, 400, 414

Educação sentimental, A (Flaubert), 218

Eisenstein, Sergei, 30, 230

Eliot, George, 48-9, 73-4, 99, 104, 108, 114, 122, 124, 151, 162, 185-6, 220, 226, 242-3, 246-7, 255, 262-5, 277, 284-5, 312, 345, 348

Eliot, Thomas Stearns, 55, 91, 186, 198-9, 204-5, 237, 268, 284, 312, 399

Elvin, Lionel, 35

Emma (Austen), 246

Empson, William, 186
Encounter, 61
Engels, Friedrich, 25-6, 107-8, 313, 315-6, 318-9, 321-3, 327
Escola de Frankfurt, 259-60
Escritores e Leviatã (Orwell), 58
Espólios de Poynton, Os (James), 257
Essays in Criticism, 73-4
Estado de sítio (Costa-Gavras), 299, 407
Estado e revolução (Lênin), 25
Europeus, Os (James), 256
Exiles and Emigrés (Eagleton), 400

Fabianismo, 147, 369
Fekete, John, 343
Filhos e amantes (Lawrence), 243
Finnegans Wake (Joyce), 30, 279
Flaubert, Gustave, 164, 218, 220, 256, 399
Foot, Michael, 15, 17
Formação da classe operária inglesa, A (Thompson), 99, 147
Forster, E. M., 262
Fox, Ralph, 28
Freud, Sigmund, 65, 90, 177-80, 336-9
Friedman, Milton, 343
From culture to revolution (Engleton e Wicker, ed.), 101, 414
Further studies in a dying culture (Caudwell), 120

Gabinete do Doutor Caligary, O (Wiene), 230
Gaitskell, Hugh, 82, 128, 370, 373, 401
Galileu (Brecht), 211, 214
Garnett, Tony, 216-7
Gaskell, Elizabeth, 108, 161
Gibbon, Lewis Grassic, 266, 398
Gibbs, James, 353
Gissing, George Robert, 58, 220
Godwin, William, 90, 115-6, 242, 244
Gogol, Nikolai, 295
Goldmann, Lucien, XI, 134, 220, 248

Great Tradition, The (Leavis), 243-4, 264
Green, T. H., X, 89, 90, 123, 400
Greene, Graham, 400
Greve Geral, 11, 19, 284-5, 287, 433-6
Grundrisse (Marx), 107-8
Guardian, The, 124, 378
Guerra Civil Espanhola, 16, 396
Guerra da Coreia, 76-7
Guerra Fria, 45, 61, 69, 73, 75-6, 81, 368-9, 393-4, 398-9

Hall, Stuart, 371, 380
Hardy, Thomas, 35, 220, 243-6, 255, 261, 268, 277, 284
Hartley, Anthony, 124
Hawksmoor, Nicholas, 353
Hazlitt, William, 89, 90, 100
Herrick, Robert, 242, 348
Highway, 70
Hill, Christopher, 122, 348
History of the CPSU(B) – Short Course, 25, 33
Hobbes, Thomas, 124, 157
Hobsbawm, Eric, 27, 39, 47, 53
Hodgkin, Thomas, 55, 69, 76
Hoggart, Simon, 13, 74, 376, 378
Holt, Felix, 220
Homenagem à Catalunha (Orwell), 396-7
Horácio, 351
Horizon, 60-3, 65
Horkheimer, Max, 314
Humphreys, Emyr, 296
Hungria, 78, 367

Ibsen, Henrik, 48-9, 50, 66, 104, 117, 124, 156, 162, 185-201, 203, 205, 207-8, 211-2, 219-20, 226, 230, 351
Illich, Ivan, 181
Illusion and reality (Caudwell), 119
Indústria e império (Hobsbawm), 147
Inimigo do povo, O (Ibsen), 194
Irlanda do Norte, 427

Isherwood, Christopher, 193
Iugoslávia, 44, 81

Jakobson, Roman, 350
James, Henry, 243-4, 255-6, 260-1, 263, 265
Jardim das cerejeiras, O (Tchekhov), 202
Jefferies, Richard, 307
Johnson, Samuel, 156, 239-40, 343
Jones, Gwyn, 273
Jones, Jack, 273
Jonson, Ben, 306-7, 309-10, 313, 349
Joyce, James, 30, 58, 196-7, 238, 245, 255,
    279-80, 356
Judas, o obscuro (Hardy), 220, 245

Kafka, Franz, 270, 356
Kamenev, Lev, 33
Keats, John, 91
Kent, William, 69, 353
Kiernan, Victor, X, 102-3
King, Cecil, 291-2, 353
Knights, L. C., 55
Koestler, Arthur, 399
Kraus, Karl, 176

Lacan, Jacques, 338, 347
Lang, Fritz, 230
Laski, Harold, 91
Lawrence, David Herbert, 30, 48, 56, 97,
    102, 116-9, 199, 235, 241, 243-4, 255,
    257-8, 268, 272, 274
Leavis, F. R., 29, 37, 47, 53-7, 60, 64-5, 81-2,
    87, 91-2, 100-1, 104, 111, 159, 163, 173,
    186-91, 236, 238-40, 243-5, 249, 255,
    257, 264-5, 286, 305, 312, 341, 344-5
Lee, Jennie, 373, 378
Left Book Club, 12, 15-7
Left Review, 213
Lehmann, John, 31
Lênin, Vladimir Ilyich, 25, 168
Levante da Alemanha Oriental, 78
Leviatã, O (Hobbes), 58, 124, 157

Lewis, Cecil Day, 61, 287
Lewis, John, 61
Literatura e revolução (Trotsky), 412
Loach, Ken, 225
Locke, John, 165
Lukács, Georg, 135, 198, 217-20, 355-6

Madame Bovary (Flaubert), 399
Mãe coragem (Brecht), 211, 213-4
Mallock, William Hurrell, 89, 120
Manifesto comunista, O (Marx), 22
Mankowitz, Wolf, 51, 53-7, 62-3, 65
Mann, Thomas, 105, 270
Mansfield Park (Austen), 246
Mantenha o sistema/Moinhos de vento (Orwell),
    396
Mao Tse-Tung, 442
Marlowe, Christopher, 213
Marvell, Andrew, 308, 349
Marx, Karl, 22, 25, 107-8, 134, 150, 180,
    312-6, 318-23, 327, 360-1, 419
Mason, H. A., 57
Maupassant, Guy de, 218, 356
May Day Manifesto, 380, 424
Mayhew, Christopher, 167
McGrath, John, 222-3
Meaning of treason, The (West), 61
Mencken, H. L., 176
Metrópolis (Lang), 230
Middlemarch (Eliot), 242-3, 263, 265-6
1984 (Orwell), 396-399, 401
Mill, John Stuart, 99, 100, 106, 110, 113,
    116, 118
Milton, John, 123, 341, 343, 348
Minority culture (Leavis), 244
Mitchison, Naomi, 350
Molière (Jean-Baptiste Poquelin), 205
Morangos Silvestres (Bergman), 228
Morris, William, 93-5, 99, 108, 117, 120-2,
    147, 419-20
Morro dos ventos uivantes, O (Brontë), 252-4

Mulheres apaixonadas (Lawrence), 119, 243, 257-8, 263

Murry, John Middleton, 186

Nairn, Tom, 262, 389

Nazismo, 28, 324

New Left Review, X, XII, 128, 208, 320, 369, 372-3, 380

New Reasoner, X, 102, 367-9

New Statesman, 80

Newens, Stan, 379

News Chronicle, 80

Nietzsche, Friedrich, 339

Notas para a definição de cultura (Eliot), 87, 91

Notícias de lugar nenhum (Morris), 121

Nova Crítica, 189, 238, 264-5, 341, 343-4

Nova Esquerda, 62, 143, 368-71, 376, 380-1

O amante de Lady Chatterley (Lawrence), 263

O'Casey, Sean, 196

Ópera dos três vinténs, A (Brecht), 213

Orrom, Michael, 24, 51, 227, 231

Orwell, George, 58, 74, 96, 393-401, 403

Outlook, 31

País de Gales, 5-6, 8, 10, 12-4, 21, 55, 68, 104, 110-1, 151, 197, 267, 286, 295-8, 304, 317, 376, 389-90, 445

Parrinder, Pat, 242

Parthenon, 354

Partido Bolchevique, 403-4, 409

Partido Comunista, 17, 25-6, 32, 37-8, 53-4, 57, 65, 78, 80-2, 103, 326, 367-8, 371, 382, 390, 412

Partido Conservador, 32, 47, 383

Partido Liberal, 8, 11

Partido Trabalhista, 8, 11, 15-8, 26, 47, 54, 59, 82-3, 128, 289, 298, 302, 317, 369, 371, 373-4, 377, 380, 382-6, 387, 389-91, 417-20, 426, 429, 430-1

Peer Gynt (Ibsen), 226

Pequena Dorrit, A (Dickens), 250

Persuasão (Austen), 246

Pickard-Cambridge, A., 77

Politics and Letters, 53, 56-7, 59-65, 71-2, 372

Pope, Alexander, 35

Prelúdio (Wordsworth), 352

Priestley, J. B., 238

Proust, Marcel, 270, 337-8

Psicopatologia da vida cotidiana (Freud), 337

Pudovkin, Vyacheslav, 30

Quatro quartetos (Eliot), 55-6

Racine, Jean, 248-9

Ransom, John Crowe, 343

Raybould, S. G., 70

Read, Herbert, 90

Reed, John, 33

Reflexões de um homem não-político (Mann), 105

Retrato de uma senhora (James), 257

Return of the native (Hardy), 359

Ricardo, David, 108

Richards, I. A., 114, 186-9, 345, 354, 359

Ricks, Christopher, 348

Road to Wigan Peer, The (Orwell), 396-7

Robertson, T. W., 228

Rosmersholm (Ibsen), 198

Rotha, Paul, 51, 59, 60

Ruskin, John, 68, 103, 108, 120, 122

Rutherford, Mark, 122

Saint-Simon, Claude-Henri, 105

Santa Joana dos matadouros (Brecht), 213

Sapir, Edward, 178

Sartre, Jean-Paul, 58, 164, 224, 259-60, 315, 399

Saussure, Ferdinand de, 335-6

Saville, John, 78

Scott, Walter, 255

Scrutiny, 29, 48, 53-8, 64-5, 71, 81, 102-3, 159, 163, 188, 235, 245, 285, 345, 412

Shakespeare, William, 35, 55, 186, 189, 206, 213, 350-1
Shaw, George Bernard, 30, 194
Shelley, Percy Bysshe, 91-5, 103, 161
Shooting Niagara (Carlyle), 96
Sinais dos tempos (Carlyle), 89, 96
Snow, Edgar, 16
Socialist Register, 119
Solzhenitsyn, Alexander, 291
Southey, Robert, 102-3, 105-6, 122
Spinoza, Baruch, 164
Spiral Ascent, The (Upward), 61
Stálin, Joseph, 33, 78-9, 82, 212, 291, 395, 403-4, 406, 409-13
Stanislavsky, Konstantin, 228
Stendhal (Henri Beyle), 220, 258, 356
Stonehouse, John, 298
Strindberg, August, 192-3, 196, 198, 212, 219, 226, 230, 337
Studies in a dying culture (Caudwell), 120
Synge, John Millington, 191, 196

Taça de ouro, A (James), 256
Taplin, Frank, 58
Tawney, Richard Henry, 68, 122, 385, 420-1
Tchekhov, Anton, 196, 202, 212, 228
Tempos difíceis (Dickens), 249, 252
Teoria do romance, A (Lukács), 220
Terror e miséria no Terceiro Reich (Brecht), 216
Therborn, Göran, 105-6
Thomas, Dylan, 280
Thompson, Denys, 81
Thompson, E. P., X, 39, 53, 62, 65, 78, 81, 119-21, 128, 147, 369-70, 380
Thomson, Roy, 292
Tillyard, E. M. W., 35-7, 75
Times Literary Supplement, The, 80
Times, The, 80, 176
Timpanaro, Sebastiano, 163, 259, 346
Tolstói, Leo, 44, 226, 269-70
Tönnies, Ferdinand, 111

Tourneur, Cyril, 157
Tribune, 80, 175, 375
Trollope, Anthony, 264
Trotsky, Leon, 33, 79, 318, 395, 408-13
Tynyanov, Iuri, 350

Ulysses (Joyce), 30, 245
União Soviética, 25, 38, 45, 78, 82, 107, 146, 291, 374, 399, 403-9, 413
Universidade Livre, 378
Universities and left review, 367
Upward, Edward, 61, 398

Varsity, 31
Vietnã, 324, 379-80, 382-3, 434
Vigo, Jean, 30
Voice of civilization (Thompson), 81
Volosinov, V. N., 177

Wagner, Richard, 227
Way of the world, The (Congreve), 248
Webb, Beatrice, 168
Webb, Sidney, 419-20
Weber, Max, 105
Webster, John, 157
Wells, Herbert George, 30, 121, 244, 260
West, Alick, 28
West, Rebecca, 61
When the Boat Comes in (série televisiva; James Mitchell), 215, 225
Willey, Basil, 123
Williams, Phil, 445
Williams, Raymond
  Adamson, 278
  Border country, 11, 271-3, 275, 278-81, 283-8, 292, 294, 296-8
  Brothers, The, 303
  Communications, 131-2, 143, 376-7, 420-1, 441
  Campo e a cidade, O, 74-5, 106, 117, 161, 167, 242, 260, 273, 293, 305-7, 309-18, 321

ÍNDICE REMISSIVO

Cultura e sociedade, 70, 74, 87, 88, 90, 97-9, 101-5, 109-15, 120, 122-4, 127-8, 138, 150, 175, 188, 209, 241, 249, 261, 305, 330, 358, 367-8, 396, 412, 417, 419-20, 428
Cultura é de todos, A, 21
Dialogue on Actors, A, 185
Dialogue on Tragedy, A, 208
Drama and performance, 77, 188
Drama from Ibsen to Brecht, 49, 186, 192-3, 195-6, 198, 203, 207, 211
The English Novel From Dickens to Lawrence, 241-3, 246, 250, 253, 261, 265, 305, 359
Introduction to English Prose, 95
Fight for Manod, The, 271, 273, 275, 292, 294, 297
Grasshoppers, 278
Idea of culture, The, 74, 87
Palavras-chave, 100, 132, 163, 171-6, 237, 240, 339, 344, 375, 426, 437
Literature and the cult of sensibility, 29
The Long Revolution, 88, 120, 123, 127-8, 130-2, 135, 137-40, 142-3, 145, 147-8, 151, 153, 158-63, 165-6, 168-9, 174, 209, 241, 250, 266, 329, 336, 422-5, 427-8, 431-2, 437-9
Marxismo e literatura, X, 119, 132, 140, 152, 155, 237, 251, 320, 329, 330, 335, 344, 346, 357-9, 441

Tragédia moderna, 49, 193, 197, 207-9, 242, 257, 259, 306, 403-4, 421-2
Mother chapel, 15, 22
Mountain sunset, 14
My Cambridge, 48
Orwell, 393, 395, 403
Preface to film, 24, 154, 187, 227, 230
Reading and criticism, 48, 63, 186, 186, 235-7, 240-1, 263, 305
Red Earth, 31
Ridyear, 278
Second generation, 275, 286-9, 293-6, 303
Television: technology and cultural form, 231
Volunteers, The, 271, 298-300, 302-3
Williams, Shirley, 379
Wilson, Harold, 60, 292, 373-4, 376, 378, 380
Woolf, Virginia, 244
Wordsworth, William, 90-1, 102, 106, 352
Workers' Educational Association, 51, 55
Wren, Christopher, 353

Yeats, William Butler, 191, 196, 200, 203

Z-Cars (série televisiva; vários autores/ diretores), 205
Zhdanov, Andrei, 62
Zilliacus, Konni, 16
Zinoviev, Grigori, 18, 33
Zola, Émile, 218-9, 284

SOBRE O LIVRO

Formato: 16 x 23 cm
Mancha: 28 x 44 paicas
Tipologia: GoudyOlst BT 12/14
Papel: Off-white 80 g/m^2 (miolo)
Cartão Supremo 250 g/m^2 (capa)
1ª edição: 2013

EQUIPE DE REALIZAÇÃO

Capa
Estúdio Bogari

Edição de Texto
Ligia Ximenes (Preparação de Original)
Mariana Pires (Revisão)

Editoração Eletrônica
Sergio Gzeschnik (Diagramação)

Assistência Editorial
Alberto Bononi

Impressão e Acabamento

FARBE DRUCK
gráfica e editora ltda.